특수아동의 이해

김영한 · 김정현 · 김하경 · 박선희 · 박정식
엄태식 · 연미희 · 임채식 · 조재규 · 한석실 · 홍정숙

Children with Special Needs

태영출판사

머리말

우리는 다르다는 것에 대해 어떻게 인식하고 있으며 그에 따른 우리의 태도는 어떠한가. 특히 수업장면에서 교육적 요구가 독특한 아동을 어떻게 받아들이고 있는가. 이 책은 교육현장에서 그 교육적 요구가 좀 더 남다른 아동을 이해하기 위해서 만든 책이다.

우리 저자일동은 그 동안 대학 강단이나 학교 현장에서 그러한 특수아동의 이해를 보다 효과적으로 접근하기 위해 노력해 왔다. 그러면서도 특수아동에 대한 이해를 좀 더 쉽고 이해하기 좋게 할 수 있으며 내용과 구성도 보다 다양하고 참신한 교재에 대해 아쉬움을 느꼈다. 금번의 이 책은 바로 그러한 아쉬움을 조금이라도 상쇄해 보려는 우리들의 결과물이라고 할 수 있을 것이다.

이 책은 크게 1부와 2부로 구성되었다. 1부에서는 특수아동의 이해에 필요하다고 여겨지는 이론을 총괄적으로 소개를 하였으며, 2부는 그 아동에 대한 보다 면밀한 소개와 특성에 대한 설명으로 구성하였다. 각 장의 저자는 다음과 같다.

1. 발달과 장애(엄태식)
2. 특수아동 및 특수교육의 이해(김영한)
3. 특수아동의 통합교육(홍정숙)
4. 특수아동의 가족지원(연미희)
5. 시각장애아의 이해(김정현)
6. 의사소통장애아의 이해(박선희)
7. 청각장애아의 이해(박선희)
8. 정신지체아의 이해(박정식)
9. 지체장애아 및 건강장애아의 이해(김하경)
10. 정서 · 행동장애아의 이해(조재규)
11. 자폐범주성장애아의 이해(조재규)
12. 학습장애아의 이해(임채식)
13. 영재아의 이해(한석실)

바쁜 일정과 연구 중에도 귀한 원고를 집필해 주신 여러 선생님들께 감사를 드리며 원고정리와 자료수집을 위해 애써준 이혜영 선생과 김은혜 양에게 이 자리를 빌려 감사의 뜻을 전한다. 아울러, 이 책이 나오기까지 많은 지원을 해 주시고 격려해 주신 태영출판사의 김현태 사장님과 직원 분들께 고마움을 표한다. 그 분들의 채근이 아니었으면 이 책은 나오지 못했을 것이다. 특히, 김현태 사장님 가정의 귀한 선물이 맑고 건강하게 자라길 진심으로 기원한다.

감사합니다.

2009년 3월

저자일동

차 례

특수아동의 개요

제 1 부

제 1 장 발달과 장애
제 2 장 특수아동 및 특수교육의 이해
제 3 장 통합교육의 이해
제 4 장 특수아동의 가족지원

발달과 장애

01

1. 발달장애의 이해

아동의 정신건강 문제가 성인의 정신건강 문제와 다르다는 것을 알고 이에 대한 연구가 시작된 것은 최근의 일이다. 아동의 정신건강 문제는 그 시기와 관련된 특유의 문제들과 중요성을 가지고 있다. 그러므로 성인 정신건강 문제와는 다르게 이해하고 접근하여야 하며 치료도 달라져야 한다.

최근 연구들은 우리나라 뿐만 아니라 북미나 영국, 뉴질랜드 등의 많은 아동 · 청소년들이 정신건강 문제를 가지고 있음을 보여주고 있다.

대부분의 아동과 청소년은 발달과정에서 어느 정도의 문제행동들을 보인다. 이러한 아동 · 청소년 문제들 중 일부는 시간이 지나면 저절로 사라지지만 이 중 어떠한 문제들은 지속적으로 정상적인 적응을 방해하며 발달에 영향을 준다. 전자의 경우는 보통 주변에 있는 사람들, 특히 부모나 교사의 도움이 중요하며 시간이 지나면 저절로 해결되는 경우가 많다. 그러나 지속적으로 정상발달을 방해하며 적응에 문제를 가져오는 후자의 경우는 전문가의 도움이 반드시 필요한 경우로 이 경우에 부모나 교사의 이해와 도움이 더 필요함은 말할 필요가 없다. 그러므로 어떤 행동이 문제가 되며, 그 중 어떤 문제가 저절로 사라지고 어떤 문제들이 전문가의 도움을 필요로 하는지, 정상발달과 발달장애는 어떠한 관련을 갖는지, 발달장애는 어떠한 과정을 거치며, 어떤 요인들이 발달장애의 발생과 치료, 예방에 영향을 주는지를 아는 것은 매우 중요한 일이다.

1) 발달장애의 정의

발달장애(developmental disability)는 일반적으로 18세 이전의 발달기간, 즉 아동기와 초기 청소년기에 나타나는 기초적인 심리적 과정인 사회적, 인지적, 지각적, 주의, 운동적 또는 언어적 기능 등에서 발달상의 진보를 방해하는 상태를 의미한다(Peterson, 1987).

또한 중추신경계의 발달에 지체 현상을 보이거나 그 기능에 문제가 있는 경우 인지, 언어, 운동, 사회적 기능의 습득이 곤란해지게 되는데 이런 장애를 일반적으로 발달장애라고 부른다. 이 장애는 대개 영 · 유아기나 아동기에 나타난다. 대부분의 발달장애의 경과는 비교적 안정적이어서 갑자기 악화되거나 호전되는 일은 거의 없다. 일반적으로 연령 발달과 함께 증상은 가벼워지지만, 성인이 되어서도 증상이 남는 경우가 적지 않다.

미국 정신의학회의 『전신질환의 진단, 통계매뉴얼』 제3판 개정판(DSM-III-R : American Psychiatric Association, 1987)에 의하면 발달장애에는 정신지체, 광범위성 발달장애, 특이적 발달장애 등을 들고 있다(현정환, 2005).

아동들에게 나타나는 여러 발달학적, 정서적, 행동학적 문제들은 크게 두 가지로 나누어 생각해 볼 수 있다. 먼저 아동이 출생하면서 가지고 태어난 문제(약 40%)로 문제가 심각할수록 출생 시에 발견되는 경우가 많고, 그렇지 않다면 성장하는 과정에서 드러나는 발달상의 문제(60%)들이다. 이러한 발달장애에는 발달지연, 또는 정신지체, 전반적 발달장애(자폐증), 발달성 언어장애 및 구음장애, 뇌성마비, 경련성 장애, 시청각 장애, 학습장애, 주의력 결핍과잉행동장애 등이 있다. 둘째로 출생 시에는 문제가 없었으나 소아, 청소년기를 거쳐 성장해 나가는 과정에서 흔히 처음으로 나타나는 장애들이 있다. 이러한 문제들로는 틱 장애, 적응장애, 행동장애(비행문제), 정서장애, 불안장애, 배설장애, 반응성 애착장애 등이 있다(남민, 2001).

우리나라에서는 발달장애를 지칭하는 용어로 단순하게 장애라는 용어를 많이 사용하고 있다. 그러나 장애라는 용어는 상황에 따라서 무능력(disability), 핸디캡(handicap), 손상(impairment) 등의 의미를 내포하는 용어로 사용되고 있다.

무능력이란 일반인들이 정상적으로 수행하는 능력을 방해하는 다양한 상태를 의미하는 용어로 다음 중 하나 이상의 상태를 나타내는 것을 의미한다. 감각장애(청각손상, 시각손상), 지체장애(신경학적 손상, 정형 외과적 손상, 건강상의 손상을 통한 운동기능의 손상), 말·언어장애, 인지장애(정신지체, 학습장애), 행동장애 등이다.

일반적으로 손상이란 용어는 무능력과 동일한 의미로 사용되는 경우가 많은데 주로 특정 상해(injury)나 불능(incapacity)으로 인한 손상을 의미한다.

핸디캡은 좀 더 제한적인 의미를 담은 용어로 장애의 결과로 일반인들이 수행할 수 있는 과제를 수행하거나 기능하지 못하게 되는 경우를 의미한다. 그러므로 모든 장애가 다 핸디캡이라고 말할 수는 없으며, 경우에 따라서는 장애로 인해서 불편한 것은 사실이지만 특정 과제의 수행이나 기능을 하는 데에는 문제가 없을 수도 있다. 예를 들어서 시력의 문제를 지닌 사람이 안경이나 콘택트렌즈를 통해서 일반적인 생활과 기능에 문제를 보이지 않는다면 핸디캡으로 인식되어서는 안 되는 것이다. 그러므로 장애가 정상적인 기능을 방해함으로써 수행을 제한할 때에만 핸디캡이라고 말할 수 있다(이소현, 2008).

2) 발달장애(발달정신 병리학)의 성립배경

Sroufe와 Rutter(1984)는 발달정신 병리학은 개별적인 행동부적응 패턴의 기원과 경로에 대한 연구로 보았으며, Institute of Medicine(1989)에서는 발달 정신병리학은 아동과 청소년의 정신장애에 대한 연구로 보았다. 즉 발달 정신병리학은 발달장애의 기원과 경로에 대한 연구라 할 수 있다.

발생학, 신경과학, 동물행동학, 정신분석이론, 임상심리학, 발달심리학, 실험심리학의 이론가들과 정신의학자들은 유기체의 병리를 연구함으로써 유기체의 정상적 기능에 대해 더 많이 알게 될 수 있고, 유기체의 정상적인 조건을 앎으로써 유기체의 병리를 더 잘 알게 된다고 생각했다. 이러한 통합적인 입장을 취한 많은 사람들은 정신병리를 정상적인 생물학적 과정과 심리과정을 더 잘 관찰하게 해 줄 수 있는 확대경으로 생각했다.

이들은 정신병리를 정상기능의 왜곡, 장해, 쇠퇴로 보았기 때문에 정신병리를 더 잘 이해하기 위해서는 정신병리와 비교되는 정상적 기능을 이해해야만 한다고 했다. 또한 정상적인 생물학적, 심리적, 사회적 과정에 대한 지식은 정신병리를 이해하고 예방하고 치료하는 데 도움이 될 뿐만 아니라, 정신병리적인 과정에서 보여지는 정상발달의 이탈과 왜곡이 더 잘 조사 연구되고 이해될 수 있다고 했다. 실제로 이렇게 생각하는 많은 사람들의 발달 정신병리 접근의 핵심과 독특성은 정상과 비정상, 적응과 부적응, 개체 발생학적 과정에 강조를 두는 것이다(Cicchetti, 1995).

3) 발달의 경로와 발달장애의 발생 가능 요인

(1) 발달 경로

정상발달에서의 일탈을 판단하는데 아동기 초기에 출현한 걱정거리와 이후에 나타나는 장애 사이에 어떠한 시간적 관련성이 있는지를 알아야 한다. 즉 앞의 시기의 걱정거리가 어떤 시기에 어떻게 변화하면서 이후의 장애로 발전되는지의 경로를 알아야 한다.

1 경로

특정 행동의 순서와 타이밍을 말하며, 시간 경과에 따라 드러나는 행동들 사이의 알려지거나 짐작되는 관계를 조명하는 것이다.

2 발달 경로

정상과 이상발달의 과정과 본질을 이해하는 데 도움을 준다. 직접 관찰은 불가능하고 개별 아동에 대한 장기간의 반복 평가로 추측한다.

(2) 발달장애

① 발달장애는 중다결말(multifinality)과 동일결말(equifinality)을 가질 수 있다.

- 중다결말은 비슷한 시작에서 다양한 결과(eating, mood, conduct, normal adjustment)가 나온다. 예를 들면 아동학대가 이후의 우울, 품행장애, 섭식장애 등을 유발할 수 있다.
- 동일결말은 초기의 다른 경험으로부터 같은 결과가 나오는 것으로 유전적 요인, 가족적 특성, 환경적 특성이 다른 청소년기의 감정장애, 품행장애와 같은 결과를 가져오는 경우다.

② 발달장애에는 명백한 원인 결과 관계가 존재하지 않기 때문에 다음의 과정을 고려해야 한다.

- 각 개인에게 장애라는 결과를 가져온 많은 요인들이 있다. 그러므로 통합적 접근, 중재방법이 요구된다.
- 장애 요인은 사람에 따라 다양하다. 그러므로 문제가 심각할수록 집단치료가 어렵다.
- 동일한 장애를 가진 사람들도 다른 방식으로 장애 특성을 나타낸다. 예를 들면 품행장애 아동 중 어떤 아동은 공격적일 수 있고 다른 아동은 재산파괴나 사기를 저지를 수 있다.
- 특정 장애로 가는 경로는 단일 차원으로 고정된 것이 아니라 수많은 차원을 가지며 차원들 간에 서로 영향을 미친다. 그러므로 이해와 중재가 어렵다.

(3) 발달장애의 발생과 진행에 영향을 주는 요인들

1 위험(risk)요인

표 1-1 정신병리가 발생할 가능성을 높여주는 모든 조건이나 상황

맥락요인	기질 (유전 · 생리적 과정)	개인 내 (행동, 인지, 성격 등)	개인 간 (부모-자녀관계, 형제, 또래)	상위 (가족, 집단, 사회경제적 지위)
위험요인	유전 출생 전 출산과정의 영향/신경학적 손상/부적절한 영양/까다로운 기질	낮은 지능 낮은 자기 존중감 낮은 자기효능감 낮은 자기통제 불안정 애착	결혼 혹은 가족불화 학대 혹은 방치/나쁜 또래관계/ 많은 수의 형제/경제적 문제/부모의 지원(심리적) 부족	가난

2 취약(vulnerability)요인

표 1-2 위험에 대한 반응을 강하게 만드는 요인

맥락요인	기질 (유전 · 생리적 과정)	개인 내 (행동, 인지, 성격 등)	개인 간 (부모-자녀관계, 형제, 또래)	상위 (가족, 집단, 사회경제적 지위)
취약요인	까다로운 기질	성별; 계획력 부족	부모와의 좋지 않은 관계; 애정적 양육의 결핍/긍정적 학교 경험의 결핍	

3 보호(protective)요인

표 1-3 건강한 발달을 유지 촉진시키는 요인

맥락요인	기질 (유전 · 생리적 과정)	개인 내 (행동, 인지, 성격 등)	개인 간 (부모-자녀관계, 형제, 또래)	상위 (가족, 집단, 사회경제적 지위)
보호요인	순한 기질	평균 이상의 지능 유능함 사회적으로 어울림	긍정적, 안정적 양육; 유능한 성인역할 모델	

④ 탄력적(resilient) 요인

장애를 일으킬 고위험군인 아동임에도 불구하고 잘 적응하는 경우 탄력적이라 한다. 자기만의 심리적 공간을 갖고 잘 적응하는 경우다.

> **보호기제**
>
> 보호과정을 매개하는 기제로서 위험 영향을 줄여주고, 부정적 연쇄반응을 줄이며, 자기 존중감과 자기효능감을 촉진시켜 적응력을 높여 준다.

(4) 발달장애 이해를 위해 기타 고려해야 할 사항

① 아동의 특성상 아동기 문제는 아동 개인의 문제라기보다 관계로 설명이 더 잘 된다. 중재의 중요한 요인으로 아동과 상호작용을 가장 많이 하는 부모와의 관계가 중요하다.

② 아동은 환경에 영향을 주고 환경은 아동에 영향을 주는 상호작용을 한다. 부정적인 경우 악순환이 계속되며, 긍정적인 경우 순응적이다. 예를 들어 까다로운 아이는 학업, 또래관계, 비행청소년, 범죄자의 문제일 가능성이 높다.

③ 이상행동을 기술하는 용어는 사람이 아닌 행동을 기술해야 한다.

④ 아동들이 보이는 문제들은 비정상적인 환경에 적응하기 위한 시도의 결과일 수 있다는 것을 이해해야 한다.

4) 아동 · 청소년 발달장애의 특성

(1) 아동 · 청소년 장애와 성인장애를 구분하는 중요한 특징

① 아동에게 서비스를 제공할 때 문제가 무엇인지 명확하지 않다. 아동들은 주로 주변 성인들의 의뢰로 전문가에게 오므로 아동의 문제 파악에 아동의 자기 보고를 받는 일과 전문가가 아동을 대하는 방법에 주의를 해야 한다.

② 아동 · 청소년 문제는 발달에 영향을 주어 각 단계에서 이루어져야 할 정상적 발달을 방해할 수 있다. 예를 들면 언어발달, 배변훈련, 또래관계, 학업성취, 학교 적응, 가족과의 관계, 성인기에 대한 준비의 문제가 일시적인지 심각한 장애에 대한 초기 징후인지 결정하기 위한 지식이 필요하다. 그 시기에 획득할 발달과업을 완수하지 못해

서 생기는 문제이기 때문에 심각하다.

③ 치료 목표가 성인기 문제와 다르다. 성인기 장애의 치료 목표는 이전 기능 수준으로의 회복이지만 아동·청소년 장애의 치료 목표는 이전 기능 수준으로의 회복과 지속적인 발달 증진에 있다. 그러므로 현재 발달 수준에 맞는 발달과업으로서의 기능과 앞으로도 지장을 주지 않도록 하는 것이 중요하다.

(2) 아동의 심리적 장애는 매우 다른 증상과 원인이 있지만 모두 하나 이상의 적응 실패를 가진다는 공통점

정상적인 발달 양상을 가진 또래 아동으로부터의 일탈이나 발달 이정표의 획득이나 진전에서 실패하는 일이다.

(3) 발달은 유전과 환경의 상호작용에 의해서 이루어지며, 연속적인 변화와 변형이라는 적극적이고 역동적인 과정을 포함

민감기(sensitive period)는 특정 능력이나 행동이 나타나기에 최적인 시간을 말하며, 사람이 환경적 영향에 특히 민감한 시간을 말한다(송길연, 2000). 즉 특정 능력이나 행동의 발달에서 환경의 영향이 증가되는 시기로 민감기에서의 환경적 결핍은 다른 발달시기에서의 환경적 결핍보다 더 심각한 발달결과를 가져올 수 있으며 발달장애의 발생 가능성을 높여 준다.

예를 들면 애착형성 시기에 많이 떨어져 있는 경우 애착발달 장애의 가능성이 높다.

(4) 아동 · 청소년 행동의 비정상성을 결정하는 방법은 기능장애와 적응능력

1 기능장애

행동이 손상된 정도, 자신이나 다른 사람에게 해를 입히거나 부적응적이라는 것을 나타내는 정도로 심리장애란 정상적인 감정, 행동, 인지과정에서의 과도한 표현이나 과장행동을 말한다.

2 적응능력

적응능력은 아동·청소년기의 중요한 발달과업의 수행능력에 따른다.

① 영 · 유아기의 발달과업
- 양육자에 대한 애착
- 언어발달
- 환경에서 독립된 자기를 구별
- 자기통제와 복종(self control; social skill)

② 학령기의 발달과업
- 학교에 적응(출석, 적절한 행동)
- 학업능력(읽기, 계산하기, 과제수행하기 등)
- 친구들과 잘 지내기(수용, 친구사귀기)
- 규칙에 맞는 행동하기(도덕적 행동과 친사회적 행동에 대한 사회적 규칙 따르기, 또래관계 유지 등)

③ 사춘기 이후 청소년기의 발달과업
- 중등교육으로의 성공적인 이행
- 학업성취(고등교육과 직업들을 위해 필요한 기술 배우기)
- 특별활동에 참여하기(운동, 사교모임 등)
- 가까운 동성 또는 이성 친구 만들기
- 자아정체감 형성하기(성인으로 살아가기 위한 기술)

2. 정상발달과 뇌 발달의 이해

1) 정상발달의 이해

정상발달에서 벗어난 것으로 이상발달을 본다면 우선 정상발달이 무엇인지 알아야 한다. 발달은 천성과 육성의 지속적인 상호작용의 결과이다. 천성(nature)과 육성(nurture)을 구성하고 이들의 상호작용에 영향을 주는 요인들을 Wener는 맥락개념을 사용하여 설명한다.

(1) 아동의 일반적 발달에 영향을 주는 맥락들(Wener, 1994)

1 시간 맥락

시간의 흐름에 따른 변화를 말하며 연령, 단계 등으로 설명한다.

2 개인 내 맥락

개인이 가지고 있는 여러 가지 심리적 특성들, 즉 인지, 성격, 행동 등을 말하며 가장 많은 발달적 자료를 포함한다.

3 개인 간 맥락

개인 간의 상호작용으로 아동의 경우 그들의 의존성으로 인해서 성인보다 더 많은 영향(부모－자녀관계, 교사와의 관계, 또래관계 등)을 받는다.

4 상위 맥락

가족, 집단, 사회계층, 문화와 같이 개인의 모임으로써 각 개인의 발달에 영향을 주는 것으로 비정상적 가족기능, 그룹의 영향 등이 있다.

5 기질적 맥락

이상발달과 관련된 여러 가지 신체적 특성 등으로 유전적 자료, 뇌와 신체의 구조와 기능, 기질 등이 있다.

이 모든 맥락들은 서로 상호작용한다. 그리고 시간의 흐름에 따라 상호작용은 변화한다. 이 점진적이고 지속적인 상호작용을 교류접근이라고 한다.

(2) 발달장애와 관련이 있는 정상발달의 주요 측면들(Wener, 1994).

정상발달의 중요한 부분은 아동을 인간환경과 연결하는 것으로 여기에 속하는 중요한 열 개의 변인은 애착, 주도성, 자기－통제, 양심, 인지, 불안, 성, 공격성, 사회적 관계, 일이다. 아동들의 발달에 영향을 주는 중요한 요인은 사회적 환경과의 관계이며 이 관계에서 어려움을 가질 때 발달장애로 발달할 수 있다.

2) 발달장애의 신경심리학

인간의 행동이나 마음의 작용은 뇌의 신경생리적 작용과 밀접하게 관련되어 있다. 따라서 뇌의 구조나 기능에 문제가 생기면 행동, 정서, 인지 기능에도 문제가 생긴다. 발달장애에 대한 신경심리학적 접근에서는 발달장애의 원인을 뇌기능 장애의 관점에서 이해하고자 한다. 이러한 접근을 통해 발달장애 유아들이 나타내는 다양한 인지적, 정서적 기능 특성뿐 아니라 조기 특수교육이나 재활 훈련의 효과에 대한 이해도 높일 수 있을 것이다.

오늘날에는 전보다 많은 심리학자들이 특수교육이나 재활치료 등의 문제들을 다룰 때 신경심리학 지식이 유용하다는 것을 인식하고 있다. 사실 건강하고 정상 기능을 가진 유아들을 가르칠 때는 유아들의 인지 기능 및 행동의 신경생리적 기초를 잘 몰라도 상관이 없다. 그러나 뇌손상이 있거나 어떤 형태로든 뇌기능 장애를 나타내는 유아들을 가르치고 지도하면서 뇌에 대한 지식이 없다면 본의 아니게 유아에 대한 이해를 못하거나 지도를 잘 못하는 일이 발생할 수 있다.

한 예로 학습장애에 대한 개념이 명확해지기 전까지는 이를 정신지체와 같은 것으로 간주하여 학습장애 학생들이 필요로 하는 훈련과 교육을 제대로 제공하지 못하였다. 이제는 학습장애가 정신지체와 다르며 특정 감각기능이나 언어기능, 운동기능 등에 장애가 있어 학습 과정이 정상적으로 일어나지 못하므로 학업성취 수준이 떨어지는 것이라는 이해가 확산되었다.

대부분의 학습장애 학생들은 뇌손상을 입은 것이 아니지만 뇌의 어떤 영역에서인가 그 기능을 충분히 수행하지 못하고 있거나 언어 또는 수 처리와 같은 특정 정보처리 과정이 제대로 이루어지지 못하고 있을 가능성이 있다. 뇌가 손상되었을 때 나타나는 지각, 인지, 운동 기능의 다양한 장애를 이해하면 뇌기능 장애로 인한 행동장애를 쉽게 이해할 수 있을 것이다.

뇌기능과 행동 간의 관계를 이해하려면 다음과 같은 세 단계의 과정을 이해할 필요가 있다.

① **감각 입력단계** : 감각 신경이 담당하는 데 신체의 각 부위를 통해 들어오는 다양한 감각 정보(시각, 청각, 촉각 등)를 뇌까지 전달한다.

② **정보의 통합, 해석, 인식, 저장, 인출단계** : 뇌로 전달된 정보를 의미 있게 해석하는 과정으로서 대뇌피질이 특히 많이 관여한다.

③ 운동신경과 골격근의 연결을 통한 행동 산출단계 : 뇌에서 신체 각 부위로 운동명령을 전달하는 운동신경에 의해 수행된다.

모든 행동은 입력단계, 정보통합 단계, 행동 산출단계를 통해 이루어진다. 만일 대뇌피질에 문제가 있다면 정보의 통합과 해석 과정이 이루어질 수 없으며, 운동신경 계통에 문제가 생기면 학업에 필요한 암송이나 표현, 동작 등을 제대로 할 수 없게 된다. 이러한 현상 혹은 기능 장애가 구체적으로 어떻게 나타나며 뇌와 어떤 관련성이 있는가를 이해해야 한다. 뇌 신경계의 대략적인 구조와 기능을 이해한다면 뇌손상이나 뇌기능 장애로 인해 아동이 겪게 되는 문제들을 극복하거나 보완하는 데 도움을 줄 수 있다. 또한 뇌 발달 과정과 뇌가 가지고 있는 발달 가소성에 대한 이해를 통해 발달장애 아동에 대한 재활치료가 가져올 수도 있는 뇌기능의 변화 가능성에 대해 생각해 보는 것도 재활 및 장애인 복지 분야에서 일하는 분들에게 도움이 될 것으로 믿는다.

(1) 뇌의 구조와 기능

뇌는 크게 두 덩어리로 나뉘어져서 그 각각을 반구라고 부르는데 좌측을 좌반구, 우측을 우반구라고 한다. 두 반구는 대략 대칭적인 형태를 하고 있으며 뇌량이라고 하는 긴신경섬유에 의해 연결되어 있다. 이 밖에도 뇌는 겉으로 드러나지 않는 여러 하위 영역으로 구분되는 데 크게 전뇌, 중뇌, 후뇌의 세 부분으로 나누어 볼 수 있다.

1 전뇌

전뇌는 뇌의 제일 위 부분에 해당되며 대뇌피질 영역과 피질하 영역으로 다시 구분할 수 있다. 대뇌피질은 대뇌반구의 표면에 해당하는 넓은 면적을 가진 부위인데 인간의 행동을 결정하는 주요 정보처리가 이루어지는 곳이다.

피질하 영역은 대뇌피질의 아래쪽으로 뇌의 깊숙한 곳에 위치하며 변연계와 기저핵, 시상 등이 이 영역에 속한다.

① 피질 영역

인간의 대뇌피질은 다른 어떤 동물보다도 면적이 넓으며 구불구불 주름진 형태를 하고 있다. 주름을 모두 폈을 때의 피질 면적은 약 0.25㎡로서 대략 신문지 한 면 정도이며 두께는 약 1.5~4㎜ 정도다. 이처럼 얇은 대뇌피질은 전자현미경으로 관찰해 보면 6개의 세포층으로 되어 있어 표면에 가까운 바깥층인 1~3층의 뉴런들은 대개 다른 피질 영역의 뉴런들과 연결을 맺고 있으며, 다른 어떤 포유류보다도 인간에게서 가장 잘 발달되어 있어 여러 감각 양식이나 정보, 기능 간의 통합을 용이하게 한다. 안쪽의 5~6층 뉴런들은 피질에서 내려진 결정(즉, 운동명령)을 내보내는 일을 주로 담당한다. 제4층의 뉴런들은 신체 각 기관으로부터 시상을 통해 들어오는 감각정보를 받아들이는 역할을 한다. 이러한 층 구조는 태아기부터 발달하기 시작하여 출생 후 2년 무렵까지 계속된다.

대뇌피질은 전두엽, 두정엽, 측두엽, 후두엽 등 4개의 영역으로 구분한다. 전두엽은 이마쪽에 가까운 부분으로 어떤 일을 의지적으로 계획, 통제 혹은 판단하는 일 등이 주로 이곳에서 이루어지며, 특히 신체 각 부위에 대해 운동 명령을 내리는 역할을 담당하는 일차 운동피질이 위치한 곳이다. 두정엽은 공간지각 및 주의(attention) 기능을 관장하는 곳이며 신체 각 부위로부터 올라온 체감각 정보가 제일 먼저 전달되는 일차 체감각 피질이 위치하는 곳이기도 하다. 예를 들어 오른쪽 두정엽 손상이 오면 공간상에서 왼쪽의 방향감각이 상실되어 오른쪽 바짓가랑이에 두 다리를 넣는다든지, 오른쪽으로만 가는 현상이 나타난다. 측두엽은 언어이해 기능에 관여하며 소리 정보를 처리하는 일차 청각피질이 자리하고 있다. 후두엽은 머리 뒤쪽에 위치하고 있는데 시각 정보를 처리하는 시각피질이 이곳에 속한다.

대뇌피질 가운데 신체의 감각 및 운동기관과 직접 정보를 주고받는 영역을 일차 감각운동 피질이라고 한다. 그 이외의 영역은 연합피질이라고 하는데 일차 피질에서 처리된 각종 정보들이 통합되거나 보다 심층적인 처리가 이루어지는 곳이다. 연합피질은 일차 피질에서 처리된 단편적인 감각 정보(예컨대, 수직선이나 수평선 등)를 통합하여 의미 있는 정보(사각형, 더 나아가 성냥갑이나 책상)를 구성할 뿐 아니라 서로 다른 감각 정보를 통합하여 우리가 최종적으로 느끼는 총체적 경험을 가능하게 한다.

② 피질하 영역

피질하 영역에 속하는 변연계는 해마와 편도체로 이루어져 있는데 해마는 학습과 기억에서 중요한 역할을 담당하고 편도체는 정서 행동에 관여한다. 기저핵은 주로 운동 통제에 관련되는 데 특히 주의력결핍과잉행동장애(Attention Deficit Hyperactivity Disorder : ADHD) 아동의 경우 우측 전두엽과 기저핵의 이상이 일관성 있게 발견되었다. ADHD 아동은 기저핵의 일부인 꼬리핵과 창백핵의 크기가 평균보다 작을 뿐 아니라 꼬리핵의 비대칭성도 정상인과 반대로 나타났다.

시상과 시상하부도 전뇌에 속하는 주요 구조물이다. 시상은 신체 각 부위로부터 대뇌피질로 전달되는 거의 모든 정보가 거쳐 가도록 되어 있어 정보의 중계센터로 부르기도 한다. 시상하부는 시상의 바로 아래에 위치하며 신체의 여러 요구에 부응하여 자율신경계와 내분비계를 통제함으로써 유기체의 생존에 필요한 여러 가지 조절 기능을 수행한다.

2 중뇌

중뇌에는 시각 신경계의 일부인 상소구와 청각 신경계의 일부인 하소구가 포함되어 있다. 상소구나 하소구에서 처리되는 정보는 피질 영역에서 처리되는 정보만큼 상세하지는 않지만 주변에서 일어나는 시각 혹은 청각적인 변화를 재빠르게 감지해서 필요시 세부 정보처리가 가능하도록 돕는다. 이 밖에 운동 기능과 관련된 적핵, 흑질, 그리고 수면과 각성주기를 조절하는 망상체 등도 중뇌의 일부이다.

3 후뇌

후뇌는 소뇌와 뇌교, 연수로 이루어져 있다. 소뇌는 신체 각 부위의 모든 감각 정보와 뇌의 명령에 따른 모든 근육 운동 정보를 받아서 운동의 흐름을 조정하는 역할을 한다. 따라서 소뇌에 손상을 입게 되면 움직임이 과장되거나 섬세하게 조정되지 못하는 특성을 나타내게 되고 운동 학습이 불가능해진다. 예컨대 두 손가락 끝을 마주 대는 것과 같은 섬세한 동작을 만드는 것이 특히 어려워지며, 술을 잔에 따른다거나 먹을 것을 집어서 입에 넣는 것과 같이 목적이 있는 행동을 할 때 손 떨림이 생긴다.

뇌교는 소뇌 앞쪽으로 연수의 바로 위에 위치하는 데 뇌의 다른 영역과 소뇌를 연결하는 신경회로가 많이 들어 있으며 망상체의 일부가 포함되어 있다. 연수는 그 끝이 척수와 맞닿아 있어서 신체 각 부위로부터 올라와 시상을 통해 피질 영역으로 전달되는 각종 체감각 정보가 이곳에서 시냅스를 이룬다.

(2) 뇌 발달

신생아의 뇌는 약 350g으로 성인 뇌의 1/4 정도의 크기를 나타낸다. 생후 첫 1년 동안 뇌는 매우 빠른 속도로 발달하는 데 과거에는 일부 회로의 수초화를 제외한 모든 뇌 구조의 발달이 출생 후 첫 2~3년 동안 거의 완료되는 것으로 알려져 있었다. 그러나 연구 결과, 시냅스의 가지치기를 통한 보다 정교한 뇌 회로의 발달이 아동기 전체에 걸쳐 계속된다는 것이 분명해졌다. 사람은 다른 동물에 비해 임신 기간이 길 뿐 아니라 출생 이후의 뇌 발달 기간도 매우 길어서 이 기간 동안 피질의 영역별, 층별 분화가 한껏 이루어질 수 있다.

뇌 발달의 가장 특징적인 패턴은 "과잉생산 후 가지치기(blooming & pruning)"로 요약될 수 있다. 먼저 필요 이상으로 많은 뉴런들을 만들어 놓은 다음 사용되지 않거나 불필요한 부분을 버리는 방식이다. 이러한 패턴은 뉴런, 시냅스, 수상돌기 등이 형성되고 성숙되어 가는 과정에서 공통적으로 관찰되는데, 임신 5~7개월 무렵이면 각 개인이 평생 동안 사용할 뇌세포가 모두 만들어진다. 즉 사람은 누구나 태어날 때 개개인의 고유한 뇌를 조각할 커다란 뇌세포 덩어리를 만들어 가지고 나오는 것이다.

뇌세포는 우리 신체의 다른 부분을 구성하는 세포와 달리 죽거나 손상되어도 재생되지 않기 때문에 출생을 전후한 시기에 가장 많고 그 이후로는 줄곧 감소한다. 이들 뇌세포에서 축색과 수상돌기가 돋아나고 이들이 서로 연결되어 시냅스를 만들 때에도 거의 무작위로 과잉 생성한 다음 사용되지 않는 축색이나 수상돌기, 시냅스가 없어지는 방식이다. 출생 이후 더 이상 생성되지 않는 뉴런과 달리 수상돌기나 축색의 분지, 시냅스 등은 성인이 된 이후에도 얼마든지 새로 만들어질 수 있다.

발달과정을 통해 필요한 만큼의 뉴런과 시냅스를 만들어 나가는 대신 일단 많이 만들어 놓고 불필요한 것을 버리는 방식으로 뇌의 구조와 기능을 다듬어 가는 것은 나름대로의 장점을 지닌다. 발달이라는 맥락에서 가장 큰 장점은 불확실한 환경변화에 대응할 수 있는 잠재력을 극대화한다는 점일 것이다. 또한 시냅스의 과잉 형성을 통해, 신경계를 구성하는 천문학적 숫자의 시냅스를 정밀하게 프로그래밍해야 하는 유전자의 부담을 덜어 주는 효과도 있을 것으로 보인다.

뇌 발달 과정은 대체로 뉴런의 증식, 피질 영역으로의 이동과 분화, 시냅스의 발달, 시냅스와 뉴런의 선택적 소멸의 4단계로 이루어진다고 알려져 있다.

1 뉴런의 증식

뉴런은 신경관 내부의 뇌실벽 주변에서 만들어지는 데 대략 임신 5~7개월이면 증식이 끝난다. 이 때 만들어지는 뉴런은 실제로 뇌에서 필요로 하는 양보다 훨씬 많은데 이 가운데 사용되지 않는 뉴런은 자연스럽게 죽어 없어진다. 일생을 통해 뉴런이 만들어지는 시기는 이때 뿐이며, 그 이후로는 지속적으로 뉴런이 감소한다.

뇌실벽 주변 영역마다 세포가 만들어지는 시기가 다를 뿐 아니라 나중에 이들 세포가 이동하여 갈 피질 영역도 각기 다르고 이동 시기도 다르기 때문에 조기 뇌손상이나 뇌 발달 이상이 발생할 경우 그 시기에 따라 영향받는 뇌 영역이나 뇌세포의 종류가 달라지고 따라서 기능 장애의 유형도 달라진다.

2 세포의 이동과 분화

뇌실벽 주변에서 만들어진 뉴런은 때가 되면 정해진 피질 영역으로 이동하여 자리를 잡는다. 세포가 이동하는 동안 매우 빠른 속도로 축색이 자라기 시작하며 세포가 목적지에 도달하면 수상돌기가 만들어지기 시작한다. 수상돌기는 환경의 영향을 크게 받는 것으로 알려져 있다. 예를 들면 정신지체아의 피질 뉴런은 비정상적으로 길고 가느다란 수상돌기 가시를 나타내며 정신지체 정도와 수상돌기의 비정상 정도 간에 상관이 있다는 연구 결과가 있다. 뿐만 아니라 쥐를 풍요로운 환경에서 기르면 박탈 환경에서 기른 쥐에 비해 피질이 더 두껍고 수상돌기가 많아진다는 증거도 있다.

3 시냅스 형성

뉴런의 이동이 완료되면 시냅스가 형성되면서 뉴런과 뉴런간의 연결망이 갖추어진다. 뉴런이 처음에 과잉 생산되는 것과 마찬가지로 시냅스 연결 역시 초기에 과잉 형성되어 출생 후 첫 1년 동안 지속적으로 증가한다. 수초화도 이 시기에 이루어지는데 일반적으로 어떤 회로가 수초화하는 것과 때를 같이하여 그 기능도 활성화된다. 좌반구와 우반구를 연결하는 신경섬유인 뇌량이나 고등 인지 기능을 담당하는 전두엽과 연합 피질 영역의 수초화는 사춘기 무렵이 되어야 완성된다. 수초화는 성인이 된 뒤에도 계속되는 것으로 알려져 있다.

시냅스의 형성은 모든 뇌 영역에서 한꺼번에 이루어지는 것이 아니라 영역별로 차례차례 이루어진다. 예를 들면 시각 피질에서는 1살 무렵에 시냅스 밀도가 최고 수준에 도달했다가 4살 이후에 급격히 감소하여 11살에 성인 수준에 도달하는데 전두 피질의 경우는 5~7살이 되어야 시냅스 밀도가 감소하기 시작하고 16살 무렵에 비로소 성인과 유사한 수준이 된다.

4 시냅스와 뉴런의 선택적 소멸

과잉 증식된 뉴런과 수상돌기, 축색, 시냅스는 사용되지 않으면 자연스럽게 가지치기가 이루어져 소멸하게 된다. 시냅스의 연결은 자주 사용하면 강해지고 사용하지 않으면 약해지는 특성을 지니고 있기 때문에 환경적인 영향을 많이 받는다고 할 수 있다. 시냅스는 유·아동기뿐 아니라 성인이 된 이후에도 경험이나 훈련, 학습 등에 의해서 새롭게 형성될 수 있다.

뉴런이나 시냅스가 많을수록 기능도 고도화할 것 같지만 반드시 그렇지는 않다. 쉬운 예로 성인의 인지 능력이 아동보다 뛰어나지만 시냅스 밀도는 영아들보다 낮으며, 몇몇 정신지체 사례에서는 정상인보다 오히려 더 많은 시냅스가 관찰되었다. 또한 일부 학습장애아동의 경우 사후 부검 결과에서 정상 크기보다 작은 뉴런들이 특정 영역에 비정상적인 덩어리를 이루고 있는 것이 발견되기도 하였다. 나이가 들어도 환경에 의해 뇌구조나 모양이 변한다.

(3) 경험과 뇌 발달(뇌 발달 가소성)

초기의 뇌 발달은 유전자가 제공한 회로 도면에 의해 이루어지지만 그 회로가 기능하기 위해서는 스위치를 눌러 주는 환경 자극이 반드시 있어야 한다. 아무리 정교하게 잘 만들어진 전기회로라 하더라도 스위치 연결이 되지 않는다면 쓸모가 없을 뿐 아니라 오랜 시간 동안 스위치를 연결하지 않은 채 방치하게 되면 결국 녹슬고 단절되어 버려질 것이다. 반면에 정해진 도면에 따른 회로가 만들어지지 않은 상태에서 스위치만 연결되는 경우도 생각해 볼 수 있을 것이다. 이 경우 역시 회로 기능이 제대로 발현되리라고 기대할 수 없다. 이 간단한 예를 통해 유전 요인과 환경 요인 가운데 어느 한 가지가 빠져도 뇌의 구조적, 기능적 발달이 제대로 이루어질 수 없음을 쉽게 이해할 수 있을 것이다.

뇌는 발달과정에서 실제 필요보다 훨씬 많은 수의 신경세포와 신경연결을 먼저 만들고 나서 불필요하거나 필요하지 않는 신경세포와 신경연결이 소멸하는 방식으로 뇌 회로의 정교화를 이루어 간다. 그 때문에 뇌는 특히 경험 혹은 환경의 영향을 많이 받게 되며 발달 초기의 결핍은 치명적인 결과를 초래할 수도 있다. 그러나 발달 중인 뇌에 손상이 생길 경우에는 필요 이상 많이 만들어진 신경세포와 신경연결이 도움이 되기도 한다. 손상된 세포와 신경연결을 대신할 수 있는 여분이 많은 까닭이다. 뿐만 아니라 개인의 고유 경험을 통해 개개인에게 고유한 신경연결이 형성될 수도 있다. 이러한 이유로 뇌의 큰 구조는 누구에게나 동일할지라도 세부적인 특성은 사람마다 다르다. 이처럼 환경적 영향에 의해 뇌의 구조가 변화할 수 있는 가능성을 가소성(plasticity)이라고 하는데 발달 중인 뇌의 가장 큰 특성이 바로 이 가소성이라고 할 수 있다.

기능적 측면에서 볼 때 가소성에는 두 가지 유형이 있다. 뇌손상으로 인한 기능장애로부터의 회복을 가능하게 만드는 가소성은 손상된 뇌 영역에서 담당하던 기능을 그 주변의 다른 영역이 대신 수행하게 되는 것을 말하는 데 기능을 대행하는 영역에 과잉 형성된 시냅스가 아직 소멸되지 않고 남아 있어야만 가소성이 발현될 수 있다. 따라서 성인기에 발생한 뇌손상보다 아동기에 발생한 뇌손상으로 인한 기능 장애가 훨씬 회복이 쉽고 그 정도도 덜하다. 예로 어릴 때 좌반구에 손상을 입게 되면 보통 사람의 경우 좌반구에 발달하는 언어 기능이 우반구에 발달하게 되는 것이다. 성인이 되면 좌반구 손상 후 우반구가 언어 기능을 대신할 것이라는 기대를 할 수 없다. 발달과정에서 우리가 흔히 민감기라고 일컫는 시기는 바로 이러한 가소성이 가능한 때를 가리킨다.

두 번째 가소성은 예를 들면 청각장애인의 시각 정보처리 능력이 장애인이 아닌 사람들보다 더 뛰어난 경우에서처럼 특정 기능에 대한 요구가 많을 때 나타난다. 즉 특정 기능을 반복적으로 활용함으로써 그 기능과 관련된 피질에 구조적 변화가 일어나는 것이다.

뇌의 발달 가소성은 발달장애 아동이 특수 훈련과 치료를 통해 어느 정도의 기능 회복을 나타내는 것이 어떻게 가능해지는가를 설명해 주는 기제라고 할 수 있다. 인간의 뇌는 환경적 불이익에 대응하여 얼마든지 능동적, 적극적으로 변화할 수 있기 때문이다(손영숙, 2001).

3. 생애 주기별 발달장애

1) 태내기의 발달장애

(1) 유전자와 염색체의 문제

작은 수정란으로부터 신장 2천5백배, 체중 7억 5천만배로 성장하는 태내기에는 많은 발달장애 가능성이 내재되어 있다.

인간의 세포는 23쌍, 46개의 염색체가 있으며, 22쌍이 상염색체, 한 쌍이 성별을 결정하는 성염색체다. 염색체에는 유전자가 포함되어 있어 그 유전자에 따라서 질병이 나타나는 경우가 있다. 상염색체의 유전자에 따른 질병으로 소두증, 페닐케톤뇨증, 혈우병, 색각이상, 신성요붕증 등이 있다.

표 1-4 주요 유전자 질환표

Ⅰ. 상염색체 우성 유전 결핵성 경화증 (지능장애를 주 특징으로 함) 선천성 백내장(시각장애) 골형성 부전증(운동장애) 진행성 근위축증; 안면 견갑상 완성(운동장애)
Ⅱ. 상염색체 열성 유전 소두증(지능장애를 주증상으로 함) 유전성 난청(청각장애) 페닐케톤뇨증(지능장애) 선천성 어린선 진행성 근위축성; 지대형 (운동장애)
Ⅲ. 반성 열성 유전 혈우병 진행성 근위축증; 가성비대형(운동장애) 색각이상

* 출처 : 박랑규 · 이은주(2004); 石部, 1986), 재인용.

유전자에 따른 질환 외에 염색체의 수나 위치의 이상에 따른 장애가 있다. 상염색체의 이상에 따른 것으로 다운증후군, 고양이 울음증후군 등이 있으며, 성염색체의 이상에 따른 것으로 터너증후군, 클라인펠터증후군 등이 있다.

이러한 장애는 출생 후의 발달에 큰 영향을 미치나, 조기 치료에 의해 개선되는 경우도 있다. 예를 들어 페닐케톤뇨증은 큰 지능장애를 발생시키는 질병이지만, 출생 직후 저페닐아라닌식(저지방 우유 등)을 함으로써 예방이 가능하며, 신성요붕증은 혈액 속에 과도한 염분을 약물로 배설시키면, 정신발달이 늦는 것을 미연에 방지할 수 있다. 또한 갑상선기능저하증은 갑상선 호르몬 투여로 개선될 수 있다. 갑상선 기능저하에 따른 지능장애는 생후 6개월 이전에 치료를 시작하면 대부분의 보통 수준의 지능까지 개선될 수 있다고 알려져 있다.

(2) 외부로부터의 영향

임신 초기는 여러 가지 기관이 형성되어 가는 시기이므로 이 기간에는 외부 세계로부터의 자극에 따라서 큰 장애가 발생될 가능성도 있다.

외부로부터의 모든 자극에 의해 영향을 받는다고 해도 과언이 아니나, 특히 영향을 받기 쉬운 것으로 바이러스 등 병원체로부터의 감염, 약물, 방사선 촬영, 산소결핍 등이 있다. 어머니가 임신 3개월 이내에 풍진에 감염되면 난청, 구순열, 뇌성마비, 정신지체 등을 일으킬 가능성이 있다. 또한 가축이나 애완동물이 주로 가지고 있는 토키소프라스마 원충에 감염될 경우, 시력장애, 뇌성마비, 간질, 정신지체 등이 발생할 수 있다. 또한 인플루엔자나 유행성 이하선염도 태아에 영향을 줄 수 있다.

약물의 영향으로는 사리드마이드 등의 수면약이나 감기약 조차 여러 가지 기관에 장애를 발생시킨다고 하며, 마약은 매우 큰 영향을 미친다. 방사선 촬영으로 인해서 소두증이나 정신지체가 발생하기도 한다. 또한 어머니가 산소결핍 상태에 이르면 태아의 뇌 발달에 악영향이 있다고 알려져 있다.

그 외에도 담배나 술이 태아의 발달에 지장을 주기도 하며, 때에 따라서 사산의 원인이 된다고도 한다. 커피 등의 카페인 음료도 다량 섭취할 경우, 악영향이 있다고 한다. 담배를 피우는 여성의 경우 비흡연자보다 저체중아 출생의 위험률이 약 2배가 된다고 한다.

이러한 생물학적 영향만이 아니라 최근 문제가 되고 있는 것으로서 심리적 영향이 있다. 특수한 심리적인 스트레스가 큰 영향을 준다. 그렇기 때문에 임신 중에는 항상 안정된 정신상태로 있는 것이 중요하다. 그러기 위해서는 가족 전원이 어머니를 심리적으로 뒷받침해 주는 것이 필요하다.

태아는 모체를 통해서 여러 가지 영향을 받으나, 그 영향은 임신 중 어느 시기인가에 따라 정도가 다르며, 전부가 영향을 받는다고는 할 수 없다. 그러나 장애의 발생과정은 아직 세세한 부분까지는 알 수 없기 때문에 악영향이 있을 법한 것은 모두 조심해야 한다. 임신 초기의 기관 형성기에는 특히 큰 영향을 받으며, 유산이나 출생 후 심각한 발달장애가 될 수 있으며, 임신 중기나 후기에도 저체중아 출산이나 조산을 유발한다. 태내기 동안에 비해 발육이 나쁘고, 체중이 적은 경우를 SFD(Small For Days; 저체중아)라고 하며, 체중이 무거운 경우를 LFD(Large For Days : 과체중아)라 하여, 어느 쪽도 경과에 주의가 필요하다. 최근에는 태아의 진단법이 발달하여, 태내의 모습을 잘 알 수 있게 되었으므로 정기적인 임산부 건강진단을 받는 것이 중요하다.

2) 신생아기의 발달장애

(1) 신생아기의 질병

신생아기는 일생에 있어 가장 사망률이 높은 시기다. 이 시기에는 여러 가지 감염이나 질병에 주의하지 않으면 안 되나 그 중에서도 발달장애를 일으킬 가능성이 있는 것으로는 신생아 가사, 두개 내 출혈, 중증황달을 들 수 있다. 신생아 가사란 무산소증이라고도 불리며, 출산 시 태반 조기박리, 난산, 조산, 제왕절개 등이 원인으로 발생하며, 심장박동이 있으나, 호흡하고 있지 않은 상태를 말한다. 이 때 뇌가 무산소 상태가 되기 때문에 신경세포가 파괴되어 뇌성마비, 정신지체, 간질 등이 되는 경우가 있다. 두개 내 출혈은 진통미약, 산도협착 겸자분만이 원인으로 발생하는 외상성 출혈과 무산소성 출혈이 있다. 두개 내 출혈은 뇌성마비, 정신지체, ADHD(주의력결핍과잉행동장애)가 되는 경우가 있다.

중증황달이란 혈액 중에 담즙색소(비리루빈)가 증가해 그 수치가 이상적으로 높은 경우를 말한다. 신생아에게는 생리적인 황달이 있으나, 중증황달의 경우에는 비리루빈 수치가 높아 뇌의 심부에 침전하여 뇌의 기능장애를 일으키는 핵황달이 되는 경우가 있다. 조산, 호흡장애, 난산 등이 원인으로 발생하며, 어머니와 자녀의 혈액형 부적합 경우에는 신생아 용혈성 질환을 동반한다. 핵황달의 후유증으로 뇌성마비, 청각장애, 정신지체가 되는 경우가 있다.

이처럼 신생아기는 여러 가지 장애가 발생하기 쉬운 시기이지만 최근의 의학 발전에 따라 예방이나 치료가 가능해지고 있다. 임산부 건강진단이나 신생아의 검사로 조기 발견이 가능해졌으며, 의료 기술과 신생아 집중 치료실 등의 설비가 비약적으로 발전한 것이다.

(2) 신생아기의 어머니와 자녀관계

신생아기는 어머니와 자녀의 정서적인 관계가 형성되는 기간이며 신생아기에 어머니와 자녀의 교류가 없어 어머니와 자녀의 정서적인 관계가 형성되지 않으면, 어머니는 아이에게 애정을 갖지 않고 어머니로서의 돌보는 것을 하지 않게 되며, 아이도 어머니에 대한 애착 행동이 생겨나지 않는다고 한다.

Stapleton(1984)과 Klaus와 Kenell(1982)은 출산 후에 어머니와 아이의 접촉이 적으면, 어머니와 자녀의 정서적인 관계가 형성되지 않는 예를 많이 들고 있다. Klaus와 Kenell(1982)은 미숙아나 신생아기 때 애착과는 관계가 없는 병으로 병원에 입원했던 아이들 중에 기질성 질환이 없음에도 불구하고 발육 불량이 보이기도 하며 부모에게 학대당한 사례가 많다는 사실을 알게 되었다. 예를 들면 신성요붕증, 애정결핍 왜소증이라 불리는 것이 있다. 이것은 어머니가 아이에 대한 양육 행동 시에 애정을 가지고 있지 않았기 때문에 발생하는 상태로 애정 깊은 보살핌을 받지 못했던 아이는 정신뿐만 아니라 신체적인 성장까지도 늦어진다는 것이다. 또한 아이를 학대하는 어머니의 경우, 출산 직후 어머니와 자녀의 접촉이 적었던 경우가 많다는 것도 알 수 있었다.

현재 많은 병원에서 신생아는 감염을 방지하고 건강하게 기르기 위해 신생아실에서 기르고 있다. 그리고 특히 미숙아나 어떤 병에 걸려 있는 신생아는 감염되기 쉽기 때문에 어머니로부터 분리되어 신생아실에 있으며, 심지어는 보육기에 들어가 있거나 어머니를 포함한 모든 성인과의 접촉이 금지되고 있다. 이 때문에 신생아기에 어머니와 자녀 교류가 적어지고 있으며, 어머니와 자녀의 정서적인 연결이 형성되기 어려워지고 있다. 그러나 최근에는 출산 후 곧바로 어머니의 방에 아이를 데리고 가 어머니와 자녀가 같은 방을 쓰게 한다든지, 어머니와 자녀 접촉 기회를 늘린다든지 하는 등의 방법이 연구되어지고 있다. 물론, 실제로는 신생아기에 접촉이 적었던 모든 어머니와 자녀가 정서적인 관계를 형성하지 못하는 것은 아니다. 인간은 적응성이 높아 부모-아동의 끈이 형성되는 데에도 많은 요인이 작용하게 된다. 그러나 신생아기의 어머니와 자녀의 접촉은 중요하며, 이 기간의 어머니와 자녀의 분리는 여러 가지 장애의 원인이 될 가능성이 있다(박랑규 · 이은주, 2004).

3) 영유아기의 발달장애

(1) 영아기의 질병

영아기(infancy)는 소화불량증이나 철분, 비타민 등의 결핍증 외에도 영양에 관한 장애가 발생하기 쉬운 시기다. 영아기에 영양 장애를 일으키면 뇌세포 발달에 영향을 주게 된다. 그 결과 정신 발달에도 장애가 발생한다. 그러나 최근에는 영양에 대한 지식도 늘었으며, 영아 건강검진도 정기적으로 받기 때문에 영아기의 영양 장애는 줄어들고 있다. 한편 생후 6개월을 넘으면 어머니로부터 받아왔던 면역이 없어지면서 그와 함께 이유기에 따른 신체변화로 인해 저항력이 감소하므로 전염성 질환에 걸리기 쉽다.

(2) 영아기의 어머니와 자녀관계

신체적인 질환으로부터 발생하는 발달장애만이 아니라 양육자와의 정서적인 관계인 애착발달이 매우 중요하다. 또한 아이가 정서적인 관계를 갖고 특정인에게 접근해

가는 행동을 애착행동이라 하며, 특정인에게 애착을 갖는 것이 아이의 안정된 정서 발달을 촉진시키며 그 후의 대인관계에까지 영향을 미친다고 하였다.

애착이 올바로 발달해 가기 위해서는 어머니와 자녀간의 상호관계가 중요하며, 어머니가 아이의 보살핌을 충분히 행하는 것이 기본적으로 필요하다. 아이는 모성적인 보살핌을 받으면서 애착이 생겨난다. 만약 특정인에 대한 애착행동이 생겨나지 않으면 정신병리학적 문제가 발생하게 된다. 애정이 담긴 보살핌을 받지 못했던 아이들은 정신적으로 발달이 늦어지는 것 뿐만 아니라 신체적으로 심하면 생명에까지 위협을 주는 문제가 발생하게 된다.

이처럼 어머니와 아이와의 관계는 매우 중요한 것이므로 사람의 손이 부족한 시설 등에서는 시설병(hospitalism)이라고 하는 발달장애가 생기는 경우가 있다. 시설병이란 아이가 어머니로부터 떨어져 시설에 수용되면 사람에 대한 관심이 없어지고 식욕부진, 구토, 설사 등을 일으켜 다른 병에 감염되기 쉬운 상태가 되거나, 운동기능 발달이나 언어발달의 지체가 보이는 것을 말한다. 또한 가정에서도 어머니가 아이로부터 요구를 무시하고 어머니의 생활 리듬을 우선하면, 처음에는 울면서 요구하지만 그것이 소용없다는 것을 알게 되면서부터는 요구를 하지 않는 아이가 된다. 그 상태를 순하고 착한 아이라고 생각하는 어머니가 있으나, 이는 정신 발달의 지체를 유발하기도 한다.

또한 남편이나 가족과의 관계 등으로 어머니의 정서가 불안정하게 되고 어머니가 아이의 상태에 맞추어서 적절하게 대응하는 것이 불가능해지면 여러 가지 문제가 발생하기도 한다. 예를 들어 우유를 마시지 않거나, 토하거나, 머리를 벽에 치거나 하는 이상 행동을 일으키는 경우도 있다.

이처럼 영아기에는 아이의 상태에 맞추어 가면서 어머니가 안정된 상태에서 아동에게 따뜻하게 접근해 가는 것이 무엇보다도 중요하다.

그러나 어머니의 성격이나 생각 차이로 인해 아동과의 접촉이 적으면 이후의 발달에 문제가 생기기도 한다.

(3) 언어발달 장애

유아기에 들어서면 언어를 획득하고, 다른 사람과 의사소통이 가능해진다. 언어는 타인과의 관계로 발달해 간다. 1세 동안에는 어른으로부터의 상호작용이 아동의 언어발달에 큰 영향을 미친다.

유아기의 정신발달 중에서 특히 중요한 언어발달 장애의 원인으로는 여러 가지가 있으나 鈴木(1974)는 신체발육 부진성 언어지체, 심인성 언어지체, 난청성 언어지체, 정신지체성 언어지체, 뇌성마비성 언어지체, 자폐증에 따른 언어지체, 미세 뇌손상에 따른 언어지체, 단순 언어지체로 분류한다.

(4) 부모-아동 관계 장애

아이가 심신 모두 건강하게 자라는 데에는 어머니뿐만 아니라 아버지와의 관계도 중요하다. 특히 유아기가 되면 걷게 되고, 보고 듣는 것이 많아지면서 여러 가지 감정을 체험하게 되므로, 어머니 이외의 사람과의 직접적인 접촉이 아이의 정서 안정에 큰 영향을 끼친다.

아버지는 어머니와 아이의 관계가 안정되도록 뒷받침하는 것과 동시에 아이와 직접 상호교류하는 기회를 늘리는 것이 중요하다.

다음으로 島田(1975)의 예를 인용하였다(박랑규 · 이은주, 2002).

호준이는 유아공생정신병(Symbiotic Psychosis)이라고 불리는 상태가 되었으나 그 증상이 심해진 이유 중 한 가지는 아버지의 태도와 관계가 있었다.

(5) 유아기 발달 장애

유아기(early childhood), 즉 만 3세 이후부터 만 5세 미만의 유아는 집단생활에 참여하게 된다. 아이는 집단 속에서 친구와의 상호관계이나 협조의 방법을 배워 간다. 가족 이외의 사람과의 교류에 의해 새로운 사회적 역할을 익히게 되는 것이다. 그러나 아이에 따라서는 집단생활에 적응하지 못하는 경우가 있다. 그것은 아이의 사회성 발달의 문제라고 할 수 있다. 그러나 그에 앞서 그 때까지의 부모-자녀관계가 역시 큰 영향을 준다. 등원거부나 집단생활의 부적응 사례들이 나타난다.

특수아동 및 특수교육의 이해

02

1. 특수아동의 이해
2. 특수교육의 이해
3. 특수아동의 교육권 보장
4. 개별화교육계획의 이해

1. 특수아동의 이해

1) 특수아동의 정의

나와, 혹은 우리와 다르다는 것을 인정하고 받아들이는 것은 쉬운 일이 아니다. 즉 다르다는 것이 항상 나쁜 것만은 아니지만 그 다르다는 것이 기능적인 측면이나 사회적 기대의 측면에서 열등하거나 수행 수준이 낮다는 의미로 받아들인다면 다르다는 것을 인정하거나 받아들이는 것은 쉬운 일이 아니다. 그렇다면 무엇이 "같다(정상)"인가 혹은 "다르다(비정상)"는 무엇을 의미하는가. 정상(normal) 혹은 기준(norm) 등은 특정한 장면이나 상황에 의하여 그 의미가 다르게 규정되는 상대적인 개념이다. 단순하게 기준으로부터 일탈된(deviations) 혹은 다른 것을 "비정상"이라고 한다면 많은 문제가 발생한다. 만일 학급 내 다른 아동들의 눈동자가 거의 검은색이거나 갈색이라면 눈동자가 파란색의 아동은 특수아동이 될 것이다. 이것이 과연 옳은가? 그렇지 않다. 학교 교사에게는 아동의 눈동자 색깔은 관심사가 되지 못한다. 그 이유는 그 아동의 교육적 요구를 충족시켜 주기 위하여 학교교육(일반교육)의 수정이나 특별한 교육적 조치가 필요하지 않으며 그 아동 역시 독특하고 특수한 교육적 요구를 가지지 않기 때문이다.

인간은 똑같은 인간으로 존재하지 않는다. 즉 차이가 있다. 그러므로 특수아동을 정의할 때에는 차이가 있고 없고가 아니라 그 유형(types)과 정도(degrees)가 중요하며 교육적으로 특수아동을 정의할 때에는 전술한 바와 같이 교육적 요구가 독특하거나 특수하다는 것에 주의를 두어야 한다. 이와 같이 차이가 발생하고 그 차이가 두드러진 사람에게는 일종의 명칭(lavel, 標札)이 붙게 된다. 이러한 명칭 붙임을 의학에서는 병리적 현상(psychological phenomenon)이라고 하고, 심리학자들은 심리적 이상 특성(psychological abnormal)이라고 하며, 사회학자들은 사회적 일탈(social deviations)로 보고 있는데 비하여 교육학자들은 특수(special)라고 지칭한다.

모든 아동은 신체적인 특성이나 학습능력, 정서적인 상태, 가정환경 등이 서로 다르다. 그 차이가 크지 않은 경우 일반교육 프로그램으로부터 혜택을 받을 수 있으나, 신체적인 특성, 학습능력, 정서적인 상태, 가정환경 등이 다른 아동과는 크게 달라서 독특하고 특수한 교육적 요구(unique & special educational needs)를 가지는 아동을 특수아동(exceptional children)이라 한다. 즉 특수아동은 정신적, 행동적, 언어적, 신체적, 감각적 능력 및 특성이 정상아동과 비교하여 큰 차이가 있어서 그들이 가진 교육적 잠재력을 최대한 발휘하고자 하려면 학교교육(일반교육)의 수정이나 특별한 교육적 조치가 필요한 아동이다(김정권 · 한현민, 1996). 이 용어는 학습문제가 있는 아동은 물론 수행능력이 너무 뛰어나 교육과정이나 교수방법을 수정할 필요가 있는 아동까지 포함한다. 따라서 특수아동이란 학습장애아, 정서장애아, 지체장애아, 감각장애아 및 영재아를 포함하는 포괄적인 용어다.

2) 장애와 특수한 교육적 요구

특수아동에 관련된 우리나라의 법률에서는 특수아동의 범위를 영재아 등은 그 대상자에서 제외하고 "장애"를 가진 아동만으로 정의하고 있다. 우리나라의 장애인 등에 대한 특수교육법(2007)에서의 특수교육대상자의 정의는 다음과 같다.

> 제2조 (정의) 3. "특수교육대상자"란 제15조에 따라 특수교육을 필요로 하는 사람으로 선정된 사람을 말한다.
>
> 제15조 (특수교육대상자의 선정) ① 교육장 또는 교육감은 다음 각 호의 어느 하나에 해당하는 사람 중 특수교육을 필요로 하는 사람으로 진단 · 평가된 사람을 특수교육대상자로 선정한다.
>
> 1. 시각장애　　2. 청각장애
> 3. 정신지체　　4. 지체장애
> 5. 정서 · 행동장애　　6. 자폐성장애(이와 관련된 장애를 포함한다)
> 7. 의사소통장애　　8. 학습장애
> 9. 건강장애　　10. 발달지체
> 11. 그 밖에 대통령령으로 정하는 장애
>
> ② 교육장 또는 교육감이 제1항에 따라 특수교육대상자를 선정할 때에는 제16조 제1항에 따른 진단 · 평가결과를 기초로 하여 고등학교 과정은 교육감이 시 · 도특수교육운영위원회의 심사를 거쳐, 중학교 과정 이하의 각급학교는 교육장이 시 · 군 · 구특수교육운영위원회의 심사를 거쳐 이를 결정한다.

위의 정의에서와 같이 특수아동 혹은 특수교육대상자로 선정되기 위해서는 아동에게 장애가 있어야 한다. 즉 장애가 특수한 교육적 요구를 가지게 된다는 의미다. 그러면 장애는 어떤 의미를 가지는가?

장애는 전술한 "차이"의 개념과 마찬가지로 다양하게 적용될 수 있으며, 그 의미가 광범위하게 쓰여질 수 있는 포괄적인 의미다. 그 의미에 대해 개괄적으로 살펴보면 다음과 같다.

먼저, 손상(impairment)은 주로 의학적 관점에서 적용되는 용어로 원인과는 관계없이 신체의 구조나 외형, 기능의 장애를 의미하며 장애의 1차적 수준으로서 그 이후의 능력 저하, 사회적 불이익의 원인이 되는 것을 의미한다. 시력, 청각, 운동능력 등과 같은 기능 등이 일시적이거나 영구적으로 상실되는 것을 나타내는 용어이며, 시각장애(visual impairment)나 청각장애(hearing impairment) 등의 감각기관이나 정형외과적인 장애(orthopedic impairment) 등의 운동능력기관의 장애영역에 주로 적용된다.

불안(disturbance)이나 혼란(disorder)은 정의적 측면 혹은 심리적 과정의 기능상 장애를 가리키는 용어다. 심리적인 상태나 기능에 불안이 있는 상태를 말한다. 정신분석학에서 일컫는 정서장애(emotional disturbance)나 행동주의 심리학자들이 지칭하는 행동장애(behavior disorder)가 이에 해당된다(한현민, 2003).

능력제한(disability)은 인간으로서 정상적인 태도나 범위 안에서 2차적인 장애수준으로 활동하는 데에 필요한 능력이 손상으로 인하여 발생하는 여러 가지의 능력제한을 의미한다. 즉 손상으로 인하여 생길 수 있는 학습 및 사회적응, 직업상의 수행능력(performance)의 장애를 의미한다. 그러므로 각 개인이 가지는 능력제한의 문제이므로 교육적 개입이 중요하다. 일반적으로 장애아동(child with disability)을 지칭할 때 쓰이며 지적장애(intellectual disability), 학습장애(learning disability) 등과 같이 매우 광범위하게 사용된다.

사회적 불리(handicap)란 장애나 손상을 가진 사람이 외부 환경이나 다른 사람들과의 상호작용을 하면서 직면하는 문제를 말한다. 일종의 환경의 요구로 인하여 발생하는 제한성을 말한다. 즉, 손상이나 불안, 혼란, 능력제한의 결과로서 각 개인이 얻게 되는 불이익을 의미하는데, 연령, 성, 문화적 요인으로 인하여 인간에게 부여된 정상적인 역할 수행이 손상이나 능력제한으로 인하여 방해받게 되는 일종의 사회적 장애를 의미한다. 예를 들어, 휠체어를 사용하는 아동이 엘리베이터가 없으면 계단을 통해 이동할 때에는 사회적 불리를 가질 수 있다. 그렇지만 교실에서 특정한 과목을 학습할 때는 휠체어를 타고 있다는 것이 불리(handicap)가 되지 않을 수 있다. 능력제한으로의 장애(disability)와 사회적 불리로서의 장애(handicap)는 용어 간에는 차이가 있다. 지난 수년간 이 두 용어는 혼용되어 왔으며 최근에는 능력제한으로의 장애라는 용어가 선호되고 있다.

위험(at risk)아동이란 현재는 특수한 교육적 요구를 가지는 아동으로 평가되지는 않았으나, 그러한 가능성이 평균보다 높은 아동을 의미한다. 이 용어는 출생시 혹은 가정환경 등으로 말미암아 나중에 발달장애를 보일 수 있는 영유아나 취학전 아동들에게 주로 적용된다. 특히, 교육적 가능성 등의 가변성이 큰 영유아에게 적용된다. 이는 명칭붙임으로 인한 폐해를 줄일 수 있고, 앞으로 발달 가능성이 큰 아동에게 장애라는 명칭은 치명적일 수 있다는 것을 의미한다. 위험아동의 용어는 일반학급에서 학습문제를 나타내어 학업 실패의 위험이 있거나 특수교육대상자가 될 가능성이 높은 학생에게도 적용될 수 있다.

어떤 아동은 특수교육적 필요성이 명백한 신체 특성과 학습 및 행동 양상을 보인다. 이러한 것들을 흔히 장애 특성이라고 한다. 이러한 장애의 특성을 가지는 아동들은 특수아동 혹은 특수한 교육적 요구를 가지는 아동(child with special education needs)이라고 한다. 그러나 모든 아동은 각각 개인적인 특성을 가지고 있다. 그러므로 동일한 장애범주로 분류된 경우라도 그 아동은 명백하게 서로 다르다. 특히, 특수아동과 일반아동은 전혀 다른 범주의 집단으로 간주해서는 안 된다.

한편, 다음의 그림은 객관적 장애와 주관적 장애의 개념을 도입하여 질환 및 장애의 구조를 도식화한 것이다(上田, 2001, 재인용). 앞에서 설명한 손상, 능력제한, 사회적 불리 등의 개념에 대한 이해와 정리에 도움이 될 것이다.

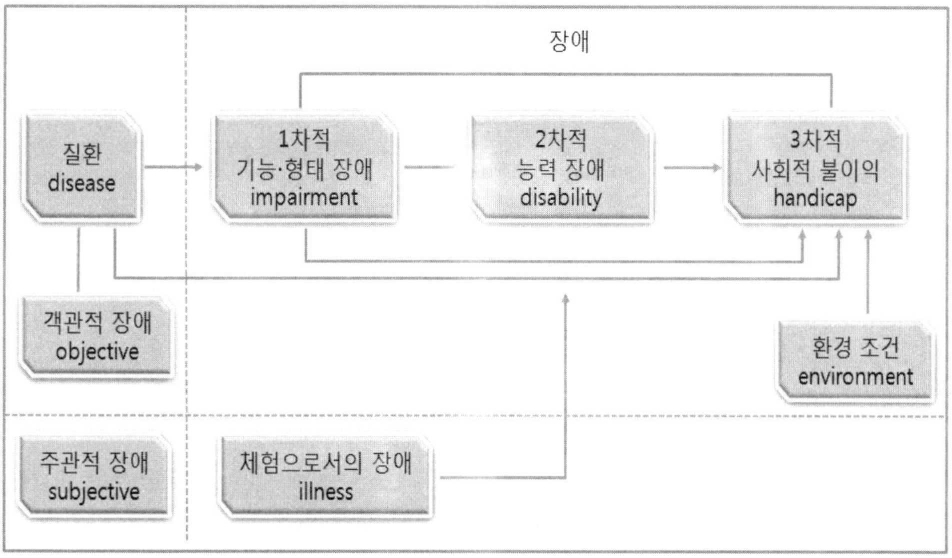

3) 특수아동의 분류 및 명칭사용

특수아동을 분류할 때 장애영역별로 집단화하거나 정도별로 하는 것은 보편적인 방법이다. 그러나 특수아동을 집단화하는 것은 교육행정 및 교육재정적인 문제이면서도 윤리적 및 정서적인 측면까지 모두 고려해야 하기 때문에 매우 신중해야 한다. 특수아동을 장애의 정도로 분류한다면 경도(mild), 중등도(moderate), 중도(severe)로 구분할 수 있다. 그렇지만 가장 대표적인 분류방식은 전술한 것처럼 장애의 종류별로 분류하는 것이다. 우리나라에서는 특수교육대상자에서 살펴본 것과 같이 시각장애, 청각장애, 정신지체, 지체장애, 정서 · 행동장애, 자폐성장애, 의사소통장애, 학습장애, 건강장애, 발달지체, 그 밖에 대통령령으로 정하는 장애 등으로 특수아동의 분류를 장애조건으로 규정하고 있다.

한편, 명칭(label)은 특정의 행동이나 개인 및 상태에 부여된 일종의 명명(命名)이다. 즉 우리는 주위의 사물이나 대상, 특정한 행위, 상태 등을 분류하고 이해하기 위하여 명칭을 붙인다. 그렇지만 부정적인 의미이거나 부정확한 명칭의 사용은 부정적인 태도를 형성하고 부적절한 의미를 부여할 수도 있다. 부정적이거나 부정확한 명칭의 사용으로 형성된 부정적인 태도는 좀처럼 바뀌지 않는다. 교육관련 전문가들이나 교사들은 특수아동에 대해 논할 때, 시각장애아, 정신지체아, 자폐아, 학습장애아 등과 같은 전통적 분류에 의한 명칭을 사용한다. 이러한 명칭의 사용은 오히려 그 아동에 대한 선입견을 만들어서 부정적인 기대감을 갖게 되는데, 그러한 부정적인 기대감이 결국에는 그 아동에 대한 교육적 효과도 반감시킨다고 주장하는 사람들이 늘고 있다.

교육계에서도 이러한 명칭의 사용이 도움이 되느냐에 대한 수많은 논의가 있어 왔다. 많은 전문가들은 명칭의 사용이 특수아동에 대한 원인모를 부정적인 기대감을 갖게 하고 이러한 이유로 학교나 사회에서 소외되는 원인이 된다고 주장한다. 그러나 이와는 반대로 이러한 명칭의 사용으로 오히려 그 아동들이 보호받을 수 있고, 물리치료, 작업치료, 언어치료, 심리적 재활훈련 등과 같은 관련 서비스 등을 받을 수 있으므로 필요하다는 전문가도 다수 존재한다. 지난 수십 년간 특수아동의 명칭사용에 대한 찬성과 반대 입장이 계속 대립되어 왔는데, 명칭사용의 영향에 대한 연구결과들이 일관성이 없을 뿐만 아니라 연구방법의 단점들이 지적되고 있으므로 일관성 있게 결론을 내리기가 어려운 실정이다. 명칭사용(labeling)의 장단점의 내용들을 정리하면 다음과 같다.

(1) 명칭사용의 장점

① 명칭사용은 학습이나 행동에 있어서 장애영역별로 의미있는 차이를 인식할 수 있게 함으로써 일반 교사나 아동들이 그 차이에 대해 인지하게 한다.

② 명칭사용으로 인하여 일반아동이 특수아동의 특정 행동을 긍정적으로 수용할 수 있다.

③ 명칭사용으로 인하여 특수아동은 필요한 서비스를 적절하게 받을 수 있다.

④ 많은 재정적인 지원과 정부의 정책이 명칭이 부여된 장애영역별로 이루어지고 있다.

⑤ 명칭사용으로 일반인들에게 특수아동의 특수한 교육적 요구를 알리는 것이 쉬울 수 있다.

⑥ 명칭사용으로 특수아동은 그 아동의 특성에 맞게 사회적 보호를 받을 수 있다.

(2) 명칭사용의 단점

① 명칭사용은 손상 및 능력제한, 사회적 불리 등을 강조하기 때문에 일반아동이나 교사들은 그 아동이 할 수 있는 것보다 할 수 없는 것에 초점을 맞추게 한다(시각장애아는 걸을 수 있고 들을 수 있는 아동이기보다는 단지 볼 수 없는 아동이라는 것이다).

② 명칭사용으로 인하여 특수아동은 일종의 부정적인 낙인(negative laveling)을 얻게 되므로 일반아동에게 놀림을 받거나 부정적인 인식을 심어 줄 가능성이 높다.

③ 따라서 명칭사용은 특수아동의 자아존중감에 심각한 부정적 영향을 준다.

④ 명칭사용으로 인하여 특히 교사들은 특수아동에 대해 낮은 역할기대감(role expectation)을 갖게 하여 그 아동들을 다른 아동들과 다르게 성심껏 지도하지 않게 된다. 즉 교사들은 특수아동에 대한 한계점을 인식하면서 지도하게 되므로 새로운 학습과제를 익히고 발달하는 것을 저해한다.

⑤ "저 아이는 정서장애아이니까 그런 행동을 한 거야" 등과 같이 특수아동의 특정한 행동상 문제나 능력제한 등을 설명하기 쉽도록 적용된 명칭사용이 그 아동의 모든 행동특성을 설명하는 근거로 간주될 수 있다.

⑥ 명칭사용은 특수아동의 학습상 문제가 그 아동 자체의 문제로 생긴다고 주장할 수 있는 근거로 작용하여 교사의 적절치 못한 교수방법이나 학습지도 방법에 대한 책임을 면하게 할 수 있다(선생님은 열심히 가르쳤지만 저 학생은 학습장애를 가지고 있기 때문에 셈하기를 익히지 못한거다).

⑦ 명칭사용은 대부분 영구적으로 사용되기 때문에 특정 장애범주의 명칭이 적용되면 학습이나 행동특성에 변화를 보인다 해도 바뀌기가 어렵다.

⑧ 명칭사용은 특수아동을 일반학급이나 일반교육에서 분리시키는 이유를 제공한다.

2. 특수교육의 이해

1) 특수교육의 개념 및 정의

특수교육에 대한 정의는 학자마다 견해가 조금씩 다르다. 특수교육은 특수아동의 잠재력을 개발하고 장애를 보상하는 서비스(Kirk & Gallager, 1979, 재인용)로 보는 학자도 있고, 특수아동을 대상으로 어떤 의도를 가지고 계획된 결과로서 바람직한 행동 변화를 특수교육으로 보는 견해도 있다(김원경 외, 2007). 그리고 특수아동이 최대한으로 개발할 수 있는 개인적인 자기 충족감을 달성하고, 현재와 미래 환경에서 성공할 수 있도록 도와 주기 위해 개별적으로 계획하고, 체계적으로 실행하며, 주의 깊게 평가하는 교수(敎授)를 지칭하기도 한다(Heward & Orlansky, 1992). 또한, Heward(2000)는 중재(intervention)로서의 특수교육과 교수(instruction)로서의 특수교육으로 구분하고 중재로서의 특수교육은 특수아동이 학습하고 학교와 사회에 적극적으로 참여하는 것을 저해하는 방해물이 발생하지 않도록 예방하고, 기존 방해물을 제거하며, 장애인으로 하여금 방해물을 극복하도록 하는 것이며, 교수로서의 특수교육은 교육대상, 장소, 내용, 방법상의 특수아동에게 적합한 것이 특수교육이라고 하였다. 또한, 특수교육은 특수아동의 교육적 필요와 권리에 대한 사회의 반응이라고도 주장하였다.

한편, "장애인 등에 대한 특수교육법(2007년)"에서는 특수교육을 특수교육대상자의 교육적 요구를 충족시켜 주기 위하여 특성에 적합한 교육과정 및 관련서비스 제공 등으로 정의하고 있다. 즉 특수교육이란 특수아동의 제한된 소질을 개발하는데 일반학교의 교육계획으로는 어렵기 때문에 특별히 설계된 교육을 특수아동에게 제공하는 교육이다. 특별히 설계된 교육이란 개인 학생의 독특하고 특수한 교육적인 요구에 가장 알맞게 구안된 교육계획 또는 프로그램을 의미한다고 볼 수 있다. 그러므로 특수아동에게 가장 의미있는 특수교육의 측면은 개별적으로 계획된 특수하고도 집중적인 목표지향적인 교수로서의 특수교육일 것이다. 특수교육이 효과적이고 윤리적으로 적용되기 위해서는 연구에 의해 검증된 교수방법을 사용하고, 교사는 아동의 수행수준을 직접적으로 자주 평가해야 한다(Bushell & Baer, 1994; Greenwood & Maheady, 1997).

2) 특수교육기관의 유형

(1) 일반학교(급)

일반학교(급)도 특수아동이 교육을 받을 수 있는 교육기관이다. 이 점을 간과하기 쉽다. 그렇지만 특수아동이 온전하고 완전한 교육의 효과를 최대한으로 이끌어 낼 수 있다면 제한적인 환경의 최소화 원칙으로 일반학교(급)에 가급적 배치하여 교육시켜야 한다. 2008년 현재, 우리나라에서는 특수교육대상자 71,484명 중 일반학교에서 특수학급에 배치되어 있지 않고 일반학급에서 통합되어서 수업을 받는 아동은 10,227명이다.

(2) 특수학급

특수학급은 특수아동을 위하여 일반학교 내에 설치되어 있는 학급이다. 이와 같은 특수학급에서의 교육은 국어, 수학 등의 기초과목은 특수학급에서 실시하고 기타 과목 및 활동 등은 일반아동과 통합하여 교육시키는 시간제 특수학급과 전체과목의 수업활동 및 기타 활동 등을 특수학급에서만 교육시키는 전일제 특수학급으로 나눠진다. 2008년 현재, 우리나라는 전국적으로 초등학교 특수학급은 4,131개교에 22,867명, 중학교는 1,297개교에 2,038,611명, 고등학교는 711개교에 56,535명이 재학 중이다.

(3) 특수학교

특수학교는 특수아동의 교육을 위하여 일반학교와는 분리되어 설립 및 운영되고 있는 학교를 가리킨다. 특수학교는 특수한 교육적 요구가 매우 특이하여 가정에서 다니지 않고 기숙사 및 생활관 등에서 가정과는 떨어져 생활하는 기숙제 특수학교와 학교버스 및 기타 수단을 이용하여 가정에서 통학하는 통학제 특수학교로 대비된다. 2008년 현재, 우리나라에서는 전국적으로 144개교에 23,147명의 아동이 재학 중이다.

(4) 재택 · 순회교육

재택 · 순회교육이란 교사가 아동이 소속하고 있는 각 학교를 방문하여 개인별 혹은 소집단으로 아동들에게 특수한 교육적 원조를 하는 것 및 협의의 가정방문교육을 포함하는 것이라고 할 수 있다. 즉 특수교육에서의 재택 · 순회교육이란 특수교육을 담당하는 교원이 가정이나 의료기관 학교 기타 시설 등에 있는 특수교육대상자를 방문하여 행하는 특수교육의 한 형태를 일컫는 말이다. 장애 때문에 공교육의 혜택을 제대로 가질 수 없었던 중도 중복장애 아동들에게 실질적으로 교육의 기회를 제공하기 위한 것이 목적이므로 장애가 심하여 이동능력이 현저하게 떨어지거나 통학거리가 너무 멀어 학교에서 교육받지 못하고 가정에서 교육받을 수밖에 없는 특수아동을 주대상으로 하고 있다.

(5) 시설파견학급

장애인 복지시설에 파견되어 있는 특수학급으로서 3～17세의 아동으로 시설에 수용되어 교육을 받지 못하고 있는 아동이 주대상이다. 학적은 파견된 학교에 학적으로 처리하는 것이 원칙이며 연간 220일 이상의 수업일수가 확보되어야 한다. 개인차와 장애특성을 고려하여 기본교육과정 및 국민공통기본교육과정을 적용하며 현장체험학습의 실시 등으로 사회적응 능력 신장이 주된 학습의 목표가 된다. 그 외의 사항은 특수학급과 동일한데 일종의 재택·순회교육의 일환으로 볼 수 있다.

(6) 병원학교

장기입원이나 통원치료 등의 이유로 인하여 학교교육을 받지 못하는 학생들을 위하여 병원 내에 설치된 일종의 파견학급의 형태의 학교이다. 즉 특수교사 1인이 운영하는 형태이지만 여러 학년 및 학교급의 아동들이 함께 수업을 받고 있기 때문에 병원학교로 통칭되고 있다. 병원학교의 주대상은 건강장애아로 심장장애, 신장장애 등과 같은 만성질환으로 인하여 3개월 이상의 장기입원 또는 통원치료 등 계속적인 의료적 지원이 필요하여 학교생활 및 학업 수행에 어려움이 있는 아동이다.

2008년 현재, 전국에 29개의 병원학교가 있으며 약 1,200명의 아동이 병원학교의 지원을 받고 있고 화상교육을 통한 원격지원교육도 병원학교에서 실시되고 있다.

3) 특수교육의 최근 동향

(1) 정상화 및 탈시설화 경향에 따른 통합교육의 강화

“장애인들도 가능한 한 정상에 가까운 생활을 할 수 있는 기회를 가지도록 해야 한다"라는 정상화 원리는 일종의 사회적 운동 모토(motto)이었다. 이는 개인의 장애 정도가 아무리 심할지라도 그 사회에 통합되어야 함을 의미하는 것이며, 장애인들이 가정과 학교와 지역사회에서 그 구성원들과 어울려 살면서, 다른 사람들이 누리는 모든 특권과 서비스를 함께 이용할 수 있도록 하는 데 있는 것이다. 탈시설화는 이러한 정상화의 원리가 주거문제에 적용한 개념으로, 장애인 관련 '시설'에서 거주하던 것을 그들이 살고 있는 사회로 돌아가서 지역사회에 거주하는 것을 말한다.

이러한 정상화 및 탈시설화 원리가 교육에 적용되어 구체적으로 나타난 것이 '통합교육'의 개념이다. 통합교육은 특수학교나 분리된 시설에서 교육받던 특수아동을 '최소제한적 환경'에서 교육받도록 해야 한다는 것이다. 즉 장애가 경증이든 중증이든 그 정도에 상관없이 가능한 한 정상인의 생활환경과 교육환경에서 살아갈 수 있도록 누구에게나 기회가 주어져야 한다는 것이 정상화의 원리이며, 이 원리가 바로 통합의 근거라고 할 수 있다.

(2) 개별화교육의 강화

특수아동의 교육은 근본적으로 이들의 '독특하고 특수한 교육적 요구(unique & special educational needs)'에 부응한 교육이어야 한다. 이는 개개의 아동은 그들만의 특수한 제한성 · 잠재력 · 환경 · 조건 등에 입각한 특수성과 개별성을 가지고 있다는 것이다. 최근에는 개별화교육의 효과를 향상시키기 위하여 다양한 교육프로그램이 구안되고 있다.

(3) 교육기회의 확대

이제까지의 특수교육은 만 7세에서 18세까지의 전통적인 학령기의 아동만을 그 대상으로 하는 경향이 있었다. 그렇지만 최근에는 이러한 전통적 학령기의 범위를 벗어나 영유아기 및 성인기로 특수교육의 대상이 확대되고 있다. 즉 아동의 출생 혹은 특수교육대상자로 판명되자마자 특수교육서비스를 제공하고 있으며, 학령기 과정 이후에도 직업세계나 지역사회로의 이동을 돕기 위해 '전환교육'을 강화하고 있다.

한편, 이제까지 교육의 사각지대에 머물러 있던 중도 및 중복장애아, 건강장애아 등에 대한 교육의 기회도 확대가 되고 있다. 의학과 공학 등의 발전 등과 의식의 전환으로 인하여 이들에게도 적절한 특수교육의 기회를 제공할 수 있게 되었으며 재택 · 순회교육, 병원학교 등으로 이들에 대한 교육기회는 실질적으로 확대되었다.

(4) 특수교육공학의 발전

특수교육공학은 특수아동의 교육을 위하여 사용하는 모든 공학기기 및 그와 관련된 서비스, 수업전략 등이다. 즉 특수아동의 교육목적 달성을 위해 공학기기나 공학적 원리를 수업(과정) 전반에 도입하여 체계적으로 계획, 실행, 평가하는 것으로 특수아동의 효율적인 교육과 생활을 위해 사용되는 공학기기, 서비스, 수업의 전략과 실제이다. 그러므로 이렇게 광범위한 특수교육공학의 발전은 1960년대 및 70년대 이후 급속도로 발전하고 있는 하드웨어 및 소프트웨어 기술의 진보와 같이 하고 있다. 특수교육공학의 유형은 다양한 도구의 사용에 초점을 두고 있는 매체공학과 교수학습 활동에 대한 체계적 접근에 초점을 둔 시스템공학으로 대비할 수 있다. 이를 보다 세분화하면 다음과 같다.

① **수업공학** : 공학기기보다 공학적 원리에 주안점을 둔 체계적으로 설계된 수업접근법 및 적절한 교재 · 교구, 정확한 교수절차, 세분화된 교수단위, 교사 활동수준, 학습자의 참여와 강화요소, 아동의 성취수준 평가 등이 포함되지만 공학적 장비나 도구는 포함되지 않는다.

② **교수공학** : 체계적 교수를 위해 사용되고 적용되어지는 하드웨어, 소프트웨어 접근 등의 각종 도구와 시스템의 활용 등의 시청각매체 및 CAI 등 공학적 장비나 기술 등이 해당된다.

③ **보조공학** : 특수한 교육적 요구를 학습자가 일반적인 환경에서 기능할 수 있도록 지원하기 위해 특별히 고안된 도구, 교수자료, 서비스, 전략 등이 포함된다. 주로 대체 키보드, 의사소통보드, 수의치, 언어치료사의 중재서비스 등이다. 이러한 보조공학의 목적은 주로 학습의 효율성과 효과성 증진, 환경에 대한 접근성 개선, 업무수행 능력 향상, 독립성 증진, 삶의 질 향상 등이다.

④ **의료공학** : 지체장애아, 건강장애아 등의 증가에 따라 점차 중시되고 있으며 다양한 의료장비 및 의료기기가 병원이 아닌 학교 또는 직장에서의 교육재활을 위해 사용되어질 때 특수교육공학, 보조공학 범주에 포함이 가능하다.

⑤ **정보공학** : 정보의 습득과 사용을 용이하게 하는 기술인데 ICT기기, 인터넷 뿐만 아니라, 에듀넷, 에듀에이블 같은 전문 데이터베이스도 포함되므로 주로 일반교육공학 매체로 보는 경향이 있지만 특수아동들도 정보통신기기 기반의 다양한 보조공학장치(화면읽기 프로그램, 키보드 화면 프로그램 등)를 부착하여 활용할 수 있다.

3. 특수아동의 교육권 보장

1) PL 94-142의 의의

일반적으로 어느 한 사회에서 인종이나 언어가 다른 아동들이나 장애를 가지고 있는 아동들에게 교육의 기회는 공정하게 주어지지 않는다. 교육의 선진국이라고 할 수 있는 미국도 1970년대 이전에는 많은 일반 공립학교들이 특수아동의 취학을 합법적으로 거부할 수 있었다. 즉 특수아동들에게 일반아동들과 마찬가지로 교육의 기회를 부여할 법적 의무가 없었다. 따라서, 정신지체나 정서장애 등의 명칭이 붙은 아동들은 격리된 특수학교나 기관 또는 분리된 학급에 배치되어 일반학급 또래나 교사들을 가까이 할 수 없었다. 그리고 비교적 장애의 정도가 가벼운 학습장애아들도 일반학급에 머물러 있을 수 있었으나 특별한 교육적인 혜택을 받지 못했고 오히려 학습지진아(slow learner) 또는 학습실패아라 여겨졌으며, 심지어 퇴학을 시키거나 정학을 시키기도 하였다. 시각장애, 청각장애, 또는 지체장애를 가지고 있는 특수아동들은 특수학교나 기관에 배치되었다. 물론 영재아는 학교에서 거의 자신의 재능에 적합한 특수한 교육적 혜택을 받지 못했다.

그러한 과정 중에서 민권운동, 부모의 적극적인 참여, 특수아동의 교육권 확보에 대한 법원의 판례, 사회적 의식의 고양 등의 결과로 1975년 미국 의회에서 전장애아교육법(Education for All Handicapped Children Act: EAHCA)인 PL 94-142가 통과되었다. 이 미국의 전장애아교육법은 역사에 있어서 교육에 가장 지대한 영향을 주었다. 이 법은 특수아동 및 장애인들에게 다른 시민들과 동일한 권리와 특권을 부여하고자 하는 사회의 관심을 반영했다고 할 수 있다. 전장애아교육법의 목적은 만 6세에서 21세에 해당하는 특수아동의 교육적 필요에 맞게 적절한 무상교육(無償敎育)을 제공하는 데 있으며, 장애아교육에 관련된 의사결정에 있어서 장애아동과 그들의 부모의 권리를 보호하며, 개별화교육계획안에 따라 장애아동을 최소제한 환경에서 교육을 하는 것이다. 이 법을 제정한 목적은 다음과 같다.

> 모든 장애아동이 그들의 독특한 요구를 충족시키기 위하여 특수교육과 관련 서비스를 받을 수 있도록 보장하고……장애아동과 그 부모 또는 보호자의 권리를 보호하고, 주(洲)와 지역 교육당국이

모든 장애아동에게 교육서비스를 제공할 수 있도록 지원하며, 장애아동의 교육효과를 평가하고 보장한다(House of Representatives, 1975, 재인용).

한편, 이 법은 우리나라의 특수교육의 관련법인 특수교육진흥법의 제정(1977)과 전면적 개정(1994) 및 장애인 등에 대한 특수교육법의 제정(2007)에 많은 영향을 주었다. 이 법이 지니고 있는 주요한 기본 원리는 다음과 같다.

첫째, 완전취학(zero reject)이다. 즉 만 3세에서 18세까지 학령기에 해당되는 모든 특수아동에게 학교는 장애를 가진 모든 아동들을 아무도 배제하지 말고 무상의 적절한 공교육(Free, Appropriate Public Education: FAPE)을 제공해야 한다는 것이다. 또한, 만 6세에서 17세에 해당하는 모든 장애아동들은 장애의 성격이나 정도에 상관없이 무상의 공교육을 받아야 하며, 주정부가 만 3세부터 5세의 아동에게 교육을 제공하거나 만 18세부터 21세의 아동에게 공교육을 제공하는 경우, 모든 장애아동들도 동등하게 교육적 혜택을 받아야 한다. 또한, 각 주의 교육기관은 장애아동과 장애를 가지고 있을 것으로 의심되는 아동들을 찾아 내어 진단과 평가할 책임이 있다. 이는 특수아동에게 필요한 교육적 서비스의 제공여부를 해당학교나 교육청 등이 선택하는 것이 아니라 아동 당사자나 그들의 부모가 결정한다는 것을 의미한다.

둘째, 공정한 평가(nondiscriminatory evaluation)이다. 즉 비차별적인 평가의 실시이다. 학교는 인종, 문화 및 언어에 관련된 편견이 없는 다양한 진단과 평가방법을 사용하여 특수아동을 진단 및 평가, 배치함으로써 그들이 절차상에 있어서 보호를 받아야 한다는 것이다. 그리고 아동을 특수교육 프로그램에 배치하고 교육시키기 위해서는 그 아동의 문화적 및 언어적 배경에 적절한 검사를 개별적으로 실시하여야 하고 정기적으로 재평가를 받을 수 있는 권리를 가진다는 의미다.

셋째, 개인차에 맞는 교육이다. 모든 장애아동에게 장애의 유형과 정도와는 상관없이 무상의 적절한 공교육을 제공해야 된다는 것이다. 그러한 적절한 교육을 제공하기 위해서는 각 아동의 교육적 요구인 개인차에 맞게 구성된 개별화교육 프로그램(Individualized Education Program: IEP)에 따라 적절한 공교육을 제공해야 한다.

넷째, 제한적 환경의 최소화(Least Restrictive Environment: LRE)이다. 이것은 특수아동을 제한성이 가장 적은 정상화된 학습환경에 배치해야 하며, 가급적 또래집단과 함께 교육을 받을 수 있도록 해야 된다는 것을 의미한다. 즉 특수아동의 교육적인 독특성 때문에 분리시켜야 되는 경우를 제외하고 특수아동은 가능한 한 일반아동들과 함께 최소제한 환경에서 교육을 받아야 한다. 이 법에서는 특수아동의 개별화교육 프로그램에 아동이 어느 정도로 일반아동과 교육을 받는지 명시하도록 규정되어져 있으며, 분리할 경우에는 타당한 근거를 제시하도록 하고 있다.

다섯째, 적법 절차(due process)이다. 이것은 교육적 의사결정의 공정성과 그 과정에서의 관련 교사 및 학교의 책무성을 보상하기 위한 일련의 법적 절차를 의미한다. 학교는 장애아동과 부모들의 권리를 보호하기 위해서 특수교육에 관련된 진단과 배치가 있기 전에 부모의 동의를 받아야 하며, 아동에 대한 모든 정보는 부모에게 모두 공개해야 한다. 그리고 진단, 평가, 배치, 특수교육 프로그램 및 관련 서비스에 관하여 학교와 부모가 동의하지 않으면 부모는 정당한 법의 절차에 따라 공청회 및 재평가 등을 요구할 수 있다.

여섯째, 부모와의 공동 의사결정 및 부모의 참여(shared decision making & participation with parents)이다. 개별화교육과정 등에 부모의 참여를 보장하며 학교는 장애아동의 교육프로그램을 계획하고 실시할 때에는 교육환경의 배치, 개별화교육 프로그램의 목표 및 관련 서비스 등에 대해 부모의 의견을 반영해야 하며, 학교와 공동으로 의사결정을 해야 한다.

1990년에 개정된 PL 101－476은 명칭을 장애보다 사람을 지칭하는 용어를 먼저 사용한 장애인교육법(Individuals with Disabilities Education Act: IDEA)으로 변경하였다. 여기에는 자폐성 장애와 뇌손상 등을 새로운 장애범주로 포함시켰고, 만 16세 이상의 아동에 대해서는 개별화교육계획안에 필요한 개별화전환계획안(Individualized Transition Plan : ITP)를 포함시켰고, 관련 서비스에 재활상담과 사회사업가의 직업적인 서비스를 포함하는 등 특수아동의 직업적인 재활 등을 강화하였다.

한편, 특수교육대상자 중 영유아의 특수교육대상자를 위하여 1986년에 미국 연방의회는 PL 99－457(the Education of the Handicapped Act) 개정안에 영유아를 위한 특수교육에 대한 규정도 포함시켰다. 이 법에서는 1990년도부터 각 주는 만 3세부터 5세의 아동들에게도 모든 학령기 아동들이 받고 있는 서비스와 보호를 제공해야 한다고 규정하였으며, 그렇게 하지 않을 경우 장애영유아를 위한 연방정부 기금의 혜택을 받지 못하도록 하였다. 그리고 만 2세에 해당하는 영유아에 대해서도 조기중재를 제공하도록 장려하였다. 1997년에 재인증된 장애인교육법에서도 조기중재 서비스에 대한 중요성을 강조하면서 장애영유아를 위해 다학문적이고 통합된 기관간 프로그램을 개발하여 실시하도록 장려하고 있다. 조기중재는 장애영유아의 부모를 포함한 다학문적인 팀에 의해 작성된 개별화된 가족서비스 계획(Individualized Family Services Plan: IFSP)에 따라 실시되어져야 한다.

2) 우리나라의 특수아동 교육권의 법적 보장

우리나라의 '헌법'에서는 행복추구권, 평등권, 교육권, 근로권, 생존권 등을 국민의 기본권으로 규정하고 있다. 그 중에서 교육권은 특수아동의 교육권 확보에 매우 중요한 의미를 가지는 조항이다. 헌법 31조(1987) 1항에는 '모든 국민은 능력에 따라 균등하게 교육을 받을 권리를 가진다.'라는 교육받을 권리가 명시되어 있고, 2항에는 '모든 국민은 그 보호하는 자녀에게 적어도 초등교육과 법률이 정하는 교육을 받게 할 의무를 진다.'라는 의무교육을, 3항에는 '의무교육은 무상으로 한다.'라는 무상교육을 법적으로 보장하고 있다. 이로서 헌법 31조에서는 능력에 따라 교육을 받을 권리를 의무성과 무상성의 원리에 입각하여 보장하고 있다(이유훈, 1996).

한편, 위의 헌법 정신을 구현하기 위하여 "교육기본법(2008, 법률 제8915호)"과 "초 · 중등교육법"에는 전술한 내용을 보다 분명하고 구체적으로 명시하고 있다. 먼저, 교육기본법 3조(학습권)에는 '모든 국민은 평생에 걸쳐 학습하고, 능력과 적성에 따라 교육받을 권리를 가진다.'고 규정하고 있는데 이는 국민의 평생학습권과 능력과 적성에 맞는 적절한 교육권의 보장을 규정하고 있는 중요 조항이다. 교육기본법 4조(교육의 기회균등)의 1항에는 '모든 국민은 성별, 종교, 신념, 인종, 사회적 신분, 경제적 지위 또는 신체적 조건 등을 이유로 교육에서 차별을 받지 아니한다.'라고 되어 있는데, 이는 신체적 조건 등으로 인하여 장애나 교육적 요구가 독특한 특수아동에 대한 교육권 확보에 매우 중요한 의미를 가지고 있는 조항이다. 그리고 교육기본법 8조의 의무교육 조항도 모든 국민이 의무교육을 받을 권리를 보장하고 있다. 전술한 교육기본법 8조 의무교육 조항에 입각하여 초 · 중등교육법 12조(의무교육)에서는 2항의 '지방자치단체는 그 관할구역안의 의무교육대상자 전원을 취학시키는 데 필요한 초등학교 및 중학교와 초등학교 및 중학교의 과정을 교육하는 특수학교를 설립 · 경영하여야 한다.' 등과 같이 특수아동의 의무교육을 구체적으로 명시하고 있다. 그리고 55조의 특수학교 조항, 56조의 전공과 설치 조항, 57조의 특수학급 조항, 58조의 특수학교 및 학급의 학력인정 조항, 59조의 통합교육 조항 등이 구체적으로 우리나라의 특수아동 교육권 확보를 위한 조항이라고 볼 수 있다.

그리고, 이러한 헌법정신 등을 구체적으로 구현하기 위하여 1977년에 "특수교육진흥법"이 제정되었다. 또한, 1994년 특수교육진흥법은 전면적 개정을 하여 우리나라 특수교육의 근간을 이루었다. 하지만 통합교육과 특수아동의 교육권 강화라는 사회적 및 시대적인 요구에 의하여 특수교육진흥법은 "장애인 등에 대한 특수교육법(2007년)"으로 대체되었는 데 그 주요 내용을 살펴보면 다음과 같다.

첫째, 유치원 · 고등학교 과정 의무교육이 확대되었다. 우선 기존의 초 · 중학교에만 적용되고 있는 특수교육대상자 의무교육이 2010학년도부터 유치원과 고등학교까지 확대된다. 만 3세부터 만 17세까지의 특수교육대상자는 의무교육을 받을 권리를 가지게 되었다. 그리고 국가 또는 지방자치단체는 특수교육대상자의 의무교육을 위해 입학금, 수업료, 교과용 도서대금, 학교 급식비를 부담하고, 그 외에 학교운영 지원비, 통학비, 현장 · 체험학습비 등은 예산의 범위에서 부담하거나 보조할 수 있게 되었다.

둘째, 장애 조기발견 및 장애영아에 대한 무상교육이 실시되었다. 교육감 또는 교육장은 영유아 또는 학생을 대상으로 장애 선별검사를 무상으로 실시해야 한다. 또한 현재 만 3세 미만의 장애영아 대부분이 사교육에 의존하는 있는 문제를 해결하고자 만 3세 미만의 장애영아의 무상교육을 도입했다.

셋째, 특수교육지원센터가 설치되고 운영된다. 기존의 약 180개 지역교육청에 임의기구로 설치된 특수교육지원센터는 법정기구화되고 특수교육 분야의 전문 인력을 배치할 수 있게 되었다. 또한 특수학급이 없는 일반학교에 재학 중인 장애학생에 대해서도 특수교육지원센터에 배치된 전문 인력이 특수교육과 관련 서비스를 제공하게 되었다.

넷째, 특수교사 1명당 학생 4명으로 바뀌게 되었다. 즉 학급 수 기준이었던 특수학교 교원은 '교사 1명당 학생 4명' 기준으로 바뀌게 되어 특수학교 및 학급의 과밀성이 해소될 수 있게 되었다.

다섯째, 기존의 특수학교 내 치료교사들이 담당해온 물리치료, 작업치료, 언어치료 등의 치료교육은 국가면허 또는 국가공인 민간 자격증을 소지한 전문 치료사가 담당하게 되었으며 치료지원은 상담지원, 가족지원, 보조인력지원, 보조공학기기지원, 학습보조기기지원, 통학지원 및 정보접근지원 등과 함께 특수교육 관련 서비스에 포함되었다.

여섯째, 장애 성인에 대한 평생교육 지원 근거가 마련되었다. 장애 성인에게 교육기회를 제공하기 위해 장애인평생교육시설을 설치 · 운영하는 자가 공공시설을 이용하고자 하는 경우 교육감은 이를 지원하도록 했다.

4. 개별화교육계획의 이해

1) 개별화교육계획의 의미

개별화교육계획(Individualized Education Program : IEP)이란 특수교육서비스를 받는 특수아동을 위한 하나의 법적 요구 조건으로서 특수한 교육적 요구가 있고 이에 따라 특수교육적 서비스가 필요하다고 선정된 아동을 위하여 개별적으로 마련되어야 하는 장애인 등에 대한 특수교육법(22조 1-5항, 부록 참조)에 의해 요구되는 공식 교육계획서다. 특수교육대상인 특수아동은 학습속도와 양식에 있어 다양한 개인차를 지니고 있으므로 전통적인 수업형태로의 접근이 어렵다. 그러므로 개별 특수교육대상자의 독특한 교육적 요구에 알맞게 수정된 교육과정과 교수 · 학습 방법의 도입이 필요하다.

이러한 개별 특수아동의 독특한 교육적 요구를 반영하여 교육목표, 교육내용, 교육실시 및 교육평가를 문서로 작성한 일종의 교육과정 운영계획 또는 학습지도안이 바로 개별화교육계획이다. 따라서 이 개별화교육계획에 의해 개별화수업을 전개해야 하고, 수업을 각자의 개인차에 적용시켜 모든 아동이 주어진 수업목표에 도달하려는 수업 프로그램이다.

2) 개별화교육계획의 배경

IEP의 기원은 미국 전장애아교육법(PL 94-142)과 장애인교육법(IDEA, PL 101-475)에서 찾을 수 있다. 이 법에서는 특별한 교육적 요구를 가진 아동과 청소년에게 특수교육 및 관련 서비스를 포함한 무상의 적절한 공교육이 보장되기 위해 IEP 개발을 의무화하였으며, 비밀유지와 공정한 평가에 관한 많은 절차상의 보호조항을 함께 규정하고 있다. IDEA에는 장애아동과 청소년 및 부모의 권리를 보장하고, 장애아동에 대한 서비스의 제공과 평가에 있어 주정부와 지방정부를 지원할 뿐만 아니라 프로그램의 효과를 보장하도록 하고 있다.

IEP는 아동의 개별요구에 기초하여야 하고, 아동에게 제공될 목표와 서비스를 포함한 교육프로그램을 기술하도록 하고 있다. 또한 만 16세 이상의 학생을 대상(1997년 개정된 장애인교육법에서는 전환교육 대상을 14세로 하향 조정하였음)으로 직업훈련, 중등학교 이후의 교육, 독립적인 지역사회의 생활에 적응할 수 있는 준비로서 어떤 전환 서비스가 이용될 수 있는지를 첨부하도록 하고 있다. 그러므로 IEP는 특수교육대상자인 특수아동들에게 개인차(individual difference)를 고려한 가장 적절한 교수-학습조건을 제공함으로써 이들의 교육권과 학습권을 보장해 주고, 학습효과를 극대화하기 위한 것이다.

3) IEP의 포함 요소

미국 장애인교육법(IDEA, PL 101-475)은 모든 특수한 교육적 요구를 가지는 아동을 위한 IEP에 다음과 같은 내용들이 포함되도록 명시하고 있다(Heward, 1996).

① 아동의 현재의 교육적 성취수준 (일반교과영역, 사회적응기술영역, 직업기술영역, 정의적 및 신체적 기술영역, 일상생활 기술영역 등의 성취수준)

② 연간 교육목표

③ 단기 교육목표(현재의 아동 수준과 연간 목표간에 필요한 중간단계와 구체적 교육목표)

④ 아동에게 필요한 특별한 교육서비스와 관련된 서비스

⑤ 아동의 일반교육에 참가하는 시간

⑥ 특수교육의 시작 시기와 예상되는 교육기간

⑦ 아동의 성취수준을 평가하는 방법과 절차(적어도 연간단위로 단기 교육목표의 성취를 알아보는 평가의 절차와 시간의 계획이 제시되어야 함)

⑧ 아동의 교육적인 배치가 정당한 이유의 진술

⑨ 아동의 개별화교육을 실행하는데 책임이 있는 사람의 명단

⑩ 아동의 전환교육 프로그램

4) IEP의 목적

첫째, 특수아동들은 그들이 독특한 요구에 따라 특수교육과 관련 서비스를 무상 공교육으로 받아야 한다.

둘째, 특수아동과 부모, 보호자들의 권리를 보호한다.

셋째, 특수아동의 교육을 제공하는 지방정부와 지방자치단체를 지원한다.

넷째, 특수아동에 대한 교육의 효과를 평가 및 확인한다.

IEP는 특정기간 동안 특정목표의 성취에 책임을 확인하고 부모의 참여로 학교와 지역사회간의 신뢰를 높일 뿐만 아니라 표준화된 목표에 근거하여 실시하던 무선적

(random) 교수활동을 배제하고 특정 아동에게 중요한 학습목표를 달성하기 위한 계산된 교수활동으로 접근하려는 체계적인 과정이다. 따라서 획일화된 지도형태를 취하기보다는 일대일지도, 소그룹지도, 일제지도 등 다양한 지도형태를 수용하며, 팀접근(team approach)을 통하여 균형있는 종합적인 프로그램을 마련함으로써 보다 생산적인 교육활동을 유도하게 된다. 이러한 맥락에서 IEP이란 개인의 독특한 교육적 요구를 최대한 수용하려는 교수형태라고 할 수 있다.

IEP는 계열적 기능발달의 관점을 중요시하며, 아동의 신체적, 정서적 및 지적 요구 등을 고려한 전반적인 영역을 다루며, 다학문적 접근을 강조하고, 계획과 실시과정에 부모를 참여시킬 뿐만 아니라 학교 당국은 교사연수, 교사일정 및 자원 배정 등을 조정함으로써 개별화교육을 실시할 수 있는 제 조건을 정비할 것을 요구한다. 개별화교육프로그램의 구성의 중심가치는 학습의 개인차를 최대한 인정하고 개인의 교육적 요구에 효율적으로 대처하는 것으로서 통합교육을 중시하며, 또래지도학습 및 협력학습 등의 다양한 학습방법을 활용할 것을 강조한다.

5) 개별화교육계획의 작성 시기 및 참여자

우리나라의 교육과학기술부령 5호인 '장애인 등에 대한 특수교육법 시행규칙(2008)'의 3조에서는 특수교육대상자를 지원하기 위한 개별화교육지원팀은 매학년의 시작일로부터 2주 이내에 구성하도록 하고, 매학기 시작일로부터 30일 이내에 개별화교육계획을 작성하여 특수교육대상자의 학업성취도 평가를 실시하며, 그 결과를 특수교육대상자 또는 그 보호자에게 통보하도록 되어 있다. 그리고 이러한 개별화교육계획의 원활한 구성과 운영을 위하여 학교별로 개별화교육운영위원회를 조직 · 운영할 수 있으며 위원회에는 담임교사(전학년 담임, 또는 신학년 담임), 특수교육에 상당한 경험이나 능력이 있는 교사, 학부모, 학생(학생이 위원회에 참여하여 자기 의견을 발표할 수 있는 경우), 그 학생의 개별화교육계획에 조언을 할 수 있는 사람 등이 참여한다. 현재 우리나라의 실정은 전학년 담임교사, 또는 신학년 담임교사에 국한되고 있는 실정이나 관련 참여자를 다양하게 참여시켜 작성하는 것이 필요하다.

통합교육의 이해

03

1. 통합교육의 개념
2. 통합교육의 이념
3. 통합교육을 위한 협력적 접근
4. 통합을 위한 교수-학습전략

통합교육(inclusion or inclusive education)은 '세계적 과제'(Piji, et al., 1997)로 표현될 정도로 선 · 후진국을 불문하고 각국 교육제도가 지향하는 중요한 목표가 되었다. 우리나라에서도 장애인 등에 대한 특수교육법의 목적에서 통합교육을 강조하고 있으며, 정책적으로도 여러 방법을 통해 통합교육을 추진하고 있다. 통합교육이 실현되기 위해서는 교육실천의 핵심적 주체인 교사들이 먼저 통합교육을 잘 이해하고 실천하고자 노력하는 것이 매우 중요하다.

이 장에서는 통합교육의 개념과 이념을 분명히 하고, 통합교육의 성공을 위한 중심적인 요소는 무엇인지 살펴보고자 한다.

1. 통합교육의 개념

1) 통합교육의 정의

〈표 3-1〉의 문헌들에 나타난 통합교육의 정의에서 보듯이, 통합교육은 장애를 비롯하여 인종, 민족, 문화, 언어, 사회 · 경제적 계층 등 학생들이 처한 다양성과 차이를 인정하고 포용한다는 의미를 담고 있다. 특수아동에 한정해서 본다면, 경도장애아 뿐만 아니라 중도장애아까지 포함하여 통합을 생각한다는 것이 강조된다.

표 3-1 통합교육 정의의 예

정 의	저 자
통합교육은 다양한 아동들의 요구, 다시 말해 장애아동들만이 아니라 빈곤 · 성별, 개성의 성장과 인격의 발달을 희생하면서 성적을 우선시하는 교육과정에 의해, 경시되고 배제되는 모든 아동들의 필요에 맞도록 모든 학교가 개혁되고, 재구축되어야 한다는 인식이다.	Mittler(2000)
통합교육은 중도장애아를 포함하여 장애아에게 인근학교의 연령에 맞는 일반학급에서 아동과 교사가 필요로 하는 지원 · 서비스나 보조교사를 동반한 형태로 교육을 제공하는 것이다. 통합교육의 목표는 장애아를 충분히 공헌하는 구성원으로 사회에 참가시키는 것이다.	Lipsky & Gartner(1997)
통합교육은 장애학생이 일반학급과 학교에 완전히 통합되어야 하고 그들에 대한 교수는 그들의 장애가 아니라 능력에 기초한다는 신념과 철학을 의미한다.	Friend & Bursuk(2002)
모든 학습자를 그들 지역사회의 연령에 맞는 양질의 일반학급 교실에서 함께 교육한다는 의미에서, 통합교육은 모든 학습자를 환영하고, 인정하고 긍정한다.	Salend(1994)

통합교육은 많은 전문가들에 의해서 다양하게 정의되어 왔다. 이는 달리 말하면 통합교육에 대해 합의된 정의가 존재하지 않는다는 것이다. 통합교육의 개념은 목적, 가치 및 실천 방법에 관한 복잡한 요인을 포함하고 있으며 그 함의는 각국의 사회·문화적 맥락에 따라 다르고, 통합교육론자의 주장 간에도 통합교육을 위해 시행할 교육개혁의 정도에 있어 차이가 존재한다.

그러나 통합교육의 다양한 의미에도 불구하고, 실제에 있어서는 다음 사항을 공통적으로 주장한다. 특수아동 대신 모든 학생을 포함하며, 일반교육 또는 학교의 재구조화 지향, 모든 학생의 최대 교육성과 추구, 학생들의 다양한 요구를 반영하는 반응적인 학교 또는 교육과정을 위한 노력, 학교 및 학교 공동체의 실현 등이다. 개별성과 다양성을 가진 모든 학생의 필요를 가장 적합하게 충족시키기 위한 교육이 통합교육이며, 이를 위해서는 특수교육 분야만의 노력으로는 불가능하고 교육전반의 재구조화가 요구된다(이대식 외, 2006).

2) 최소제한환경과 연계적 배치 서비스

미국의 PL 94-142에는 최소제한환경(Least Restrictive Environment : LRE)의 법리가 명시되어 있다. 이는 특수아동이 최소로 제한적인 환경에서 교육을 제공받아야 한다는 뜻으로 특수아동의 교육배치와 밀접한 관련이 있다. 그러나 이를 실행하는 과정은 개념을 정의하는 것처럼 간단하지 않다. 특수교육의 배치결정에서 최소제한환경의 원칙에 따른 실천을 위해 조작적 정의로 도입된 것이 [그림 3 - 1]과 같은 특수교육의 연계적 배치 서비스(continuum of services)다.

LRE와 주류화(mainstreaming)는 같은 의미로 해석되는 경우도 있지만 동의어가 아니다. 주류화는 특수아동을 일반학교에서 교육하는 것을 의미하는 반면에, LRE는 특수아동이 최대한 일반학급에 가까운 교육환경에서 교육받는 것을 요구하면서도 [그림 3 - 1]에서 제시한 것처럼 각 학생의 교육적 요구에 적합한 다양한 교육배치를 인정하고 있기 때문이다. 다시 말해서 LRE는 모든 특수교육대상자들을 일반학교와 학급에 배치하라는 의미는 아니며, 아동의 개별적인 교육목표를 위해서 가장 적절한 범위 내에서 최소제한적인 환경에 배치하라는 의미다.

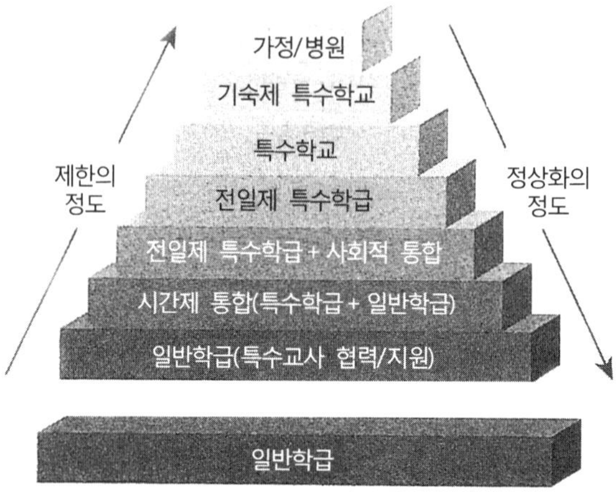

[그림 3-1] **특수교육의 연계적 교육배치 서비스**

3) inclusion과 주류화의 차이

서구를 중심으로 1980년대 후반에 시작된 inclusion의 주장은 1960년대부터 1980년대 후반까지 정착해 있던 주류화의 개념이 심화 · 확대된 것이다. 우리나라의 통합교육 개념은 국제적으로 비교해 볼 때 주류화로서의 통합교육을 강조하는 단계에 머물러 있다고도 할 수 있다(김병하, 2006). 그러나 점차 inclusion의 개념이 반영된 통합교육으로 변화해 가는 중이다. 과거에는 특수아동과 일반아동의 분리를 당연하게 생각하였으나, 최근에는 특수아동들도 일반교육 환경에 소속될 자격과 권리를 동등하게 지닌다는 점을 강조하기 때문이다.

통합교육의 본질을 더욱 명확하게 이해하기 위해서는 다음과 같은 inclusion과 주류화의 차이에 대해 인식할 필요가 있다. 먼저, 대상이 특수아동으로부터 모든 학생으로 확대된 점이다. 주류화에서는 특수아동, 그 중에서도 특히 경도장애아를 일반교육 환경에 가급적 통합시키고자 하였다. 또한 장애학생에 대한 책임은 특수교육 측에 있었고, 일반교육 관계자는 특수아동의 교육에 대해 책임의식이 희박했다(Hallahan & Kauffman, 1997). 그러나 inclusion은 모든 학생의 다양성과 차이를 받아들여 존중하고 환영한다는 신념에 근거하여, 어느 학생도 배제하지 않는 효과적인 교육제도를 지향한다. 이는 기본적으로는 일반교육이 모든 학생들에 대해 책임을 갖는다는 것을 의미한다.

둘째, 이원적인 교육제도가 아닌 일원적인 제도를 지향한다. 주류화에서는 일반교육과 특수교육의 이원화된 제도를 인정한 뒤에, 장애학생을 일반교육으로 통합하는 문제에 초점이 맞춰졌다. 이는 특수아동을 일반교육 환경에 맞춰가는 의미의 통합이었다. 이에 반해, inclusion에서는 특수교육과 일반교육제도를 일원화하여 모든 아동들의 다양한 요구에 대응하는 것을 목표로 한다.

셋째, inclusion은 장애의 유형과 정도에 관계없이 통합 정도를 높이고자 노력한다. 주류화에서는 경도장애아를 통합의 중심 대상으로 인식하였으나, inclusion에서는 중도의 장애아까지도 그 대상이 되어야 한다고 주장하게 되었다. 또한, 특수아동의 통합 영역이 미술이나 음악 등에 제한되었던 주류화의 경향을 비판하고, inclusion에서는 특수아동이 교과교육에 적극적으로 참여해야 한다고 강조하게 되었다(Lipsky & Gartner, 1994).

4) 통합교육의 법적 정의

2008년 5월부터 시행된 장애인 등에 대한 특수교육법에 법적으로 규정되어 있는 통합교육의 개념은 다음과 같다.

> "통합교육이라 함은 특수교육대상자가 일반학교에서 장애유형 · 장애 정도에 따라 차별받지 않고 또래와 함께 개개인의 교육적 요구에 적합한 교육을 받는 것을 말한다"(장애인 등에 대한 특수교육법, 제2조 6항).

이 정의는 통합교육이 법적인 근거를 두고 시행되고 있다는 점, 1994년의 개정 특수교육진흥법 정의보다 확장된 정의라는 점에서 의의를 가진다. 그러나 통합교육의 주체를 특수교육대상자에만 한정하여 '모든 학생들이 가지고 있는 요구를 가장 적합하게 충족시켜야 한다'는 통합교육 본래의 개념을 모두 담아내지 못하는 한계가 있다.

2. 통합교육의 이념

1) 통합사회의 추구

국제적으로 통합교육이란 용어가 보급되는데 중요한 역할을 한 1994년의 〈살라망카

선언〉에서는 통합교육에 대해 다음과 같이 서술하였다.

> 이 통합교육을 지향하는 일반학교는 차별적 태도와 싸우고, 모든 아동을 환영하여 받아들이는 공동체를 만들어, 통합사회를 형성하고, 만인을 위한 교육을 달성하는 가장 효과적인 수단이다. 나아가 일반학교는 대다수 아동에게 효과적인 교육을 제공하고 교육제도 전체의 유효성을 높여, 최종적으로는 비용 대비 효율성을 높인다(UNESCO, 1994).

여기서 알 수 있는 것처럼 통합교육이 지향하고 있는 최종적인 목표는 통합사회이며, 통합교육은 통합사회를 실현하기 위한 수단이라고 할 수 있다. 통합교육의 목표가 통합사회라는 것은 바꾸어 말하면 현실 사회가 사회적 배제(social exclusion) 상황에 있고, 이와 같은 현상을 극복하여 통합사회로 나아가야 한다는 것을 나타낸다.

자원이나 사회적 기반의 차이로 선진국과 개발도상국에서는 같은 통합교육이라는 표현을 사용해도 그 목표가 다르다. 선진국에서는 다수의 낙제아동, 빈곤층 아동, 이민아동 등, 장애뿐 아니라 환경이나 처우상의 이유로 학습상의 문제를 갖는 아동에 대한 교육 개선이 주요한 목표인데 비해, 개발도상국에서는 길거리 아동(street children), 아동 노동자, 소수민족의 아동, 벽지 아동 등 광범위한 경계집단(marginal group)에 대한 교육의 기회와 보급을 염두에 두고 있다(中村, 2003).

즉 통합교육이란 상기 아동에 대한 교육 개선을 통해, 그들이 사회로부터 배제당하지 않는 더욱 통합된 사회를 목표로 한다. 이는 모든 학생들이 어떤 차별도 받지 않으면서 함께 더불어 살아가는 사회생활을 학교교육을 통해 효과적으로 준비하도록 하는 철학적 문제이기도 하다. 우리나라도 점차 학급 구성원이 다양해지고 있으며, 학교교육 현장에서 점점 확대되는 개인의 다양성을 어떻게 수용해야 할지 심각하게 논의해야 할 필요가 있다.

2) 패러다임의 전환 : 결함모델에서 사회모델로

통합교육이란 개념은 교육정책과 실천의 급진적인 개선을 의미함과 동시에, 학교제도의 방식과 학습 · 행동 문제의 원인에 대해 근본적으로 차별화된 인식을 나타낸다. 즉 '결함모델(deficit model)'에서 '사회모델(social model)'로의 패러다임 전환이다(Mittler, 2000). 사회모델은 모든 학생의 필요에 부응하고 학생들의 커다란 개인차에도 대응할 수 있도록 학교의 변화를 요구한다. 이는 학생을 학교제도에 맞추는 결함모델의 관점과 대조를 이루는 인식이다.

통합교육의 핵심은 아동들을 교육제도나 서비스에 맞추는 것이 아니라 학교 전체를 개혁하고 바꾸어 가는 과정에 있다. 통합교육은 다양한 요구를 갖는 모든 학생들의 다양한 요구에 가장 적절하게 부응하는 교육체제를 만들어 가는 노력으로 볼 수 있다. 따라서 통합교육은 모든 학생들을 위한 교육개혁운동과 학교교육의 전반적인 질 향상에 대한 과제와 밀접한 연관성을 가지고 발전해 왔다.

3. 통합교육을 위한 협력적 접근

1) 협력적 접근의 필요성

통합교육이 성공적으로 실현되기 위해서는 협력적 접근이 필요하다. 협력적 접근이란 "특수아동을 교실 안에서 함께 협력적으로 교수하는 것 뿐 아니라 목표를 세우고 문제를 확인하고, 학생의 필요한 기술을 진단하고, 정보를 교환하며, 서로의 의견을 나누고, 문제를 해결하고, 계획을 세우고, 세운 계획을 실행하고 평가하는 등의 장애학생의 교육을 중심으로 한 관련 업무를 함께 수행하는 것"을 의미한다(이소현 · 박은혜, 2007).

과거에는 일반교사와 특수교사가 명확하게 분담된 업무를 서로 고립된 상태에서 각각 독립적으로 수행해 왔다. 동일한 장애학생에 대한 교육의 경우에도 각 교사의 노력이 통합되지 못하는 결과를 가져오는 경우가 많았다. 21세기 학급 구성원은 그 특성 면에서 매우 다양하여, 한 학급 구성원은 동질집단이 아닌 이질집단에 가깝다. 이들 다양성의 범위는 인종, 민족, 가족구성원, 사회 · 경제적 계층, 성 정체성, 능력 등을 포함한다. 따라서 교사들은 학급 구성원의 다양한 특성과 그에 따른 복잡한 교육적 요구에 대응하여야 하지만 지금까지의 개별적인 접근방식으로는 적절히 대응하기가 곤란하다. 통합교육의 확대 실시와 질 향상을 위해서는 학교가 협력적 공동체가 되고 다양한 문제해결 팀들이 공동 문제에 대해 활동하고 혁신적인 해결책을 고안해야 하며 학교의 구성원들이 모든 학생에 대한 책임을 공유하고 학습과 발달을 지원하기 위해 협력해야 한다.

이를 위해서는 협력팀을 이룰 필요가 있다. 특수아동을 위한 협력팀에는 일반교사, 특수교사, 가족구성원이 중심적 팀의 성원으로 참가한다. 그 외에 특수아동의 교육적 요구에 부응하여 관련 서비스를 제공하는 전문가들과 행정가가 포함된다. 또한 아동 자신, 급우, 보조교원 등의 비전문가도 협력팀의 성원으로 참가할 수 있다(Snell & Janney, 2005).

2) 협력적 접근을 위한 구성원과 역할

(1) 일반교사와 특수교사의 협력

통합교육 현장에서 협력팀의 가장 핵심적인 주체는 일반교사와 특수교사다. 일반교사는 특수교사와의 협력관계에서 자신의 의견이나 정보 제공, 모니터링의 역할을 할 수 있으며, 특수교사는 일반교사에게 학생의 학업성취 정도나 사회 성숙도, 필요한 지원, 의료적인 요구 사항, 보조 장치, 통합 준비도 등에 대한 정보를 제공한다. 또한 일반교사와 특수교사는 통합된 특수아동들을 위한 목표를 설정하고 적절한 자료를 준비하고 교수방법을 개발하고 교육과정을 수정하고 평가내용을 결정하는 등 여러 가지 면에서 협력할 필요가 있다.

일반교사는 협력팀을 통해 합의된 사항을 교수활동에 적용해야 하고 학급 내 다른 학생들에게 특수아동을 대하는 모델 역할을 할 수 있으며, 특수교사는 특수아동이 일반학급의 교육과정에 잘 적응하고 참여하게 하기 위해 학생이나 통합학급 교사가 필요로 하는 지원내용을 파악하고 적절한 지원을 제공해야 한다.

(2) 교사와 가족구성원과의 협력

교사들은 학생의 통합교육 성공에 영향을 줄 복잡한 결정을 하기 위해 학생의 가족구성원과 협력해야 한다. 특히, 부모는 학생들의 생활 전반에 관여하고 있으며 학생들도 부모에게는 자연스러운 행동을 보이기 쉽다. 따라서 교사는 부모가 자신보다 학생에 대해 더욱 많은 것을 알고 있을 수 있다는 점을 염두에 두고, 학생 가족으로부터 많은 정보를 얻고자 노력해야 한다.

교사가 일반학급에서 특수아동들을 가르칠 때 직면하는 가장 큰 문제는 그 아동들의 특별한 학습적 또는 행동적 요구들을 충족시키는 것이다. 학생의 요구가 복잡할수록 교사와 가족구성원은 한 팀이 되어 학생에게 필요한 요구를 충족시키기 위해 더 노력하여야 한다. 교사는 가족구성원에게 학생이 어떤 상황에서 어떤 방법으로 배울 때 가장 효과적인지, 가족이 원하는 것, 사용하기를 바라는 교재 등에 대해 묻고 학교와 가정에서 학생에 대한 기대를 높일 과제를 설계하여 가족과 함께 일해야 한다(Research Connections, 1999).

(3) 교사와 관련서비스를 제공하는 전문가와의 협력

치료사 및 기타 관련서비스 제공자들도 특수아동을 위한 중요한 팀 구성원이 될 수 있다. 최근에는 치료실이 아닌 교육 현장에서 치료서비스를 제공하거나 교사와 부모에게 자문을 제공하여 이들이 학생에게 치료서비스를 제공하도록 하는 모델이 강조되고 있다. 따라서 다양한 치료를 포함하는 관련서비스도 일반교육과정 내에서의 학생의 성취와 연결되어야 하며, 이를 위해서는 특수아동의 담당 교사들과의 협력이 필요하다. 특수학급의 특수아동들을 위해서 배치되는 관련서비스 전문가들은 이러한 협력팀의 일원으로 치료와 교육적 접근의 통합을 위한 역할을 감당해야 한다(이소현 · 박은혜, 2007).

전문가들의 일은 때로는 교사가 교실에서 전혀 할 수 없는 일인 경우도 있다. 이 같은 경우는 전문가가 교사에게 적극적으로 협력을 요구할 수도 있다. 예를 들면, 뇌성마비 아동에게 물리치료를 제공하는 물리치료사가 교사에게 아동의 자세를 지속적으로 모니터하고 바로 유지할 수 있도록 지시할 것을 요청할 수 있다. 즉 교사가 언제나 협력의 중심적인 위치가 아니라 적극적인 조력자가 될 수도 있음을 명심하고 자신의 역할에 대하여 유연한 태도를 가지는 것이 중요하다(Vaughn, Bos, & Schumm, 2000).

(4) 교사와 학교관리자와의 협력

통합교육의 적합한 실행을 위해서 학교관리자의 지도성이 강조되고 있다(Lipsky & Gartner, 1997). 교장의 지도성은 통합이 학교 전체 수준에서 우선순위에 놓이게 할 수 있고, 학교 전체의 응집력이 있는 실행 계획이 개발되고, 실시되고, 지속적으로 감독될 수 있게 한다. 통합학교에서 교장은 교사의 연수교육 기회를 계획할 수 있고, 추가적인 지원인력의 고용을 고려할 수 있으며, 자원봉사 프로그램을 시도하여 개별화교육에 도움을 줄 수 있고, 적합한 교수적 자원들을 제공할 수 있고, 교사 대 학생의 비율을 감소시키기 위해 노력할 수 있다. 교사들은 통합교육 실행 중에 직면하는 어려움들을 학교관리자와 건설적으로 의논할 수 있어야 하고, 그에 따라서 교장은 교사의 욕구에 가장 효과적으로 반응할 수 있어야 한다(박승희, 2003).

4. 통합을 위한 교수-학습전략

1) 교수적합화

(1) 교수적합화의 의미

모든 학생이 통합학급에서 유의미한 학습을 할 수 있으려면 수업이 각 학생에 맞게 수정, 즉 적합화되어야 한다. 교수적합화란 "일반학급에서 특수교육대상 학생의 성취 기회를 향상시키기 위해 교사가 학습 자료, 과제, 평가 절차나 방법을 조정하거나 교수 방식, 교수 규모, 피드백 제공의 방법을 다르게 하는 것"을 말한다(Scott, Vitale, & Masten, 1998).

(2) 교수적합화의 유형(박승희, 2003)

① 교수환경의 수정

교수환경의 수정은 일반학급의 물리적 · 사회적 환경을 특수아동이 일반학급에서의 학습목표에 도달하기 쉽게 촉진하기 위해 수정하고 보완하는 것을 말한다. 물리적 환경의 수정 예로는 조명, 소음 정도, 시각적 및 청각적 정보 입력의 정도와 강도, 교실의 물리적인 정돈 상태 혹은 가구의 배열, 교수 자료의 위치 혹은 접근성 등을 들 수 있으며, 사회적 환경은 다양한 능력을 가진 학생들 개개인이 소속감, 평등감, 존중감, 협동심, 상호의존감, 참여의 보상을 느낄 수 있도록 조성되고 유지되어야 한다.

② 교수적 집단화 형태의 수정

교수적 집단화 형태의 수정이란 교육 내용을 가장 적합하게 교수하기 위해서 교사가 사용하는 학생들의 교수적 집단화에서의 수정 및 보완을 의미한다. 교수적 집단화의 종류로는 대집단 혹은 전체 학급 교수, 교사주도적 소집단 교수, 협동학습 집단, 학생 주도적 소집단 혹은 또래 파트너, 또래 교사 혹은 상급 학생 교사, 1 : 1 교수, 자습을 들 수 있다.

3 교수방법(교수활동, 교수전략 및 교수자료)의 수정

교수방법의 수정은 교수가 제시되고 전달되는 방식의 수정을 의미하며, 구체적으로 교수활동, 교수전략 및 교수자료의 수정 및 보완을 포함한다. 교수활동의 수정은 교수할 주요 과제를 작은 단계로 나누는 것, 과제의 양을 줄이는 것, 과제를 쉽게 또는 구체적으로 수정하는 것, 과제를 활동 중심적으로 수정하는 것 등을 포함한다. 교수전략으로는 강의식 수업 형태의 대안으로 주제중심적, 활동중심적, 경험적 수업 형태 및 지역사회 중심의 수업형태를 적용할 수 있으며, 교육공학 및 보조공학의 사용, 행동강화 전략의 사용, 정보 제시 및 반응양식을 수정하여 사용할 수 있다. 교수자료는 교사가 필수적인 개념과 구조를 전달하기 위해 사용하는 중개물이다. 특수아동에게 비장애아동과 똑같은 자료를 간단하게 수정하여 사용하거나 개별화된 수행 기대에 따라 대안적 교육자료를 사용할 수 있다.

4 교수내용의 수정

교수내용의 수정은 일반교육과정의 내용을 특수아동의 독특한 교육적 욕구와 기술의 수행 수준에 적합하게 다양한 수준으로 수정 · 보완하는 것을 의미한다. 개별학생의 교육적 욕구를 충족시키기 위해서 일반교육과정의 내용을 수정하는 것은 수정 정도에서 차이를 보인다. 다음은 교육과정 내용 수정의 5등급을 나타내는 데, 등급이 높아질수록 일반교육과정의 교수목표로부터 점진적으로 더 유리된 것을 의미한다. 1등급 : 같은 활동, 같은 교수목적, 같은 교수자료, 2등급 : 같은 활동, 좀 쉬운 단계(수정된 교수목적), 같은 교수자료, 3등급 : 같은 활동, 다른 교수목적 및 교수자료, 4등급 : 같은 주제, 다른 과제와 다른 교수목적, 5등급 : 다른 주제, 다른 활동 등이다.

5 평가방법의 수정

평가방법의 수정은 학업 수행의 진보에 대한 매일의 측정과 성적 기준을 수정 및 보완하는 것 등이 포함될 수 있다. 통합교육 환경에서 개별 학생의 평가는 매우 복잡한 쟁점들을 내포하고 있다. 일반학급에서 일반적으로 활용할 수 있는 방법으로는 시험시간을 길게 해 주는 것, 짧은 시험을 자주 보는 것, 시험을 위해 시험 가이드를 제공하는 것 등을 들 수 있다.

2) 협력교수

(1) 협력교수의 정의 및 필요성

협력교수는 "두 명 혹은 그 이상의 교사가 다양한 능력의 학생들에게 한 물리적 공간 안에서 함께 교수하는 것"을 의미한다(Cook & Friend, 1995). 통합교육의 맥락에서는 특수교사와 일반교사가 모든 학생의 학습을 공동으로 책임지는 형태의 학습으로도 정의할 수 있다. 즉, 특수아동을 포함한 모든 학생들에게 직접적인 교육적 서비스를 제공하는 하나의 전략으로 일반교사와 특수교사가 교수계획, 교수전달과 평가 등 학생의 교육활동에 있어 평등한 권한과 공유된 의사결정, 공동의 목표와 책무성을 가지는 교수활동을 말한다. 통합교육의 성공을 위해서는 협력교수의 도입이 절실히 요구되는데, 협력교수의 필요성은 아래와 같이 정리할 수 있다.

첫째, 특수아동이 교실을 떠나는 오점과 부작용을 줄인다.
둘째, 모든 학생들을 위한 교수적 선택을 증가시킨다.
셋째, 교육 프로그램의 강도와 계속성을 향상시킨다.
넷째, 교사에 대한 전문적 지원을 증가시킨다.

(2) 협력교수의 유형

협력교수는 다양한 방식으로 제공될 수 있는데 기본적인 협력교수 양식으로는 상호교수(팀티칭), 스테이션교수, 평행교수, 대안교수의 네 가지를 들 수 있다(Walter-Thomas, et al., 2000, 재인용; 한국통합교육학회, 2005).

[1] 상호교수(팀티칭)

상호교수 형태에서 두 교사는 주교사와 지원교사의 역할을 모두 하게 된다. 짧은 기간(5~10분) 간격으로 교수활동의 리더를 바꿈으로써 주교사와 지원교사가 정기적으로 교체된다. 상호교수는 단순히 교대로 리더가 바뀌는 형태가 아니라 두 교사가 교수활동과 학습활동에 적극적으로 참여하는 역동적 과정으로 부단한 대화를 통해 효과적으로 학생의 학습이 일어나도록 서로의 노력을 지원하고 명료화하며 확장한다. 두 교사는 함께 일하면서 끊임없이 학생의 이해 정도와 교수활동의 효과성을 암시하는 단서를 읽어 낸다.

② 스테이션교수

협력교사는 독립적 학습영역(스테이션)에서 소집단의 학생들이나 개별 학생을 대상으로 새로운 내용을 제시하거나 검토하고 실제 활동을 감독하며 학생의 기술 수준을 검사한다. 학급 일과 동안 학생들은 실제 게임 수행, 책읽기, 퀴즈 풀기 등 다양한 학습활동이나 실제 또는 검사활동에 참여할 수 있는 스테이션을 순회한다. 학생들은 또한 다양한 독립적 스테이션이나 교생실습교사, 보조원, 나이든 학생(선배) 또는 학급 구성원과 같은 자원봉사자들이 관리하는 스테이션에서 활동하기도 한다.

③ 평행교수

일반교사와 특수교사는 학생들을 두 개의 혼합 능력 그룹으로 나눈다. 두 교사는 기본적으로 같은 내용과 기술을 다루면서 각각 한 그룹과 활동한다. 평행교수는 전체 학급활동에서 보다 학생들이 더 높은 수준으로 반응하도록 허용하기 때문에 연습과 검토 수업을 할 때 적합하며 교사들이 학생의 수행을 보다 면밀하게 점검할 수 있게 해 준다.

④ 대안교수

협력교사들이 전략적으로 소그룹을 구성하여 구체적 기술, 개념이나 프로젝트에 대한 활동을 한다. 한 그룹은 6~7명 이하의 학생들로 구성되며 이 그룹은 보통 5~6회 이상 그룹으로 만나지는 않는다. 한 협력교사가 소그룹과 활동하고 다른 교사는 학급의 나머지 학생들을 가르친다. 두 교사는 매주 대그룹과 소그룹의 교수 책임을 돌아가며 맡는다.

3) 협동학습과 또래교수

(1) 협동학습

① 협동학습의 의미

협동학습은 대개 5~6명의 학생을 한 팀으로 구성하여 집단역학을 이용하여 학습활동을 공동으로 수행하는 방법이다. 협동학습 상황에서는 대체로 교사는 학습 촉진자나 보조자의 역할을 담당하고 대신 학생들이 주도적으로 학습활동을 해 나가게 된다. 협동학습을 수행하기 위해서 각 학생들은 공동의 목표 혹은 팀 내에서의 개별적 목표를 협력적으로 달성하기 위해서 사회적 기술, 의사소통 기술, 상호협력 기술 등을 구사해야 한다. 그만큼 협동학습은 이러한 부분의 능력을 향상시킬 수 있는 교육방법 중 하나다. 또한 제시된 과제에 대해 개인적으로도 학습목표에 도달해야 하지만, 다른 한편으로 자신의 팀 내 모든 구성원이 정해진 학습목표에 도달할 수 있도록 서로 도와야 한다(이대식 외, 2006).

2 협동학습의 유형

① 팀성취 향상도 인정 학습(Student Team-Achievement Division : STAD)

능력별, 성별 등 이질적인 네 명의 학습자가 한 팀이 되어 교사가 과제를 제시하면 학습자는 집단별로 모든 팀 구성원이 그 교재를 마스터하도록 한다. 모든 학습자는 개별적인 형성평가를 치르며 학습자의 형성평가 점수는 과거 점수와 비교하여 향상 점수가 계산되고 이 향상 점수가 집단 점수로 환산된다. 정해진 기준에 따라 집단 보상이 따른다.

② 팀 보조 개별학습(Team Assisted Individualization : TAI)

TAI는 수학 과목에서의 개별화 교수를 팀 활동에 접목시킨 것으로 학생들은 이질적인 집단 속에서 함께 학습하고, 팀 점수를 위해서 능력 수준에 맞는 자기 교재에 따라 팀 내에서 개인별 단원으로 학습한다. 각 구성원들은 서로 도우며 다른 구성원의 과제를 체크해 준다. 개인별 단원을 마치기 위해서는 개별적 시험을 치러야 한다. 학생이 단원에 대해 80% 정도의 성취 기준을 달성하지 못하면 교사는 개별화 지도를 위해 개입할 수 있다. 팀들은 팀의 구성원들이 성공적으로 완성한 단원의 수에 근거해서 매주 점수를 얻는다.

③ 지그소(Jigsaw)

이 방법은 팀의 학생들이 교재를 분할하여 한 부분씩 깊이 있게 공부하여 동료들에게 가르쳐 주는 것으로 과제 상호 의존성에 기초하고 있다. 팀 구성은 5~6명의 이질적인 학생들로 구성된다. 분절로 된 교재가 각 팀에게 주어지며 학생들은 각 주제를 하나씩 맡는다. 그런 다음 팀에서 나와 소주제별로 다른 팀 구성원과 합류하여 소위 전문가 집단에서 그 주제에 대한 학습을 한다. 학습이 끝나면 자기 팀으로 돌아와 팀 동료들에게 전문가 집단에서 학습한 내용을 가르친다. 마지막으로 학생들은 개인별 형성평가를 받게 되며 향상 점수와 팀 점수가 계산되고 보상을 받게 된다.

④ 집단조사(Group Investigation)

집단조사는 가장 독립적이면서도 수준이 높은 학습활동을 대상으로 하는 협동학습 형태다. 2~6명의 이질적인 팀들이 주어진 과제를 완성하기 위해서 필요한 일들을 판별하고 지료를 구히고 과제를 왼성하기 위해 긱 구싱원의 책임을 걸정한나. 과세가 완성이 되었으면 교실 전체에서 보고하고 피드백을 받는다.

(2) 또래교수

1 또래지도의 의미

또래지도는 학생들이 서로를 위해 교수자로서 활동하는 것으로 통합교육에서 협동학습과 더불어 유력한 교육방법 중의 하나다. 또래교수에 대한 일반적인 연구결과는 또래 학습자(tutee)의 학업적 · 사회적 영역에서의 성취를 증가시킨다는 것이다. 또래 지도자(tutor) 또한 자존감 향상이나 가르치는 내용에 대한 심층적 이해 등의 긍정적인 효과를 갖게 된다.

2 유형

① 혼합연령 또래지도

나이가 많은 학생이 나이가 어린 아동이나 기능적으로 낮은 수준의 정신지체 아동을 위해 교수자로서 역할을 한다. 가르치는 학생과 배우는 학생의 역할은 명확히 구분되어 있고, 서로 역할을 교대하지 않는다.

② 동연령 또래지도

특정 분야에서 좀 더 많은 기술을 익힌 학생들이 조금 덜 익힌 학생들을 가르칠 수 있다. 또 다른 경우에 학생이 짝을 이루어 교대로 역할을 바꾸어 가르칠 수 있다.

③ 학급 전체 또래지도

이는 학급 내 모든 학생이 둘씩 짝을 지어 또래지도를 실시하는 방법이다. 대개 학생들은 서로의 역할을 교대로 바꾸면서 또래지도를 한다. 가장 큰 장점은 각 학생들의 실제 학습에의 몰두 시간을 늘릴 수 있다는 점이다.

특수아동의 가족지원

04

1. 장애아동이 가족에게 미치는 영향
2. 장애아동의 가족지원 방법 및 구성요소
3. 장애아동 가족의 부모교육
4. 가족, 학교, 지역사회의 협력

장애아동 가족에 대한 지원은 장애아동이 살아가는 가장 중요한 삶의 장이 원활하게 기능하도록 돕기 위한 것이다. 즉 가족의 문제점을 파악하여 해소함으로써 장애아동 가정의 기능을 원활히 하고, 이를 통해 장애아동이 보다 질적으로 수준 높은 삶을 살아갈 수 있도록 하는 것이다.

장애아동 가족의 원활한 기능에 영향을 미치는 많은 변인들 중에는 장애아동, 형제자매, 부모, 지역사회 등을 들 수 있다. 이러한 변인들이 서로 원만하게 상호작용하여 가족의 기능에 긍정적인 영향을 미칠 때 가족은 스트레스를 보다 덜 경험하게 될 것이다.

1. 장애아동이 가족에게 미치는 영향

장애아동이 태어났다는 사실은 가정의 안정된 기능을 저해시킬 수 있는 큰 사건이며, 이것은 가정의 기능을 위협하는 여러 가지 스트레스 요인을 증가시킬 수 있다.

1) 부모에게 미치는 영향

장애아동의 부모는 여러 가지 문제를 가지고 있다. 장애아동의 교육과 치료 그리고 일상을 함께 하는 어머니는 이에 대한 부담으로 신체적 · 정서적인 스테레스를 더 많이 받을 수 있고, 반면에 경제적인 책임을 지고 사회에서 활동하는 아버지는 경제적, 사회적 스트레스를 더 많이 받을 수 있다.

즉 장애아동의 부모들은 여러 가지 심리적 · 사회적 어려움을 겪고 있으며 대부분의 경우 이러한 어려움은 어머니가 겪게 된다. 부모들이 겪는 현실적 · 심리적인 문제를 구체적으로 살펴보면 다음과 같다(최민숙, 2007).

(1) 현실적 문제

① 주양육자의 육체적 고통

장애아의 주양육자는 대부분 육체적 고통에 시달리고 있다. 끊임없이 아동을 돌보아야 하는 일은 부모의 힘과 시간을 많이 필요로 한다.

2 시간 부족

장애아동의 주양육자는 장애아와 함께 해야 하는 일상적인 일(기저귀 갈기, 식사 준비, 옷 입히기, 벗기기……), 학교 데리고 가는 일, 치료받는 일 등 많은 일로 시간이 부족하다.

3 주양육자의 고립

주양육자는 장애아동의 치료와 교육, 병원입원, 전문가들과의 상담과 끊임없이 아동을 돌보는 일로 시간이 부족하다. 그리하여 주양육자는 아동을 돌보는 일에 관계된 것 외에 다른 일을 할 수 없게 되므로 자연스럽게 사회적으로 고립된다.

4 가족관계의 갈등

장애아동으로 인한 부모의 갈등은 지금까지 행복했던 가정에 긴장을 초래할 수 있다. 또한 이러한 가족 간의 갈등과 부정적인 가족분위기는 부부의 이혼율을 증가시킨다.

5 장래에 대한 근심

장애아동의 부모는 아동의 장래에 대해서 많은 걱정을 한다. 학교 취학문제, 취업, 주거, 결혼 등에 대해 고민하게 된다. 이러한 문제는 부모 혼자서 해결할 수 없는 여러 변인들이 복합적으로 관련되어 있는 어려운 문제들이다.

6 여가시간의 축소

장애아동의 부모는 여가시간이 적어서 여러 가지 전시회나 연주회 등에 참여하기 어렵다.

7 장애아동과의 상호작용의 어려움

장애아동은 반응성이 부족하여 부모는 자녀와 의사소통하는데 어려움을 겪는다. 그리고 장애아동은 때때로 다루기 어려운 기질을 갖고 있거나, 지나치게 위축적이거나, 좌절상황을 견디기 어려워하고 집중력이 낮으며, 활동성이 부족하다. 아동의 이러한 특성들로 말미암아 부모는 아동과의 상호작용에 어려움을 갖게 된다.

8 경제적 어려움

부모는 장애아동과 관련해서 많은 경제적인 어려움을 갖게 된다. 장애아동은 비장애아동에 비해서 많은 시설 · 설비 및 보조기자재를 필요로 한다.

9 친교대상

장애아동의 부모는 가까운 친척들과의 교류가 있을 뿐 친구나 이웃 등 가족 외의 사람들과 친교를 하는 데 제한되어 있다.

(2) 심리적 문제

장애아동의 탄생은 부모에게 장애아동을 돌보는 현실적인 어려움에만 국한된 것이 아니라 정서적 문제도 함께 야기시킨다. 즉 부모에게 깊은 상처를 줌과 동시에 커다란 충격을 줄 수 있으며 이러한 충격은 장애아동을 낳았다는 죄의식과 사회로부터 받는 경멸감 등과 어우러져 스트레스 요인으로 작용할 수 있다.

그러나 모든 부모들이 똑같은 과정을 거쳐서 똑같은 결과들을 산출하는 것은 아니며 여기에는 여러 가지 변인들, 즉 부모의 문제해결 방식과 성격, 부부관계, 공식적 · 비공식적 지원체계 등 다양한 변인들이 서로 상호작용한다. 또한 아동을 수용하며 적극적인 활동을 하다가도 다시 이전 단계로 되돌아가 반복적인 심리적 과정을 되풀이할 수 있다.

슈하르트(Schuchardt, 1996)에 의하면, 일반적인 장애아 부모의 심리과정은 다음과 같이 7단계로 분류된다(최민숙, 2007 재인용).

① **1단계 의혹** : 무슨 문제가 있지 않을까 감지하며 의심하는 단계
② **2단계 확신** : 문제가 있다는 것을 인식하는 단계
③ **3단계 조치** : 해결책을 찾아보려고 여러 병원 등을 찾아 헤매는 단계
④ **4단계 우울증** : 모든 것이 다 소용없고 의미 없음을 깨닫는 단계
⑤ **5단계 수용** : 장애아인 것을 전적으로 받아들이는 단계
⑥ **6단계 활동** : 수용을 전제로 한 적극적 조치 단계
⑦ **7단계 공동체 형성** : 문제해결을 위한 모임 결성 단계

부모의 심리과정 단계에서 나타나는 부정, 불신, 우울증, 열등감, 무력감, 분노 등과

같은 부정적인 반응은 가족의 기능을 저해하고 부모를 지속적인 스트레스에 시달리게 한다.

이외에도 부모의 심리적 방어기제가 다음과 같이 나타난다(여광응 외, 2003).

1 부정(denial)

장애자녀 부모의 심리변화 과정 중에서 충격의 단계에서 흔히 일어나는 것은 방어기제다. 자기 자녀의 장애 증상을 부인함으로써 일시적이나마 심리적 안도감을 느끼려는 것이다. 그들은 모든 방법과 수단을 통하여 장애가 사실이 아니거나 그 정도가 경미하기를 바라기 때문에 정확한 판정보다도 그렇지 않다는 쪽에 귀를 더 기울이게 된다.

2 투사(projection)

장애의 원인을 적극적으로 규명해 보려는 과정에서 장애의 원인이 자기 탓이 아니라 다른 곳에 있다고 생각했을 때 다소 심리적 부담을 덜 수 있기 때문에 책임 전가의 수단으로 작용하는 방어심리라 할 수 있다. 이러한 책임회피가 강하게 작용하면 가족, 이웃 더 나아가 사회 전체를 원망하게 되며 이는 결코 자신과 자녀에게 도움이 될 수 없다.

3 합리화(rationalization)

부정이나 투사 등은 장애 증상의 부인, 원인에 대한 책임 전가 등으로 일시적 안정에만 도움이 될 뿐 근본적인 심리적 갈등은 여전히 남아 있게 된다. 이것이 장애아동에 대한 분노와 좌절 또는 거부와 같은 부정적 반응으로 나타나게 된다. 심한 경우 장애아동을 배척, 학대하게 되고 가족으로부터 먼 곳에 격리시키고자 기숙제 시설을 찾게 된다. 비교적 장애아동을 보지 않음으로써 심리적 고통에서 벗어나려고 한다. 이러한 부당한 일들을 부모는 정당화, 합리화하려고 애쓴다.

4 반동 형성(reaction formation)

합리화의 방어기제와 상반되는 과잉보호 심리로서 장애아동에 대한 그 동안의 심한 거부와 부정적인 태도에 부모 스스로 죄의식을 느끼게 될 때 보상심리가 역으로 작용하게 된다. 즉 장애의 거부와 학대에서 지나친 연민과 동정적인 태도의 과잉보호로 자기 스스로 위안을 얻으려고 한다. 위의 합리화 과정에서는 격리 소외되어 애정 결핍으로 인한 이상심리가 형성되며, 반동 형성 과정에서는 과보호로 인한 아동 스스로의 경험기회가 박탈되고 장애 극복의 의지가 약해져 의존심만 길러 주는 등 둘 다 장애아동에 대해서는 큰 저해요인으로 작용한다.

2) 형제자매에게 미치는 영향

비장애 형제자매는 장애아동의 부모와 마찬가지로 여러 가지 심리적인 어려움을 겪고 있으며 이러한 어려움은 각 가정의 상황에 의해서 최소화하거나 최대화될 수 있다.

비장애 형제자매의 사회 · 정서적 상황은 형제자매의 장애 정도에 의해서 크게 영향을 받는다. 특히 중증 장애아동의 형제자매는 특별히 어려움을 가지며 부모님 사망 후에 장애 형제를 돌봐야 한다는 책임의식을 갖고 있다. 부모의 육체적 고통은 때때로 비장애 형제자매에게 전이된다. 비장애 형제자매는 현실적 · 심리적으로 다음과 같은 많은 문제를 갖게 된다(최민숙, 2007).

(1) 부모의 방임

부모의 시간은 대부분 장애자녀를 돌보는 데 할애되며 특히 장애아동 교육에 있어서 부모참여의 강조는 더욱 부모의 많은 시간을 빼앗게 되어 비장애 형제자매에게 쏟을 시간이 부족하게 된다.

(2) 정서적 문제

일반적으로 장애아동의 부모는 장애아동의 욕구에 우선적으로 반응하고, 그 다음에 비장애 형제자매에게로 주의를 돌리는 경우가 많다. 또한 많은 부모들은 장애자녀에게서 채워지지 못했던 부분을 비장애자녀에게서 채우려는 기대심리로 비장애자녀에게 과중한 부담을 지우는 경우가 많다. 이러한 여러 가지 불리한 환경하에서 비장애 형제자매는 정서적으로 행동장애, 우울증, 공격성 등의 문제를 일으킬 수 있다.

(3) 육체적 고통

중증 장애아동의 형제자매는 부모와 분담하여 장애아동을 돌보며 이러한 역할분담을 통해서 부모와 같은 육체적 고통을 느낄 수 있다. 특히, 장애아동의 나이 많은 여자 자매가 남자 형제보다 더 육체적인 고통을 받을 수 있다. 이에 비해서 경증 장애아동의 형제자매인 경우에는 육체적인 부담이 적다.

(4) 교육방법의 차이

대부분의 부모가 장애자녀와 비장애자녀를 교육하는 데 동등한 방법으로 하지만 소수의 부모는 비장애자녀를 장애자녀보다 더 엄격히 교육하고 있다. 형제들 간의 다툼이 발생했을 때 비장애 형제는 장애 형제와 싸움이 허락되지 않으며 일방적으로 인내를 강요당하고 있다.

(5) 놀이시 장애 형제자매를 돌봄

부모들은 비장애자녀에게 친구와 놀이를 할 때 장애 형제와 함께 놀거나 돌봐 주기를 바란다.

(6) 그 외의 문제

장애아동과 함께 성장함으로써 비장애 형제자매는 가족여행 등 가족이 함께 활동할 수 있는 기회가 적다.

따라서 장애아동 뿐만 아니라 그들의 비장애 형제자매에 대해서도 관심을 갖고 부정적인 요소들을 경감해 줄 수 있는 변인들을 밝혀서 비장애 형제의 건강한 성장 · 발달을 도모해야 한다. 이를 위해 부모가 고려해야 할 사항은 다음과 같다(최민숙, 2007).

첫째, 장애아동의 치료에 부모가 지나치게 많은 시간을 할애할 때 다른 가족구성원들은 이를 위해 참고 희생하며 자기들의 욕구를 억제하여야 한다. 또 우선순위를 지나치게 장애아동의 욕구와 치료에 둘 때 가족 전체의 균형이 깨질 수 있으며 이로써 비장애 형제는 부모가 자기를 사랑하지 않는다고 느끼며 슬퍼할 수 있다. 따라서 지속적인 부모교육을 통해서 가족기능의 정상화에 대한 중요성과 비장애 형제의 욕구에도 민감할 수 있는 가정분위기를 조성해야 한다.

둘째, 비장애 형제로 하여금 지나치게 장애아동을 돌봐야 하는 책임을 강요할 때 비장애 형제의 개인적인 자유가 극히 제한될 수 있다. 즉 장애 형제의 수족의 역할을 비장애 형제에게만 요구할 때 비장애 형제에게 부정적 영향을 미칠 수 있다.

셋째, 저소득층 가정의 경우 비장애 형제는 많은 불이익을 당할 수 있다. 대부분의 시간을 장애 형제와 함께 생활하게 되므로 자유시간이 적고 경제적 어려움으로 아동발달에 필요한 장난감이나 책 등 교육적 자극이 거의 없이 하루 종일 방치되기 쉽다. 따라서 유아특수교육센터 등 장애아동을 위한 교육기관은 이러한 저소득층 가정의 비장애 형제자매를 위한 프로그램을 구성해 주는 것이 바람직하다. 예를 들면, 일정한 장난감을 대여해 준다거나 장애아동 교육에 비장애 형제를 보조교사로 활용하여 모델링을 하게 함으로써 비장애 형제자매에게도 장애 형제와 어떻게 상호작용을 할 수 있는지를 제시해 줄 수 있다.

또한 부모의 양육태도는 장애아동에게는 너그럽게 대하고 비장애아동에게는 엄격하게 대하며 장애아동은 더 많은 부모의 관심과 격려를 받고 비장애아동은 부모로부터 엄격하게 다루어지며 관심과 격려가 부족한 상태에서 더 많은 독립심과 완벽을 요구당하고 있다. 따라서 부모교육 등을 통해서 비장애 형제자매의 현실적 · 심리적 상황을 설명하고 이러한 스트레스를 경감시켜 줄 수 있는 변인들을 주지시킴으로써 가능한 한 비장애 형제자매도 건강한 성장 · 발달을 할 수 있도록 하는 것이 바람직하다.

2. 장애아동의 가족지원 방법 및 구성요소

장애아동의 부모를 포함한 가족들은 앞서 살펴본 것처럼 일반아동의 가족에 비해 여러 가지 어려움을 겪고 있기에 사회 국가적으로 장애아동의 가족을 위한 지원에 관심을 가져야 한다.

가족지원은 장애아동 및 그 가족의 요구를 진단하여 그들의 요구를 충족시킬 수 있는 다양한 공식적 · 비공식적 자원 및 서비스를 확인한 후, 그 가족으로 하여금 가족의 기능을 강화하는 방법으로 자원을 얻도록 함으로써 가족의 자녀교육에 대한 효율적인 참여능력을 갖추도록 하여 자녀의 발달을 촉진하고자 하는 것이다(오영희 · 박창옥, 2006).

1) 부모의 자녀 수용단계에 따른 전문가 지원방법

아동이 장애로 진단받은 시기에 관계없이 부모들은 자신의 삶과 다른 가족구성원들의 삶을 조정하는 문제에 직면하게 된다. 부모들은 이전에 가족 상황 내에서 경험해 온 균형감이 장애아동의 존재로 인해서 깨지는 불균형감을 느낀다고 말한다. 그러한 불균형감들은 부모와 가족들이 자녀의 현재 상태를 완전히 수용하고 이에 적응할 때까지 계속된다. 그러나 불행하게도 어떤 부모들은 장애아동에게 불변한 감정을 항상 갖고 있을지 모르며, 그로 인하여 불안정한 상태로 계속있게 된다. 또 어떤 부모는 장애라는 결과에 직면하여 싸우기도 하고, 어떤 부모는 장애아동을 가짐으로써 가족들의 삶과 그들의 결혼생활이 더 강화되었음을 말하기도 한다. 그렇다고 해도 대부분의 부모들은 슬픔의 단계를 경험하게 된다.

일반적으로 슬픔의 단계라고 일컬어지는 단계는 불신과 부정, 분노와 분개, 타협, 좌절과 우울, 수용으로 분류된다. 〈표 4-1〉은 각 단계별 행동 특성과 단계별로 전문가들이 가족들을 도울 수 있는 방법이 제시되어 있다(박지연 외, 2007).

표 4-1 슬픔 단계의 특성과 전문적 지원방법

단계	특성	전문가 지원
충격, 불신, 부정	· 죄책감 혹은 수치심을 경험할 수 있다. · 장애가 있음을 부인하려고 할 수 있다. · 의료진단을 받으러 여러 병원을 전전할 수 있다. · 진단을 수용하거나 필요한 지원의 제공을 완전히 거부할 수 있다.	· 수용하는 태도로 경청한다. · 가족들이 감정을 표현하도록 격려한다. · 가족들에게 그 감정이 자연스러운 것임을 확신시킨다. · 아동과 관련하여 가족들이 공유할 수 있는 강점을 찾는다. · 가족들이 준비가 되었을 때 필요한 자원과 서비스를 제공한다.
분노와 분개	· 도움을 주려는 이들(배우자, 전문가, 가족)에게 화를 낼 수 있다. · 비장애아를 키우는 친구들에게 분개할 수 있다. · 진단의 정확성에 대해 전문가와 논쟁을 벌이려 할 수 있다.	· 사려깊은 경청의 태도를 취한다. · 가족들의 분노와 분개를 표현·표출할 수 있도록 격려한다. · 가족들의 '느낌' 에 대해서는 논쟁하지 않는다. · 공격적인 말에 방어하지 않는다.
타협	· 장애가 없어질 수만 있다면 무엇이든 하려는 믿음을 갖는다. · 신과 협상하려고 한다. "장애를 사라지게 해 준다면 무엇이든 하겠다."	· 적극적인 경청을 한다. · 지지를 보인다. · 전문적인 견해를 부모들에게 강요하지 않는다. · 비평을 삼간다.

단계	특성	전문가 지원
우울과 좌절	· 현실을 수용하기 시작하고 기대했던 아이를 잃어버렸음에 대해 슬퍼하게 된다. · 아동의 잠재력을 볼 수 없고 단지 아이의 결함만을 보려 할지 모른다.	· 적극적이고 반영적인 경청을 한다. · 부모지원 그룹과 같은 자원을 제안한다. · 우울증이 만성적으로 나타난다면 상담을 받을 수 있도록 의논한다. · 아동의 강점에 대해 지속적으로 의논한다.
수용	· 아이의 요구에 초점을 맞추는 대신 아이의 강점을 보기 시작한다. · 아이의 삶을 향상시키기 위해 긍정적이고 주도적인 입장을 견지한다.	· 경청을 계속한다. · 진보에 대해 격려한다. · 아이의 강점에 대해 지속적으로 강조한다. · 가족들에게 사례관리 역할을 양도하기 시작한다. · 가족들의 역량강화를 위해 지원한다.

장애진단에 의해 부모들의 슬픔단계든 다른 반응단계든 간에 일반적으로 나타나는 특징은 부정할 수 없다. 부모들은 숙련된 기술을 요하는 자녀양육의 현실과 가족의 정상적인 일상을 압도할 만큼의 변화에 직면하게 된다. 부모들은 장애아동을 돌보는 데 필요한 전략을 숙달해야 한다. 또한 부모들은 종종 전문가의 조언에 따르도록 기대되기도 한다. 그들이 도달해 있는 수용 정도에 관계없이 이러한 것들은 부모에게 커다란 도전이 된다. 다행히 오늘날 장애아동이 있는 부모들이 접근할 수 있는 발달적 교육과정을 포함한 가족중심 서비스와 가족을 위한 지원과 훈련이 제공되는 조기개입 프로그램들이 개발되고 있다.

2) 가족지원을 위한 원리 및 구성요소

아동의 생활연령과 관련하여 특별히 부모들의 스트레스가 극대화되는 시기가 있다. 3~4세인 취학 전기, 6~8세인 학교입학 시기, 12~14세인 청소년기 그리고 성인기에 접어드는 19~21세가 부모들의 스트레스가 극대화되는 시기로 생활주기에 따른 장애아동 가족의 특정 스트레스를 살펴보면 다음과 같다(최민숙, 2007).

① **취학 전기** : 진단, 치료와 관련된 일, 형제와 확대가족에게 장애에 관하여 이야기하기

② **학령기** : 장애아동에 대한 비장애아동과 가족의 반응, 학교교육

③ **진출기** : 생활환경, 재정적 문제, 사회화 기회

④ **부모 후기** : 장애자녀의 연애, 결혼, 출산의 문제

⑤ **노년기** : 부모 사망 후 장애아동의 보호와 감독, 가족의 다른 하위체제나 서비스 제공자에게 부모 책임을 이동시키기

던스트와 트리빗(Dunst & Trivette, 1994)에 의한 가족지원 프로그램은 가족강화모델에 근서한 것으로 가족의 기능을 강화하고 가족단위나 가족구성원의 발달과 성장을 촉진하기 위하여 자원과 지원을 계획하는 것을 목적으로 구성되었다. 이러한 목적을 실현시키기 위한 프로그램의 주된 중재 실제는 가족의 요구에 기초한 실행, 자원에 기초한 실행 그리고 강점에 기초한 실행이다. 가족이 자신의 감정을 바탕으로 자신의 요구를 자신이 활용할 수 있는 자원을 통하여 스스로 충족시킬 수 있다면 자신의 문제를 스스로 해결할 수 있는 능력있는 가족이 될 것이다(최민숙, 2007, 재인용).

(1) 가족지원의 원리

가족지원의 원리는 크게 다음과 같이 6가지로 볼 수 있다.

① **공동체 의식 강화** : 공동체간 상호작용할 수 있도록 가치의 공유를 증진한다.

② **지원과 지원 확장** : 가족을 도와줄 수 있는 지원체제를 구축한다. 지원은 가족이 이용하기 쉽게 융통적이고 개인적이며 개인의 필요에 즉각 부응할 수 있도록 한다.

③ **공동의 책임과 협력** : 협력을 증진하기 위해서 전문가와 부모는 의견교환을 한다. 가족기능을 강화하기 위하여 상호간 존중해 줌으로써 전문가와 가족은 협력자의 입장을 취하도록 한다.

④ **가족공동체의 보호** : 가족이 공유하는 가치와 믿음을 보호해 주며 외부인이 이를 침해하지 않는다.

⑤ **가족기능의 강화** : 가족의 능력과 가능성을 촉진한다. 가족의 장점을 촉진시킨다.

⑥ **적극적인 서비스의 실천** : 가족을 강화하기 위해 제공자 중심이 아닌 소비자 중심의 프로그램을 제공해야 한다.

(2) 가족지원 프로그램의 구성요소

가족지원 프로그램을 구성하기 위해서는 [그림 4-1]에서와 같이 몇 가지 요소를 포함시켜야 한다.

가족강화 철학

가족의 필요	필요의 종류	프로그램의 실행	지원의 원천	결 과
· 가족지원의 소비자로서의 가족	· 아동발달과 교육 · 성인교육 · 아동양육과 위생 · 여가선용 · 일상생활에 필요한 소비재 · 경제 · 운송	· 필요에 기초한 실행 · 강화에 기초한 실행 · 능력신장을 도와 주기 위한 실행	· 가족구성원 · 친척 · 친구와 이웃 · 성직자 · 의사 · 여가선용 장소 · 지역사회 그룹 · 상호지원 그룹 · 부모지원 그룹 · 아동양육 프로그램 · 가족지원 프로그램 · 공립학교 · 병원	· 소비자의 만족 · 가족의 안녕 · 가족의 안정 · 가족의 정상화 · 가족의 능력 향상 · 삶의 질 향상

가족지원 원칙

[그림 4－1] **가족지원 프로그램 구성요소(최민숙, 2007, 재인용)**

가족지원 프로그램을 성공적으로 실행하기 위해 ① 가족강화 철학과 ② 가족지원의 원칙에 근거하여 프로그램들이 이러한 철학과 원칙에 위배되지 않도록 실행되어야 한다. ③ 서비스의 대상인 가족의 필요를 조사한다. ④ 또한 가족이 활용할 수 있는 자원 그리고 가족의 강점을 조사한다. ⑤ 이러한 조사결과에 근거하여 가족의 필요를 충족시키고 가족이 활용할 수 있는 자원을 확장한다. ⑥ 그 결과 가족은 능력이 신장되어 기능이 정상화되고 삶의 질이 향상된다.

3. 장애아동 가족의 부모교육

장애아동을 효과적으로 교육하기 위해서는 반드시 부모교육이 병행되어야 한다. 장애아동을 가장 잘 알고, 또 그들과 가장 오랜 시간을 같이 보내는 사람은 부모밖에 없다. 따라서 부모는 장애아동의 특성에 맞는 교육방법에 훈련되어 있어야 하고, 발달의 각 시기에 알맞은 교육과 상담을 수행할 수 있는 구체적인 기술도 가지고 있어야 한다.

1) 부모교육의 목표 및 방향

(1) 부모교육의 목표

장애아동을 위한 부모교육의 목표는 구체적으로 살펴보면 다음의 5가지로 볼 수 있다(여광응 외, 2003).

첫째, 가정교육의 질을 높일 수 있다. 대부분의 부모들은 장애아동의 지도에 대한 전문적인 지식이 없으므로 장애아동에 대한 지식과 이해를 높일 수 있다.

둘째, 조기 치료교육의 효과를 높일 수 있다. 장애아동의 치료는 조기에 발견하여 실행할수록 효과가 크다.

셋째, 학교교육과 가정교육의 일관성을 유지할 수 있다. 학교에서 학습한 내용과 가정에서의 지도방법은 일관성이 있어야 효과를 높일 수 있다.

넷째, 이차적인 장애 예방과 도움을 준다. 치료실에서 배운 훈련이 가정에서 생활로 옮겨질 때 장애로 인한 다른 장애를 줄일 수 있다.

마지막으로, 사회에서 긍정적인 장애인관 확립에 가정이 모범이 될 수 있다. 부모의 장애아동에 대한 태도는 형제, 친척, 이웃의 장애인에 대한 태도에 영향을 준다.

장애아동을 둔 부모들은 많은 스트레스를 경험하고 있다. 자녀가 문제가 있다는 현실 자체 때문에 부모들은 정신적으로 위축되어 소극적인 경향이 많으므로 이를 잘 파악하여 부모교육을 효율적으로 운영하여야 할 것이다.

(2) 일반적인 방향

부모교육의 일반적인 방향은 다음과 같다.

첫째, 가족의 전체적 상황이나 지역사회에 관련된 문제와 같은 광범위한 문제에 중점을 두어 장애아동 한 개인보다는 그 가족의 욕구와 장애아동의 가족에게 미치는 문제들을 기초로 해야 한다.

둘째, 주변의 많은 전문가들이나 의사, 사회사업가, 상담가의 도움을 받아 다각적이고 통합적인 접근을 시도해야 한다.

셋째, 합리적인 사고를 통해 장애아동이 있음으로 해서 발생할 수 있는 문제를 발견하여 해결할 수 있는 능력을 키워 준다.

(3) 구체적인 방향

부모교육의 구체적인 방향은 다음과 같다.

첫째, 조화롭고 통합적인 행동을 할 수 있도록 조언해 준다. 장애아동의 교육은 교육기회의 평등성 원칙에 입각하여 인격체로서 개인의 잠재능력을 최대로 개발하고, 독특한 존재로서의 전인적 자아실현을 할 수 있도록 하는 것이 최대의 목표다. 가족구성원으로서 자연스럽게 살아갈 수 있도록 하며 조화롭고 통합적인 사회에 귀속될 수 있다는 신념이 있어야 한다.

둘째, 현실과 이상과의 관계를 통찰하고 적절히 조절한다. 장애아동의 정도를 부모에게 이해시켜 이상적 공상에 사로잡히지 않고 현실을 통찰할 수 있도록 하는 데 주력해야 한다.

셋째, 문제해결에 필요하고 알맞은 지식, 기능, 태도를 인지시켜야 한다. 가정에서 지도할 수 있는 각 장애 영역별 장애아동에 대한 지식, 기능, 태도를 구체적으로 제시해 줌으로써 부모가 스스로 가정에서 반복적인 지도를 할 수 있도록 해 주어야 한다.

마지막으로, 문제해결에 대하여 자신감을 갖도록 해 주어야 한다. 가장 중요한 것은 장애아동 부모들에게 긍정적 자아관을 확립시켜 주는 일이다. 장애아동의 문제는 대부분 사회의 잘못된 인간관에서 생긴 것이므로 바른 가치관을 가질 수 있도록 일반 학부모에게도 계도되어야 할 것이며, 장애아동 부모들이 떳떳이 장애아동을 신념과 긍지, 끈기를 가지고 지속적으로 지도할 수 있도록 자신감을 심어 주는 것이 최선의 방책일 것이다. 장애아동 교육의 효율화를 위해서는 효과적이고도 지속적인 부모교육을 통하여 특수교육의 이해는 물론 가정에서의 학습 및 생활지도 방법 등이 학교교육과 일관되고 연계되어야 한다.

2) 부모의 바람직한 태도

부모가 장애아동을 지도하는데 필요한 바람직한 태도는 다음과 같다(여광응 외, 2003).

- 전문가의 진단결과를 믿고 따르도록 하여야 하며 장애자녀를 위해 무엇을 해 주어야 하는가를 알도록 한다.
- 장애자녀도 다른 비장애자녀와 똑같이 대해 주고 모든 가족의 태도가 일관성을

유지하여야 한다.

- 잘못을 꾸짖기 전에 먼저 동기를 생각해 보도록 하며, 칭찬하는데 인색하지 않도록 한다.
- 장애자녀에게는 충분한 시간을 주어야 한다. 부모의 성급하고 초조한 마음 때문에 오히려 자녀의 능력을 저하시키는 경우가 있다.
- 한번 시작한 일은 끝까지 완성하도록 해야 한다.
- 아동의 능력에 맞는 것이 무엇인가를 알아 내고 적성에 맞는 것을 길러 주도록 한다.
- 행동하는 방법을 보여주어야 한다. 자녀는 할 수 있는 능력은 있어도 방법을 몰라서 못하는 경우도 많기 때문이다.
- 아동 발달을 조급하게 서두를 것이 아니라 인내심을 갖고 기다릴 줄 아는 자세를 가져야 한다.

3) 부모교육의 접근방법

(1) 집단적 접근

부모교육의 중요성만큼 부모회의 운영은 활발하지 않으므로 교사는 부모들이 적극적으로 참여할 수 있도록 꾸준한 인내와 노력이 필요하다. 부모회를 활성화시키면 다음과 같은 이점이 있다.

① 학교교육의 협조는 물론 장애아동 부모들이 갖고 있는 문제들을 해결하려고 교사와 공통적인 문제를 토론하거나 연수하는 기회를 가질 수 있다.

② 장애아동 부모들끼리 상호 의견 교환으로 재활정보를 얻을 수 있다.

③ 장애아동 부모들의 정기 간행물 발행으로 경험, 느낌, 소견 등을 발표할 수 있는 통로 역할을 할 수 있다.

④ 재활 전문 지식 뿐만 아니라 장애인의 법적 권리를 주장하는 실제적인 정보를 준다.

⑤ 가정에만 고립되어 있는 장애아동 부모들에게 전문화의 기회를 제공하는 매체가 될 수 있다.

(2) 개인적 접근

개인적 접근은 교사와 부모가 상담하는 방법이다. 즉 간단하게 전화로 상담하는 방법, 일정기간 간격을 두고 장애아동의 발달과정을 관찰한 후 부모와 교사가 만나는 개인 상담, 특별한 일이 생겼을 때 편지로 상담하는 방법 등이 있다.

부모상담시 교사는 다음과 같은 사항에 대하여 고려해야 한다.

첫째, 부모의 적응 단계를 고려하여 면담에서 다룰 내용을 메모해 두고, 아동의 작품, 행동발달에 관한 관찰기록 및 검사자료 등 면담의 준비를 철저히 한다.

둘째, 부모와 아동에 관한 자신의 감정을 분석해 본다. 아동으로 인하여 어려움을 겪을수록 교사도 아동에 대해 긍정적인 감정을 유지하기 어렵다.

셋째, 부모 - 교사 간에 친밀감과 신뢰감을 형성한다. 부모를 지원하는 분위기에서 문제에 대하여 따뜻하고 민감하게 수용하고, 부모로 하여금 사생활 보호에 대한 확신을 갖게 함으로써 신뢰감을 가지게 한다.

넷째, 부모는 위안이 필요하다는 것을 인식하고 부모의 고통과 어려움에 공감을 표현한다. 공감하는 교사의 수용적인 태도는 부모에게 큰 힘이 될 것이다.

다섯째, 부모의 개별적인 특성을 인정한다. 각 부모의 독특한 배경, 생활양식, 경험문화 그리고 가치 체계 등을 인정하면서 문제의 원인과 해결에 대한 보편적인 교사의 생각을 일방적으로 주입하는 일이 없도록 힘쓴다.

여섯째, 아동의 장점에 기초한 교육적 접근이 필요하다. 장애를 가진 아동이라도 나름의 장점 또는 강점을 가지고 있으므로 이에 관한 정보를 부모에게 알리고, 문제되는 행동이나 장애의 극복과 함께 미래의 독립적인 사회생활을 위하여 그 잠재능력을 개발하는 데 중점을 두어야 한다.

일곱째, 아동의 문제해결에 도움이 되는 관련 상담기관이나 소아정신과에 대한 정보를 수집하고 안내하여 적절한 해결을 돕는다. 상담 또는 치료 프로그램을 받는 도중에는 관련 기관과 상호 협조하여 아동의 학교생활에 대한 자세한 정보를 제공하여 아동의 변화와 발달을 촉진하는데 협조한다.

보통 장애아동을 가진 부모는 수치심으로 타인과 장애아동에 대한 대화를 회피하는 경향이 대부분이다. 따라서 전화 상담법이 처음에는 가장 적절하며 충분한 대화가 될 때 직접 면담하는 방법으로 전개해 나가야 한다.

4) 통합유아교육기관의 부모교육 프로그램

통합유아교육기관의 부모교육 프로그램은 자녀의 교육에 부모가 적극적으로 참여하여 자녀의 발달을 이해하고 토론을 통하여 구체적인 정보를 얻고자 하는 욕구를 적극 반영하여야 할 것이다.

부모교육 프로그램의 내용과 교육방법에 대하여 김미정이 구성한 통합유아교육기관의 부모교육 프로그램안을 재구성한 것은 〈표 4-2〉와 같다(정계숙 외, 2007).

표 4-2 통합유아교육기관의 부모교육 프로그램 내용과 교육방법

영역	교육내용	세부내용	교육방법
정보·지식	유아의 발달	· 연령별 유아발달의 특징 · 유아의 신체적, 사회적, 정서적, 지적, 언어적 발달의 특징 · 유아기의 스트레스와 정신 건강	수업참관 시청각교육 강연
	장애 원인, 예방 및 장애유아의 발달	· 장애유아의 발달적 특징과 재활 · 유아특수교육	시청각교육 개별면담 강연
	유아의 건강과 안전	· 응급치료에 대한 기술 습득 · 유아기에 많은 질병과 그 예방 · 안전지도 · 장애유아의 건강, 영양 및 안전지도	시청각교육 가정통신문
	통합교육의 효과	· 일반유아 및 장애유아의 발달 촉진 · 유아통합교육의 사회적 통합의 촉진	시청각교육 강연 교육자료집
	통합교육기관의 교육과정 및 운영 안내	· 유아들의 생활과 학습 : 사회적 통합 · 교육과정 소개 : 교수적 통합 · 통합교육기관의 교육목표와 교사 역할 · 교사, 기관과 부모간 협력 방안	가정통신문 수업참관 강연
	올바른 유아교재 및 교구의 선택	· 유아용 그림책과 놀잇감의 조건 · 적절한 유아교재 및 교구 소개 · 장애 유아용 특수교육 자료 및 장비 소개	시청각교육 수업참관 워크숍 가정통신문

영역	교육내용	세부내용	교육방법
정보·지식	지역사회의 아동복지 서비스에 관한 정보 및 관련 법규	· 지역사회의 각종 복지기관과 활용법 · 지역사회 기관의 부모교육 프로그램 및 TV, 라디오 프로그램 안내 · 장애유아 진단을 위한 의사와 상담전문가 소개 및 활용방법 · 교육비와 치료비에 관련된 법규 · 아동복지, 장애아교육 및 아동보육 관련법에 대한 이해	가정통신문 시청각교육 교육자료집
자녀 양육 기술	올바른 생활습관 지도	· 기본생활습관의 중요성과 지도방법 · 일반유아와 장애유아 간 관계 맺기 및 유지 기술 지도	수업참관 시청각교육 가정통신문
	유아 문제행동 지도	· 문제행동의 원인과 부모역할 · 유아의 부적응 행동 이해와 지도 · 장애유아에게 빈번한 행동 문제 중재전략 이해와 활용	개별면담 시청각 교육 강연
	적절한 자녀양육 방법	· 유아의 연령별 부모역할과 유아 발달 · 자녀와의 효과적인 대화방법 · 유아와 부모의 기질과 성격에 따른 부모의 양육 방법	시청각교육 강연 역할놀이
	가정을 학습경험의 장으로 구성하는 방법	· 가정에서 할 수 있는 여러 가지 감각 놀이와 요리 활동, 계절놀이 소개 · 가정에서 부모와 유아가 함께 만들 수 있는 교재 · 교구 제작 방법 · 놀이 이해 및 놀이를 통한 지도 방법	시청각교육 수업참관 워크숍
	올바른 아동관, 부모관 형성을 위한 강좌	· 정보화 사회에서의 부모 역할 및 자녀교육의 방향 · 근원가족 및 부부관계와 자녀 발달 · 부모의 양육 신념과 효능감 · 일반유아－장애유아 부모간 상호 이해와 협력 · 건강한 사회, 행복한 사회의 조건	강연 시청각교육 부모좌담회
	생활의 지혜 및 사회적 성장을 위한 정보제공	· 재테크와 절제 절약의 방법 · 웰빙을 위한 생활의 지혜 · 일상생활의 초보적인 법률지식 · 사회 변화와 대처 방법 · 평생교육과 관련기관	가정통신문 교육자료

영역	교육내용	세부내용	교육방법
부모 발달	자아개발	· 부모의 성격, 능력 및 적성 이해 · 취미생활을 위한 동호회 활동 · 사회봉사 활동을 통한 자기 성장 · 취업을 위한 연수와 기회 활용 · 부모의 스트레스와 극복방법	가정통신문 워크숍

장애아 통합어린이집의 부모교육 연간계획안의 예를 보면 〈표 4-3〉과 같다.

표 4-3 장애아 통합어린이집의 부모교육 연간계획안의 예

시기	유형	내용	비고
3	전체 부모 OT	· 어린이집 운영과 교육에 관련된 정보 안내 부모회 운영방안에 관한 토의	
4	부모상담	· 담임교사와 학부모 집단상담	
5	가족참여수업 부모교육	· 곡교 가족잔치 · 통합아동 부모교육	전문가 초청강연
6	부모상담	· 1학기 활동에 대한 교사와 부모의 개별 상담	포트폴리오 자료
7	가족지원 자원봉사	· 통합아동 가족지원 캠프 · 장난감 병원	통합아동 형제 · 부모 참여 교재 · 교구 및 시설 보수
8	소식지	· 시설 · 교실운영 및 보육 프로그램에 관련	
9	워크숍 자원봉사	· 베이비 마사지 · 바느질 도우미 · 곡교 한가위 잔치	영아반 대상 교재 제작 민속놀이 진행 및 간식 준비
10	자원봉사	· 대청소	
11	부모교육 워크숍	· 우리 아이 능력 키우기 · 아빠와 추억 만들기 · 통합 아동 학부모 설명회	전문가 초청 강연
12	부모협력 자원봉사	· 신입 통합아동 부모 오리엔테이션 · 김장담기	통합프로그램 소개
1	부모상담	· 2학기 활동과 취학 및 진급에 대한 교사와 부모의 개별상담	

시기	유형	내용	비고
2	통합아동 부모 OT 신입원아 부모 OT 조부모 자원봉사	· 특수교육 관련 강사를 초청한 통합교육과 부모의 협력에 대한 안내 · 신입원아 부모를 대상으로 어린이집 일과 및 각 반별 안내 · 된장담그기	음력 정월 대보름 전후

* 출처 : 곡교어린이집 홈페이지 http : //www.gokgyo.co.kr

4. 가족, 학교, 지역사회의 협력

지역사회는 장애아동 가족의 적응에 중요한 역할을 한다. 장애아동 가족은 지역사회와 분리된 개체가 아니라 지역사회 안에서 그 영향을 받는다. 그리하여 지역사회는 장애아동 가족에게 스트레스를 증가시켜 줄 수도 있고 경감시켜 줄 수도 있다.

장애아동 가족의 상황에 대해서 지역사회가 얼마나 많은 이해를 하고 있는가가 스트레스의 경감요인이 된다. 따라서 가정밖의 지원은 장애아동 가족의 문제를 경감시킬 수 있고, 이러한 스트레스의 경감은 부모로 하여금 자녀의 장애에 대해 긍정적으로 사고하도록 도울 수 있다(박지연 외, 2007).

가족들은 종종 전문가들과 지역사회 서비스와 지원의 접근과정에서 위협을 느끼기도 한다. 더욱이 가족들은 법이 부여하는 그들의 권리와 의무에 대한 지식이 부족하여 전문가들에게 의문을 제기하기보다는 최종적 결정에 대한 전문가들의 말을 수용하게 된다. 따라서 전문가 및 지역사회 서비스에 접근할 때 부모가 고려해야 할 사항은 다음과 같다.

- 효과적인 의사소통을 하기 위해 어려움을 극복한다.
- 부모가 느끼는 것과 목표가 무엇인지 이야기한다.
- 새로운 상황에 대해 개방적으로 대화한다.
- 방어적인 감정들을 피한다.
- 다른 사람들의 감정을 배려하기 전에 자신의 감정을 표현한다.
- 현재의 쟁점에 집중한다. 과거의 상황이나 다른 부적절한 경험에 머물지 않는다.
- 아동의 미래는 부모의 상호작용 반응 여부에 달려 있다는 것을 기억한다.

가족과 학교와 지역사회 간의 협력을 발전시키기 위한 방안은 다음과 같다.

첫째, 무엇보다도 가장 중요한 것은 가족이 스스로 참여 수준을 결정하는 것이다. 교사들은 가족에 대한 부분적인 정보에 기초하여 가족 지원이 요구되는 수준을 속단하지 말아야 한다.

둘째, 장애아동 가족의 강점을 판별하고 학급 내에서 그러한 강점을 사용할 수 있도록 장려한다.

셋째, 자문가의 입장에서 학교에 참여할 수 있도록 부모들과 지역사회 전문가들을 초대한다.

넷째, 가족들에게 학교에 대한 지침서를 제공한다.

다섯째, 부모들에게 자녀와 관련된 중요하고도 적절한 의학적 정보를 제공한다.

여섯째, 부모들에게 지역사회 내의 의료 전문가와 사회서비스기관의 최신 목록을 제공한다. 학교 내에 부모를 위한 자원센터를 설립하여 부모들이 이용할 수 있는 비디오 테이프, 책, 논문, 장난감 등을 구비한다.

마지막으로, 가족들이 다른 전문가들과 함께 효과적인 의사소통 능력을 신장시켜야 한다.

제 2 부

영역별 특수아동의 이해

시각장애아의 이해

05

1. 시각장애아에 대한 이해
2. 눈의 구조와 질환
3. 발견과 시력평가
4. 학습환경의 수정

1. 시각장애아에 대한 이해

1) 시각장애의 정의

(1) 의학적 정의

의학적 정의는 주로 시력과 시야, 광각, 색각 등에 의해 결정되는데(박중휘, 2006), 시력(visual acuity)은 물체의 존재 및 그 형태를 인식하는 능력을 말하는 것으로 눈의 가장 본질적인 기능에 속하는 이 능력을 측정함으로써 눈의 기능 상태를 가장 단적으로 파악할 수 있다(이진학 외, 2008). 시야(visual field)는 눈으로 한 점을 주시하고 있을 때 볼 수 있는 외계의 범위를 말하는 것으로(이진학 외, 2008) 정상적인 시야의 범위는 가로 150°, 세로 120° 정도인데, 시야검사 결과 협착(contraction), 감도저하(depression), 암점(scotoma) 등으로 인한 시야결손이 나타나면 시야장애를 가지게 된다.

광각은 빛을 느끼는 기능, 즉 빛의 유무를 판단하며 빛의 강도 차이를 구별할 수 있는 능력을 말하는 것으로 여기에는 암순응이 불량하여 어두운 곳에서 물체를 잘 식별하지 못하는 야맹과 밝은 곳에서 물체의 식별이 어려운 주맹이 있다.

색각(color vision)은 가시광선 중 파장의 차이에 따르는 물체의 색을 구별하여 인식하는 능력을 말하며, 색약과 색맹과 같은 색각 이상과 무색의 물체가 착색되어 보이는 색시증이 있다(이진학, 2008).

(2) 법적 정의

일반적으로 시각장애는 교정시력[1]이 20/70(0.3) 이하인 경우를 말하며, 이것을 다시 맹과 저시력으로 나누어 볼 수 있는데 그 기준은 20/200(0.1)이다. 우리나라는 시각장애의 정의를 「장애인복지법」과 「장애인 등에 대한 특수교육법」에 근거하고 있다.

2008년에 개정된 「장애인복지법」 시행규칙 별표에 시각장애를 6등급으로 나누어 제시해 놓고 있다.

---

1) 교정시력이란 굴절 이상 등이 있는 눈에 렌즈나 기타 보조기구를 처방하여 시력을 개선한 다음 측정한 시력을 말함.

제1급 : 좋은 눈의 시력이 0.02 이하인 사람
제2급 : 좋은 눈의 시력이 0.04 이하인 사람
제3급 : 좋은 눈의 시력이 0.08 이하인 사람 또는 두 눈의 시야가 주시점에서 5도 이하로 남은 사람
제4급 : 좋은 눈의 시력이 0.1 이하인 사람 혹은 두 눈의 시야가 주시점에서 10도 이하로 남은 사람
제5급 : 좋은 눈의 시력이 0.2 이하인 사람 또는 두 눈에 의한 시야를 1/2 이상 잃은 사람
제6급 : 나쁜 눈의 시력이 0.02 이하인 사람
※ 위의 시력은 모두 교정시력을 말함

「장애인 등에 대한 특수교육법」 시행령 별표의 특수교육대상자 선정기준에서 시각장애와 관련한 사항을 보면 다음과 같다.

시각계의 손상이 심하여 시각기능을 전혀 이용하지 못하거나 보조공학기기의 지원을 받아야 시각적 과제를 수행할 수 있는 사람으로서 시각에 의한 학습이 곤란하여 특정의 광학기구 · 학습매체 등을 통하여 학습하거나 촉각 또는 청각을 학습의 주요 수단으로 사용하는 사람

(3) 교육적 정의

일반적으로 교육적 정의에는 교육적 맹과 교육적 저시력이 있다. 교육적 맹은 학생이 시력을 학습의 주된 수단으로 사용하는 능력에 초점을 두고 내린 것으로 시력을 사용하지 않고 청각과 촉각 등 다른 감각으로 학습하는 아동을 말하여, 교육적 저시력은 시력을 학습의 주된 수단으로 사용하는 경우를 말한다(임안수, 2008).

국립특수교육원(1999)에서는 교육적 정의를 시각장애, 맹, 저시력으로 나누어 제시하고 있다.

· 시각장애 : 두 눈 중 좋은 쪽 눈의 교정시력이 0.3 미만이거나 교정한 상태에서 학습 활동에 어려움을 겪는 자
· 맹 : 두 눈 중 좋은 쪽 눈의 교정시력이 0.05 미만이거나 두 눈 중 좋은 쪽 눈의 시야가 20도 이하인 자 또는 학습에 시각을 주된 수단으로 사용하지 못하고 촉각이나 청각을 주된 수단으로 사용하는 자
· 저시력 : 두 눈의 교정시력이 0.05 이상 0.3 미만인 자 또는 저시력 기구나 시각적 환경이나 방법의 수정 및 개선을 통하여 시각적 과제를 학습할 수 있는 자

2. 눈의 구조와 질환

눈은 크게 눈알(안구)과 눈부속기관으로 이루어져 있다. 눈알은 외막, 중막, 내막의 세 겹이 방수, 수정체, 유리체를 감싸고 있으며, 눈부속기관은 안와, 눈꺼풀, 결막, 눈물기관, 외안근, 신경 및 혈관조직으로 이루어져 있다.

외막은 크게 각막과 공막으로 이루어져 있으며, 눈알의 가장 겉면을 이루고 있는 무혈관성 섬유층이다(이진학 외, 2008). 공막은 외막의 뒷부분 5/6를 차지하는 치밀한 섬유조직으로 하얗고 단단하며, 눈알의 형태를 유지하고, 외안근이 부착되므로 안구 운동의 지주 역할을 한다. 각막은 외막의 앞쪽 1/6을 차지하고, 평균 두께는 주변부가 1mm이고, 중심부는 0.6mm이며, 직경은 11.5mm이다. 각막은 투명한데 그 이유는 교원 섬유가 균일하고, 혈관이 없으며, 조직이 상대적으로 건조하기 때문이며, 주요 기능은 안구를 보호하는 방어막의 역할과 광선을 굴절시켜 망막에 도달시키는 창으로서의 역할을 한다. 각막관련 질환에는 각막염, 각막궤양, 각막외상, 원추각막, 각막반흔 등이 있다.

중막은 포도막이라고도 하며 홍채, 섬모체, 맥락막으로 구성되어 있다. 홍채는 중막의 가장 앞 부분에 있는 얇은 원반 모양의 조직으로, 각막과 수정체 사이에 있으며, 홍채 가운데에 구멍이 있는데 이를 동공이라 한다. 홍채 중심에 있는 동공은 빛의 양에 따라서 눈으로 들어오는 광선의 양을 조절한다. 즉 빛이 강하면 동공 괄약근의 작용으로 축동되고, 빛이 약하면 동공 산대근이 산동되어 빛의 양을 적당하게 조절한다. 맥락막은 망막과 공막 사이에 위치하고 망막의 바깥 1/3 부분의 대사작용을 주관하고, 공막을 통하여 들어오는 광선을 풍부한 색소로 차단한다. 섬모체는 망막의 거상연 전방에 위치하며, 섬모체돌기와 섬모체소대의 기반이 된다. 중막관련 질환에는 무홍채안, 베세트병 등이 있다.

내막은 망막으로 더 많이 알려져 있다. 망막은 10층으로 되어 있는데, 이 중 시세포층에는 원뿔세포(추체)와 막대세포(간체)가 있어 빛, 색깔, 물체의 형태를 느낀다. 원뿔세포는 안저의 중심부에 많이 존재하며, 주변부로 갈수록 적어지고, 막대세포는 안저 주변부에 많고 중심부에는 적다. 원뿔세포는 밝은 곳에서 물체의 형태와 색깔을 가장 예민하게 판단하고, 막대세포는 어두운 곳에서 원뿔세포가 감각하지 못하는 미약한 광선을 느낀다. 내막관련 질환에는 당뇨병성망막증, 미숙아망막증, 망막박리, 망막모세포종, 망막색소변성, 황반변성, 백색증, 추체이영양증 등이 있다.

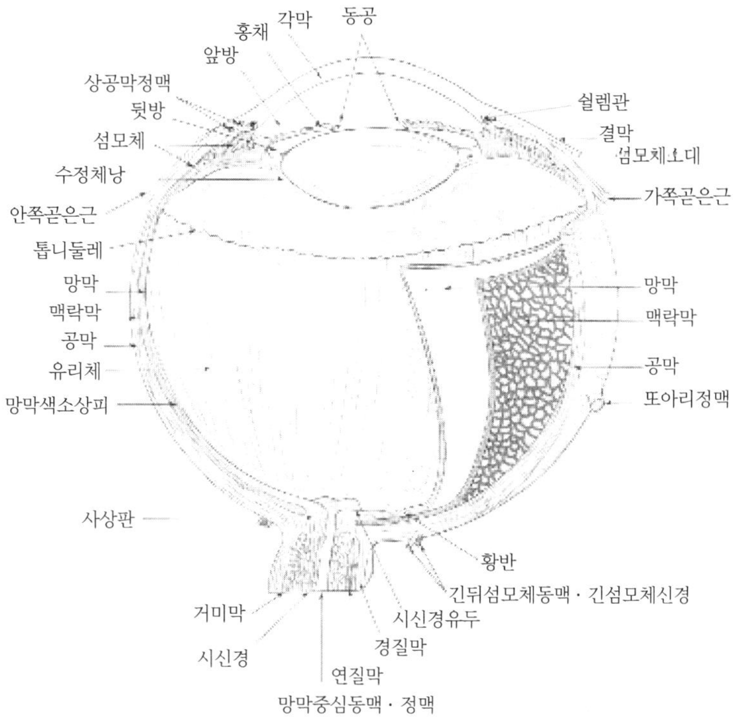

[그림 5－1] **눈알의 구조**

* 출처 : 이진학 외, 2008

안내용물에는 수정체, 유리체, 방수, 섬모체소대가 있다. 수정체는 동공의 바로 후방에 위치한 볼록하고 무혈관성의 조직으로 색깔이 없으며, 어른의 경우 지름이 약 9mm, 두께는 4mm인 투명한 조직이다. 수정체의 기능은 망막에 광선의 초점을 맞추기 위하여 각막 다음으로 큰 굴절을 일으킨다. 유리체는 수정체와 망막 사이의 공간을 채우고 있는 반고형, 젤리형의 무혈관성 투명 조직으로 눈알의 2/3를 차지하며, 기능은 그 내압으로 눈알의 외형을 유지하고, 망막을 눈알 내면에 밀착시키는 작용을 한다. 방수는 앞방과 뒷방에 차 있는 무색의 투명한 액체로 부피는 약 0.2cc이며, 주요 기능은 수정체, 망막, 각막의 대사에 필요한 영양을 공급하고, 일정한 안압을 유지하게 한다. 섬모체소대는 수정체를 고정시키고 수정체의 두께를 조절한다. 수정체 관련 질환에는 백내장이 있으며, 방수관련 질환에는 녹내장이 있다.

안부속기관에는 눈알을 둘러싸고 있는 안와, 눈알과 안와를 덮고 있는 눈꺼풀, 눈꺼풀판결막과 눈알결막 그리고 구석결막으로 구성된 결막, 눈물을 생산하고 배출하는 눈물기관, 눈알 운동과 지지의 역할을 하는 외안근 등으로 구성되어 있다.

3. 발견과 시력평가

일반적으로 맹학생은 특수학교(시각장애학교)에서 대부분 교육을 받고 있다. 그러나 아직 다수의 시각장애학생들이 특수교육서비스를 받지 못하고 있는 실정이다. 왜냐하면 맹학생의 발견은 쉽지만, 상대적으로 저시력 학생에 대한 발견이 쉽지 않기 때문이다. 저시력 학생의 발견이 쉽지 않은 이유는 대부분의 저시력 학생들이 자신의 문제를 타인에게 잘 이야기하지 않기 때문인데 그 구체적인 이유를 정리해 보면 다음과 같다(임안수 외, 2005).

첫째, 정안 학생처럼 대접받고 싶은 강한 열망을 들 수 있다. 잘 보지 못한다든지, 보이지 않는다고 하면 차별대우 받을지 모른다는 두려움이 있기 때문이다. 정안 학생은 '그렇게까지 신경을 쓰지 않아도 되는데' 라고 쉽게 생각할 수 있으나, 저시력 학생들이 이렇게까지 생각하는 데에는 사회의 책임이 크다고 할 수 있다.

둘째, 제대로 볼 수 없다는 사실과 상태를 여러 사람에게 이해시키려면 초조해지고 지쳐서 포기해 버리기 때문이다. 예를 들어, 일반학급에서 학습하고 있는 저시력 학생이 칠판에 적힌 글씨가 보이지 않는다고 하면 대부분의 교사는 칠판 가까운 쪽으로 학생을 배치한다.

셋째, 보이지 않는 것을 표현하는 표현 능력 부족을 들 수 있다. 특히 맹학교의 초등부 학생이나 일반 초등학교에 다니는 학생은 자신이 보이지 않는 것을 표현하는 표현력이 부족할 때가 많다. 앞에서 말한 것과 같이 보이지 않는 것을 규정하는 요인은 아주 많고 복잡하기 때문에 보이지 않는 상태를 정확하게 표현하는 것은 어렵다.

넷째, 저시력 학생 본인이 보이지 않는 상태에 대한 인식 부족을 들 수 있다. 보이지 않는 상태가 늘 계속되어 왔기 때문에 잘 보이는 상태와 비교해서 잘 보이지 않는 것이 어떤 것인지 몰라서 제대로 표현할 수 없는 경우가 있다. 환경을 바꿔서 조금 더 잘 보이게 조치를 해도 효과가 크지 않을 때가 많아서 얼마만큼 잘 보이는지 모르며 잘 보이는 상태에 대한 인식 부족이 된다.

1) 발견

시각장애의 발견은 주로 외모관찰, 행동관찰, 학업성취 관찰을 통해서 이루어지는데

(임안수, 2008), 그 구체적인 내용은 다음과 같다.

(1) 외모관찰

교사나 부모의 입장에서 눈의 외모를 잘 관찰함으로써 시력장애를 발견할 수 있다. 일반적으로 정상적인 눈은 깨끗하고, 앞을 똑바로 응시하며, 두 눈이 안정되어 함께 움직여 물체를 볼 수 있다. 그러나 시력에 장애가 있는 눈은 다음과 같은 증상을 보인다.

- 사물을 볼 때 눈을 자주 깜박거린다.
- 눈을 자주 비빈다.
- 눈과 손 협응이 잘 안 된다.
- 눈동자가 계속 움직인다.
- 사시가 있어 언제나 한쪽(외측 또는 내측)으로 본다.
- 눈이나 눈꺼풀(안검)이 충혈되고 눈물이 난다.
- 눈꺼풀이 처지거나 부어 있다.
- 각막이 혼탁하다.

(2) 행동관찰

교사나 부모는 다음과 같은 아동의 행동을 통해 시력장애를 발견할 수 있다.

- 책을 읽을 때, 눈을 움직이는 대신 머리를 앞뒤로 움직이거나 기울인다.
- 주의 집중력이 짧고, 자주 멍한 표정을 짓는다.
- 자주 물건에 걸려 넘어진다.
- 한 눈만을 사용하기 때문에 머리를 돌린다.
- 손가락으로 줄을 짚으면서 읽는다.
- 읽고 쓸 때의 거리, 즉 눈과 책(공책)과의 거리가 매우 가깝거나 멀다.
- 글씨를 쓰거나 읽을 때 얼굴을 찡그린다.
- 책을 읽거나 원거리 물체를 볼 때 자세가 굳어진다.
- 머리를 한쪽으로 기울인다.

(3) 학업성취 관찰

- 학업 성적과 학습량이 일정하지 않다.
- 학습 시간에 주의집중 시간이 짧다.
- 오랜 시간 독서할 때 읽는 속도가 떨어진다.
- 자신이 쓴 글씨를 읽지 못한다.
- 구두시험과 필기시험 점수의 차이가 크다.
- 말하기 능력보다 쓰기 능력이 훨씬 떨어진다(Jose, 1983).
- 그래프에서 특정 정보를 찾기 힘들다.
- 긴 문장을 읽는데 어려움을 느낀다.
- 사전에 기록된 글씨를 읽지 못한다.

2) 평가

시각장애학생의 시력평가는 크게 객관적 평가와 주관적 평가로 나누는데, 객관적 평가는 주로 안과의사에 의해 눈의 외모와 안저 반응, 양안의 위치 및 안구 운동, 안진 검사에 대한 반응 등이 있으며, 주관적 평가에는 원거리시력평가, 근거리시력평가, 시야, 색각검사, 대비감도검사, 기능시력평가 등이 포함된다(임안수, 2008).

(1) 시력평가

시력은 물체의 존재와 형태를 인식하는 능력이라고 말할 수 있으며, 이것은 다음과 같은 여러 기능이 복합된 종합감각이라고 할 수 있다(이진학 등, 2008).

① **최소가시시력** : 눈으로 느낄 수 있는 최소 광선량을 말하며, 광선에 대한 망막의 감도를 말한다.

② **최소분리시력** : 떨어져 있는 두 점을 두 개로 인식할 수 있는 점의 최소 간격을 말하며, 눈의 해상력이라고 한다.

③ **최소가독시력** : 읽고 판단할 수 있는 문자나 형태의 최소 크기이며, 여기에는 눈의 생리적 기능 외에 심리적 요인(지능, 주의력) 등이 많이 관여한다.

이러한 시력의 평가에는 크게 두 가지가 있다. 법적 맹의 여부와 저시력 기구의 배율을 결정하기 위해 실시하는 원거리 시력평가와 적합한 글자 크기와 저시력 기구의 처방시에 중요한 근거리 시력평가가 있다.

1 단위와 시표

국제안과학회(1909년, 1929년)에서는 지름이 7.5mm, 폭이 1.5mm인 란톨트고리를 그려 그 고리와 1.5mm의 간격을 두었을 때를 표준시표로 하고, 5m 거리에서 그 간격의 방향을 알아맞히게 하여 이보다 작은 시표를 식별하지 못하는 시력을 1.0으로 했다. 5m에서 최소시각이 2분이 되는 눈의 시력은 0.5, 최소시각이 10분이면 0.1, 최소시각이 30초이면 2.0이 되는 식으로 기록했다. 따라서 시력은 최소시각에 반비례한다(이진학 등, 2008).

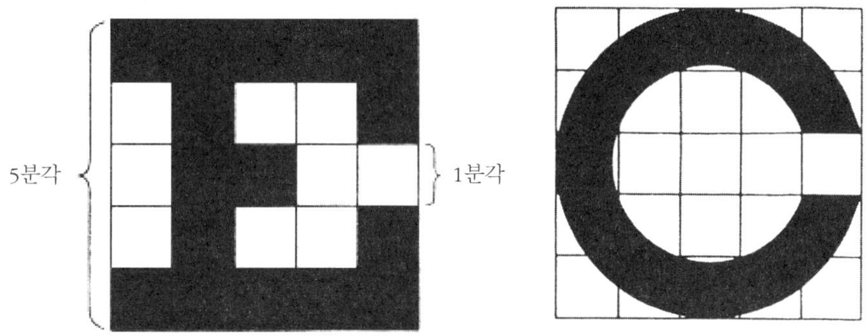

[그림 5-2] **스넬렌 E와 란톨트환**

2 시력 측정

우리나라의 대표적인 원거리 시력표에는 한식표준 시시력표(한식표준 5m 시시력표, 한식표준 3m 시시력표 등), 청산시력표, 진용한 시력표 등이 있다(임안수, 2008). 과거에는 주로 국제안과학회 기준의 한식시시력표를 많이 사용하였으나 근래에는 1994년 ISO의 기준에 맞게 1997년부터 제작한 진용한 시력표를 많이 활용하고 있다.

여기서는 진용한 시력표의 측정방법에 대해 알아보자(http://www.jvinstitute.net/).

① 검사 장소는 조명 수준이 300에서 500룩스 사이어야 한다.

② 시력표를 눈 높이와 비슷한 위치에 고정시키고, 4m 거리에서 측정한다.

③ 우안부터 검사하고 다음에 좌안을 측정한다.

④ 큰 시표부터 차차 작은 시표를 읽게 하여 읽을 수 있는 최소 시표가 어디인지를

측정한다. 피검자로 하여금 최대한의 노력을 기울여 읽도록 하되 시간은 한 글자에 3초이면 충분하다. 추측하여 맞춘 경우도 맞춘 것으로 인정한다.

⑤ 어린이의 경우에는 그림 시력표를 사용하기 전에 미리 앞에 와서 보고 그림 하나하나의 이름을 아는가를 확인시키거나 알려준 후에 실시한다.

⑥ 5개의 시표 중 한 줄에서 3개 이상을 맞추었을 때를 그 시력으로 한다.

⑦ 시력이 불량하여 0.1 시표도 맞추지 못하는 경우에는 가까이 다가가게 하여 보게 한다. 2m 앞에 와서야 0.1의 시표를 읽을 수 있었다면 0.1의 4분지 2의 시력에 해당하므로 시력은 0.05가 된다(공식 : 0.1×읽은거리/4=시력).

⑧ 1m 거리에서도 맨 위의 글자를 읽을 수 없었다면 검사자의 손가락 수를 세게 한다. 50cm 거리에서 검사자의 손가락 수를 셀 수 있다면 시력은 "안전지수 50cm"라고 기록한다.

⑨ 손가락 수도 셀 수 없고 다만 눈앞에서 흔드는 손의 움직임만 알 수 있을 때 그 거리가 30cm라면 "안전수동 30cm"라고 한다.

⑩ 손의 움직임도 모르는 경우에는 빛을 비추어서 빛의 유무를 확인한다. 어두운지 밝은 지를 구별할 수 있다면 이를 "광각유(有)"라고 표시하고 그렇지 못한 경우는 "광각무(無)"라고 표시한다.

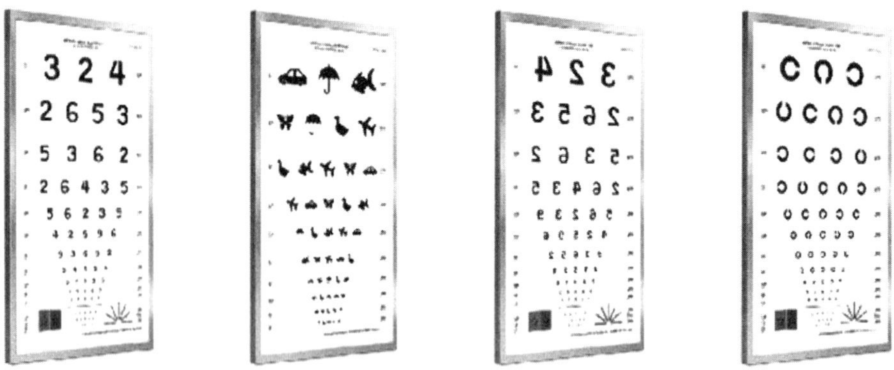

[그림 5-3] **진용한 시시력표**

(2) 시야검사

시야는 한 점을 주시하고 있을 때 볼 수 있는 외계의 범위를 말하는 것으로 정상시야는 가로로 150도, 세로로 120도 정도이다. 망막색소변성이나 녹내장이 있으면 가장 자리시야부터 시야가 점차 줄어 터널시야 혹은 야맹 등의 현상이 나타나며, 황반변성이나 원뿔세포이영양증일 경우에는 가운데 시야에 검은 암점이 나타난다. 이와 같은 시야의 이상을 측정하기 위한 검사 방법에는 대면법, 탄젠트스크린법, 주변시야계법, 암슬러 격자검사, 평면시야계법 등이 있다.

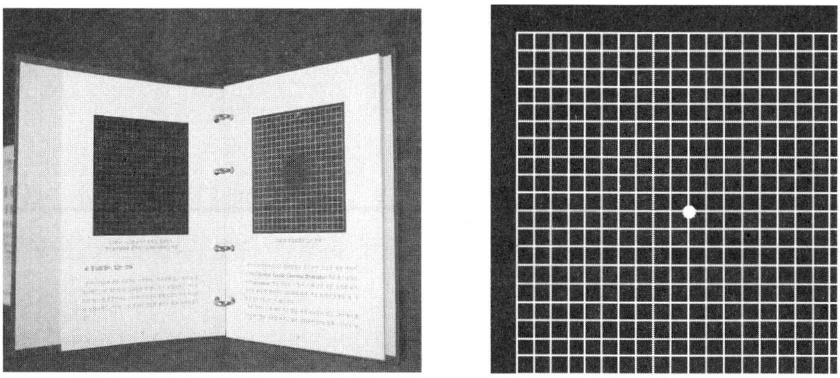

[그림 5-4] **암슬러 격자검사**

4. 학습환경의 수정

1) 주요 질환에 따른 교육적 조치

눈의 각 구조에 발생하는 주요 질환별 교육적 조치는 다음과 같다.

(1) 홍채없음증

홍채없음증은 홍채가 자라지 않았거나 조금 밖에 자라지 않은 상태를 말한다. 홍채가 눈으로 들어오는 빛의 양을 조절하는 역할을 하기 때문에 홍채없음증이 되면 아동의 눈에 필요한 빛보다 항상 많은 빛이 들어오게 된다. 따라서 홍채없음증에 대한 교육적 조치는 주로 과다한 빛을 어떻게 차단할 것인가에 초점이 맞추어진다.

① 대비가 잘 된 학습자료를 제공해야 한다. 특히 글자와 종이 사이에 충분한 대비가

이루어지도록 해야 한다.

② 창이 넓은 모자를 제공하거나 현재 착용하고 있는 안경 위에 덧씌워 착용이 가능한 색안경을 제공한다.

③ 창문에서 떨어져 빛을 등지고 앉을 수 있는 자리에 앉게 한다.

④ 밝은 조명보다 약간 어두운 조명이 좋다.

(2) 백내장

① 책을 읽을 때 서견대를 사용하도록 한다.

② 시력은 백내장의 위치, 크기, 정도에 따라 다르므로 백내장이 수정체 주변에 있는 아동은 고도 조명을 해 주어야 하고, 중심부에 혼탁이 있는 아동은 낮은 조명을 해 주어야 한다.

③ 안경을 끼면 일반적으로 중심 시력은 증가되지만 주변 시력이 감소되어 환경에서 안전한 보행에 영향을 미치므로 보행 교육을 철저히 해야 한다.

(3) 녹내장

① 정확한 시간에 안약을 투약해야 하므로 교사는 수업 중에도 약을 넣도록 지도한다.

② 녹내장이 진행되어 시야가 좁아진 아동은 독서할 때 읽는 줄을 자주 잃으므로 마커(예 : 타이포스코프 등)를 사용하도록 한다.

③ 시야가 좁은 경우 보행에 어려움이 있으므로 보행지도를 해야 한다.

④ 피로와 스트레스로 인해 안압이 증가할 수 있으므로 스트레스를 받지 않도록 주의해야 한다.

(4) 미숙아 망막병증

① 미숙아 망막병증은 예후가 매우 불량하며, 20대 이후에 망막 박리가 일어날 가능성이 높다.

② 망막 박리가 예상되는 아동은 얼굴이나 머리 충격을 주의하도록 한다.

(5) 망막색소변성

① 시야를 확장시키기 위하여 CCTV와 저시력 기구를 사용하도록 한다.

② 밝은 곳에서 어두운 곳으로 들어가면 암순응이 잘 이루어지지 않으므로 학생이 어두운 곳에 가거나 밤에는 야맹증이 있다는 것을 이해하고 지도해야 한다.

③ 밝은 곳에서 눈이 부시므로 색안경이나 차양이 달린 모자를 써서 눈부심을 피하도록 한다.

④ 망막색소변성은 진행성이므로 점자를 익히도록 해야 한다.

2) (비)광학 기구의 활용

(1) 망원경(Telescope)

저시력 학생의 작업과제나 선호에 따라 손잡이형 망원경(hand-held telescope), 클립형 망원경(clip-on telescope), 안경장착형 망원경(bioptic telescope), 전시야형 망원경(full-field telescope), 쌍안경(binoculars) 등이 있다. 주로 교실에서 판서하는 내용을 보거나 가계 간판, 버스 번호 등을 확인하는데 사용한다.

(2) 망원현미경(Telemicroscope)

망원현미경은 망원경의 대물렌즈 끝에 부가 렌즈를 장착한 것을 말하는 것으로 20~100cm의 중간 작업거리가 필요한 경우에 사용한다. 가까운 거리에 있는 사물을 높은 배율로 보고자 할 때 사용한다.

(3) 현미경(Microscope)

현미경은 2~20cm의 가까운 작업거리를 위해 사용한다. 많이 사용되지는 않으나 가끔씩 높은 배율을 통한 작업이 요구될 때 사용한다.

(4) 확대경(Mignifier)

확대경은 저시력 학생이 근거리 시력으로 짧은 기간 활동적인 일을 할 수 있도록 만들어졌는데, 사용할 때 손을 사용해야 하므로 양손을 사용해야 하는 작업에는 부적합하다는 단점이 있다. 종류로는 손잡이형 확대경, 스탠드형 확대경, 광원이 내장된 확대경, 막대확대경, 플렛배드 확대경 등이 있다.

(5) 확대독서기(Closed Circuit Television : CCTV)

TV수상기와 영상카메라를 이용하여 문자 등을 화면에 100배의 배율까지 확대가 가능하다. 줌렌즈에 의해 확대율을 연속적으로 바꿀 수 있고 음양화면의 교체에 따라 색상역전이나 화면의 밝기, 대비조절 등을 할 수 있다. 주로 오랜 시간 동안 책을 보거나 쓰기 과제를 할 때 사용한다.

(6) 독서대

많은 광학 기구들은 근거리 과제를 수행하는데 사용된다. 이때 독서대를 사용하면 더욱 편리하게 과제를 수행할 수 있으므로 다양한 디자인의 독서대를 저시력 기구와 함께 사용하면 좋다. 독서대는 높이와 각도를 조절할 수 있고, 눈과 읽을 자료의 거리를 조절하여 피로를 줄일 수 있으므로 저시력 학생이 오랫동안 읽을 수 있다.

(7) 대비

물체와 배경과의 대비가 높을수록 시감도는 증가하고, 눈부심이 있으면 물체와 배경이 유사한 색으로 보여 시감도는 떨어진다. 대비를 증가시키는 것은 적은 노력과 비용으로 저시력 학생에게 도움을 줄 수 있다. 대비를 증가시키는 데는 보려는 물체의 밑이나 뒤에 물체와 대비가 잘되는 색깔의 물체를 놓으면 된다. 예를 들면, 유리잔 밑에 짙은 색깔의 컵 받침을 놓아 선명한 대비를 이루도록 한다. 타이포스코프는 대비를 높이고, 반사로 인한 눈부심을 막아 주며, 읽을 줄을 제시하므로 학생이 읽던 줄을 잃지 않는다. 또한 노란색 선글라스를 쓰면 대비를 높일 수 있다. 노란색 필터는 청색과 회색 및 자주색을 검정으로 보이게 하는 경향이 있어 대비를 증가시킨다. 이러한 방법은 책을 읽는데도 많은 도움을 준다. 책 페이지 위에 노란색 아세테이트 종이를 올려놓으면 흐릿하거나 컬러로 인쇄된 것이 검은색으로 보여 대비를 증가시킨다(임안수, 2008).

3) 점자지도

오늘날 시각장애인의 문자로 사용되고 있는 점자는 1829년 프랑스 파리맹학교의 교사였던 Louis Braille에 의해서 창안되었으며, 우리나라 점자는 1926년에 제생원 맹아부 교사였던 박두성에 의해 창안되었다.

점자는 6점으로 구성되어 있으며, 이 6개의 점을 조합하여 64개의 점형을 만들어서 각 점형에 특정한 의미의 문자를 배당하여 사용한다. 64개의 점형 중 하나의 점도 찍지 않은 빈 칸을 제외한 63개의 점형을 초성 자음 13자, 종성 자음 14자, 모음 21자, 약자 27자, 약어 7개, 숫자, 문장 부호 등에 배정하여 사용하고 있다.

이와 같이 점자의 기본 구조는 묵자와 다르며, 그 특징은 다음과 같다(임안수, 2008).

첫째, 초성 자음과 종성 자음이 다르게 제자(製字)되어 있다.

둘째, 점자에서는 초성 'ㅇ'을 사용하지 않는다.

셋째, 초성 'ㄲ, ㄸ, ㅃ, ㅆ, ㅉ'을 적을 때에는, 앞의 'ㄱ, ㄷ, ㅂ, ㅅ, ㅈ' 대신 된소리표(, 6점)를 적는다.

넷째, 부피를 줄이고, 읽기와 쓰기 속도를 증가시키기 위하여 27개의 약자와 7개의 약어를 사용한다.

다섯째, 약자 '영'은 그 앞에 'ㅅ, ㅆ, ㅈ, ㅉ, ㅊ'이 올 때에는 '엉'이 된다.

여섯째, 모음 겹글자 '얘'는 '야+이'가 아니라 '야+애'로, '위'는 '우+이'가 아니라 '우+애'로 쓴다.

일곱째, 모음 겹글자 '왜'는 '오+애'가 아니라 '와+애'로, '웨'는 '우+에'가 아니라 '워+애'로 쓴다.

여덟째, 점자는 모아쓰지 않고 풀어 쓴다. 예를 들면, '국'을 'ㄱ, ㅜ, ㄱ'으로 적는다.

이러한 점은 시각장애 학생이 점자를 배우는데 어려움이 되므로 교사는 시각장애 학생에게 점자를 가르칠 때, 이러한 특성에 유의해야 한다.

4) 보행지도

보행의 종류는 일반적으로 안내법, 지팡이 보행, 안내견 보행, 전자보행기구에 의한 보행 등으로 나눌 수 있다. 안내법은 시각장애인이 안내자의 반 보 뒤에 서서 자신의 팔의 상박부와 전박부가 90도 각이 되게 하여 안내자의 팔꿈치 위를 잡고 안내자와 함께 보행하는 것을 말한다. 지팡이 보행은 긴 지팡이를 들고 탐침과 탐색을 통해 주변의 정보를 얻어 단독으로 보행하는 것을 말하는 것으로 일반적으로 안내법과 함께 가장 많이 사용되는 보행기법이다.

점자일람표

①④
②⑤
③⑥

【읽기 기준】

자음	초성	ㄱ	ㄴ	ㄷ	ㄹ	ㅁ	ㅂ	ㅅ	ㅈ	ㅊ	ㅋ	ㅌ	ㅍ	ㅎ	된소리표
자음	종성	ㄱ	ㄴ	ㄷ	ㄹ	ㅁ	ㅂ	ㅅ	ㅇ	ㅈ	ㅊ	ㅋ	ㅌ	ㅍ	ㅎ
모음		ㅏ	ㅑ	ㅓ	ㅕ	ㅗ	ㅛ	ㅜ	ㅠ	ㅡ	ㅣ	ㅐ	ㅔ	ㅚ	ㅘ
모음		ㅝ	ㅢ	ㅖ	ㅟ	ㅒ	ㅙ	ㅞ							
약자		가	사	나	다	마	바	자	카	타	파	하	것		ㅆ
약자		억	언	얼	연	열	영	옥	온	옹	운	울	은	을	인
약어		그래서	그러나	그러면	그러므로	그런데	그리고	그리하여							
기호		.	,	?	!	·(중점)	:	;	……	~					
기호		(	)	{	}	[	]	“	”	‘	’	_			
숫자		숫표	1	2	3	4	5	6	7	8	9	0			
숫자		+	−	×	÷	=	〈	〉	≦	≧	≠				
영어		a	b	c	d	e	f	g	h	i	j				
영어		k	l	m	n	o	p	q	r	s	t				
영어		u	v	w	x	y	z	영어표시작(끝)	대문자표						

안내견 보행은 개를 이용하여 보행하는 방법으로 제1차 세계대전 중에 독일에서 실명 상이용사들을 훈련시키기 위하여 최초의 안내견 학교가 설립되었고, 우리나라에서도 1994년에 삼성 안내견 학교가 설립되어 안내견을 훈련시키고 있다. 전자보행기구는 일정한 범위 또는 거리 내에서 환경을 지각하기 위하여 전파를 발사하고 그로부터 받은 정보를 처리하여 환경과 관계되는 정보를 사용자에게 알려주는 기구를 이용한 보행기법으로써 여기에는 진로 음향기, 모와트 감각기, 소닉가이드, 레이저 지팡이 등이 가장 널리 사용되고 있다.

의사소통장애아의 이해

06

1. 의사소통장애의 정의
2. 의사소통장애의 분류
3. 의사소통장애의 진단
4. 의사소통장애 아동의 특성
5. 의사소통장애 아동의 중재

1. 의사소통장애의 정의

인간은 나름의 수단으로 서로에게 의사를 표현하고 이해한다. 몸짓과 눈빛 혹은 글이나 말을 통한 수단을 적용한다. 여기에는 의사소통이라는 의미, 언어라는 의미, 그리고 구어라는 의미가 포함되어 있다.

의사소통(communication)이란 사람들 간에 상징기호 시스템을 통하여 자신의 경험이나 생각, 지식, 감정 등을 다른 사람에게 연관지을 수 있는 모든 수단을 의미한다. 여기에는 사인언어, 구어, 수화, 제스처, 쓰기 등을 모두 포함한다. 이러한 의사소통은 주는 자와 받는 자 사이에 이루어지는 과정이다. 언어(language)는 상징체계로 모든 언어는 다음과 같은 특징을 가지고 있다. 기호(symbol) 사용, 제한된 수의 상이한 음 또는 음색, 이러한 음소를 형태소라는 단위로 의미 있게 결합한 어휘, 이러한 어휘를 서로 연결하는 규칙, 사회적인 약속에 의해 언어를 사용하는 규칙 등이다(권도하, 2001). 언어란 자의적 기호들과 이 기호들의 규칙 지배적인 조합을 활용하여 사고를 표현할 수 있도록 해 주는 사회적으로 공유된 기호 또는 관습적 체계다(Owens, 2001). 인간의 언어는 기본적으로 형식(form), 내용(content), 그리고 사용(use)이라는 요소들로 이루어져 있다.

언어의 형식(form)이란 특정한 음들과 의미를 가진 상징들을 서로 결합하는 언어적 요소들을 말한다. 언어학적 형식을 다루는 영역으로 음운론(phonology), 형태론(morphology), 구문론(syntax) 등이 포함된다(강수균 외, 2005). 언어는 의사소통을 위해 사용하므로 반드시 무언가에 관한 것이 있어야 한다. 서로의 의사를 잘 전달하기 위해서는 적절하고 분명한 의미를 형식에 잘 담아서 전달해야 하는 것이다. 이러한 내용은 의미론(semantics)에서 다루어진다. 언어의 사용(use)은 사회적 환경 속에서 언어를 사용할 때 필요한 규칙이다(강창욱, 1996). 이러한 규칙에는 의사소통할 때 사용되는 코드의 선택을 지배하는 규칙뿐만 아니라 의사소통의 기능 혹은 의도 등을 지배하는 규칙에 포함된다. 이러한 규칙을 화용론(pragmatics)이라고 한다.

구어(speech) 혹은 말이란 언어 코드를 사용하는 구두 의사소통의 매개체로서, 이것을 통해 자신의 생각과 감정 등을 표현할 수 있고, 동일한 언어 코드를 사용하는 타인의 생각과 감정을 이해할 수 있는 것이다. 음성 상징기호를 통한 의사소통으로 정의되며 또는 호흡, 발성, 조음, 공명 등의 운동 활동으로 정의한다(권도하, 2001). 또한 구어가 사용될 때는 구어와 관련된 조음(articulation), 유창성(fluency), 음성(voice)과 같은 관련 변인들이 영향을 준다.

조음이란 말소리들이 형성되는 방식이고, 유창성이란 말의 리듬과 속도에 관한 것으로 인간은 부드럽고 상대적으로 잘 붕괴되지 않을 때 우리는 이러한 말을 유창한 것이라고 한다. 음성은 말의 메시지뿐 아니라 화자 자체에 대한 것을 암시하기도 한다. 또한 문장과 낱말 내에서 말소리의 전반적인 크기 수준 및 크기 패턴 등은 중요한 요소에 해당한다. 일반적으로 큰 목소리는 자신 있게 의사소통하는 것이고, 작은 목소리는 수줍어함을 나타내는 것이다.

이상과 같은 의사소통장애를 이해하기 위하여 의사소통, 언어, 구어에 대한 개념을 살펴보았다. 이에 의사소통장애의 정의를 알아보고자 한다. 과거 언어장애라는 용어는 최근 장애인 등에 대한 특수교육법에서 의사소통장애라고 하는 용어로 변화되면서 이에 대한 정의를 다음과 같이 하고 있다.

① 수용언어나 표현언어 능력이 인지능력에 비하여 현저하게 떨어지는 사람
② 조음능력에 현저한 결함을 보임으로써 의사소통 결함을 초래하는 사람
③ 말 유창성에 현저한 결함을 보임으로써 의사소통 결함을 초래하는 사람
④ 기능적 음성장애를 보임으로써 의사소통 결함을 초래하는 사람

또한 미국정신의학회에서 발간한 정신장애 진단 및 편람(Diagnostic and Statistical Manual of Mental Disorders, Forth Edition-Text Revision : DSM-Ⅳ-TR)에서는 의사소통장애(communication disorders)에 표현언어장애(expressive language disorder), 혼재성 수용표현언어장애(mixed receptive-expressive language disorder), 음운장애(phonological disorder), 말더듬(stuttering), 달리 세분되지 않는 의사소통장애(communication disorder not otherwise specified)로 구분하고 있다. 다음의 표에서는 DSM-Ⅳ-TR에서 분류한 의사소통장애에 대한 진단기준을 각각으로 제시하였다.

표 6-1 표현언어장애의 진단기준

A. 개별적으로 실시된 표현언어 발달의 표준화검사 점수가 비언어적 지적 능력과 수용언어 발달의 표준화검사 점수에 비해 현저하게 낮다. 장애는 현저하게 제한된 어휘, 시제오류, 단어 인출이나 발달수준에 적합한 긴 문장이나 복잡한 문장을 지어내는 데에 어려움과 같은 증상으로 나타난다.
B. 표현언어 곤란이 학업성취, 직업성취 또는 사회적 의사소통을 방해한다.
C. 혼재성 수용표현언어장애나 전반적 발달장애의 기준에 부합되지 않는다.
D. 정신지체, 언어운동 결함이나 감각결함 또는 환경적 박탈이 있는 경우, 언어곤란은 보통 이러한 문제에 동반되는 정도를 초과해서 나타난다.

표 6-2 혼재성 수용표현언어장애의 진단기준

A. 개별적으로 실시된 수용언어 발달과 표현언어 발달의 표준화검사 점수가 비언어적 지적 능력의 표준화검사 점수보다 현저하게 낮다. 증상으로는 표현언어장애의 증상뿐만 아니라 단어, 문장, 또는 공간 용어 등 특정 유형의 단어를 이해하는 어려움이 포함된다.
B. 수용표현언어 곤란이 학업성취, 직업성취, 또는 사회적 의사소통을 방해한다.
C. 전반적 발달장애의 기준에 부합되지 않는다.
D. 정신지체, 언어운동 결함이나 감각결함 또는 환경적 박탈이 있다면, 언어곤란은 보통 이 문제에 동반되는 정도를 초과해서 나타난다.

표 6-3 음운장애(발달조음장애)의 진단기준

A. 연령과 통용어에 적합하고 발달적으로 기대되는 언어음을 사용하지 못한다(예; 음의 생성, 사용, 표현, 또는 이것에만 국한되는 것만은 아니지만 한 음을 다른 음으로 대치하기, 마지막 자음과 같은 음의 생략)
B. 언어음 생성의 어려움이 학업성취, 직업성취, 또는 사회적 의사소통을 방해한다.
C. 정신지체, 언어운동 결함이나 감각결함 또는 환경적 박탈이 있다면, 언어곤란은 보통 이 문제에 동반되는 정도를 초과해서 나타난다.

표 6-4 말더듬의 진단기준

A. 정상적인 말의 유창성과 말하는 시간 양상에 있어서의 장애(연령에 맞지 않는)가 다음 중 한 가지 또는 그 이상의 항목으로 빈번하게 특징적으로 나타난다.
  (1) 소리와 음절 반복
  (2) 소리의 연장
  (3) 갑자기 지르는 소리
  (4) 깨진 단어(예; 한 단어 내에서 머뭇거림)
  (5) 들을 수 있거나 들을 수 없는 폐쇄(말하는 중에 머뭇거림이 있거나 없음)
  (6) 에둘러 말하기(문제가 될 만한 단어를 피하기 위한 단어 대치)
  (7) 과도한 신체 긴장으로 생성된 말
  (8) 단음절의 전체 단어 반복(예; "그-그-그 사람이 보여요.")
B. 언어표현의 유창성에 있어서의 장애는 학업성취, 직업성취, 또는 사회적 의사소통의 지장을 초래한다.
C. 언어운동 결함이나 감각결함이 있다면, 언어곤란은 보통 이러한 문제에 동반되는 정도를 초과해서 나타난다.

표 6-5 달리 세분되지 않는 의사소통장애의 진단기준

이 범주는 어떤 의사소통장애의 기준에도 부합되지 않는 의사소통장애들을 위한 부분이다. 예를 들면 음성장애(voice disorder, 목소리의 고저, 크기, 질, 음조, 공명에서의 이상)가 있다.

2. 의사소통장애의 분류

의사소통장애는 언어의 현상에 따라 조음음운장애, 유창성장애, 음성장애, 언어발달장애 등으로 분류한다.

1) 조음음운장애

(1) 조음의 발달

우리나라의 말소리는 모음과 자음으로 분류한다. 모음은 성도가 상대적으로 더 열려 있거나 방해를 받지 않고 산출되는 소리이고 자음은 어느 정도의 방해를 받으면서 만들어지는 소리다. 모음은 혀의 위치, 입술모양, 조음기관의 상대적 긴장도에 따라, 자음은 조음에 관여하는 부위, 소리가 만들어지는 방법, 성대의 진동동반 여부에 따라 분류된다.

신생아들은 울음이나 웃음 등의 반사적 소리나 생리적인 소리를 산출하지만 성장과 함께 점차 감소하다가, 약 2개월경에는 기분이 좋을 때 울림소리(gooing/cooing)를 내고, 3개월경에는 다른 사람의 말에 대한 반응으로 소리를 내게 된다. 약 5개월경에는 양육자의 성조와 음높이를 모방할 수 있게 된다. 이 시기에 나타는 모방이나 자발적 발성은 자음과 모음 또는 모음과 자음이 결합된 일음절, 즉 음절성 옹알이(babbling)를 산출한다. 약 6~7개월경에는 동일한 자음과 모음의 음절이 반복되어 나타나는 반복적 음절성 옹알이가 나타나기 시작하고, 8~12개월경의 유아는 유아 스스로 자발적으로 산출하였던 말소리만을 모방하게 된다. 약 12개월경에 이르면 알아들을 수 있는 첫 낱말을 산출하게 된다. 아동이 산출한 낱말이 다른 아동이 산출한 낱말에 비해 알아듣기 쉬운 경우도 흔히 있지만, 일부 낱말들은 아동이 말하기 쉽게 조절되어 산출되기도 한다.

어려운 낱말을 말하고자 할 때 아동들은 성인의 낱말과 유사하게 산출하려고 하는데 이때 아동들은 많은 낱말들을 자음-모음 구조로 단순화시키게 된다. 이러한 과정을 음운변동(phonological process)이라고 한다. 일반 유아들은 흔히 종성 자음을 생략하거나, 다음절 낱말이 한 개 또는 두 개의 음절로 축약되거나 동일한 음절로 반복하는 특징을 보인다.

이러한 아동의 말소리 습득과정의 일반적인 특징을 정리하면 다음과 같다. 첫째, 아동의 음소는 점진적인 과정을 통하여 습득된다. 둘째, 모음은 자음에 비해 더 쉽게 습득된다. 셋째, 대부분의 말소리는 낱말의 초성에서 먼저 습득된다. 넷째, 일부 말소리, 파열음과 비음 등은 다른 말소리보다 쉬워서 대부분의 아동들에게서 먼저 습득된다. 다섯째, 말소리 습득 과정에도 개인차가 있고, 학령기 초기에 이르면 아동의 음운체계는 성인의 체계와 유사해진다.

(2) 조음음운장애의 평가

조음은 입술, 혀, 구개와 같은 조음자의 정확한 위치, 압력, 속도, 계열성, 방향 등의 산출물로 나타나는 복잡한 협응의 결과이다. 조음음운장애가 나타나는 원인으로는 지적 장애, 청각장애, 조음기관의 이상, 신경근육운동의 이상, 부적절한 발음습관 등 매우 다양하다.

아동의 조음을 진단하고 평가하는 목적은 아동의 음운발달 상태의 파악, 조음음운장애아동과 일반아동의 조음 양상 차이 판정, 음운발달 상태가 의사소통에 미치는 영향, 발달적 관점에서 아동의 발음 양상 평가, 음운장애의 원인 및 관련 요인의 판정, 중재계획, 중재 후 예후의 예측, 시간 경과에 따른 추이 관찰 등이다(Bankson & Berntal, 1998; Grunwell, 1985). 즉 아동의 조음 및 음운이 정상인지 아니면 일탈되어 있는지를 결정하여 중재의 유무를 결정하기 위한 것이다. 이를 위하여 말소리 산출 목록, 음절 및 낱말의 구조적 특성 파악, 음운오류, 음운변동 분석, 명료도 평가 등을 실시한다. 아동의 예후는 음소 오류의 일관성, 자극반응도, 목표음을 다른 오류음과 구별하는 능력에 따라 달라진다. 일관성의 경우 비일관성은 정상적인 현상이지만 조음이나 음운오류의 단서가 되기도 한다. 오류의 일관성이 없는 경우가 더 좋은 예후를 보이는 것으로 판단할 수 있다. 자극반응도(stimulability)는 청각적, 시각적 단서를 집중적으로 제공하였을 때 목표음소를 산출할 수 있는 능력이다. 자극반응도와 예후와의 관련성에서 보면 자극반응도가 있다는 것은 예후가 좋다는 것을 의미하지만 반드시 그렇지는 않을 수도 있다.

조음음운장애는 조음평가를 통하여 음의 생략(omissions), 음의 대치(substitutions), 음의 왜곡(distortions), 음의 첨가(additions)로 분류한다. 음의 생략이란 발음이 있어야 할 음이 나타나지 않는 경우이고, 음의 대치란 목표음이 다른 음소로 바뀌어 조음하는 경우다. 음의 왜곡이란 대치와 비슷하기는 하지만 대치된 음이 표준음소로 지각될 수 없는 변형된 음을 의미한다. 음의 첨가란 음가가 없는 위치에 음가가 포함되어 산출되는 경우다.

(3) 중재

조음음운장애아동의 중재에서 주된 목표는 아동의 말을 이해하기 쉽게 만드는 것, 즉 말 명료도를 향상시켜 아동의 삶에 긍정적인 영향을 주도록 하는 것이다. 조음음운장애아동에게 일반적으로 운동음성학적 측면의 전통적 치료법을 많이 적용되는데 여기에는 다음과 같은 5단계를 포함한다.

① 비교 등을 통한 표준음을 확인하고, 표준음과 오조음을 변별하는 감각·지각단계
② 정확하게 조음할 수 있도록 변화하고 연습하는 확립단계
③ 정확하게 조음한 음을 강화하고 안정시키는 안정단계
④ 새로 습득한 조음 기술을 일상의 의사소통 상황으로 전이시키는 전이단계
⑤ 자기점검 등을 통하여 새로 학습된 표적음의 발음기능의 파지력을 신장시키는 유지단계

2) 유창성장애

(1) 말더듬의 이해

유창한 말이란 말의 흐름이나 비율에 대한 일반적 현상으로 말을 산출하기 위해 조음기관들이 편안하고, 부드럽게 그리고 빠르게 움직임으로써 말의 흐름을 지속적이고 중단되지 않는 것을 의미한다. 이런 의미에서 말의 유창함이 깨어진다는 것은 사람의 말이 비자발적인 말소리를 나타내거나 음절의 반복, 소리의 연장, 낱말 분리와 같은 특징을 보인다. 그러나 정상 발달을 보이는 일반아동에게서도 이러한 비유창성 증상을 보이게 되는 이는 약 25~37개월 사이에 변화되기 시작하여(Owens, et al., 2007), 약 2세경에 나타나는 전형적인 비유창성은 낱말 전체 반복, 간투어 삽입, 음절 반복 등이다. 이후 3세경이 되면 수정(revision)이 비유창성 행동의 지배적인 유형이 된다(Yairi, 1982). 성인의 경우에도 종종 다음절 낱말 전체의 반복, 낱말 또는 구의 삽입, 구의 반복 또는 문장 수정 등으로 인해 말 흐름의 진행이 방해받기도 한다.

말더듬이란 낱말이나 음절 사이에 나타나는 침묵을 포함하여, 들리거나 혹은 들리지 않을 수 있는 낱말이나 음절 단위의 반복 또는 연장으로 인해 발생되는, 일종의 말 흐름 진행의 정지라고 정의하였다(Prins, et al., 1991). 즉 음이나 음절, 또는 조음포즈 등의 반복이나 연장 혹은 막힘 등으로 말의 흐름이 비정상적으로 방해를 받아서 유창성이

깨어지는 것을 말한다. 이러한 말더듬은 주로 학령기 이전의 주로 2~5세 사이에 시작되고, 대개 3세 반이 지나고 나면 발전될 가능성이 높아진다(Yairi, 2004; Yairi & Ambrose, 2004). 이 시기에 발생하는 비유창성은 일반적으로 내용어, 낱말의 첫 음절에서 많이 발생되고, 종종 이차적 증후와 말에 대한 공포를 보이기도 한다. Bloodstein(1995)에 의하면 말더듬이들은 말더듬이 점진적으로 심화되어갈 때 말더듬 행동, 말더듬에 대한 반응을 말더듬을 조장할 수 있는 조건과 관련한 몇 가지 일반적인 경향들이 나타나게 된다고 하였다.

말더듬 증상은 종종 일반아동에서도 보이는 형태이므로 정상적인 비유창성인지 병리적인 비유창성인지를 구별하는 것이 대단히 중요하다. 정상적인 비유창성(nonfluency)이란 말을 시작할 때나 도중에 "음", "어", "저" 등의 음절이나 단어가 말의 내용과 관계없이 발성하는 삽입, 발화를 하면서 발음이 정확하지 않거나 내용상 적합한 단어가 아닌 경우 다시 말하는 수정, 구 혹은 문장의 끝에서 혹은 말하려고 하는 단어를 강조하기 위하여 쉼을 보이는 경우, 말하면서 앞에 말한 내용과 중복될 때나 앞에 말을 시작하고 나서 말을 끝내지 못하는 미완성구, 두 개 단어 이상으로 이루어진 구를 반복하는 구의 반복 등이 있다. 병리적인 비유창성(disfluency)은 말더듬이들에게 주로 나타나는 말더듬 증상이다. 단어 전체를 반복하는 단어 전체 반복, 단어 중 부분만을 반복하는 단어 부분 반복, 음을 길게 연장하는 연장, 기류의 멈춤이나 고정되는 막힘 등이 여기에 포함되는데 단어 전체 반복에서 막힘으로 갈수록 정도가 심하다.

말더듬이 학업 수행에 미칠 수 있는 부정적 영향은 전반적으로 말더듬이들은 일반 화자들에 비하여 교육적 적응이 열악한 편이다. 또한 말더듬이들은 일반 화자인 또래 학생들에게 따돌림을 당하거나 놀림을 당하기 쉽다(Blood & Blood, 2004)는 것을 원인으로 이로 인한 학업 수행의 열악함을 보이기도 한다.

(2) 말더듬의 평가

말더듬의 평가는 사전의 정보수집, 말더듬 행동, 의사소통과 관련된 의사소통 태도 등에 대하여 실시한다. 사전의 정보수집에서는 아동의 말더듬을 잘 이해하기 위한 질문을 선택하여 실시한다. 말더듬 행동 평가에서는 어떤 특정 단어의 발화 앞에 혹은 동시에 한 개 이상의 말더듬 행동이 일어난 말더듬은 단어의 수, 말을 더듬은 빈도수에 대한 말더듬의 비율, 비유창성에 대한 비율, 말을 어떤 형태로 더듬는가에 대한 형태의 분석, 발화 시 폐쇄 시간, 구어 속도, 비유창성과 관련된 외적 신체 운동을 나타내는 부수적 행동, 말더듬이들의 감정 및 의사소통 태도 등을 평가한다.

말더듬 평가를 위한 공식적 평가도구로는 파라다이스 유창성 평가(Paradise-Fluency Assessment : P-FA; 심현섭 외, 2004)가 있고, 이외에도 권도하(1994)가 번안한 말더듬 정도 측정검사(Stuttering Severity Instrument : SSI) 등이 있다.

(3) 말더듬의 중재

말더듬 행동을 수정하기 위한 중재는 일반적으로 크게 유창성 형성법(fluency shaping)과 말더듬 수정법(stuttering modification)으로 소개된다.

유창성 형성법은 개인의 전반적인 말 타이밍 패턴의 변화를 시도하는 것으로 강화와 점진적인 접근법으로 유창한 말을 형성한 다음, 일상생활에서 유창한 말이 사용되도록 점차적으로 일반화하는 방법이다. Van Riper(1982)는 말더듬을 말 타이밍 장애로 개념화하면서 다음과 같은 기법을 소개하였다. 광범위하게 활용되고 있는 기법으로는 취소하기(cancellation), 끌어내기(pull-outs), 준비하기(preparatory sets)의 세 가지다. 취소하기는 낱말을 더듬는 순간 의식적으로 잠시 멈추도록 하는 것으로 낱말을 더듬고 나서 멈춘 다음 그 낱말을 다시 말하게 하는 것이다. 끌어내기는 낱말을 더듬는 순간 바로 멈추고 더듬은 단어를 연장하여 말하게 한다. 준비하기 단계는 앞선 취소하기, 말소하기 단계에서 학습한 느리게 말하는 전략을 사용하되, 말더듬 발생에 대한 반응으로서가 아니라 말더듬이 예상되는 시점에 미리 사용하는 것으로 말을 더듬기 이전에 마음 속으로 미리 멈추고 말하고자 하는 단어를 연장하여 말하게 하는 방법이다. 말더듬이들은 전형적으로 언제, 어떤 낱말에서 말더듬이 발생할지 이미 예측하고 있기 때문에 말더듬의 발생이 예상되는 시점에서 자신이 새로이 학습한 유창한 산출 전략을 해당 낱말을 시도하기 직전에 미리 사용할 준비를 갖추는 것이다. 이 단계에서는 비록 연속적인 발화 운동과 그 전환이 느리게 이루어지는 것이기는 하지만 보다 유창한 방식으로 낱말을 시작하도록 하는 것을 목적으로 하고 있다.

말더듬 수정법은 오직 말더듬 행동의 변화만을 시도하는 것으로 말더듬을 좀 더 쉽게 더듬을 수 있도록 하는 방법이다. 이를 위하여 말더듬에 유발하는 공포감과 그 공포에 관련된 회피행동을 감소시켜서 말하는 것에 대한 긍정적 태도를 가지도록 한다. 중재에서는 말더듬 행동에만 초점을 두어 중재하는 것이라 말더듬인들이 자신의 말더듬을 인식하고 자신의 문제를 확인하고 표현함으로써 말더듬는 순간에 수반되는 회피행동을 감소시키도록 하는 것이다.

3) 음성장애

(1) 음성의 이해

음성은 의사표현의 가장 중요한 수단이고 오직 인간만이 가지고 있는 말소리의 필수적인 자질에 해당된다(Boone & McFarlane, 2000). 음성이란 일반적으로 후두 수준에서의 생성된 소리 혹은 발성에 의한 공명을 포함한 소리로 정의하기도 한다. 정상적인 음성이란 목소리의 높낮이에 해당하는 음도, 목소리의 강함과 약함을 나타내는 강도, 목소리의 유쾌성에 해당하는 음질, 음도나 강도를 자유롭게 변화시킬 수 있는 유동성을 갖추어져야 한다(정옥란, 1996). 평균적으로 성인 남성은 약 130㎐, 성인 여성은 약 250㎐의 기본주파수를 가지고 있다. 어린 아동 음성의 기본주파수는 매우 높은 음도로 약 500㎐ 정도의 음도를 가지고 있다. 음성의 크기에 해당하는 강도는 데시벨(dB)로 측정하고, 강도가 증가하면 지각적인 음성의 강도(loudness)의 크기 역시 증가한다.

(2) 음성장애

음성장애에는 연령, 성별, 일시적 · 생리적 상태, 화자의 말하는 목적, 구어 환경의 요소 등에 따른 비정상적 음도, 강도, 음질을 의미한다. 구체적으로 음도장애, 강도장애, 음질장애가 포함된다.

음도장애에는 단조로운 음도(monopitch), 부적절한 음도(inappropriate pitch), 음도일탈(pitch break) 등이 있다. 단조로운 음도란 정상적인 억양 변화를 보여주기 어렵고 때때로 수의적으로 음도를 변화시킬 수 없는 경우다. 음도일탈은 음도가 통제가 안 될 정도로 갑작스럽게 올라가거나 내려가는 경우를 말한다. 부적절한 음도는 어떤 사람의 음성이 연령이나 성별에 맞는 음도의 범위에서 벗어나는 것으로 판단되는 경우에 해당된다.

강도장애에는 단조로운 강도(monoloudness), 강도변화(loudness variation) 등이 있다. 단조로운 강도는 일상적으로 나타나는 강도변화의 폭이 좁고, 강도의 의도적 조절이 어렵게 나타나는 경우에 해당한다. 강도변화는 발화 상황에 따라 강도를 적절하게 조절하지 못하는 경우다.

음질장애에는 목쉰소리(hoarseness), 거친소리(roughness), 기식음성(breathness) 등이 있다. 목쉰소리나 거친소리는 잡음이 수반되어 음성의 명확성이 부족한 소리다. 기식음성은 목소리를 내는 동안 성문 사이로 공기가 빠져 나가면서 생기는 잡음이 귀에 들리는 것이다.

(3) 음성장애의 평가

음성의 평가는 먼저 이비인후과적 검사에서 성대조직의 손상, 결절의 유무, 다른 비정상적인 문제점이 있는지에 확인한다. 이차적으로 음성문제에 대한 정보, 음성장애로 인한 영향, 음성장애의 시작과 진행 정도 및 지속시간, 목소리를 사용하는 방식, 전반적인 신체적 및 심리적 상태 등을 조사해야 한다. 또한 지각적 평가에서 음도와 강도, 음질 특성에 대한 정보도 알아야 한다.

음성장애는 수술, 음성치료, 심리상담, 약물치료 등이 실시된다. 음성치료에서는 첫째, 성대조직을 건강한 상태로 회복시키고, 둘째, 음성기능을 이전의 양호한 상태로 회복시키고, 셋째, 성대를 오용하거나 남용하는 음성습관을 구별해 내고 제거하도록 하며, 넷째, 개선된 음성습관을 가지도록 한다(Colton & Casper, 1996).

4) 언어발달장애

언어발달장애는 상징이나 기호의 체계의 장애로 모든 언어 양식, 즉 구어, 이해, 읽기, 쓰기 및 문제해결력 등에 있어서의 장애로 정의한다. 언어발달장애란 언어학적 상징들을 이해하거나 표현하는데 있어서의 장애이기는 하지만 이 역시 전혀 구어를 하지 못하는 경우에서부터 단지 문법적 결함을 가지고 있는 경우까지 그 장애의 정도가 매우 다양하다. 언어발달장애의 분류는 다양한 방법으로 이루어지고는 있으나 일반적으로는 언어의 형식에서의 어려움, 언어의 내용에서의 어려움, 언어의 사용에서의 어려움으로 구분한다. 언어의 형식에서의 어려움은 음운론, 형태론, 구문론에서 문제를 보이는 경우, 언어의 내용에서의 어려움은 의미론적 측면에서 사물, 사건, 관계 등에 대한 개념화 등에 문제를 보이는 경우, 언어의 사용에서의 어려움은 화용론적 어려움, 즉 다른 화자나 사건에 적절하게 의도나 기능을 사용하지 못하는 경우 등으로 설명된다.

3. 의사소통장애의 진단

의사소통장애의 평가는 의사소통에 관련된 다양한 영역에서의 능력들을 측정하여 아동의 의사소통장애를 이해하기 위한 절차다. 또한 다양한 도구를 활용하여 여러 환경에서 의사소통의 강점과 약점을 입증하고 명시하며 문제의 가능한 원인을 찾아 내고, 이를 처리하기 위한 계획의 수립을 위해 여러 방면에서의 자료를 수집하는 일련의 체계적인 과정이다.

의사소통장애의 평가를 위해서는 우선 의사소통의 문제를 확인한다. 다음으로 아동의 보이는 의사소통의 어려움과 강점을 파악하여 서술한다. 교사는 행동의 일관성에 대한 자료를 제공하고, 의뢰된 아동이 또래 아동과 비교하여 어떻게 다른지를 제시한다.

대부분 검사자들은 진단 결정과 중재 계획에 대한 정보를 주기 위해 가능한 한 많은 관련 정보를 얻기 위하여 일반적으로 다음과 같은 평가 절차를 거친다.

첫째, 사례사를 수집한다. 출생, 아동의 발달사, 학교에서의 적응, 사회성 등에 대한 정보를 수집하고 구강, 혀, 입술, 구개, 구어 발성에 영향을 줄 수 있는 구강 및 조음기관의 구조를 관찰하고 검사한다.

둘째, 조음검사를 실시한다. 아동의 구어 오류 조음음운평가를 통하여 오류음의 종류, 유형 등을 기록한다.

셋째, 청력검사를 실시한다. 의사소통장애의 원인이 청력의 문제인지를 알아보기 위해 청력검사를 실시한다.

넷째, 청지각 변별검사를 실시한다. 아동이 구어를 정확하게 듣는지를 알아보기 위해 실시하는 검사다.

다섯째, 음운 인식과 음운 처리과정을 확인한다. 음운인식과 음운처리 기술이 없는 아동들은 구어의 수용과 표현에 문제가 있을 뿐 아니라 읽기를 배우는 데도 상당한 어려움을 보인다.

여섯째, 어휘 및 언어발달 관련 검사를 실시한다. 아동이 습득한 어휘량은 언어 능력을 나타내는 좋은 지표가 된다.

일곱째, 언어 표본을 수집한다. 평가 절차 중 중요한 점은 아동의 표현 언어와 구어 표본을 구하는 것이다. 검사자는 명료도와 유창성, 음질, 어휘와 문법의 사용과 같은 요소들을 살펴본다. 대부분 전문가들은 비형식적인 대화를 통해 구어 표본을 얻게 된다. 이 때의 질문은 개방된 질문을 하도록 제안하고 있다.

여덟째, 자연스러운 상황에서의 아동의 의사소통 사용을 관찰한다. 사회적 상황에서 아동의 언어 능력을 관찰하는 것은 의사소통장애 평가의 중요한 부분에 해당하므로 검사자의 풍부한 경험과 아동의 의사소통 자발화를 다양한 환경에서 얻는 것이 아주 효과적이다. 어린 아동의 경우 부모에게 아동을 관찰하게 하거나 장난감과 놀이 활동을 제공하면서 부모에게 아동과 정상적으로 상호작용하도록 요구한다.

1) 표준화된 검사

표준화된 언어검사를 통하여 아동의 수준을 또래 아동 집단과 비교하여 현재 대상 아동이 얼마나 지체되어 있는지를 알 수 있다. 현재 우리나라에서 사용되고 있는 표준화된 언어검사로는 문장이해력검사(장혜성 등, 1994), 언어이해인지력검사(장혜성 등, 1992), 그림어휘력검사(김영태 등, 1995), 취학전 아동의 수용언어 및 표현언어 발달척도(김영태 등, 2003) 등이 있다.

이러한 표준화된 검사들은 현재 아동이 보이는 또래와의 언어 지체 정도를 구체적으로 알 수 있다는 장점이 있다. 그러나 표준화된 언어 검사들은 실제 아동들이 일상생활에서 사용하는 언어 기술에 대한 정확한 측정이 어렵고, 부자연스러운 상황에서 검사를 실시하게 되므로 아동의 평상시의 언어를 대표한다고 할 수는 없다는 단점이 있다.

2) 비형식적 검사

비형식적 검사에서는 일반적으로 많이 사용하고 있는 자발화 언어 표본 수집에 대하여 소개하고자 한다. 자발화 언어 표본이란 아동이 평상시에 표현하는 언어를 수집하여 분석하는 방법으로 아동의 언어 능력을 알아보기 위하여 여러 문맥에서 학생의 대표적이고 자발적인 언어의 표본을 수집하게 된다. 즉 아동이 가장 많이 사용하고 그 아동의 언어를 대표할 수 있는 언어를 수집한다. 이를 위하여 동화책 보고 이야기하기, 사건 위주의 그림 보고 상황 설명하기, 사진첩 보고 이야기하기, 소꿉놀이, 의사놀이 등(김영태, 2008)을 활용할 수 있다.

4. 의사소통장애 아동의 특성

의사소통장애 아동들은 언어가 사용되는 다양한 상황의 발달에 따라 다양한 언어의 증상을 보인다. 일반적으로는 구어를 이해하는 능력이 제한되고, 듣고 이해하는 능력이 부족하며, 언어의 표현 능력에 어려움을 보인다. 또한 일반적인 단어의 뜻을 이해하거나 사용하는데 어려움, 언어의 형태론적 요소를 이해하는 데 어려움, 구나 문장구조를 사용하는 능력의 어려움, 언어 사용의 부적절함, 대화기술이나 능력의 부족, 경험에 대한 설명하기나 경험과 연관지어 이야기하기 능력의 부족 등을 나타낸다. 이에 의사소통장애 아동들은 인지, 학습 등의 문제와 중첩된 어려움을 보이기도 하면서 제한된 인지능력, 학습문제, 사회성 문제를 경험하기도 한다.

1) 지적 장애로 인한 의사소통장애 아동의 특성

지적 장애로 인한 의사소통장애 아동들은 느리지만 일반아동들의 언어발달을 따르고 있다는 특징이 있다. 음운론적 특성으로는 구어음 오류가 일반아동들보다 훨씬 더 많고, 자음생략이 흔하며, 오류 유형 역시도 일반아동들과는 달리 비일관적이다(Shriberg & Widder, 1990). 의미론적으로는 일반아동들에 비하여 낱말 습득이 느리고 다양한 의미적 단위를 사용하는 데 어려움을 보이고(Owens, 2002), 의미수준이 지체되고, 명사에 대한 의미가 필요 이상으로 구체적이고 의미의 사용이 제한적이며 한정적이다(최성규, 2002). 구문론적으로는 일반아동에 비해 다소 짧은 발화, 간단한 문장 구조, 제한된 문장의 형태를 보이고, 언어규칙을 일반화하는 데의 어려움, 융통성이 부족한 언어의 구조를 보인다. 또한 다양하지 못하고 제한된 구문구조를 보이기도 한다. 화용론적으로는 의사소통적 몸짓 산출의 지체로 인하여 화용론적 언어의 사용도 지체되었고, 의사소통 능력 발달의 속도가 느리며 대화 시 주도적인 역할이 부족한 편이다.

2) 자폐성 장애로 인한 의사소통장애 아동의 특성

자폐성 장애아동은 다른 사람과 의사소통에 거의 관심을 보이지 않으며, 다른 사람과의 의사소통하려는 의욕 자체가 부족하다(김영태, 1995). 자폐성 장애아동들은 언어 표현 능력에 비해 언어 이해 능력이 떨어지고 제스처나 표정 등의 신체 운동에 의한 의사소통적 이해력에서 장애가 있어 적절한 의사소통이 이루어지지 않는다. 음성적으로는 대체로 음도가 높고, 음도의 범위가 좁아서 단조롭게 들리며 다양한 범위의 강도를 사용한다. 의미론적으로는 표현 어휘의 발달이 늦은 편이고, 자신이 알고 있는 어휘가 있다고 하더라도 매우 제한적으로 사용하며 상황에 적절하고 다양한 어휘를 구사하는 데 관심을 보이지 않는다(Tager-Flusberg & Thurber, 1993). 화용론적으로는 의사소통에 필요한 상호호혜적인 사회적 상호작용 능력을 제대로 보일 수 없음으로 인하여(Wicks-Nelson

& Israel, 2003) 다른 사람들과 상호작용을 하는데 어려움을 보인다. 기능적 언어를 습득하였다 할지라도 관련 없는 내용을 지나치게 자세하게 말하거나, 특별한 주제에 대하여 지속적으로 이야기하며 적절하지 않은 상황에서 새로운 주제로 갑자기 바꾸는 등의 특성을 보이기도 한다.

5. 의사소통장애 아동의 중재

1) 자연적 중재법

의사소통장애 아동의 중재는 매우 다양하다. 의사소통 이전에 초점을 두거나, 언어발달을 촉진하기 위해 의사소통 전략을 유도하거나, 구어를 읽기 및 쓰기와 연계하여 지도(Merritt & Culatta, 1998)하는 것까지도 포함하고 있다. 이러한 중재에서 최근에는 아동의 언어 기술을 발달시키고 활용하도록 하기 위해 자연적인 중재를 강조하고 있다. 아동들은 구조화된 교수환경에서부터 모든 상황은 새로운 기술을 일반화하는데 어려움을 겪는 경우가 많았기 때문에 자연적 접근법은 지시적 언어 중재의 대안으로 소개되었다. 지시적 접근법이 인위적인 재료와 활동을 사용하고 특정 기술을 지도하기 위해 인위적인 재료와 반복하도록 하는 것과는 반대로 자연적인 중재는 기능적인 의사소통을 지도할 수 있는 기회가 오면 자연적인 환경에서 학습하려는 시도를 분산하여 실행한다는 것이 특징이다. 이러한 자연적 접근법은 정상적 대화에서 아동이 관심을 가지는 것에 근거하여 중재를 진행한다(Goldstein et al., 1994).

자연적 중재에서는 다음과 같은 세 가지 전략을 소개하고 있다(Kaiser & Grim, 2006). 첫째, 중재는 간략하고 긍정적이어야 한다. 둘째, 중재는 기능적 의사소통을 할 수 있는 기회를 가지기 위해 자연적 환경에서 실행되어야 한다. 셋째, 중재는 주제에 대한 아동의 흥미에 근거해야 한다. 즉 자연적 중재는 아동이 바람직하게 반응할 기회를 많이 만들기 위해 환경을 구조화하고, 아동의 의사소통을 위해 성인의 반응을 구조화하는 것이 포함된다. 즉 효과적인 환경적 교수는 지도하는 장면을 되풀이하는 것보다 좀 더 일상대화에 가깝도록 해야 한다는 것이다. 다시 말하면 아동이 관심을 가지도록 언어 환경을 구안하여 교수목적에 맞는 상호작용이 증가하게 해야 한다.

2) 언어학적 접근법

언어학적 접근법은 교사는 의사소통장애 아동들이 의사소통에 대한 기본적인 규칙들을 발견하도록 모델을 제시하는 역할을 하면서 아동이 단어와 구가 의미를 나타내기 위하여 연결되는 방법이라는 것을 인식하도록 하는데 목적이 있다. 언어학적 접근법에는 모델링, 혼자 말하기, 병행 말하기, 확대, 확장 등의 방법이 소개된다.

(1) 모델링(modeling)

아동이 인지하고 있거나 경험하고 있을 때 그 즉시에 해당하는 모델을 적절하게 제공하면 아동은 이러한 모델에 충분하게 노출되면서 자발적으로 사용하기 시작한다.

(2) 혼자 말하기(self-talk)

교사는 아동이 들을 수 있는 상황에서 교사가 보고 생각하는 것을 말해 주는 방법이다. 이때 교사의 발화는 아동의 능력 범위 안에 있어야 하고 아동의 모방을 요구하지는 않는다.

(3) 병행 말하기(parallel-talk)

교사의 아동이 하고 있는 행동과 생각에 대하여 아동에게 말해 주는 방법으로 가능하면 아동이 필요로 하는 상황에 적절한 단어, 구 혹은 문장을 말해 주어야 한다.

(4) 확대(expansion)

아동이 새로운 구나 문장을 표현할 때보다 복잡한 문장구조로 발달하게 되는데 확대에서 교사는 아동의 발화를 그대로 모방하지만 더 발달된 언어의 형식, 즉 문장 구조의 확대의 형식을 제공한다.

(5) 확장(extension)

아동이 빠뜨렸거나 혹은 간단하게 표현한 단어, 문장을 보다 분명하게 해 주는 구나 문장 등을 첨가하여 아동의 발화에 모방하는 방법이다. 즉 확장은 아동의 간단한 발화를 수정함과 동시에 더 많은 정보를 첨가하여 의미하는 것을 더 좋은 방법으로 표현하는 모델을 제공한다.

3) 화용론적 접근법

화용론적 접근법을 중재를 구조화하여 의사소통에 초점을 맞추는 방법으로 의사소통의 목표가 최대한의 효과를 가질 수 있도록 환경을 미리 조작하고, 실제 언어를 사용하는 활동을 고안하여야 한다. 그러므로 중재 장면은 최대한 자연스러워야 하고, 실생활에서 이루어지는 의사소통 상황에 대한 모델이 제공되어야 한다.

4) 보완대체의사소통

최근 중증장애 아동, 혹은 학령기 이후 의사소통장애 아동을 위한 기능적 언어중재가 소개되면서 이들을 위한 보완대체의사소통에 대한 논의가 지속적으로 이루어지고 있다.

보완대체의사소통(augmentative and alternative communication : AAC)은 의사소통 욕구를 충족할 수 없는 아동들을 보조하기 위해 활용되는 구어와 쓰기를 통한 다양한 전략과 방법에 관련한 것이다. 보완대체의사소통은 보조적 기법(aided technique)와 비보조적 기법(unaided technique)으로 구분하는데 보조적 기법은 외부적 장치를 포함하는 것이고, 비보조적 기법은 신체적 보조나 장치를 요구하지 않는 것으로 구어, 몸짓, 얼굴표정, 몸의 자세, 수화 등이 포함된다. 아동에게 보완대체의사소통을 통한 지도를 위해서는 우선 보완대체의사소통을 실시하는데 있어서의 효과적이고 적절한 어휘를 먼저 선정하고, 해당하는 어휘를 나타내기 위한 상징들을 선택하고 개발해야 한다. 일반적으로 많이 알려진 상징체계 중 하나는 블리스심볼(blisssymbol)로 이는 기하학적 형태를 결합하여 개념을 나타낸 것이다. 그러나 이 블리스심볼은 추상적인 것이 많고, 표상하는 것과 개념이 유사하지 않기 때문에 그 체계를 배우기가 쉽지 않다. 보완대체의사소통은 선택방법으로는 직접 선택(direct selection), 스캐닝(scanning), 부호화된 반응(encoding)을 통해 상징을 선택하도록 한다. 직접 선택은 자신이 원하는 상징을 손가락이나 머리 혹은 턱에 부착된 막대기로 지적하는 것이다. 스캐닝은 화자가 한 번에 하나를 선택하게 하고, 의사소통하고 싶은 항목들을 지적하도록 적절한 시간에 반응하게 하는 것이다.

부호화에는 상징의 위치나 선택할 항목을 나타내기 위해 복합적인 신호를 고려하는 것이 포함된다. 주로 참고 목록에 특정 인쇄 메시지에 청자가 관심을 기울일 수 있도록 반응과 짝을 지어 사용한다.

청각장애아의 이해

07

1. 청각장애의 이해
2. 청각장애의 원인
3. 청각장애 아동의 진단
4. 청각장애 아동의 특성
5. 청각장애 아동의 중재
6. 보청기와 인공와우

1. 청각장애의 이해

1) 청각장애의 정의

청각장애(hearing disorders)는 듣는 기능의 장애로 청각기능 부전을 나타내는 가장 일반적인 용어다. 여기서는 농(deaf)과 난청(hard of hearing)으로 구분하게 되는데 농이란 보청기를 착용하거나 혹은 착용하지 않은 상태에서 귀만으로는 말을 듣고 이해할 수 없을 정도의 청력손실을 가진 경우이고, 난청이란 보청기를 착용하거나 착용하지 않은 상태에서 귀만으로 말을 듣고 이해하는 것이 불가능하지는 않지만 말을 듣는데 어려움이 있을 정도의 잔존청력이 남아 있는 경우로 정의한다(Moores, 1996).

청각장애는 생리해부학적 관점에서 보면 청각의 구조나 기능에 이상이 생겨서 듣는데 어려움이 있는 것이다. 소리는 공기의 진동으로 발생된 음파가 외이도를 지나 고막을 진동시키고 이 진동은 고막 뒤에 있는 이소골을 지나면서 증폭되어 전정창을 통하여 내이에 들어가 와우 내의 림프액에 진동을 일으키고, 이 진동은 코르티기관에서 전기적 에너지로 변화되어 청신경을 통하여 대뇌에 이르게 되어 인간은 소리를 느끼게 된다. 이러한 청각경로의 어느 부분에 이상이 있으면 듣는 정도가 정상보다 약하게 되는데 이러한 현상을 청각장애라고 한다(권도하, 2001).

청각장애는 농과 난청을 포괄하는 개념으로 청각장애 아동이란 청각장애를 갖는 아동으로서 청각장애인과의 구분은 아동복지법으로 18세 미만의 아동으로 구분하여 사용한다. 청각장애 아동에 대한 중재는 농과 난청에 대한 교육적 혹은 재활적 접근에서 확연한 차이가 존재하게 된다. 또한 학교교육 영역에서는 학교생활의 효과적 적응이 가능한지에 대한 것이 문제가 되고, 교육적 중재의 입장에서는 장애 발생의 시기가 언어습득 이전인지 아니면 언어습득 이후인지가 대단히 중요한 의미를 가진다.

이상과 같은 청각장애의 이해와 함께 최근 제정된 장애인 등에 대한 특수교육법에서는 청각장애를 지닌 특수교육대상자를 다음과 같이 정의하였다.

청각장애 특수교육대상자는 교육적 성취에 불리한 청력손실을 지닌 사람으로서 농과 난청이 이에 속한다.

① 농은 청력손실이 심하여 보청기를 착용해도 청각에 의한 의사소통이 불가능하거나 곤란한 상태

② 난청은 잔존청력을 가지고 있으나 보청기를 착용해야 청각을 통한 의사소통이 가능한 상태

2) 청각장애의 분류

청각장애는 청력손실 시기에 따라 교육 및 재활 계획에서 차이를 보이기 때문으로 선천적 청각장애와 후천적 청각장애로 구분한다. 교육적 관점에서는 이러한 선천적 청각장애와 후천적 청각장애로 구분하기보다는 언어를 습득하기 이전의 청력손실인지 혹은 언어를 습득한 이후의 청력손실인지에 관한 것이다. 이렇듯 언어습득 유무에 따른 청각장애는 언어습득 이전 청각장애(prelingually deaf)와 언어습득 이후 청각장애(postlingually deaf)로 구분한다. 그 이유는 일반적으로 의사소통 방법에 대한 교육의 목표의 중심이 다르기 때문이다. 구체적으로 언어습득 이전 청각장애 아동의 경우에는 언어습득 이전 청력손실은 익숙하게 언어에 노출되거나 모방하는 데 문제를 가지게 됨으로써 교육적 목적은 의사소통을 습득하는 데 초점을 두어야 한다. 그러나 언어습득 이후 청각장애는 의사소통을 유지하고 적절한 언어의 패턴을 유지하도록 하는 것에 교육의 초점을 두어야 한다.

청각장애는 청력손실 부위에 따라 전음성 청각장애(conductive hearing loss)와 감음성 청각장애(sensorineural hearing loss)로 구분된다. 전음성 청각장애는 외이나 중이에 문제로 인한 것으로 소리의 진동을 내이로 전달하거나 전동하는 데 문제를 보이는 경우로 보청기 등의 도움이 효과적이다. 감음성 청각장애는 내이의 청각신경섬유들이나 다른 감각기전의 손상이 원인으로 작용한다. 달팽이관의 손상은 소리가 왜곡된 형태로 뇌에 전달되거나 혹은 전혀 전달이 되지 않으므로 보청기의 도움이 효과적이지 않을 수도 있다.

일반적으로 청력손실의 정도에 따른 분류에서는 전통적으로 〈표 7-1〉과 같이 분류하고(ISO, 1964), 이러한 분류에 따른 의사소통 특징을 나열하였다.

표 7-1 청력손실 정도에 따른 분류 및 의사소통 특징

청력손실 정도	구분	의사소통 특징
10~26dB	정상	의사소통에 아무런 방해를 받지 않는다.
27~40dB	경도	조용한 환경에서 말을 듣는데 어려움이 없다. 시끄러운 환경에서 작은 소리의 말을 이해하는 데 어려움이 간혹 있다.
41~55dB	중등도	익숙한 주제에 대해서 조용한 환경에서 대화하는 데 어려움이 없다. 교실에서의 토론활동을 따라가는 데 어려움이 있다. 약간의 어려움은 있지만 얼굴을 보고 대화를 이해할 수 있다. 교실에서 벌어지는 토론의 많은 부분들을 듣지 못한다. 특히 한 번에 여러 학생들이 말하거나 화자의 얼굴을 명확히 볼 수 없을 때는 더욱 심하다. 아동이 청각장애가 있다는 것을 깨닫지 못하는 동료 학생들도 있다. 보청기를 착용하면 이득을 볼 수 있다. 언어치료사로부터 가끔씩 언어치료를 받는다.
56~70dB	중등고도	가까운 거리에서 대화하는 말소리만 들을 수 있다. 학습 토론 등과 같은 집단활동에서의 어려움이 있다. 보청기 없이는 분명하고 큰 소리의 대화 밖에 들을 수 없다. 여자 목소리보다 남자 목소리를 더 잘 들을 수 있다(저주파수대에서는 청력손실이 더 심하다). 교사가 좌석 배치를 유리하게 해 준다 하더라도 대부분의 수업 토론을 이해하기 힘들다. 장애가 있지만 알아들 수 있는 말을 한다. 청각장애 아동들을 위한 시간제 특수학급에서 공부한다.
71~90dB	고도	큰 소리 외에는 대화하는 소리를 들을 수 없다. 귀로부터 30㎝ 이내의 아주 큰 목소리만 들을 수 있다. 보청기를 착용하지만 보청기로부터의 이득이 많지는 않다. 대부분의 모음들은 식별할 수 있지만 자음들은 몇몇 자음들만 들을 수 있다. 환경 내에서도 큰 소리(문이 세게 닫히는 소리, 진공청소기 소리, 머리 위 비행기 소리)들은 들을 수 있다. 말과 수화언어로 의사소통을 한다. 말하는 화자의 얼굴에 항상 시각적으로 주의를 기울여야 한다. 특수학급과 수화통역사가 있는 정규학급에서 교대로 수업을 받는다.
91dB 이상	최고도	아주 큰 소리는 들을 수 있으나 대화하는 말소리를 전혀 알아들을 수 없다. 화재 경보, 자동차 경적 소리와 같은 큰 소리를 알아듣기 위하여 보청기를 착용한다. 시각을 학습의 주양식으로 사용한다. 의사소통의 주요 수단과 모국어로 수화언어를 사용한다. 알아들을 수 있는 말이 발달되지 않았다. 청각장애 학교에서 공부한다.

2. 청각장애의 원인

청력손실을 유발하는 원인은 매우 다양해서 청각장애 아동들의 약 50% 정도는 정확한 청력손실의 원인을 알 수 없지만(Moores, 2001), 일반적으로 유전, 약물, 음향, 외상 등에 의한 원인이 소개되고 있다.

선천적 청각장애의 약 50% 정도는 유전적 이상에 의한 원인에 해당되고, 유전적 청각장애의 약 80~90%는 건청 부모이고 열성 유전자를 보유할 때 상염색체 열성 유전에 의하여 발생된다고 한다(Tran & Grunfast, 1999). 청각장애 아동이 90% 정도가 건청 부모에게서 출생하지만 청각장애 학생의 학령기 학생 중에는 약 30% 정도가 청각장애가 있는 친척을 두고 있다고 한다(Moores, 2001).

모체의 풍진은 특히 임신 초기 3개월 이내에 감염되면 태아는 청각장애, 시각장애, 그리고 다른 다양하고도 심각한 장애를 초래하기도 한다. 약물은 주로 중추신경계를 거쳐 청각에 작용하게 되는데 일산화탄소, 수은 혹은 아미노글리코사이드계 항생제, 이뇨제, 신경안정제 등의 오용 혹은 남용이 원인으로 작용하기도 한다. 소음의 노출, 즉 지나치게 시끄러운 음악소리, 작업 환경 내의 소음과 같이 큰 소리에 반복적으로 노출되는 것이 청력손실의 원인이 되기도 한다. 이러한 경우는 청력손실이 점진적으로 발생하며 청력이 심하게 손상될 때까지 자신의 청력이 손상되고 있음을 인식하지 못한다(Haller & Montgomery, 2004).

중이나 내이에 외상으로 인한 경우나 돌발성 난청이 초래되는 경우가 있다. 중이염은 중이의 감염이나 염증으로 6세 미만의 아동들에게 흔히 발생하는 질환이다. 이러한 중이염에는 급성중이염과 만성중이염으로 구분되고 화농성 혹은 특이성을 보이는 중이염이 중이 내의 염증의 축적, 고막 파열로 인한 전음성 청각장애를 초래하기도 한다. 메니에르병(Ménière Disease)은 내이에 매우 드물게 발생하는 장애이기는 하지만 갑작스럽고 예상치 못한 어지럼증, 메스꺼움, 청각의 갑작스러운 변화, 이명 등을 호소한다. 원인이나 정확한 치료법은 현재까지는 없다(Schessel, 1999).

3. 청각장애 아동의 진단

1) 소리의 전달

듣는 활동이나 듣는 감각인 청력은 복잡한 과정이고 완전히 이해된 과정이 아니다. 귀에서 뇌로 소리가 전달되고 해석하는 것은 매우 복잡한 과정을 거치게 된다. 소리의 전달은 귀의 외부에서 뇌의 청각피질 영역까지 여러 다른 종류의 에너지를 포함하며 전달하는 복잡한 일련의 과정이다. 귀의 기능은 환경으로부터 소리들을 모으고 그 에너지를 우리 뇌가 해석할 수 있는 형태로 변환시키는 것이다. 인간의 귀는 외이, 중이, 그리고 내이로 구분된다.

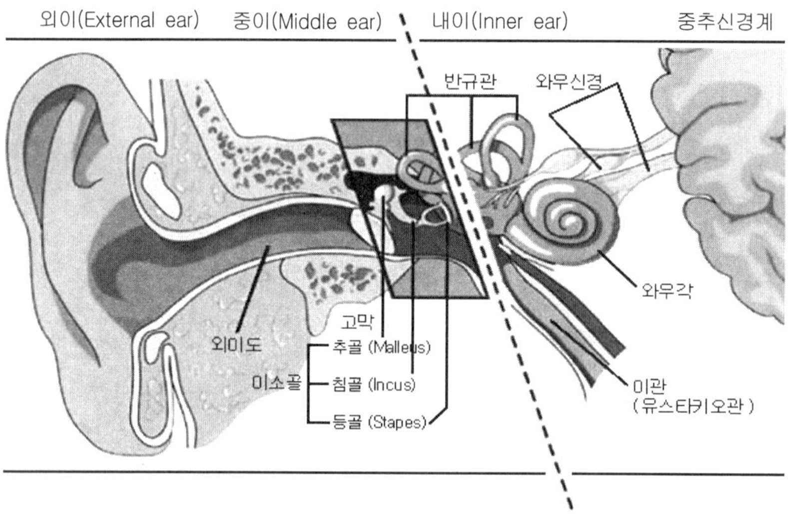

[그림 7-1] **귀의 구조**

* 출처 : http : //web.kyunghee.ac.kr/~health/health/

외이에는 이개와 외이도로 구성된다. 먼저 이개(auricle)는 소리를 수집하고 소리의 방향을 구분짓게 하며 외이도(auditory canal)는 수집된 음을 고막까지 전달하는 기능을 한다.

중이는 고막, 이소골, 이관으로 구성된다. 고막(tympanic membrane)은 외이도를 통해 들어온 소리를 고막을 지나면서 그 움직임으로 인해 음향에너지가 기계에너지로 변환된다. 고막을 거친 소리는 중이의 이소골, 즉 추골, 침골, 등골이라는 작은 뼈로 전달된다. 중이 내 이소골의 진동으로 소리는 중이에서 내이로 전달된다.

내이는 청각기관 중 가장 중요하고 복잡한 구조를 가지고 있다. 청각의 주된 수용기관인 달팽이관(cochlea)과 평형감각을 통제하는 반규관(semicircular canals)을 포함한다. 달팽이관은 얇은 유모세포가 정렬되어 있는 액체로 가득 찬 강(cavity)으로 구성되어 있다. 중이를 거친 소리 에너지는 달팽이관 내의 액체를 움직이고 이 움직임은 달팽이관 내의 유모세포들을 두드림으로써 전기신호를 발생시키고, 발생된 전기신호는 청신경을 통해 뇌로 전달된다.

2) 청력검사

소리는 강도와 주파수로 측정되는 데 소리의 크기나 강도는 데시벨(dB)로 측정되고 데시벨이 높아진다는 것은 소리의 크기가 커진다는 것을 의미한다. 소리의 주파수는 초당 사이클 수로 측정하며 헤르츠(Hz)를 단위로 사용한다. 1Hz란 초당 사이클이 한 번 있다는 것을 의미한다. 인간은 대략 20～20,000Hz 사이의 소리를 들을 수 있다고는 하지만 구어를 듣는데 중요한 주파수 대역은 약 500～2,000Hz 사이에 해당된다.

순음청력검사(pure-tone audiometry)는 검사자가 청력검사기를 통하여 음을 다른 강도 수준과 주파수로 제시하면서 아동이 들려주는 소리에 반응하는지를 검사하는 것이다. 소리가 외이도를 거쳐 중이를 통과하게 되는 경우를 기도전도, 외이와 중이를 거치지 않고 두개골의 진동에 의해 달팽이관을 자극하는 경우를 골도전도라고 한다. 그러므로 보통 헤드폰을 사용하는 경우는 기도전도를 알아보는 기도청력검사에 해당하고 측두골의 유양돌기에 진동기를 대고 실시하는 경우는 골도전도를 알아보는 골도청력검사에 해당한다. 이러한 골도청력검사는 중이를 거치지 않기 때문에 전음성 청각장애인지 혹은 감음성 청각장애인지를 구별할 수 있는 중요한 단서가 된다. 순음청력검사는 대부분 3세 이상의 아동이나 성인에게 실시된다.

어음청력검사(speech audiometry)는 언어 청취 및 이해 능력을 측정하기 위해 어음 자체를 음자극으로 사용하여 청력을 측정하는 방법으로, 어음청취역치검사(speech reception threshold test), 어음명료도검사(speech discrimination test) 등이 있다(김영욱, 2007). 어음청취역치검사는 어음에 대한 탐지와 이해 능력을 검사하는 것이다. 즉 말소리를 자극으로 사용하는 것으로 피검자는 말소리를 감지, 인지 혹은 이해하고 있어야 수행이 가능한 검사다. 1음절 및 2음절 단어들의 목록을 다른 음압 수준에서 제시하여 각각의 귀에서 어음수용역치를 측정한다. 어음수용역치는 개인이 단어의 50%를 이해할 수 있는 음압 수준을 의미한다. 어음명료도검사는 어음의 변별도를 알아보기 위한 검사로 보통의 어음청취역치보다 40㏈ 정도 높은 강도에서 단어목록을 들려주어 아동이 변별할 수 있는지를 검사한다.

유희청력검사(play audiometry)에서 아동은 순음 혹은 어음 등 어떠한 신호음을 듣게 될 때마다 장난감을 집거나 하는 활동을 수행하도록 요구한다. 조작적 조건화 청력검사(operant conditioning audiometry)는 소리와 짝지어진 빛이 제시될 때 아동이 레버를 누르면 작은 토큰 등으로 아동을 강화하고, 반대로 소리와 빛이 꺼졌을 때 레버를 누르게 되면 강화물이 주어지지 않도록 하여 소리에만 반응하도록 하는 검사다. 행동관찰 청력검사(behavior observation audiometry)는 아동이 소리에 반응하는 것을 관찰하는 것으로 머리 돌리기, 눈깜빡이기, 놀이 중단하기 등의 반응이 아동에게서 신뢰성 있게 관찰될 때까지 소리의 강도를 조절하며 검사하는 방법이다.

4. 청각장애 아동의 특성

1) 청각장애 아동의 언어 특성

청각장애 아동들은 자신의 소리를 듣고 평가하고 조절하기 어렵기 때문에 너무 크게 말하거나 혹은 너무 작게 말하며, 비정상적으로 높은 소리를 내거나, 억양이 없이 말하는 어려움 이외에도 어휘 학습, 문법, 구문의 어려움을 보인다. 또한 언어적 영역으로는 언어의 형태, 내용, 사용에 관한 어려움을 경험한다. 의사소통 측면에서 보면 청각장애 아동들은 자발적으로 의사소통을 시작하거나 적극적으로 참여하지 않는 등 의사소통의 자발성 및 적극성이 부족한 편이다. 이로 인하여 다른 사람과의 의사소통이 중단되었을 때 의사소통을 유지하기 보다는 더 이상 대화를 하려하지 않고 포기하거나 회피하기도 한다. 의사소통 경험의 부족으로 인하여 청각장애 아동들은 '네/아니요'로 대답하기, 일반적 질문에 짧게 대답하기, 간단한 요구하기, 반복하기 등과 같은 초보적인 의사소통 기술을 습득하는 경향이 있다(이규식 등, 2004).

언어습득하기 이전 청각장애 아동의 경우 국어를 습득하는 데 많은 어려움을 보인다.

이는 건청 아동들이 유아기 때부터 다른 사람들에게 혹은 자신에게 말하는 것을 들으면서 어휘, 문법적 지식, 다양한 구어의 표현을 습득하는 것에 대한 제한을 보이는 것으로 판단된다. 청각장애 아동들은 건청 아동들에 비하여 어휘량이 적고 이는 연령이 증가할수록 그 차이가 더 심해짐을 알 수 있다(ASHA, 2001).

청각장애 아동들의 대부분은 학업성취, 특히 읽기 및 쓰기에서의 많은 어려움을 보인다. 18~19세 고등학생들의 독해수준이 건청 4학년 수준이었다(Allen, 1994; Kuntze, 1998). 그러나 청각장애를 가지고 있다고 해서 전적으로 학업성취가 뒤떨어진다고 단정지을 수는 없다. 최근 연구에 의하면 청각 손실만이 개인의 인지능력을 제한하지 않으며(Moores, 2001), 유창하게 읽기가 가능할 뿐 아니라 학문적으로도 뛰어나다는 결과들이 소개되고 있다(Lichtenstein, 1998; Williams & Finnegan, 2003).

2) 청각장애 아동의 심리적 특성

청각장애 아동들은 부족한 의사소통의 능력으로 인해 부정적인 반응을 보이거나 비교적 낮은 자아개념을 가지기 쉽고, 건청 또래들에 비하여 사회적으로 덜 받아들여진다고 인식하기도 한다(Cappell et al., 1995). 전반적으로 경도 청각장애 아동들이 일반 아동에 비하여 상당히 낮은 자존감을 보이고(Bess et al., 1998), 보청기의 착용으로 인한 외관상의 차이로 인하여 부정적 피드백이나 반응을 받기도 하므로 이러한 증폭기기 등이 건청인들에게 부정적인 반응을 유발한다면 그로 인한 부정적 자아개념을 가지기 쉬워진다.

청각장애 아동은 구어의 어려움으로 인하여 자기 표현에서 제한된 어려움을 경험하고 다른 사람들과의 감정교환뿐 아니라 다른 사람들의 감정을 이해하는 데 있어서의 어려움을 보인다. 즉 청각장애 아동들은 건청 아동들에 비하여 정서적 영역의 인지가 정확하지 않으며 정서적 영역에 관련한 어휘를 인지하지 못하는 것으로 나타났다.

청각장애 부모를 둔 청각장애 아동들은 건청 부모를 둔 청각장애 아동들보다 더 높은 수준의 의사소통 수준, 사회성, 청각장애에 대한 적응력, 행동적 자기 통제력 등을 갖고 있다고 한다. 이는 전형적으로 청각장애 부모와 아동간의 일찍부터 수화언어로 의사소통을 충분히 하고 있었기 때문으로 분석된다. 청각장애 아동이 가족구성원 및 친구들과 지역사회에서 성공적으로 상호작용할 수 있는 정도는 주로 다른 사람들의 태도와 상호 간에 수용할 수 있는 방법으로 의사소통할 수 있는 아동의 능력에 달려 있다고 한다(Ita & Friedman, 1999).

5. 청각장애 아동의 중재

청각장애 아동의 교육적 접근을 위해 사용되는 의사소통 방법들은 청각접근법(aural approach), 수화법, 이중언어/이중문화 교육법(bilingual/bicultural approach)이다.

1) 청각접근법

청각접근법(aural approach)은 청능훈련, 말읽기, 보청기의 사용 등을 통하여 말하는 것 자체에 대한 관심을 두고 접근하는 방법이다.

청각장애 아동들은 그들의 잔존청력을 일상생활의 경험과 실제 의사소통 맥락에서 더 효율적으로 개발될 수 있으므로 그들이 선호하는 의사소통 방식과는 상관없이 청취능력을 향상시키는 활동들과 수업에 적극적으로 참여해야 한다.

청능훈련이란 음 및 말소리를 수용하는 능력을 신장시켜서 원활한 의사소통을 촉진하는 훈련이므로 청각적 활용을 최대화시켜야 한다. 또한 시각적으로 통제한 청력을 체계적이고 개별적으로 개발하며 어음의 지각, 변별, 그리고 파지의 개선을 보도하고 자연스러운 음 및 말소리의 습득을 촉지하고 이를 통한 발음의 기초를 가지게 한다. 그러므로 전통적인 청능훈련은 음을 인식하는 것부터 시작한다. 이후 소리의 방향과 위치를 감지하는 훈련으로 나아가고 이후 음의 변별, 어음에 대한 인식과 변별 그리고 음의 이해로 진행된다. Ling(1986)에 의하면 아동이 단순히 듣기 위해서 배우는 것 대신에 듣는 것을 통해서 배우고, 청취하기 위해서 배우도록 가르치는 것이라고 하였다.

말읽기(speech reading)는 화자의 얼굴을 관찰함으로써 구어 메시지를 이해하는 과정이다. 청각을 통하여 말의 이해가 힘든 경우에는 구화를 통해 말을 이해할 수 있는 기능을 가지기 위해서 시각적인 의사소통 기능, 즉 말읽기의 기능의 습득을 강조하기도 한다(이규식 · 석동일, 1998). 청각장애 아동들은 화자의 얼굴을 주의해서 지켜봄으로써 많은 중요한 단서들을 얻게 된다. 특히 아동은 잔존 청력, 수화 혹은 제스처, 얼굴표정, 친숙한 상황이나 맥락을 통해 약간의 정보를 얻을 수 있다면 더욱 많은 도움을 받게 된다. 그러나 독화는 극도로 어렵고 많은 한계를 가지고 있다. 많은 단어들이 다르게 소리나고 입술 모양이 비슷한 어휘들이 많은 편이다. 또한 오랜 시간 동안 화자의 얼굴을 주의 깊게 쳐다본다는 것이 피곤할 뿐 아니라 화자와 청자와의 거리가 떨어진 경우는 얼굴에 주의집중하기가 쉽지 않다는 단점을 가지고 있다.

2) 수화법

청각장애인들이 사용하는 수화는 청각장애인들의 의사소통의 수단이고 이를 통한 지식의 함양으로 자아를 실현하는 중요한 매개체다. 수화는 손을 통하여 표현하는 시각 · 운동체계로 그 나름의 표현양식과 문법적 구조를 가지고 있다. 이러한 수화에는 자연수화, 문법수화, 지화 등으로 구분된다.

자연수화란 청각장애인 사회에서 주된 의사소통의 수단으로 수화기호를 시각적으로 이해하는 체계다. 미국의 자연수화인 ASL(America Sign Language)은 그 나름의 발달된 체계를 가지고 있으며 영어 구조와는 다른 문법 구조를 가지고 독자적으로 고안되었다. 우리나라에도 자연수화가 있기는 하지만 자연수화 고유의 독자성이 약하고, 문법수화의 중간형태의 성격을 가지고 있다.

문법수화는 손의 운동에 의하여 음성언어의 문법을 표현하는 체계다. 이는 언어이해와 표현양식이 시각 · 운동이라는 점에서는 수화와 동일하지만 국어의 문법체계를 따른다는 점에서 차이가 있다. 문법수화는 청각장애 학생이 건청인의 국어적 체계에 따라 그들의 생각을 표현할 수 있고, 건청인의 언어체계를 이해하는 중요한 역할을 하기 때문에 최근 청각장애 학생들의 읽기 및 쓰기 능력의 향상을 보인다.

지화는 시각 · 운동 언어로 음성언어를 표현하는 방식이다. 문어의 철자들과 손, 숫자의 외형들과 문어의 철자 및 숫자를 나타내는 움직임 간의 일대일 대응을 나타내는 수단이다. 이는 문어의 철자를 종이에 하나씩 하나씩 쓰는 것과 유사하다고 볼 수 있다. 다음의 [그림 7-2]는 우리나라의 자음과 모음의 지문자를 소개한 것이다.

3) 이중언어/이중문화 접근법

이중언어/이중문화 접근법(bilingual/bicultural approach)은 청각장애 아동들이 모국어로서 수화를 사용하도록 하고 외국어로서 국어를 읽고 쓸 수 있도록 하는 것이다. 이 접근법은 청각장애인의 정체성을 확립하고 일차언어로서의 수화언어의 발달을 촉진한다.

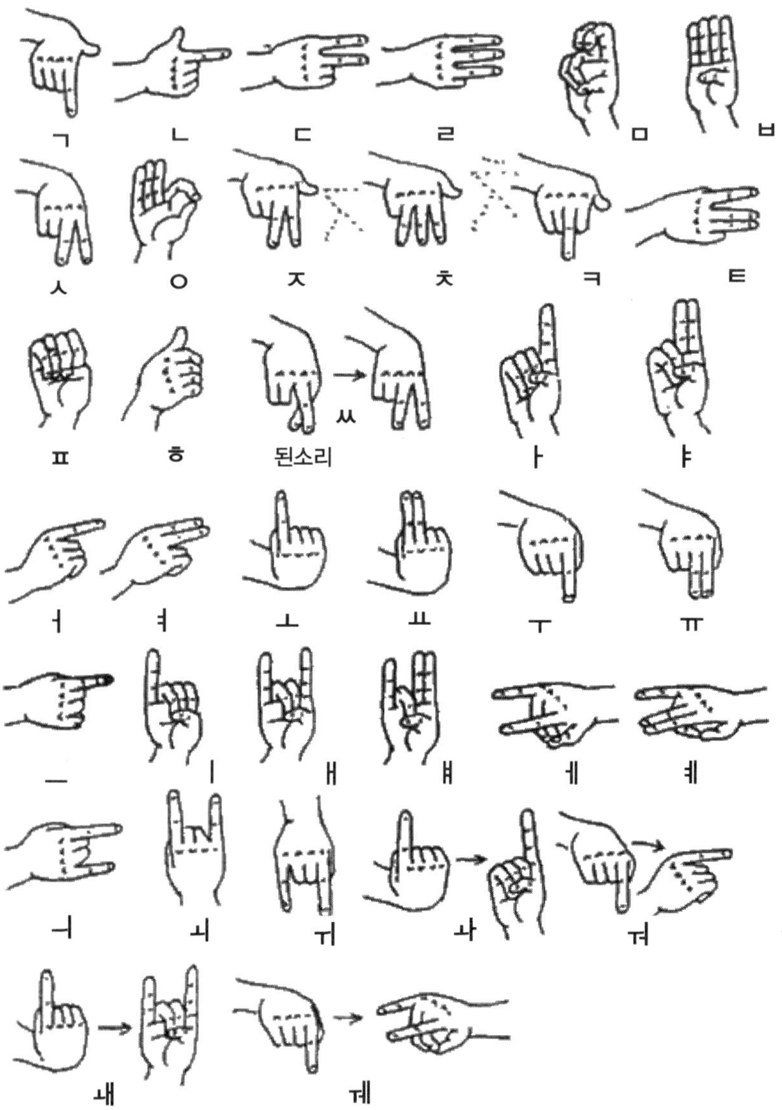

[그림 7-2] **한글 지문자**

청각장애 아동의 대부분은 건청 아동들에 비하여 언어수행 능력이 전반적으로 낮다. 이는 수화를 바탕으로 한 교육이 이루어지지 않은 결과 청각장애 아동들이 구어에 의존하는 것은 동일 연령수준의 정보와 지식의 습득에서 건청 아동들과 차이를 보일 수밖에는 없는 것이다. 이에 연구자들은 이중언어 접근을 강력하게 언급하고 있다(Strong, 1995). 청각장애 문화에 대한 긍정적인 청각장애 아동들은 이중문화/이중언어 접근법에 대한 긍정적인 자세를 보이며 자연수화를 자연스럽게 일차언어로 사용하며 건청 사회로의 통합을 위하여 의사소통 양식으로서의 구화의 수용에도 긍정적인 면을 보인다. 또한 청각장애 학생의 청각장애 문화 접근 태도와 언어의 선호도는 성장 환경과 밀접한 관련을 보이기 때문에 청각장애 학생은 성장과 더불어 청각장애인으로서의 정체성이 형성되면 자연수화의 사용빈도가 높아진다(권순황, 2002; Simon, 1994; Strong, 1995). 이러한 맥락에서 청각장애인의 모국어에 해당하는 자연수화에 접근하도록 지원하여 학습방법을 개선시키고 사회통합을 이루도록 적극적으로 지원해야 한다.

6. 보청기와 인공와우

1) 보청기

청각장애인의 청각 재활 목표는 잔존청력을 최대한 활용하여 듣기를 통한 효과적인 의사소통을 하는 것이다. 이러한 잔존청력의 활용은 보청기(hearing aids)를 통하여 적절한 증폭을 얻게 된다.

보청기는 소리를 증폭시켜 주는 기기일 뿐 청력을 증가시켜 주는 기기는 아니다. 최근 보청기는 특정 주파수만 차별적으로 증폭할 수도 있으며, 청력손실이 있는 각 아동의 특성에 맞게 조절이 가능해졌다(House, 1999). 보청기는 소리를 증폭시켜 주기는 하지만 반드시 명료하게 해 주는 것은 아니다. 아동은 일찍 적합한 보청기를 착용할수록 의사소통과 소리 인식을 위해 청력을 사용하는 방법을 더 효율적으로 배우게 될 것이다.

보청기는 착용 위치에 따라 상자형 보청기, 귀걸이형 보청기, 그리고 귓속형 보청기 등이 있다. 상자형 보청기는 큰 음향의 이득을 주고 가격이 저렴한 편이지만 큰 크기 때문에 최근에는 그 수요가 많지 않다. 귀걸이형 보청기는 상자형 보청기에 비해 크기가 작고 송화기의 위치가 귀수준에 있으며 증폭도가 증가함에 따라 최고도 청각장애 아동들까지도 많이 착용하고 있다. 귓속형 보청기는 많은 양의 음향 이득을 필요로 하지 않는 경도에서 중등도 청각장애 아동들에게 효과적이다. 다음의 [그림 7-3]은 귀걸이형 보청기와 귓속형 보청기 종류와 착용한 모습이다.

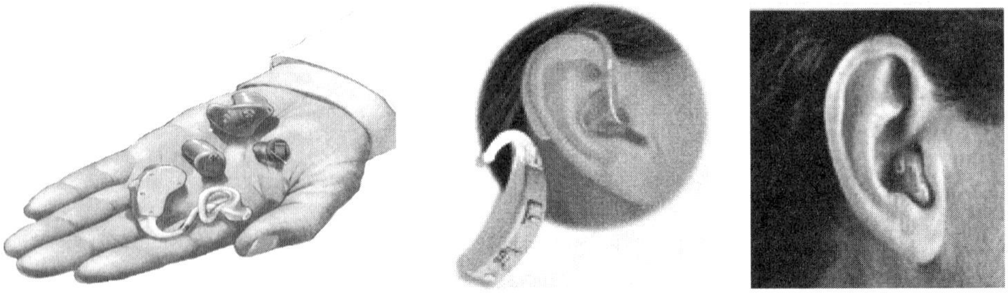

[그림 7-3] **귀걸이형 보청기와 귓속형 보청기**

* 출처 : http : //www.hear114.com/kind

특수보청기 중 하나인 FM시스템보청기(frequency modulated system hearing aids)는 소음이 심한 방이나 음의 울림이 큰 공간이나 음성을 청취하기에 부적합한 환경에서 어음변별 효과 및 언어청취 명료도를 증진시킬 목적으로 만든 것이다(이규식 외, 2004). 우리가 FM 전파가 수신되는 모든 장소에서 특정 주파수만 맞추면 FM 라디오를 듣는 것과 같은 방식으로 청각장애 아동은 화자의 말을 송신기를 통하여 청취하고 이를 다시 FM시스템 보청기로 전달해 주는 것이다. 그러므로 FM시스템보청기(그림 7-4) 연결선이 필요하지 않아 교사와 학생들이 자유롭게 교실 주변을 움직일 수 있어서 효과적이고 화자의 말소리만 증폭되고 주변의 소음은 제거되거나 억제되는 장점은 있으나 다양한 소음 속에서도 듣고자 하는 소리를 잘 듣고 그 의미를 정확하게 파악하도록 하는 청각재활의 목표를 중심으로 보면 일반화의 문제를 가지고 있다.

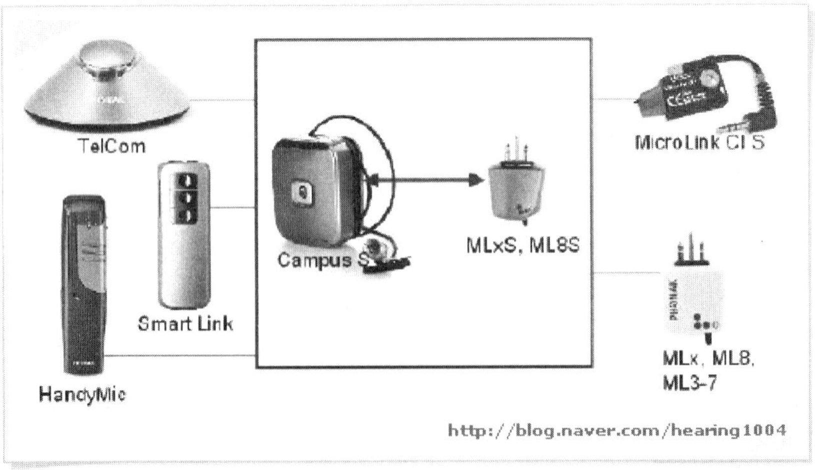

[그림 7-4] **FM시스템보청기**

* 출처 : www.icanhear.net

2) 인공와우

인공와우(Cochlear Implant : CI)는 인체에 이식하는 인공적 장기로 이과적 수술을 통하여 청신경에 전기적인 자극을 직접 제공하는 방식으로 손상된 유모세포를 대체하여 직접적으로 청신경을 자극한다. 즉 전기 자극이 청신경을 자극함으로써 조시를 전달하는 일련의 과정을 거쳐 음압이 전기신호인 활동전위로 전환되어 중추청각전도로 전달되게 하는 것이다(석동일 외, 2002). 인공와우의 구조는 네 개의 기본 장치로 구성된다. 환경으로부터 음을 모으는 외부에서 보이는 마이크로폰, 마이크로폰에서 모아진 소리를 선택하고 배열하는 외부에서 보이는 어음처리기, 어음처리기에서 신호를 받아서 전기신호로 변환하는 송신기와 수신기, 수신기의 전기신호를 모아서 이 신호를 청신경을 통해 뇌로 전달하는 전극이 있다(그림 7-5).

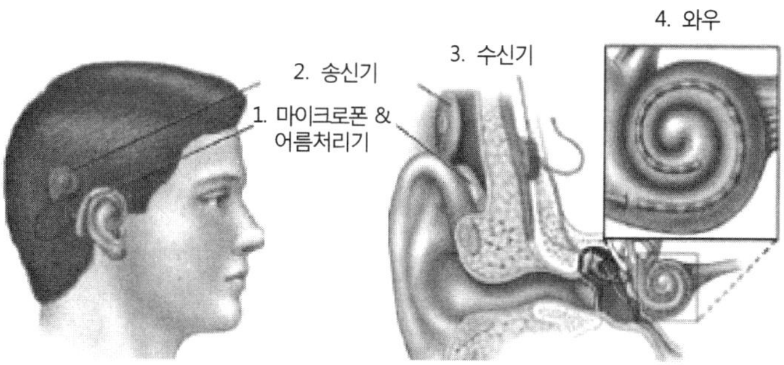

[그림 7-5] **인공와우**

* 출처 : http : //www.entsmc.com/clinic

인공와우의 시술은 모든 청각장애 아동들에게 유용한 것이 아니라 일반적인 보청기로는 청각재활이 용이하지 않거나 양측성 최고도 난청 및 농 아동, 성인에게 적용이 가능하다. 인공와우 수술의 대상자는 체계적이고 철저한 사전검사를 반드시 실시해야 하고, 수술 이후에는 다양한 전문가로 구성된 재활팀으로부터 필요한 조언을 구해야 한다. 수술도 중요하지만 수술 이후에는 안정된 인공와우의 맵핑(mapping)을 찾을 때까지 정기적인 맵핑을 실시해야 하고 체계적인 청능훈련과 언어지도가 필수적이다. 인공와우에 대한 많은 연구가 현재까지도 진행 중임에도 불구하고 인공와우 수술을 받은 아동들은 받지 않은 아동들에 비하여 말의 지각 및 산출, 언어 기술에서의 유의한 향상을 보이고 있다(McKinley & Warren, 2000; Spencer, 2001)는 사실만은 간과할 수 없다.

정신지체아의 이해

08

1. 정신지체의 정의 및 분류
2. 정신지체의 출현율
3. 정신지체의 원인
4. 정신지체의 진단
5. 정신지체의 특성
6. 정신지체의 교육적 조치

1. 정신지체의 정의 및 분류

1) 용어와 분류

오늘날 정신지체를 일컫는 말로 정신지체(mental retardation) 혹은 지적장애(intellectual disabilities)가 가장 많이 사용되고 있다. 역사적으로 보면 정신지체라는 용어는 50년 이상 사용되었고(Luckasson & Reeve, 2001), 지금까지 미국에서 가장 자주 사용되어 왔다. 현재 전 세계적으로는 지적장애란 말이 가장 많이 사용되어지고 있다(Patton, 2003). 용어를 규정한다는 것은 대상의 의미와 한계를 정하는 것이므로 다른 용어와 구별되어져야 할 만큼 명확해야 하며 신중성을 기해야 한다. 만약 용어가 제대로 규정되지 않는다면 자격을 주어야 할 누군가에게 자격을 주지 못하게 되고, 권리를 가져야 할 누군가가 권리를 갖지 못하게 되는 등 매우 중요한 결과를 낳을 수가 있다.

과거 수년 동안 정신지체의 정의는 용어규정의 문제, IQ 검사에 기초한 지능, 그리고 사회적, 개인적 능력에 기초한 적응행동 등에서 입장 차이를 보이며 변천해 왔다. 용어규정에서 현재 사용되고 있는 정신지체에 대한 일반적인 용어와 IQ 수준에 따라 분류해온 명칭은 기관과 시대에 따라 다양하게 변화되어 왔다.

정신지체인들은 오랫동안 바보, 멍청이, 미숙한, 결함이 있는, 보통 이하, 무능한, 지체된 등 다양하게 묘사되어 왔다. 역사적으로는 이들은 수용시설과 클리닉 등에서 백치(idiot), 치우(imbecile), 우둔(moron)으로 불리었고, 정신박약(feebleminded) 등의 명칭으로 불리어 왔다. 1950년대부터 1980년대까지 학교에 재학 중이던 정신지체 학생들은 교육가능 정신지체(EMR : educable mental retarded), 훈련가능 정신지체(TMR : trainable mental retarded)로 불리게 되었다. 이는 각각 경도 정신지체와 중등도 정신지체를 지칭하는 말로 사용되었고, 이 시기 중도나 최중도 정신지체아동은 공교육에서 제외되거나 시설기관에 수용되었기 때문에 정신지체 분류체제에 고려되지 못했다. 요즘에도 교육가능이나 훈련가능 정신지체란 말을 가끔 들을 수 있지만 교육자들은 아동의 학업성취를 미리 제한하는 것으로 여기는 이러한 용어의 사용을 부적절하다고 여긴다(Beirne-Smith, Patton, & Kim, 2006). 지능지수에 따라 경도(mild), 중등도(moderate), 중도(severe), 최중도(profound) 정신지체로 분류되는데, 〈표 8 - 1〉은 가장 널리 사용되어온 지능지수에 따른 네 가지 수준의 분류다.

표 8-1 지능지수에 의한 정신지체의 분류

정신지체의 정도	IQ 점수 범위	IQ 분류 표준편차	적응행동의 제한 범위
경도	55~70	-2SD	두 개 또는 그 이상의 영역
중등도	35~54	-3SD	두 개 또는 그 이상의 영역
중도	20~34	-4SD	모든 영역
최중도	20 미만	-5SD	모든 영역

* 출처 : The Diagnostic and Statistical manual of mental Disorders(DSM-Ⅳ)(American Psychiatric Association, 1994).

〈표 8 - 1〉에서 보는 바와 같이, 각 수준의 지능지수 점수에 범위를 두는 것은 지능검사의 부정확성을 고려한 것이며, 또한 임상적인 판단도 정신지체의 심한 정도를 결정하는데 중요하다는 것을 의미한다.

〈표 8 - 2〉는 심각도 수준에 대한 기능적 성과에 따른 분류다.

표 8-2 심각도 수준에 따른 기대되는 성과

	학업	일상생활	직업
경도	2~5학년 성취	높은 수준의 독립	전체 또는 일부 자기지원
중등도	기능적 단어의 인식과 수학 기술	일부 감독 하에 대부분의 자기 보호와 지역사회 이동가능	일부 지원을 통한 지역사회 고용
중도	취학전 또는 유치원 기술(숫자 세기와 색인지)	높은 감독	감독하의 지역사회 또는 작업장
최중도	모든 기본적 욕구에 대한 보호 요구		

* 출처 : 정동영 외 역(2008). 정신지체 : 지역사회 통합을 위한 접근. 서울 : 박학사.

1992년에 미국정신지체학회(AAMR, 현재는 미국지적장애학회(AAIDD))는 정신지체를 분류하는 새로운 방식을 제시하였는데, 정신지체를 선천적인 특성(trait)이나 영구적인 상태로 보는 개념에서 벗어나 아동의 현재 기능성(functioning)을 향상시키는 데 필요한 환경적인 지원의 강도에 따라 간헐적(intermittent), 제한적(limited), 확장적(extensive), 전반적(pervasive) 지원으로 분류하고 있다. 이에 대한 설명은 〈표 8 - 3〉에 제시하였다.

표 8-3 지원의 강도에 대한 정의 및 예

간헐적(intermittent)	"필요에 따른" 지원; 항상 지원을 필요로 하는 것은 아니며, 인생의 전환기(예 : 실직 또는 심각한 질병으로 인한 위기 상황)에 단기적인 지원 등과 같은 일시적인 필요에 따른 지원, 간헐적 지원의 강도는 상황에 따라 높을 수도 있고 낮을 수도 있다.
제한적(limited)	일정한 시간 동안 일관성 있게 지원이 필요하고, 시간 제한적인 성격을 띠며, 집중적인 지원보다는 지원인력이 덜 필요하고 비용도 적게 듦(예 : 시간 제한적인 직업훈련 또는 학교에서 성인기로의 전환을 위한 지원)
확장적(extensive)	적어도 몇몇 환경(직장 또는 가정)에서 정기적으로(예 : 매일) 지원을 제공하는 것으로, 시간 제한적이지 않은(예 : 장기적 지원, 장기적인 가정생활 지원) 지원수준
전반적(pervasive)	지속성과 높은 강도의 지원; 전반적인 모든 환경에 걸쳐서 제공되며, 삶을 유지시키는 데 필요한 지원, 확장적이거나 시간 제한적인 지원보다 전형적으로 더 많은 수의 지원인력과 더 많은 개입을 필요로 하는 지원

이 접근은 정신지체를 분류하는 새로운 변화를 제시하고 있다. 즉 이전의 아동의 지적 결함 정도에 따른 분류를 지양하고, 아동이 실제로 생활하는(real situation) 가정, 학교, 지역사회, 직업 등의 환경에서 그들의 생활 기능을 향상시키기 위해 개별 아동에게 필요한 지원이 어느 정도 요구되는지에 따른 분류이다. 이 체제는 정신지체에 지적인 결함이 있음을 인정하면서 또한 그 결함의 정도는 개인의 사회적 환경과 맥락에 따라 많은 영향을 받는다는 관점을 반영하고 있다(Luckasson & Reeve, 2001, p. 50).

이처럼 정신지체의 용어와 분류는 시대에 따라 다르게 적용되어 왔다. 과거에 비해 새로운 용어인 지체(retard)는 라틴어에서 유래하였고, 느린 또는 지체되었음을 의미한다(정동영 외 역, 2008). 정신지체(mental retardation)는 문자 그대로 정신적으로 늦거나 느린 것을 의미한다. 앞서 말한 바 있지만 정신지체란 용어는 미국에서 주로 사용된다. 국제지적장애연구협회(International Association for the Scientific Study of Intellectual Disability : IASSID)는 지적장애라는 용어를 공식적으로 지정하여 사용하며(신종호 외 역, 2008), 또 다른 전문가들은 '지적 어려움이 있는(intellectual challenged)', 또는 '정신장애(mental disability)'라는 용어를 선호한다(조인수, 2005). 한편 Dunn(1973)은 정신지체 개인을 지칭할 때 특정학습장애(specific learning disabilities)와 구별하여 일반적 학습장애(general learning disabilities)라는 용어를 사용할 것을 제안했다. 오늘날 정신지체라는 용어보다 학습장애라는 용어가 더욱 선용되고 있다(Simeonsson et al., 2003). 그러나 지적장애나 학습장애라는 용어가 정신지체를 대표하는 특성들에 대한 의미 전달이 부족하기 때문에 사용을 반대하는 목소리도 있다(Garnett,

2003; Lower, 1999).

결론적으로 용어를 사용할 때 우리는 장애(disability)라는 조건 그 자체를 강조하여 한 사람을 과도하게 조건과 관련지어 명칭을 붙이는 것을 피해야 할 것이다. 한 아동의 장애 조건에 주목하여 이름이나 명칭을 붙이다 보면 그 사람의 여러 개인적인 특성과 장점을 간과해 버리게 된다. 한 사람의 장애 조건보다는 교육적 욕구가 앞서야 한다.

2) 정의

(1) 미국지적장애학회(AAIDD)의 정의

정신지체의 현상을 이해하고 정의 · 분류하는데 결정적으로 기여한 단체는 미국정신지체학회(AAMR : 현재는 미국지적장애학회)의 용어 및 분류위원회(ACTC : the Ad Committee on Terminology and Classification of the AAMR)이다. AAMD와 AAMR의 전신인 미국저능아연구회(American Association for the Study of the Feebleminded)가 1919년에 분류 및 통계위원회(Committee on Classification and Uniform Statistics)를 조직했다. 1921년, 이 위원회는 정신위생국가협의회(National Committee for Mental Hygiene)와 함께 정신지체 정의를 위한 지침서 초판을 출판했다. 이후로 후속 개정판이 1933년, 1941년, 그리고 1957년에 출판되었다(M. B. Smith, J. R. Patton, & S. H. Kim, 2008). 1959년 Heber를 위원장으로 한 전문가위원회는 다섯 번째 정신지체 정의를 개발하여, 1961년에 수정 · 출판하였다. 1973년의 일곱 번째 개정판은 Grossman에 의해 개발되었다. 그리고 이 정의는 1983년 수정을 거쳐 여덟 번째 정의로, 1992년 아홉 번째 정의를 거쳐 2002년에 열 번째 정의가 출판되었다.

이 협회는 1921년 최초의 정의를 발표해 온 이래 1959년(편람 5판)에 Heber의 정의로부터 2002년(편람 10판) Luckasson의 정의는 일관되게 세 가지 요소, 즉 평균 이하의 지적 기능, 적응행동의 결함, 발달기를 중심으로 정의해 왔다.

Grossman(1983년)의 정의, 즉 "정신지체란 일반적으로 지적 기능이 현저하게 평균 이하이고, 이에 수반해서 적응행동에 장애가 있고 그것이 발달기에 시작된다"에서 보듯이, 정신지체는 지적 기능과 적응행동 둘 다에서 결함이 있어야 하고, 발달기, 즉 18세 전에 나타나는 것을 의미한다. [그림 8－1]의 음영부분이 정신지체에 해당된다.

		지적 기능	
		정상	결함
적응행동	정상		
	결함		정신지체

[그림 8-1] **정신지체 규정의 공통 영역**

이 정의는 지적 기능은 표준화된 지능검사의 평균에서 적어도 IQ 70 이하의 점수일 때 상당한 제한이 있다고 본다. 표준편차는 전집의 평균으로부터 개인의 점수가 얼마나 차이나는지의 정도를 설명하는데 사용되는 통계치다. 진단기준으로서 이 준거를 사용하면 통계학적으로 전체 인구의 거의 2%가 정신지체에 해당된다.

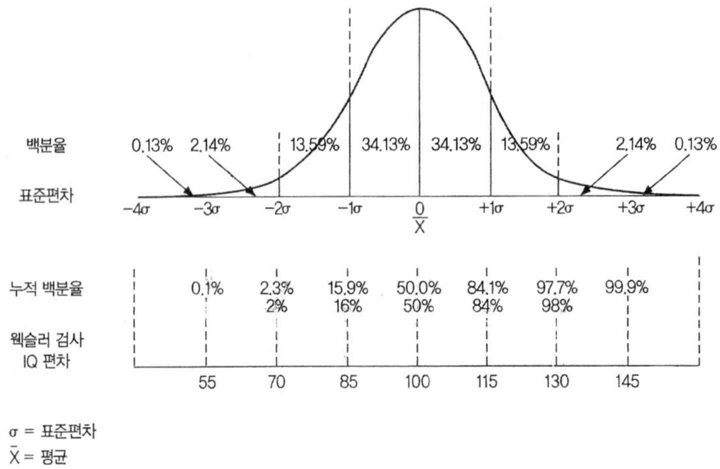

웩슬러 지능검사는 평균 100, 표준편차 15의 IQ 편차 점수를 사용한다. 정규분포에서 평균보다 1표준편차 높은 점수를 받는 사람은 115점이 된다. 이 검사에서 70 이하의 점수를 받은(평균에서 2표준편차 이하) 사람이 만일 적응행동에서의 결함도 보일 경우 정신지체로 분류된다.

[그림 8-2] **정상분포곡선**

* 출처 : 정동역 외 역(2008). 정신지체 7판. p. 62. 서울 : 시그마프레스.

[그림 8-2]는 정상분포곡선, 표준편차, 평균의 개념을 보여 준다. 적응행동은 개인의 환경적인 요구에 대한 적응을 의미한다. 개인의 성숙, 학습, 자립, 연령 수준과 문화적 집단에서 기대되는 사회적 책임의 기준에 적합한 정도와 능력으로 결정된다. 다시

말하면, 적응행동이란 용어는 개인이 얼마나 그들의 자연스러운 환경적 요구에 잘 대처하는가를 의미한다. 발생기란 임신에서 18세 사이의 기간을 의미한다. 지적 기능의 평균 이하와 적응행동의 결함이 이 기간에 나타나야만 정신지체 징후가 있는 것으로 간주한다.

1992년 미국정신지체학회는 정신지체를 진단하고 분류하는 새로운 정의체계를 제시하였는데, 이 정의는 2002년에 다시 수정되어 정신지체를 "지적 기능과 개념적, 사회적, 실질적 적응행동에서 유의미한 제한을 보이는 장애이며, 이러한 장애는 18세 이전에 발생한다."라고 정의하고 있다. 이 정의는 1983년의 정의에서 사용하는 용어와 다소 차이가 있지만 정신지체를 규정하는 세 가지 주요 요소, 즉 지적 능력의 제한성, 적응기술의 곤란, 발생 시기에 대해서 여전히 다루고 있다.

적응행동은 일상생활에서 역할에 따라 배워지는 기술로, 개념적, 사회적, 실질적 적응기술로 보다 구체화하였다. 1992년과 2002년 적응행동은 〈표 8-5〉와 같다.

표 8-5 개념적, 사회적, 실제적 적응 기술(1992년, 2002년 정의)

구 분	1992년 적응행동 영역	2002년 적응행동 영역
개념적	· 의사소통 · 기능적 교과학습 · 자기지시 · 건강과 안전	· 수용 · 표현 언어 · 읽기 · 쓰기 · 금전개념 · 자기지시
사회적	· 사회성 기술 · 여가	· 대인관계 · 책임감 · 자아존중 · 준법준수 · 규칙준수 · 속기쉬움 · 순수함 · 희생모면
실제적	· 자기관리 · 가정생활 · 지역사회활동 · 건강과 안전 · 작업기술	· 일상생활활동 · 직업기술 · 도구적 일상생활활동 · 안전한 환경유지

이 정의는 다음의 다섯 가지 기본적 가정을 전제로 한다.

첫째, 현재 기능의 실질적인 제한성은 같은 나이의 학생들이 생활하는 일상적인 환경이나 문화의 맥락 안에서 고려되어야 한다.

둘째, 타당한 평가는 문화적이고 언어적인 다양성 뿐만 아니라 의사소통과 행동요인에서의 차이점도 고려되어야 한다.

셋째, 개인이 보이는 특정 능력의 제한성은 강점과 함께 존재한다.

넷째, 제한성을 기술하는 중요한 목적은 필요로 하는 지원프로파일을 만들기 위한 것이다.

다섯째, 일정기간 동안 개별화된 적절한 지원이 주어지면, 정신지체인의 생활기능성은 일반적으로 향상될 것이다.

최근의 이 정의는 정신지체를 선천적인 특성이나 영구적인 상태로 보는 개념에서 벗어나 아동의 현재 기능이나 그 기능을 향상시키는데 필요한 환경적인 지원 관점에서 보게 하는 개념의 변화다(Heward, 2006). 이러한 정신지체의 개념적 모형은 [그림 8-3]과 같다.

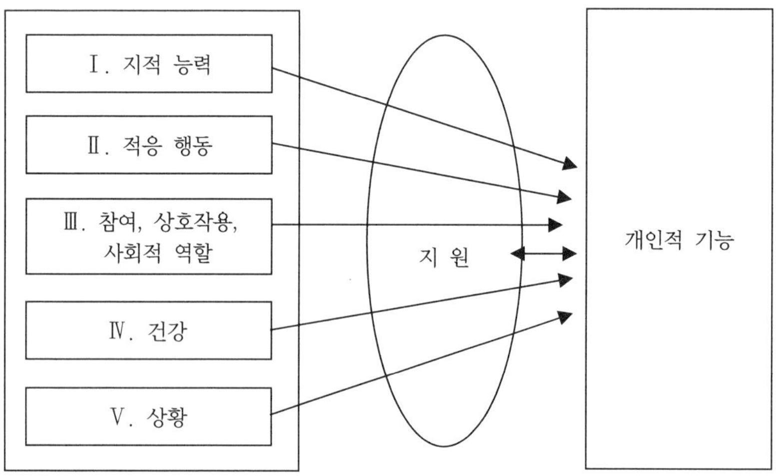

[그림 8-3] **정신지체의 이론적 모형**

* 출처 : *Mental Retardation : Definition, Classification, and Systems of Suports*(10th ed.) by Ruth Luckasson, et al., Washington, DC : AAMR, 2002. Reprinted with Permission.

개인이 필요한 지원의 정도에 따라서 정신지체를 기능적으로 분류하는 개념적이고 과정적인 제안을 제시하고 있다. 요약하자면, 2002년 정신지체 정의는 첫째, 정신지체를 "기능의 상태"로 이해하고, 둘째, 분류는 지원 정도에 따라 이루어지고 정신지체아동이 필요로 하는 지원체계를 구축하였으며, 셋째, 정신지체의 개념에 대한 구조를 개인의 영속적인 특성에서 제한된 지적 기능을 가진 개인과 환경과의 상호작용으로 전환하였고, 마지막으로, 적응행동의 개념이 보다 구체적으로 확장되었다.

(2) 우리나라 정의

우리나라에서는 1994년 특수교육진흥법 개정법률 이전까지 정신박약이라는 용어를 일반적으로 사용해 왔고, 현행 2008 장애인 등에 대한 특수교육법에서는 정신지체라는 명칭을 사용하고 있다. 동법 시행령 10조 별표에는 정신지체를 지닌 특수교육대상자를 "지적 기능과 적응행동상의 어려움이 함께 존재하여 교육적 성취에 어려움이 있는 사람"으로 규정하고 있다. 미국지적장애학회는 정신지체 정의의 세 가지 요소를 다루고 있지만 정신지체를 지닌 특수교육대상자를 선별해 내기 위해서는 보다 구체적일 필요가 있다. 이러한 노력의 일환으로 한국특수교육학회는 특수교육대상자 선정 기준을 분명하게 만드는 작업을 실시하였고 이에 따라 정신지체 개념을 "지적 기능과 적응행동에 어려움이 함께 존재하여 교육적 성취와 일상생활 및 직업기술 습득에 어려움이 있는 사람"으로 규정하고 있다(특수교육대상자 개념 및 선별기준, 2008). 장애인복지법 시행령 2조 별표 1의 장애인의 종류 및 기준에서 지적 장애인의 개념을 "정신 발육이 항구적으로 지체되어 지적 능력의 발달이 불충분하거나 불완전하고 자신의 일을 처리하는 것과 사회생활에 적응하는 것이 상당히 곤란한 사람"으로 규정하고 있다(장애인복지법 시행령, 2007).

2. 정신지체의 출현율

전문가들은 대체로 정신지체는 전인구의 약 2~3%의 범위에 걸쳐 다양하게 분포되어 있는 것으로 보고 있다.

세계보건기구(WHO)가 회원국의 정신지체 출현율을 수합하여 발표한 자료에 의하면, 정신지체는 연령별로 0~4세에서는 0.21%, 5~19세에서는 0.46% 출현하고, 남자의 경우에는 0.36% 여자의 경우에는 0.31% 출현하며, 지역별로는 아프리카가 0.37%, 아메리카 0.26%, 동지중해 0.39%, 유럽 0.24%, 동남아시아 0.34%, 서태평양 0.33% 출현한다고 보고되고 있다(Privett, 1966). 한국보건사회연구원(2001)의 2001년도 장애인실태조사에 의하면 우리나라 정신지체의 출현율은 0.12%로 나타났다. 그리고 김자윤 · 안동현 · 신영전(1999)은 정신지체의 출현율을 2.23%라고 보고하고 있고, 강영택 등(1998)은 정신지체아동의 출현율은 경도장애 0.39%와 중도장애 0.46%를 합해 0.85%라고 보고

하고 있다. 정신지체 출현율은 조사기관과 연구자에 따라 다양하게 나타나고 있으나 일반적으로는 총인구의 1%로 추정하고 있다.

최근 정신지체로 판별받은 학생의 실제 비율이 낮게 나타나고 있다. 연구자들은 정신지체의 진단을 위한 지적 능력으로서 지능지수보다는 지능에 대한 좀 더 광범위한 정의나 혹은 적응행동을 고려해서 학령인구를 추정하기 때문에 이같이 낮은 출현율을 보일 수 있다고 한다. 아울러 IQ 70 정도인 학생일 경우 부모나 교사들은 정신지체로 판별받는 것보다는 학습장애로 판별받기를 선호하는 경향이 있기 때문일 수도 있다 (Hallahan & Kauffman, 2003).

3. 정신지체의 원인

정신지체에 관심을 갖는 사람이라면 원인에 대해서 궁금해 할 것이다. 원인을 알게 되면 정신지체를 일으킬 수 있는 위험 요소를 사전에 예방하고 조기중재적인 차원에서 교육적인 중요성이 매우 크다. 과거 정신지체 연구에서는 원인을 생물학적 요인과 심리·사회적 요인의 2개의 범주로 구분하였으나 현재는 다요소적인 측면에서 각각의 원인들이 서로 상호작용한다고 여겨지고 있다. 최근 미국지적장애학회(AAIDD)는 정신지체의 원인을 생의학적, 사회적, 행동적, 교육적인 네 가지 범주의 위험요인으로 구분한다. 이는 시기별로 출산 전, 출생시, 출생 후의 원인으로 구분된다(〈표 8-6〉 참고).

생의학적 요인은 유전적 이상이나 영양과 같은 생물학적인 과정과 관련된 요인들로 신체적 조직에 직접 영향을 미치는 조건이다. 이러한 요인들에는 21번 성염색체(예, 다운증후군)와 취약 X증후군과 같은 유전적 조건, 페닐케톤뇨증(phenyketonuria : PKU)과 같은 신진대사 요인, 태아의 독소(납, 알코올, 코카인 중독), 조산, 저체중과 같은 초기의 생리학적인 손상 등이 있다. 심한 정신지체의 약 2/3 이상이 생의학적 원인으로 나타난다 (Batshaw, 2002).

심리사회·문화적·환경적 요인은 아동의 사회적 환경의 조건을 의미한다. 심한 정신지체 원인의 대부분이 생의학적 요인으로 설명 가능한 반면 경도 정신지체의 원인은 생의학적 입장으로 설명하기 어렵다.

표 8-6 정신지체 발생 시기별 위험 요인

시기	생물 의학적 요인	사회적 요인	행동적 요인	교육적 요인
출생 전	· 염색체 장애 · 단일 유전자 장애 · 증후군 · 대사장애 · 대뇌장애 · 산모 질병 · 부모의 연령	· 빈곤 · 산모영양결핍 · 가정폭력 · 부모 산전관리 부족	· 부모의 약물 남용 · 부모의 알고올 남용 · 부모의 흡연 · 부모의 미성숙	· 부모의 인지장애 · 부모가 될 준비의 결여
출생시	· 조산 · 출생시 손상 · 신생아 이상	· 출생시 관리 부족	· 부모의 양육거부 · 부모의 아동 유기	· 중재서비스를 위한 의료적 의뢰체계의 부족
출생 후	· 외상성 뇌손상 · 영양실조 · 뇌수막염 · 발작장애 · 퇴행성 장애	· 부적절한 아동양육 · 적절한 자극의 결여 · 가정의 빈곤 · 가족의 만성 질병 · 시설수용	· 아동학대와 유기 · 가정폭력 · 부적절한 안전조치 · 사회적 박탈 · 부적절한 아동 행동	· 잘못된 육아 · 진단 지연 · 부적절한 조기중재 서비스 · 부적절한 특수교육 · 부적절한 가족지원

* 출처 : American Association on Mental Retardation(AAMR, 2002). *Mental Retardation : Definition, Classification, and Systems of Supports*(10th ed.). p. 127, Washington, DC.

생의학적 요인이 분명하게 보이지 않는 경우에는 심리 사회적으로 불리한 요인이나 어릴 때의 열악한 사회적, 문화적 요인이 상호작용하여 발생하였다고 가정할 수 있다. 따라서 지능발달을 저해하고 있는 원인을 찾아 내서 이들 환경을 개선하거나 적절한 치료적 처치를 해 주면 지능발달의 정상화를 기대할 수 있다.

정신지체를 일으키는 주요 출생 전 원인들은 다음과 같은 것들을 들 수 있다.

배종손상은 정자와 난자의 성세포가 수정 전 어떤 원인에 의해 손상을 받아 수정 시에 이상 개체를 발생시키는 현상으로 물리적 자극에 의한 손상과 화학적 자극에 의한 손상을 주로 들 수 있다.

유전적 원인은 가족성 단순성 정신지체와 유전성 질환에 의한 정신지체로 나눌 수 있다. 가족성 단순성 정신지체는 유전자의 좋지 않은 결합으로 인해 정신지체에 해당되는 저지능이 생겨나는 경우로 주로 경도 정신지체로 나타난다. 유전성 질환에 의한 정신지체는 특수한 병적 유전자에 의해 발병하는 유전병이 야기시킨 정신지체로서 지능발달 장애와 함께 특수한 정신-신체상의 증상을 보이며, 유전성 대사성 질환에 의한 정신지체(아미노산, 유지질, 함수탄소, 단백질 대사 이상)와 유전성 종양에 의한 정신지체(유전적으로 뇌나 그 밖의 부위에 신생물(종양)이 생겨 뇌발육의 저지와 경련, 기타 신경증상을 나타내는 유전병)로 나눌 수 있다.

염색체 이상은 유전자의 돌연변이, 방사선, 약제 및 화학물질, 바이러스 감염, 자기면역기구 이상, 산모의 고연령, 기타의 요인 등에 인해 나타나며 정신지체의 발생과 밀접한 관계를 지니고 있다. 염색체 이상에 의한 정신지체에는 다운증후군(Down syndrome), 클라인펠터증후군(Klinefelter syndrome; XXY), 터너증후군(Turner syndrome), 그리드샤증후군(Cri-du-chat syndrome), 프래더-윌리증후군(Prader-Willi syndrome), 윌리엄증후군(Williams syndrome), 취약 X증후군(Fragile X syndrome) 등이 있다.

다운증후군은 염색체 이상이 원인이며, 다운증후군의 세 가지 형태 중에서 가장 일반적인 것은 21번 성염색체이며, 이것은 21번 염색체가 두 개가 아니라 세 개로 인하여 발생한 것이다. 경도에서 중등도까지 다양한 정도의 정신지체를 보이며 운동감각 미발달 및 협응의 문제를 가진다. 평균연령보다 신체발달은 늦지만 학습이 가능한 경우도 있고 성인이 되면 취업을 하여 반 독자적으로 생활을 하기도 한다. 정서면에서 밝은 성격을 가지고 있지만 기분의 변화가 많다(조인수, 2005). 1000명당 1명 비율로 발생하며, 산모의 나이가 45세 이상이 되면 다운증후군이 나타날 가능성이 30명 중에서 1명 비율로 높아진다. 다운증후군은 비슷한 신체상의 특징을 가진다 : 작은 키와 코를 가진 평평하고 넓적한 얼굴, 안쪽으로 굽은 손가락과 짧고 넓적한 손, 올라간 눈꼬리와 내안각주름, 혀를 돌출되게 하고 조음 문제를 일으킬 수 있는 작은 입과 짧은 구개, 손바닥을 가로지르는 한 개의 손금, 낮은 근육 긴장상태, 심장결함, 호흡기 감염에 대한 민감성, 불완전하거나 지체된 성적 발달(Smith, 2008)을 보인다.

클라인펠터증후군(Klinefelter syndrome : XXY)은 23번 위치의 성염색체가 어떤 원인에 의해 이상이 생겨 정상 남성이 갖는 XY형 성염색체가 아닌 XXY형 염색체로 되었을 때 나타나는 증상이다. X염색체가 하나 더 많아진 것으로 경우에 따라서 XXY, XXXXY형도 나타날 수 있다. 경도 정신지체를 보이고 사춘기에 이르면 남성처럼 보이지만 남성의 성기능이 미발달하고 여성의 2차 성징을 보인다.

터너증후군은 여성의 성염색체 불분리현상(nondisjunction)에 의해 발생한다. 정상 여성에서는 23번 위치의 성염색체가 XX형인데 반해 한 개의 X염색체만 갖게 되므로 염색체 수는 모두 45개가 된다. 여성의 형태를 가지고 있지만 난소가 없거나 흔적만 남게 되고, 2차 성징도 나타나지 않게 되어 생식을 못한다. 이 증후군의 약 20%는 정신지체이고 비언어적 지능이 제한되어 있고, 공간-형태 장애를 보이기도 한다.

그리드샤증후군은 5번 염색체의 삭제된 것과 관련이 있으며, 이 병에 걸린 아동이 고양이 울음소리와 같은 특이한 울음소리를 내기 때문에 이를 고양이 울음증후군

(Cri-du-chart)이라고 한다. 심한 정신지체와 기형적인 얼굴모양을 갖는다.

프래더 - 윌리증후군은 15번 염색체의 부분적인 부족으로 인하여 발생한다. 초기에 유아들은 낮은 근육 긴장도를 보이며, 튜브로 음식을 먹는 경우가 많지만, 점점 과도한 식욕을 보임으로 음식을 조절해 주지 않으면 생명을 위협하는 비만이 발생할 수 있다. 10,000~25,000명 중에 1명 비율로 발생하며, 경도 정신지체와 충동성, 공격성 등의 문제행동을 보인다(김진호 외 역, 2008).

윌리엄증후군은 7번 염색체의 부분적 이상으로 발생한다. 인지기능은 경도에서 중등도 정도의 정신지체에 해당된다. 학업적 특성으로 단어나 이야기 말하기 면에서는 아주 뛰어나지만 시각 - 공간 기술에 어려움을 보이는 등 여러 기능에서 불균형적인 심한 차이를 보인다. 과잉행동과 주의집중 결함을 보인다.

취약 X증후군은 정신지체를 발생시키는 가장 일반적인 유전적 원인이며, 정신지체 가운데 다운증후군 다음으로 가장 많이 나타난다. 두 개의 성염색체 중 X염색체 위에 있는 특정 유전자의 이상으로 발생한다. 경도와 중등도 정신지체로 나타난다. 신체적 특징은 긴 얼굴, 커다란 눈, 튀어나온 턱과 이마, 근력저하, 평발 등이다. 행동적 특성으로 사회성 불안과 회피행동, 단어나 구를 되풀이하는 등의 언어적 문제를 가진다.

태아알코올 증후군(Fetal Alcohol syndrome : FAS)은 산모가 임신 기간 동안 섭취한 과도한 알코올이 태아의 신체적 결함을 가져와 뇌발달에 직접 영향을 미치고 성인기까지 지속적인 영향을 미친다. FAS는 중등도와 중도 정신지체의 원인을 초래하는 것으로 여겨진다. 이후 과잉행동과 학습문제 또한 초래한다.

수정에서 출산시 동안에 태아기의 뇌장애가 태아 뇌의 감염, 태아 뇌의 중독, 태아 뇌의 물리적 손상, 태아 뇌의 산소결핍, 모자 혈액형 부적합의 원인으로 인해 발생할 수 있다.

4. 정신지체의 진단

정신지체 진단의 가장 우선적인 요소는 지적 능력과 적응행동이다. 정신지체아 진단에서 활용할 수 있는 표준화된 지능검사와 적응행동 검사의 종류를 알고 실제 진단과 평가에 활용하여야 한다. 대부분의 형식적 검사들은 학교심리학자, 언어치료사, 특수교사, 경우에 따라서는 의학이나 건강과 관련된 사람에 의해서 행해지며 엄격한 검사

상황에서 취해진다.

지능검사는 어느 정도의 지적 능력을 갖추고 있는가를 측정하는 것으로 문제수행에 대한 개인의 수행능력을 점수로 변환하는 것을 말한다. 이 점수는 IQ 점수이다. IQ점수가 전체인구에서 정상분포곡선 모양으로 분포되어 있기 때문에 한 개인의 지능검사 점수는 전체 평균으로부터 위나 아래로 몇 편차에 속해 있는가 하는 용어로 기술될 수 있다(그림 8-2 참조). 미국지적장애학회에 의하면 정신지체 범주는 정상분포곡선에서 -2표준편차 이하에 해당된다. 이는 이론적으로 전체 인구의 약 2.3% 정도가 된다. 웩슬러 아동용 지능검사 3판(WISC-III)과 스탠포드-비네 지능검사 5판(Stanford-Binet Intelligence Scale V)에 의하여 이 경우를 IQ점수로 바꾼다면 대체로 70이나 그 이하의 점수가 된다.

한편, 적응행동은 사람들이 일상생활 속에서 활동하기 위해 이제까지 학습하여 온 개념적, 사회적, 실제적 기능의 집합체다(AAMR, 2002). 적응행동은 일상생활과 생활의 변화와 환경적 요구에 대해 적응하려는 모든 능력에 영향을 받는다. 적응행동의 제한은 지적 능력, 참여, 상호작용, 사회적 역할, 건강, 상황 등이 고려되어져야 한다. 적응행동의 측정은 정신지체를 진단하기 위한 목적뿐만 아니라 분류하고 지원계획을 결정하는 데 중요한 요소가 된다. 진단상으로 적응행동의 측정은 장애를 가진 사람과 장애가 없는 사람을 포함한 총인구에서 표준화된 측정을 사용한다.

우리나라의 정신지체 판별 기준은 장애인 등에 대한 특수교육법 시행령 제10조의 별표의 지침에 따른다. 별표에 의하면 "지적 기능과 적응행동상의 어려움이 함께 존재하여 교육적 성취에 어려움이 있는 사람"(별표, 시행령 10조 관련)으로 규정하고 있다. 그리고 한국특수교육학회의 특수교육대상자 개념 및 선별기준의 정신지체 선정기준은 지적 기능과 적응행동상의 어려움이 함께 존재하여 교육적 성취에 어려움이 있는 사람으로 지적 기능은 표준화된 개인용 지능검사에 의해 평가된 지능지수를 사용하여 지능지수 70이나 그 이하에 해당되는 자를 말한다. 이는 대략 평균에서 -2표준편차 아래로 이탈된 점수에 해당되고, 한국 웩슬러 지능검사의 경우 약 5점의 측정오차를 감안해서 65~75의 범위에 해당되는 자를 정신지체의 판별 기준으로 제시하고 있다. 아래는 정신지체 판별을 위해 우리나라에서 표준화된 지능검사도구들이다(표 8-7).

한편 적응행동은 일상생활을 하는데 영향을 미치는 사회·문화적 상황과 생활양식에서 적절하게 행동하는 능력을 말하는데, 정신지체 선정은 적응행동 지수를 산출하여 평균에서 -2표준편차 이하에 해당되는 자를 말한다.

표 8-7 지능검사 도구(한국)

검사도구명	대상연령	저자	출판사	출판연도
한국형 개인지능검사 (KISE-KIT)	5～17세	박경숙, 정동영, 정인숙	교육과학사	2002
한국 웩슬러 아동지능검사 (K-WISC Ⅲ)	6～16세	곽금주, 박혜원, 김청택	도서출판 특수교육	2002
K-WAIS	16～64세	한국임상심리학회	한국가이던스	1992
한국 코프만 지능검사도구 (K-ABC)	2세 6개월～12세 5개월	문수백, 변창진	서울 학지사	1997
한국 웩슬러 유아지능검사 (K-WPPSI)	만 3～7세 3개월	박혜원, 곽금주, 박광배	도서출판 특수교육	1996
고대-비네검사 (KODE-BINET)	4～14세	전용신	꿈나무	1970

5~17세 사이일 경우 KISE 적응행동검사(KISE-SAB, 정인숙 외, 2003)를 사용하고 3세 미만인 경우 사회성숙도검사(김승국, 김옥기, 1985)와 적응행동검사(김승국, 1990)를 활용할 수 있다. 다음은 정신지체 판별을 위해 우리나라에서 표준화된 지능검사도구와 적응행동 검사도구들이다. 아래는 정신지체 판별을 위해 우리나라에서 표준화된 적응행동 검사도구들이다(표 8-8).

표 8-8 적응행동 검사도구(한국)

검사도구명	대상연령	저자	출판사	출판연도
사회성숙도검사	0～30세	김승국, 김옥기	중앙적성출판사	1985
적응행동검사	3～15세	김승국	중앙적성출판사	1990
KISE-적응행동검사 (KISE-SAB)	일반 : 21개월～17세 정신지체 : 5～17세	정인숙 외	서울문화(주)	2003

5. 정신지체의 특성

정신지체아동을 올바르게 교육하자면 그들의 특성이나 요구를 정확하게 이해할 필요가 있다. 정신지체아동의 특성은 정신지체 정의에서 찾아볼 수 있는데, 즉 연령에 따른 지적 능력과 적응행동에서 실질적인 제한을 보인다. 우선, 지적 기능이 주의, 이해, 기억, 언어능력, 공간 인지, 학습, 일반화 및 문제해결을 포함하는 기술과 능력을 측정하기 때문에 정신지체는 이러한 영역에서 일반아동의 능력보다 떨어지는 특징을 갖고 있다. 적응행동은 의사소통, 자기보호, 가정생활, 사회적 기술, 지역사회 이용, 자기주도, 건강과 안전, 기능적 학업, 여가와 일(Luckasson, 1992) 등에 대한 능력을 측정하기 때문에 정신지체는 또한 이러한 영역에서 일반아동의 능력보다 떨어지는 특징을 갖게 된다. 정신지체아동은 정신지체의 공통된 특성을 보일 수 있지만 정신지체아동 특성은 어디까지나 개인적인 관점에서 이루어져야 그들의 교육적 요구를 잘 파악할 수 있다. 여기에 제시된 특성들은 여러 집단의 정신지체아동을 연구한 결과에 의해 확인된 일반적인 것들이다. 여기서는 동기, 학습과 일반화, 언어, 신체와 건강적 특성을 중심으로 알아보고자 한다.

1) 성격과 동기

정신지체아동이 보이는 기능성을 고려할 때 그들의 행동특성을 인지 또는 언어적 행동만을 가지고 설명할 수 없다. 정신지체아동들은 다음과 같은 몇 가지 성격과 동기 특성을 가진다(Zigler, Burack, 1989).

정신지체아동들은 주위의 성인들에게 지나치게 의존하는 경향이 있다. 이런 긍정적 반응 경향(positive reaction tendency)은 특히 시설에 수용되지 않는 아동들보다 수용된 아동들에게서 더욱 많이 나타난다. 즉 긍정적 반응 경향은 사회적 박탈과 관련성이 높기 때문에 사회적 박탈이 많은 시설에서 자란 아동에게서 지나치게 타인을 의존하는 경향이 많이 나타난다. 정신지체아동들이 지역사회에서 독립적인 구성원으로 생활하기 위해서는 이러한 의존적인 태도를 독립적인 태도로 바꾸어 주어야 한다.

긍정적 반응 경향에 반해, 정신지체아동들은 주변의 타인들과 접촉하기를 매우 원하는 아동들 조차도 처음에는 타인과 상호작용하기를 경계하는 경향을 보인다. 이러한 부정적 반응 경향(negative reaction tendency)은 정신지체아동이 일반아동과 함께 과제를 수행할 때 마치 위축(withdrawal)된 행동을 하도록 동기를 부여하게 되어 과제의 질을 떨어뜨리게 만든다.

정신지체아동들은 친숙하지 못한 과제를 해결하고자 할 때 "낮은 목표(low aim)"를 갖는 경향을 보인다. 이는 정신지체아동들이 성공에 대한 낮은 기대 수준(lowered expectancy of success)을 가지고 있기 때문에 나타나는 경향이다. 긍정적, 부정적 반응 경향의 원인들과도 유사하게 성공에 대한 낮은 기대 수준은 정신지체의 선천적인 특성이라기보다는 계속적인 실패의 경험으로부터 생긴다. 이는 정신지체아동에게서 보여지는 다른 동기적인 특성 중 하나인 학습된 무기력(learned helplessness)과도 비슷하다. 이 또한 학습이 실패를 계속해서 경험한 아동이 자신의 노력에 관계없이 다른 과제에서도 실패할 것이라고 기대하는 상태를 말한다. 이런 아동은 이러한 실패를 회피하거나 경험하지 않기 위해서 자신에 대하여 매우 낮은 기대를 하며, 과제도 열심히 하지 않는 경향을 보인다.

정신지체아동이 실패를 회피함으로써 생기는 또 다른 결과는 외부지향성(outerdirectedness)이라고 불리는 문제해결의 방법이다. 외부지향적인 사람은 문제해결에 있어서 스스로 힘에 이존하기 보다는 상황적 혹은 외부단서들에 의존하게 되는데(Bybee & Zigler, 1992), 정신지체아동들은 지적인 문제를 풀기 위해서 해결책을 자신 밖에서 찾는 경향을 보인다. 정신지체아동에게서 나타나는 이러한 외부지향성은 정신지체아동들이 실패의 경험으로 말미암아 학습된 자신의 능력에 대한 불신의 결과다. 때때로 정신지체아동들은 스스로 완벽하게 잘 수행할 수 있는 과제라도 다른 사람의 단서에 의존하는 경향을 보인다.

정신지체아동은 새로운 것을 접하게 되는 즐거움을 적게 가지는 경향이 있다. 어렵고, 도전적이고, 새로운 것들을 훨씬 덜 선택하려고 한다. 그리고 무형이 강화보다 유형의 강화에 더 의존하는 경향을 보인다. 이러한 비효율적인 동기화(effectance motivation)의 경향은 일반 또래 아동들과 대조적으로 정신지체아동들은 어려운 과제를 해결하고 시도함으로써 생기는 내적인 보상에 둔감한 동기를 가진다.

마지막으로, 정신지체아동들은 일반 또래 아동들이 가지는 자아개념(self-concept)과 서로 다르다. 정신지체아동의 자아개념은 더 낮은 발달수준에 있는 아동들의 자아개념과 비슷하여 일반 또래 아동에 비해 자아개념이 덜 분화되어 있다. 일반적으로 자아가 기능하기 위해서는 현실을 배우고 자신의 행동의 결과를 이해하며 쾌락을 지연시키고 충동을 억제함으로써 긴장을 사회가 용납하는 방법으로 해소하여야 한다. 그러나 정신지체아동들은 이러한 과정에 있어서 결핍되어 있기 때문에 자신의 충동을 조절하는 능력이 부족하여 감정이나 공격 본성을 폭발하기 쉽다. 정신지체아들은 자아기능의 결핍으로 근심을 조절하기 위하여 보다 원시적인 방어 메카니즘에 의존하게 된다.

2) 학습과 일반화

과제의 중요한 부분에 주의집중(attention)하는 능력은 효율적인 학습자의 특성이다. 보다 구체적으로 말하면 특정한 대상, 과제, 생각에 초점을 맞추는 선택적 주의집중(selective attention)과 방해 자극을 억제하면서 집중된 주의를 유지하는 주의집중 유지(sustained attention)는 성공적인 학습을 위해 중요하지만 정신지체아동들이 효과적으로 사용할 수 없다. 정신지체아동의 주의집중은 네 가지 주요 측면에서 심한 어려움을 겪는다(조인수, 2005). 첫째, 중요한 자극특성을 변별할 수 있는 선택적 주의집중에 어려움을 겪는다. 정신지체 학습자는 학습과제의 중요한 특성에 덜 주의를 집중하고 반대로 부적절한 자극에 주의를 기울이는 경우가 많다. 둘째, 주의집중의 지속 시간이 매우 짧으며(Zeaman & House, 1979), 셋째, 주의집중의 범위도 매우 협소하며, 넷째, 한 과제에서 다른 과제로 주의를 이동하는 능력에서도 어려움을 보인다(Bergen & Mosley, 1994). 이러한 주의집중의 어려움은 새로운 지식과 기술을 습득하고 기억하고 일반화하는 데 많은 영향을 미친다. 이러한 주의집중 능력은 연습이나 환경의 자극을 통해 개선시킬 수 있다(조인수, 2005).

정신지체아동은 그들의 나이나 학년 수준이 비슷한 또래들에 비해 정보를 기억하는 데 어려움을 가지는 경향이 있다. 일반적으로 정신지체의 정도가 심할수록 기억에 있어서 더 심각한 결함을 보인다. 정신지체아동들은 특히 단기기억(short-term memory)에 있어 정보를 처리하는데 문제 영역으로 인식되고 있다(Bray, Fletcher, & Turner, 1997). 단기기억은 단기간의 사용을 위해 정보를 보유하는 능력을 말한다. 즉, 활동적으로 기억하려고 노력하지 않으면 기억 속에 수초 정도 머물다가 사라지는 기억이다. 정신지체아동은 정보를 자동적으로 회상하는 데 있어 또래의 일반아동들보다 더 많은 시간이 걸리며 따라서 한 번에 많은 양의 인지적 정보를 다루는 데 어려움을 가진다(Merrill, 1990). 연구들은 정신지체아동이 일단 정보가 단기기억으로 충분히 투입되고 난 후 장기기억(long-term memory)에서의 최종적인 파지는 정신지체에 의해 영향을 덜 받는다고 본다. 즉 일반아동과 같이 그 정보를 유지할 수 있다고 주장한다(McCartney, 1987). 기억의 효율성은 학습자의 어떤 전략을 어떻게 효과적으로 사용하는냐에 달려 있다. 그러나 정신지체아동은 기억전략을 자발적으로 사용하지 못하고 사용한다 하더라도 잘못된 전략을 사용하기 때문에 일반아동에 비해 기억의 효율성이 매우 낮다. 최근 이러한 정신지체아동의 기억 특성에 대한 연구들은 이들에게 특정 전략교수법을 통하여 가르치면 그들의 기억의 효율성을 증가한다고 주장한다. 시연이나 새로운 정보를 이전의 관련 정보와 조직화하는 방법을 통하여 초인지 전략이나 집행통제 전략의 방법을 가르치는데 관심을 가진다.

전이와 일반화는 새로운 일이나, 문제 자극 상황에 지식이나 기술을 적용하는 능력이다. 즉 선행경험을 미래의 비슷한 상황이나 문제해결에 도움이 되도록 사용하는 능력이다. 대개 학습자들은 배운 지식을 비슷한 과제나 다른 상황에서 활용할 수 있지만 정신지체아동들은 이러한 전이와 일반화에 많은 어려움을 겪는다. 따라서 정신지체아동들은 전이나 일반화가 자연적으로 일어나지 않기 때문에 이에 대한 특별한 교육이나 훈련이 필요하다. 예를 들어 통합학급에 다니는 학생에게 돈 계산하는 방법을 가르치기 위해 계산기 사용하는 방법을 성공적으로 가르칠 수 있으나 이 학생이 지역사회 내에서 슈퍼에서 물건을 사고 값을 지불하는 행동을 적절히 사용할 수 없을지 모른다. 이처럼 환경과 상황이 통합학급 환경에 비해 달라짐으로써 학생은 지식의 전이와 일반화 능력을 보이지 못할 수 있다. 이처럼 지식의 전이와 일반화는 다양한 환경과 상황에 적응하는 데 가장 중요한 영향력을 가지기 때문에 정신지체아동에게 새로운 지식이나 기술을 습득한 것으로만은 더 이상 만족할 수가 없다. 최근 정신지체아동 교육 분야에서 가장 중요한 연구 분야 중의 하나가 일반화와 전이능력을 향상시키는 전략과 방법을 찾는 것이다. 이러한 방법의 일환으로 지역사회중심교수(community-based instruction) 전략이 활용되어지고 있다.

3) 언어

말과 언어의 발달은 기억이나 문제해결과 같은 지적 발달과 밀접하게 연관되어 있기 때문에 정신지체아동은 일반아동보다 말과 언어에 더 많은 문제를 보이게 된다. 언어능력에서 심한 정신지체아동은 말을 전혀 할 수 없고, 의사소통은 외부 장치나 언어적 몸짓으로 제한될 수 있다. 일반적으로 정신지체아동에게서 자주 나타나는 언어장애는 언어발달지체, 한정된 어휘 사용과 제한 등을 들 수 있다(Spradlin, 1968). 그러나 언어장애가 비단 IQ만의 문제는 아니다.

정신지체아동의 언어발달 특징은 다음과 같다.

① 정상아와 똑같은 방법으로 언어 기능을 습득한다. 언어 성취도는 CA 보다 MA에 따른다. 그러나 정신지체자들의 언어연령은 그들의 정신연령보다 다소 낮게(약 1년 정도) 나타난다.

② 언어 기능 습득의 속도가 정상아 보다 느리다. 정신연령이 동일한 일반아동들보다 언어의 양이 부족하다.

③ 사춘기 이후에는 언어 성장이 되지 않는다. 사춘기에 MA 4~5세가 되지 못하는 학생은 완전한 언어 습득이 불가능하다.

④ 정신지체아의 언어장애(발성장애, 언어장애)는 편차된 것보다 지체된 것이다.

⑤ 경도 정신지체아동은 어른이 되면 정신연령이 대개 8~11세가 되기 때문에 적절한 언어구사 능력을 갖출 수 있다.

⑥ 중등도 정신지체아동은 자신의 욕구를 다른 사람에게 알릴 수 있는 기능 언어를 사용하지만 대부분 일반아동과는 많이 다른 면을 보여 준다.

⑦ 중도 정신지체아동도 다소의 기능적 언어 능력을 갖고 있지만 최중도 정신지체아동에게서는 기능적 언어가 없다.

⑧ 같은 단계에서도 다양한 변이성을 갖는다.

최근에는 정신지체와 함께 수반되는 장애로 인해 말과 언어장애가 더 일반적인 현상으로 나타난다. 한 예로 뇌성마비와 같은 운동장애로 알아 듣기 어려운 발성상의 장애를 산출해 내는 경우도 있으며, 다른 예로 다운증후군 학생이 어렸을 때에 자주 발생하는 중이염도 전음성 청력손실로 이어지기도 하고, 말과 언어문제를 야기시킨다(Balkany, Downs, Jafek, & Krajicek, 1979). 이는 낮은 청각기능은 조음능력에 영향을 주어 언어 습득을 지연시키기 때문이다(Pueschel, 1997).

4) 신체 및 건강 그리고 운동

신체적, 건강상 특징은 일반아동과 비교해 경도 정신지체아동은 크게 다르지 않다. 사회·심리적으로 혜택을 받지 못하는 경도 정신지체아동 사이에서 뚜렷한 신체적 건강상의 특징은 보이지 않는다. 단지 장애조건 자체 때문에 일반인들과 신체적으로 다르게 된다. 전반적으로 신체적 능력과 건강에 있어 경도 정신지체인과 일반인과의 차이점에 대해 다음의 몇 가지 일반적인 것을 지적할 수 있다.

① **신체발달** : 경도 정신지체아동은 일반인에 비해 키, 몸무게, 골격의 성숙이 비교

적 평균 이하다.

② **운동발달** : 경도 정신지체아에 대한 연구에서 보면 모든 운동 분야에서 또래의 일반아동보다 상당히 저조하게 성취된다.

③ **신제석 손상** : 어떤 정신지체아들은 대개 중도장애나 신경학적 손상 – 뇌성마비, 발작적인 이상, 감각손상, 그리고 어린이 학대에서 오는 상해와 같은 신체적 문제를 동시에 보인다.

④ **건강문제들** : 부적절하고 불균형적인 식사, 병에 감염되기 쉬움, 부적당한 건강관리, 그리고 치아의 이상 등이 정신지체아들의 일반적인 특징으로 알려진다.

그러나 심각한 지체를 보이는 사람들에게는 보다 두렷한 신체 및 건강에 대한 문제가 함께 일어나는 경향이 많다. 정신지체에서 가장 많은 비중을 차지하고 있는 증후군이 다운증후군이다. 다운증후군은 뚜렷한 신체적 겉모습을 특징으로 갖고 있을 뿐만 아니라 건강상의 문제도 가진다. 대부분의 다운증후군아동은 비정상적인 폐기능을 갖고 있어 상부호흡기 감염을 일으키기 쉽다. 백혈병의 발병률도 일반인들에 비해 높다. 뿐만 아니라 기타 건강문제들로는 눈과 귀의 감염, 비만, 피부문제, 치아, 잇몸의 문제, 중이염으로 인한 청각장애까지 수반되기도 한다(Pueschel, 1997). 다운증후군을 맡고 있는 교사라면 이러한 건강상의 특징에 주의를 기울여야 한다. 다음 〈표 8-9〉는 정신지체아동의 운동능력 지체를 설명하기 위한 것이다. 이 표는 0~4세까지 일반아동과 다운증후군 아동의 발달기준을 나타내고 있는데, 이 표에 따르면 다운증후군 아동은 일반아동에 비해 계통발생학적 행동기능에서 낮은 성취도를 보이며, 두 집단의 운동기능의 차이는 연령이 증가함에 따라 더욱 크게 벌어진다. 이것은 다운증후군 아동의 운동발달이 지체 정도와 질적인 면 모두에 있어서 일반아동과 뚜렷한 차이가 있음을 나타낸다.

표 8-9 다운증후군 아동의 발달기준표

	다운증후군 아동		일반아동	
	평균 연령	범위	평균 연령	범위
〈대근육 운동〉				
머리 곧게 들고 균형 유지하기	5	3~9	3	1~4
구르기	8	4~12	5	2~10
도움없이 1분 이상 앉기	9	6~16	7	5~9
가구를 이용해서 잡고 서기	15	8~26	8	7~12

도움을 받아서 걷기	16	6~30	10	7~12
혼자 서기	18	12~38	11	9~16
혼자 걷기	19	13~48	12	1~17
도움받아 계단 오르기	30	20~48	17	12~24
도움받아 계단 내려오기	36	24~60+	17	13~24
〈소근육 운동〉				
물건 따라 눈 움직이기	3	1.5~6	1.5	1~3
매달린 종 잡기	6	4~11	4	2~6
한 손에서 다른 손으로 물건 옮기기	8	6~12	5.5	4~8
장난감을 잡기 위해 줄 당기기	11.5	7~17	7	5~10
헝겊 아래에 감춘 물건 찾기	13	9~21	8	6~12
컵이나 상자 안에 3개 이상의 물건 넣기	19	12~34	12	9~18
5cm 크기의 네모 블록으로 탑 쌓기	20	14~32	14	10~19
간단한 3가지 모양 완성하기	33	20~48	22	16~30+
동그라미 따라 그리기	48	36~60+	30	24-40
〈개인/사회/자조 활동〉				
다른 사람이 만지거나 이야기를 들을 때 웃기	2	1.5~4	1	1~2
자발적으로 웃기	3	2~6	2	1.5~5
단단한 물체 잡기	8	5~18	7	4~12
과자 혼자 먹기	10	6~14	5	4~10
까꿍놀이 따라하기	11	9~16	8	5~13
컵을 이용하여 마시기	20	12~30	12	9~17
숟가락이나 포크 사용하기	20	12~36	13	8~20
옷 벗기	38	24~60+	30	20~40
스스로 먹기	30	20~48	24	18~36

※ 상기 연령은 개월 수임.

* 출처 : W. E. MacLean(1996). *Ellis' Handbook of Mental Deficiency, Psychological Theory and Reasearch*(3rd), p. 278, Lawrence Erlbaum Associates.

일반적인 정신지체아동의 연령별 신체 · 운동능력 발달 과정은 다음과 같다.

표 8-10 정신지체아동의 연령별 신체 · 운동능력 발달

생활연령	정신연령	신체 · 운동능력 발달과정
3.5~5	2~3	혼자서 걷기, 달리기, 뛰기 등을 할 수 있고 도와 주기만 하면 층계를 오를 수 있다.
5~7	3~4	층계를 오르내릴 수 있으며, 달리기, 뛰기, 한 발로 서기, 공받기, 물건 옮기기 등을 할 수 있다. 정교한 운동을 잘 하지 못한다.
6~9	4~5	한 발로 한 계단씩 디디며 층계 오르기, 뛰기, 발끝으로 서기, 평행대 위에서 걷기, 세발자전거 타기, 나무에 기어오르기, 목표물에 공던지기 등을 할 수 있다. 어른처럼 연필잡기, 단추끼기, 끈매기 등을 할 수 있다.
8~10	5~6	달리기, 뛰기, 줄넘기, 춤추기 등을 할 수 있으며 스케이트나 썰매를 탈 수 있고 음악에 맞추어 걸을 수 있다.
10~12	6~7	적절한 운동 기능을 가질 수 있다.
12~18	6~11	운동기능은 15세만 되어도 정상에 달한다. 기질적인 정신지체아는 약간의 운동기능 장애를 보인다.
18세 이상	8~12	운동 기능은 정상에 달한다.

6. 정신지체의 교육적 조치

1) 교육적 배치

학령기 정신지체아동을 위한 프로그램은 대상아동 개개인의 요구와 적성에 알맞은 학업수행을 위해서 교육과정에 따른 교육적 배치, 교육방법상 선택의 다양성을 갖는 것이 필요하다. 따라서 개인 및 집단에 대한 서비스의 다양성과 현존하는 서비스의 유효성이라는 두 가지 측면을 고려하여 유연하게 교육적 조치를 취할 수 있도록 제도가 운영되어야 한다. 기본적으로 정신지체아의 교육적 조치를 위해서는 아동의 요구에 따라 최소로 제한된 환경에 배치해야 하며, 상황이 변하면 다른 환경으로 옮겨갈 수 있도록 배치에 융통성이 허용되어야 한다.

(1) 학령전기

장애인 등에 대한 특수교육법은 장애를 지닌 영유아에 대한 교육을 촉진하기 위하여

영아교육은 무상으로 하며, 유아교육을 의무교육으로 규정하고, 장애의 조기발견, 교원 양성, 교육시설 · 설비의 확충 등 조기특수교육에 필요한 시책을 강구하도록 규정하고 있다. 그러나 대부분의 경도 정신지체유아들은 초등학교에 들어가 일정기간 교육을 받기 전까지 판별되지 않을 수도 있기 때문에 취학전 단계에서 판별되지 않은 유아들이 판별되는 유아들보다 많을 수 있다. 조기에 판별된 유아들일지라도 일반어린이집이나 일반유치원, 일반유치원의 특수학급, 일반학교 병설유치원의 특수학급에 배치되어 교육받을 수 있다. 초기 교육적 조치는 경도 정신지체유아들의 후기 성장과 발달에 지대한 영향을 미칠 수 있다(Lerner et al., 2003).

(2) 학령기

경도 정신지체아동을 위한 학교교육 체제는 다양한 프로그램을 선택할 기회를 제공해 준다. 가장 일반적인 교육배치는 일반학급 몇 시간만 특수교육환경에서 보내는 학습도움실(resource room), 하루 중 반은 특수학급에서 보내고 나머지 반은 일반학급에 통합되는 형태인 시간제 특수학급, 대부분 모든 시간을 특수교육 서비스를 제공받는 전일제 특수학급, 그리고 특수학교와 병원 및 가정 서비스 프로그램이 있다. 그리고 많은 정신지체아동들은 언어치료, 작업치료, 물리치료, 감각 · 운동 · 지각, 심리 · 운동 · 통합 등의 관련 서비스도 받을 수 있다. 현재의 경향은 장애의 정도에 관계없이 정신지체아동을 일반교육환경에 통합시켜 다소의 특수교육 서비스를 제공하는 것이다. 조금 높은 기능을 가진 경도 정신지체학생들은 학습장애로 재분류되어 일반학급 또는 학습도움실에 배치되어 교육받고 있는 경우도 많다(Lerner, 2003).

(3) 전환기

대체로 경도 정신지체아동은 일반학급, 학습도움실, 특수학급 등에 배치되어 교육을 받을 수 있으며, 중등도나 중도 정신지체아들은 학습도움실, 특수학급, 또는 특수학교에 배치되는 경우가 많으며, 최중도 정신지체아동은 병원이나 가정에서 순회교육 서비스를 받는 경우도 있다. 초등학교 수준의 교육과는 달리 중등학교 프로그램은 보통 기능적 교과교육보다는 학교졸업 후의 사회적응을 위한 진로지도나 직업교육 중심의 전환교육에 치중하는 경향이 높다. 전환(transition)은 일정한 조건이나 장소로부터 다른 조건이나 장소로 이행하는 과정을 의미한다. 전환교육은 장애학생이 학교교육을 마치고 가능한 한 생산적이고 자립적인 성인생활을 할 수 있도록 학령기 동안 필요한 교육

프로그램과 지원서비스를 제공하는 것을 의미한다. 일반학생들은 비교적 큰 어려움 없이 사회로 전환하여 새로운 환경에 적응하지만, 정신지체아동은 일반학생에 비해 전환으로 인한 적응의 문제가 매우 심각할 수 있기 때문에 전환기에 있는 중등학교 학생들을 담당하는 교사들은 특별한 관심을 가지고 지도해야 할 필요가 있다.

한편, 정신지체 성인들을 위한 계속적인 교육의 목적은 직업적, 경제적 안정에 있다. 지원이 필요한 경도 정신지체인들은 직업적 재활서비스에 참가할 수 있다. 재활상담원은 그러한 서비스를 확대시켜서 직업선택의 기회를 확충시키는 역할을 한다. 정신지체 성인을 위한 직업훈련 기회는 사회에 존재하지만 선택의 폭이 좁고 서비스를 받기 위해 오래 기다려야 한다. 지역사회 대학의 사회교육원에서 경도 정신지체 성인들에게 직업보장을 위한 여러 가지 혁신적인 프로그램을 개발할 수 있지만 아직 관심이 부족한 형편이다. 우리나라에서는 더욱 많은 교육적 · 제도적 배려가 필요하다.

2) 교수내용

(1) 기능적 교육과정

정신지체아동을 지도하는 교사들은 무엇을 가르칠 것인가 결정하는 것이 중요하다. 정신지체아동은 일반아동과는 달리 일상적인 생활경험을 통해 습득한 지식이나 전략을 다른 맥락에서 사용하는 능력이 상당히 떨어지기 때문에 학교에서 의도적인 수업활동을 통하여 실생활에 필요한 지식이나 전략을 습득시킬 필요가 있다. 따라서 정신지체아동이 학습할 내용은 성공적인 지역사회 생활과 활동에 필요한 지식과 전략을 역동적으로 사용할 수 있도록 구성해야 하며, 학생이 그 지식과 기능을 습득하고 유지하기 위해서는 교육적 맥락이 학습자에게 의미가 있어야 한다(Stainback & Stainback, 1996).

다시 말하면 정신지체아동이 학습내용과 교육적 맥락에서 학교를 졸업한 후 성인이 되어 지역사회 실생활에 필요한 내용이어야 할 뿐만 아니라 정신지체아동의 교육적 요구를 적절히 반영해야 한다는 것을 의미한다. 그렇기 때문에 정신지체아동을 위한 교육과정은 임상적 명칭, 철학적 논점 및 일반교육 주도와 관계없이 아동 개인의 요구에 맞게 구성되어야 하며, 그 내용은 일반교육과정과는 달리 생활기술, 지역사회 중심의 교수 및 개인의 장애 정도에 알맞은 교육계획이 되어야 한다(Smith & Hilton, 1994). 또한 일반학급에 통합 또는 분리되는 것과 관계 없이 정신지체아동을 위한 효과적인 교육과정을 계획하고 실시하기 위해서는 가능한 한 성인생활을 준비할 수 있도록 개인의 독특한 학습특성과 능력, 정신연령과 생활연령을 적절히 고려한 지역사회 중심의 기능적 교육과정을 구성해야 한다(Thomas, 1996).

기능적 생활중심 교육과정은 생활에 적합하고 유용한 기능적인 생활기술들로 교육과정을 구성하는 것을 말한다. 기능적 생활중심 교육과정의 내용 선정은 학생들의 미래 성인생활과 기능화에 우선권을 두고 선정해야 한다. 〈표 8-11〉은 기능적 교육과정의 생활영역 내용의 예이다.

표 8-11 기능적 교육과정의 생활영역

영 역	Bender & Valletutti	Hawaii Transition Project	Smith & Schloss	Dever
가정생활	가정	가정과 가족		가사
지역사회	학교, 지역사회	지역사회/시민정신	전환	지역사회생활
경제생활	소비기능	재정지원	소비	
직업생활	작업	직업/교육	작업	직업
여가생활	여가	레크리에이션/여가	여가와 놀이	여가, 여행
기 타		정서적 · 신체적 건강	교육과 재활	개인유지와 발달

(2) 독립생활 기술

독립생활 기술은 위생 및 용변처리, 가정생활, 독립적 이동과 관련된 기술을 말한다. 정신지체아동이 성인이 되어 지역사회에 거주하면서 혼자 힘으로 살아가기 위해서는 반드시 독립생활 기술이 필요하다.

장애의 정도와 관계 없이 저학년 단계에 있는 정신지체아동들은 보통 독립생활 기술 습득을 교육과정에서 강조한다. 학생들이 고학년이라 할지라도 이러한 기술을 교육과정에서 완전히 배제하지는 못한다. 왜냐하면 중도 장애아동의 경우 고학년이 되었더라도 독립생활 기술은 그들이 배워야 하는 필수 기술영역이기 때문이다. 저학년 또는 중도 정신지체아동들은 자신의 몸 청결 및 착탈의 등과 관련된 기술들을 습득하기 위해 교사의 지도를 받는데, 교사들은 직접교수나 비디오를 활용하여 이러한 기술들을 가르칠 수 있다. 예를 들면 교사들은 착탈의, 양치질, 식사 등을 직접 시범을 보이면서 지도할 수 있고(Reamer, Brady & Hawkins, 1998), 비디오를 이용하여 면도하기, 점심

준비하기, 세탁하기, 옷 손질하기 등과 같은 독립생활 기술을 지도할 수 있을 뿐만 아니라 학생들 스스로 자기 평가도 할 수 있다(Lasater & Brady, 1995). 직접교수 프로그램은 정신지체아동에게 가정생활과 지역사회생활에서 독립생활과 관련된 기술을 가르치는 데 효과적인 방법임에 틀림없다(Cast, Wellons & Collins, 1994).

이동기술 또한 정신지체아동이 지역사회에서 독립적으로 거주하면서 살아가는데 있어 필수적인 기술 영역이다. 지금까지 이동은 시각장애아동을 가르치고자 할 때 중요한 교수요목이었다. 그러나 이동과 관련된 교수요목은 일반인이 지역사회 이동시 필요한 기술이 되었다(Westling & Fox, 1995). 특히 독립적 이동(personal mobility)은 지역사회에서 직업 및 여가생활을 할 때 반드시 필요한 영역이기 때문에 지역사회 환경을 이동할 수 있는 훈련을 받아야 한다. 또한 교사들은 정신지체아동이 운송 수단을 이용할 수 있는 기술을 습득할 수 있도록 훈련시켜야 한다. 이동 훈련의 예로, 초등단계에 있는 학생들은 버스가 서는 곳에서부터 교실로 찾아가는 것, 중등단계에 있는 학생들은 학생식당, 도서관, 체육관, 다른 교실 찾기 등이 있다. 중등학교에 다닐 나이의 아동들은 대중교통을 이용하여 지역사회에 있는 야구장, 마트, 공원 등에 가는 방법을 배울 수 있다. 일반적으로 일반학생들은 스스로 이동기술을 습득할 수 있지만 정신지체아동들은 이러한 기술을 구체적으로 가르쳐야 습득할 수 있는 기술이다(Taylor, 2007).

(3) 의사소통

말과 언어의 발달은 지적 발달과 밀접하게 연관되어 있기 때문에 정신지체아동이 일반아동보다 말과 언어에 더 많은 문제를 보인다. 대부분의 정신지체아동들은 의사소통에 필요한 기본적인 선수기술을 가지고 있으나 동기와 인지장애로 어려움을 가진다. 경도 정신지체아동에게서 나타나는 의사소통장애는 대체, 생략, 왜곡, 첨가와 같은 조음장애와 비정상적인 소리의 높이나 목소리의 강도 같은 음성장애 그리고 구어발달의 지연, 제한된 어휘, 정확하지 않는 문법 사용 등을 포함한 언어장애가 나타난다. 이러한 의사소통 문제에 따라 중재방법을 적용해야 할 것이다. 중도 정신지체아동들의 의사소통 중재는 정서적 반응이 나타나는 목소리와 소리의 높이, 근긴장도 등과 같은 비상징적(nonsymbol)인 것과 그림책, 글자판 등의 상징적이지만 비음성언어적(noverbal)인 것과 음성언어적인 것들이 있다.

의사소통하는데 단어는 사용할 수 있지만 특정 소리를 내는데 어려움을 경험하는 사람에게 교사는 격려와 모방 연습과 같은 직접적인 훈련을 제공할 수 있다. 또한 동기를 높이고 연습 기회를 많이 제공하는 컴퓨터 프로그램도 있다(Paul-Brown & Diggs, 1993). 하지만 많은 중도 정신지체아동들은 이해할 수 있는 말을 하는 것이 불가능함으로 이들을 위한 중재는 어떤 장애물에도 불구하고 의사소통을 할 수 있도록 돕는 데 초점을 맞추어야 한다(Kaiser, 1993a).

비언어적 의사소통 가운데 몸짓과 수화가 가장 많이 사용된다(Soto, Belfore, Schlosser, & Haynes, 1993). 수화(manual language)를 사용하는 사람들의 기술 수준도 매우 다양하지만 신호언어(sing language)의 가장 기본적인 형태는 무엇을 가리키거나 원하는 행동을 흉내내는 몸짓을 하는 것이다. 좀더 나은 의사소통을 가지고 있는 정신지체아동들은 "학교"를 나타내는 박수치기나 "일"을 나타내는 손목부위에서 두 팔을 교차하기 등과 같이, 조직화된 신호언어 중에서 상징적인 신호를 학습할 수 있다. 또한 중도 정신지체아동들은 보조적인 의사소통 기구나 장치로부터 도움을 얻을 수 있다. 보조적인 의사소통 기구는 원하는 사물이나 활동을 가리키거나 그 그림을 제시하는 것 등 여러 가지 형태를 나타낼 수 있다. 좀 더 정교한 형태로는 전자판 위에 그림을 배열할 수 있는 사람이 그림을 만지면 합성된 음성이 나오는 경우도 있다(Soto et al., 1993). 모든 유형의 의사소통 중재가 효과를 낼 수 있지만 기술 습득의 속도와 그 기술이 습득되어 유지되고 새로운 상황에서 일반화되는 정도는 사용되는 교수 전략에 달려 있다(Romski & Sevcik, 1993).

보다 최근에는 그림의사소통체제(picture communication system)의 활용, 녹화비디오를 통한 시연, 역할놀이 활동, 언어스크립트, 유창성 훈련 등의 방법이 많이 활용된다(Nietupski, Hamre-Nietupski, Curtin, & Shrikanth, 1997).

의사소통의 어려움은 좌절, 불신 등을 표현하는 수단으로 심한 문제행동으로 이어지기도 하기 때문에(Janney & Snell, 2000; Reichle & Wacker, 1993), 교사들은 이러한 학생들을 지도할 때 학습자와 개별적인 기능적 의사소통체제를 수립하여 의사소통을 실행하여 문제발생을 감소시켜야 한다.

(4) 사회적 기술

정신지체에서 사회적 기술의 중요성은 정신지체 정의의 변천을 통해서 알 수 있다. 최근 정신지체를 진단하는데 중요한 "적응행동"에서는 사회적 기술의 중요성이 더욱 강조되었다. 사회적 기술(social skills)은 사람들이 다른 사람들과 관계를 맺으며, 정보 및 생각을 교환하고, 자신의 요구와 욕구를 알게 하며, 관계를 수립하고 유지할 수 있게 하는 수단이다(Taylor, 2005). 또한 성공적인 지역사회 적응을 위해서도 사회적 기술의 중요성은 강조되어야 한다. 사실상, 정신지체인의 직업시장 유지는 적절한 사회적 기술에 달려 있다 해도 과언이 아니다. 정신지체아동이 지역사회 활동에 참여하여 좋은 사회적 기술을 배우지 않으면, 졸업 후 직업시장을 유지하는 것은 실질적으로 불가능할 것이나. 처음부터 지역사회 활동에 관여하는 아동과 사회적 기술 훈련을 받는 아동은 상당한 직업시장에서 상당한 유익을 갖게 된다.

특히, 고용주에 의해 특히 높이 평가되는 사회적 기술은 도움 요청하기, 지시순종, 비평에 반응하기, 작업 시작하기 전 필요한 정보 알기, 그리고 다른 사람에게 도움 제공하기(Chadsey-Rusch & O'Reilly, 1992) 등으로, 이와 같은 내용은 학교와 가정생활에서도 역시 중요하다. 여기에 추가적으로 학생은 대인관계의 문제를 적절하게 대처할 수 있어야 하고, 물리적 또는 언어적 공격에 민감하게 반응하지 말아야 한다. 특히, 정신지체아동들은 모욕이나 다른 사람의 공격, 그리고 부정행위를 다루는 법을 배워야 한다.

다른 수업과 마찬가지로, 사회적 기술을 가르치기 위해선 개인의 욕구에 기초해야 한다. 일단 적절한 기술이 선택되면 기술을 가르치고 강화하기 위해 모델링, 역할극 등을 사용할 수 있다. 정신지체아동으로 하여금 특정 기술에 관하여 적절한 예와 부적절한 예를 확인하도록 하여 아동의 사회적 기술 향상을 도울 수 있다. 그리고 정신지체아동에게 또래의 관심을 끌기 위해 수용할 만한 방법을 배우게 할 수 있다. 예를 들면, 교사의 모델링을 통해 자신의 역할에 대해 그가 해야 할 것이 무엇인지 이해한 후, 실제로 자연스러운 상황에서 새로운 기술을 적용시킬 수 있다. 이때 학생의 노력에 대한 강화는 학생의 성공에 매우 중요하기 때문에 교사는 강화를 해야 한다. 학생들의 사회적 요구를 바탕으로 한 교육적 중재는 사회적 상호작용 기술을 향상시키고, 사회적 관계를 수립하게 하고, 자기옹호 및 자기결정은 촉진에 도움이 된다.

표 8-12 대인관계 개선을 위한 사회적 기술 수업

1. 활동을 시작하기	6. 정보와 감정 나누기
2. 활용을 유지하거나, 진행하기	7. 좋아하는 물건 말하기
3. 교칙과 규정 준수	8. 부정적 상황 대처하기
4. 타인을 강화하고 보상하기	9. 화 다루기
5. 행동을 멈추기 위해 타인에게 영향주기	10. 문제해결

모든 학급의 친구들끼리 서로 상호작용하면서 친밀한 관계를 맺기 위해 사회적 기술 수업을 정신지체아동들에게 제공해야 한다. 〈표 8-12〉와 같이, 모든 학생에게 대인관계 문제를 효과적으로 돕기 위해 사회적 기술 수업을 효과적으로 제공할 수 있다.

(5) 자기결정

자기결정은 자신의 행동에 책임감을 갖도록, 무엇을 먹을지, 입을지, 그리고 어디에서 살고, 일해야 하는지에 대한 중요한 결정 등 일상적인 선택의 문제로부터 선택을 스스로 결정할 수 있도록 배우는 것과 관계 있다. 자기결정 기술을 가지고 있는 사람은 목적을 설정하고 목적에 따른 활동 계획을 세우고, 실행하고, 자신의 수행결과를 평가하고, 성취하려는 목표에 맞추어 목표를 수정하는 일련의 과정을 스스로 할 수 있다. 이러한 자기결정을 위한 기회는 학령기전부터 교육과정을 통해 제공되어야 할 것이다. 자기결정에 관한 교실 수업을 통해 정신지체아동들은 선택하기, 결정하기, 목표설정하기, 문제해결하기, 자기평가하기, 자기관리하기, 자기주장하기, 자기인식하기와 같은 기술과 태도를 배우게 된다. 자기결정 기술을 배운 정신지체학생들은 개별화교육계획(IEP)의 목표를 더 잘 성취할 수 있게 되고, 졸업 이후로의 성공적인 전환을 할 수 있다(Agran, Snow, & Swaner, 1999; German et al., 2000). 최근 정신지체학생들에게 자기결정 기술을 가르치기 위한 다양한 교육과정과 교수자료들이 개발 보급되고 있다(조인수 · 이응훈, 2006, Algozzine et al., 2001; Wehmeyer et al., 2000; Test et al., 2002).

(6) 지역사회 중심교수

생활기술은 실제 현장에서 이루어짐으로써 습득되어야 한다. 정신지체아동은 한 상황에서 배운 기술을 다른 환경으로 일반화하는 데 문제를 가지기 때문에 직접교수는 학생의 행위가 기대되는 장소에서 일어나야 한다. 학생들의 직업훈련도 고용환경 내에서 이루어져야 바람직하다. 지역사회 중심교수(community-based instruction)는 생활기술을 실생활로 효과적으로 일반화하는데 중요한 교수 요소다. 지역사회 중심교수에 참여하는 학생들은 적응행동에서 향상을 보인다(McDonnell, Hardman, & Hightower, 1993). 이러한 긍정적인 결과는 경 · 중도학생 모두에게 사회화, 의사소통, 개인생활, 그리고 지역사회 생활에서 나타난다.

실제적인 경험이 정신지체인의 교육에 필수적이기 때문에 지역사회 중심교수는 효과적인 전환 계획에 반드시 포함되어야 할 부분이다. 지역사회 교수는 역할극, 비디오테이프나 다른 창의적인 자극 등으로 보충할 수 있지만(Cuvo & Klatt, 1992), 지역사회 환경에서의 연습을 대체하지는 못한다.

지체장애아 및 건강장애아의 이해

09

1. 지체장애아의 정의와 분류
2. 지체장애아의 진단과 평가
3. 지체장애아의 특성
4. 지체장애아 교육의 내용
5. 지체장애아의 배치
6. 지체장애아를 위한 관련지원 서비스
7. 건강장애아를 위한 교육적 배려

일반적으로 지체장애아는 한 가지 혹은 그 이상의 일상생활(예 : 일상적 가정, 학교, 지역사회 활동)을 실질적으로 제한하는 신체적인 장애를 가지고 있는 사람이라고 정의되고 있다. 지체장애의 정도는 신체적 장애로 일상생활을 하는 데 지장이 없는 경도의 신체적 장애에서 일상생활의 모든 것을 다른 사람에게 의지해야 하는 중도·중복의 신체적 장애로 이르는 것까지 다양하다.

지체장애아들은 일반교육만으로는 쉽게 해결하기 어려운 문제를 가지고 있기 때문에 그들의 특별한 요구, 즉 운동제한의 문제, 골격의 기형, 감각·지각의 문제, 호흡조절의 문제와 같은 신체·의학적 측면, 교육적, 사회·정서적적인 측면에서의 문제 등을 수반하고 있는 경우가 많기에 이들 요구들을 충족시켜 주기 위해서는 광범위한 영역에서의 공동 접근을 필요로 한다. 예를 들면 이들의 신체적 특성을 고려하여, 계단이 없는 경사로를 설치하여 휠체어에 의한 이동이 용이하도록 한다든지 신체 구조에 적합한 책걸상을 사용한다든지 특수교사 이외에 물리치료사, 언어치료사, 작업치료사의 협력으로 손상된 기능 훈련을 개선시킬 수 있는 노력이 요구되어야 한다. 이와 동시에 특수학급(교)에서 기본 교육과정이나 국민공통교육과정을 이수하려는 요구가 있는 것은 물론 독립된 사회 성인으로 성장하고자 하는 요구를 가지고 있다.

본 장에서는 먼저 지체장애의 정의, 분류와 다양한 인지 및 심리적 특성을 살펴본 후에, 지체장애아 및 건강장애아의 교육적 접근 방안을 전반적으로 살펴보고자 한다.

1. 지체장애아의 정의와 분류

1) 정의

지체장애란 신체의 골격, 근육, 신경 계통이 어느 정도 무능력한 상태를 말하는 것으로 일련의 운동손상에 기인하는데, 지체장애인 중에는 가벼운 보행 곤란만을 가질 수도 있고, 말하기, 먹기, 걷기와 같은 운동 기능과 관련된 모든 영역에서 곤란을 갖는 중증장애일 수도 있다(Hunt & Marshall, 1994). Hardy(1983)처럼 지체장애를 뇌손상에 의한 마비, 허약, 협응장애, 기타 운동 기능 장애로 특징지워지는 선천성 발달 신경운동장애라고 종합적으로 정의하고 있다.

우리나라에서 법률에서 규정하고 있는 지체부자유의 정의는 특수교육을 목적으로 하는 특수교육진흥법 제10조 제1항에서는 '지체부자유'라는 용어를 사용하고 있었으나 2007년 4월 30일 「장애인등에 대한 특수교육법」 제15조에 의하여 지체부자유라는 용어가 지체장애라는 용어로 변경되었다. 이와 같이 지체장애아는 일상생활 및 교육상에는 물론 사회 적응면에 있어서도 매우 불리한 조건을 갖는다는 의미에서 신체장애아라고 하며, 이 경우에는 지체장애아의 의학적 측면보다는 사회 복지적 측면을 강조하고 있다.

2) 분류

지체장애아는 손이나 발, 체간, 골격, 관절, 근육, 중추 신경계의 질환이나 이상에 의해서 발생하기 때문에 그 종류와 부위가 매우 다양하고 장애 상태도 복잡하게 나타나고 있다. 이와 같은 지체장애아의 분류에는 ① 상지의 절단, 상지기능의 장애, 하지의 절단, 하지기능의 장애, 체간 기능의 장애 등 장애 부위별 기준에 의한 분류, ② 뇌성마비와 같이 뇌손상에 기인하는 것과 척수 및 척추 질환, 관절의 이상 등과 같이 비뇌손상에 기인하는 것과 뇌손상의 유무의 기준에 의한 분류, ③ 신경성 질환 및 운동질환 등과 같이 기인 질환별에 따른 분류가 있다. 그리고 Mcdonald(1997), Bigges(1991) 등의 연구에서는 경도는 전반적 치료도움 없이 독립적 보행과 일상생활을 꾸려나갈 수 있는 것으로, 중도는 보조기, 보장구의 도움으로 보행, 일상생활 동작 수행이 가능한 것으로, 최중도는 보조기를 사용해도 보행, 일상생활을 수행할 수가 없는 경우로 구분하고 있다.

(1) 신경장애

중추신경계(뇌나 척수)의 손상은 지체장애의 원인이 된다. 뇌에는 손상이 없고, 척수에만 손상이 있을 경우에도 신경장애를 갖게 될 수 있다. 신경장애에는 뇌성마비, 이분척추, 경련성 질환 등을 비롯한 여러 가지 장애가 있다. 뇌성마비(cerebral palsy)는 뇌손상에 의한 마비, 약증(weakness), 협응장애, 기타 운동기능 장애로 특징지워지는 선천성 발달 신경운동장애이다. 뇌성마비는 전염성이 아니며, 진행성도 아니고 차도가 없다. 증후는 탐지하기 힘들 정도로 대단히 가벼울 수도 있고, 신체가 거의 완전하게 무력화될 정도로 대단히 심할 수도 있다(김승국, 1996).

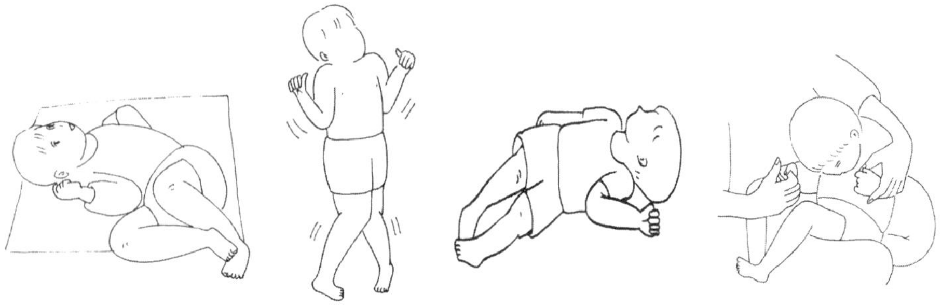

[그림 9-1] **뇌성마비의 유형**

뇌성마비의 분류에는 마비 부위에 따른 분류와 운동장애의 유형에 따른 분류가 있다. 마비 부위에 따라 단지마비(한쪽 상지나 한쪽 하지의 마비), 양지마비(양쪽 상지나 양쪽 하지의 마비), 편마비(한쪽의 상하지 마비), 대마비(우상지와 좌하지 또는 좌상지와 우하지 마비), 삼지마비(삼지의 마비), 사지마비로 분류한다. 그리고 운동장애의 유형에 따라서는 경직형(spasticity, 약 60%), 무정위운동형(athetosis, 약 20%), 운동실조형(ataxia, 약 5%), 강직형(rigidity, 드묾), 진전형(tremor, 드묾), 혼합형(mixed, 약 30%)의 여섯 가지로 분류한다. 뇌성마비 학생 중에는 중복장애를 가지고 있는 경우가 많다. 이러한 선천성 운동장애 때문에, 뇌성마비아는 말하기와 쓰기에 곤란을 겪을 뿐만 아니라, 인지장애(60~70%), 시각장애(40%), 청각장애(20%), 간질(35~45%) 등의 중복장애를 가지고 있는 아동이 많다(McDonald, 1987; Mirenda & Mathy-Laikko, 1989).

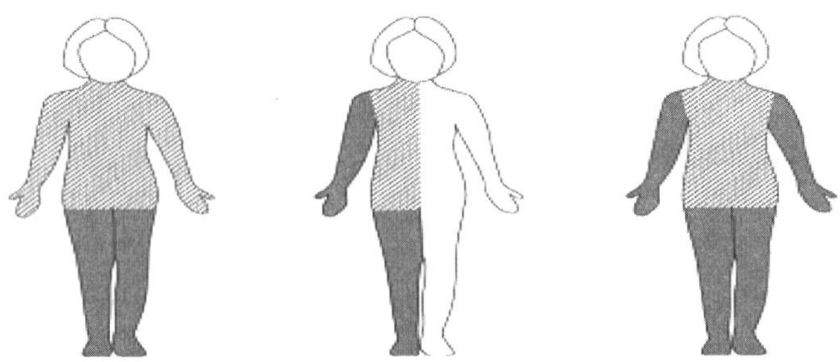

[그림 9-2] **뇌성마비의 장애 부위별에 따른 분류**

이분척추(spina bifida : bifida=둘로 나누어짐)는 태아 발달기에 골척주(骨脊柱)가 완전하게 폐쇄되지 아니하여 생기는 선천성 중앙선 결함이다. 이 결함은 척추의 상부와 말단 사이 어디에서나 나타날 수 있다. 척추가 폐쇄되지 아니하였기 때문에 척수가 빠져 나와 신경 손상과 마비를 일으키고, 결함이 있는 쪽 밑에서 기능장애를 일으키게 될 수 있나. 경련성 실환의 간실(epilepsy)은, 주된 운동발작으로 인해 갑자기 넘어져서 격렬한 불수의 근육수축에 의한 경련을 일으키는 질환이다.

(2) 근 · 골격장애

근육이나 골격의 결함 또는 질환으로 발생한 지체장애의 경우는 다리, 팔, 관절 또는 척추에서 발생하여 걷고, 서고, 앉고 또는 손을 사용하기가 곤란하거나 불가능하게 된다. 근 · 골격장애의 가장 보편적인 유형은 근이영양증(muscular dystrophy)으로 근 조직의 퇴화에 기인하는 진행성 증상으로 특징지워지는 유전성 질환이다. 근이영양증은 걷기를 배울 때 처음으로 인지되며, 아동기를 통해서 진행된다. 사춘기 초기에 이르게 되면 보통은 휠체어를 사용하게 된다. .

(3) 외상성 손상

아동 중에는 외상성 손상으로 인하여 지체장애가 될 수 있으며, 출생 후에 신체에 가해진 충격을 말하는 것으로 대부분 아동 학대와 사고로 인해 발생할 수 있다(Hunt & Marshall, 1994). 척수손상(spinal cord injuries)은 청소년기에 주로 많이 발생하는데, 그 원인은 다이빙, 자동차, 오토바이 사고 등으로 일어난다.

(4) 선천성 기형

아동 중에는 어떤 신체 부위나 기관의 결함 또는 기형을 가지고 태어나는 아동이 있다. 이러한 아동을 선천성 기형 아동이라 한다. 일부 아동은 유전적 결함 때문에 기형으로 태어나고, 일부 아동은 태아 발달기에 바이러스, 박테리아, 방사선 또는 화학물질이 부모의 염색체를 손상시키거나 태아의 정상적인 발달을 침해하기 때문에 기형으로 태어난다(김승국, 1996).

2. 지체장애아의 진단과 평가

1) 진단

지체장애의 발생 시기로 나눠 볼 때 원인은 출산 전, 분만 중, 혹은 출산 후로 분류할 수 있다. 출산 전 요인으로는 모체의 감염(특히 임신 초 3 개월간에 있어서 풍진, 매독, 기타의 바이러스 감염 등), 방사선 조사, 약물, 중독 등 그리고 제대(배꼽)의 이상, 태반의 이상, 모체의 산소 결핍 상태 등으로 인한 임신 중의 무산소증, 모체와 태아의 혈액형의 부적합으로 인한 핵황달 등이 있다. 분만 중 원인으로는 비정상 분만 특히 난산 등의 기계적 요인, 기도 폐쇄, 호흡마비, 양수 흡입 등에 기인한 신생아 가사 등으로 출산 후의 원인으로는 두부 외상, 감염(뇌염, 뇌막염), 뇌종양 등을 들 수 있다.

일반적으로 지체장애를 진단할 때에는 운동 발달의 지연, 근육의 긴장과 자세 이상, 원시반사, 협응운동, 신체운동지각, 관절구축에 근거를 두고 있다. 첫째, 운동발달의 지연은 장애아의 자발운동의 장애를 가져온다. 뇌성마비아는 기려고 할 때 몸통을 앞뒤로 움직이며 배는 지면에 붙이고 다리는 뻗치고(신전) 양 상지만 사용하여 전진을 시도하는데 마치 병사들의 포복과 같으며 조금 더 성장한 장애아는 기려고 할 때 팔다리를 교대로 하지 않고 토끼가 뛰는 것과 같은 동작을 보인다. 둘째, 근육의 긴장과 자세 이상은 근육 긴장도의 상승은 근력 저하, 관절 구축 그리고 비정상적 자세를 일으킨다. 셋째, 원시반사는 적기에 소실되지 않고 지속적으로 나타나면 비정상적 동작이 일어나서 수의적 동작을 독립적으로 수행할 수가 없다. 모로, 대칭, 비대칭 긴장성경부반사, 긴장성미로반사, 양성지지반응, 신근반발반사 등이 그 예이다. 넷째, 협응운동은 몸의 체간(머리와 몸통) 부위의 조절이 잘 안 되면 장애아의 균형 발달이 방해된다. 따라서 조화운동의 조절의 이상은 몸의 균형 유지에 필요한 협조적 운동이 불가능하다. 다섯째, 신체 운동감각은 운동 조화 비정상과 이를 경험하는 장애아는 운동성 감각의 이상을 유발 촉진시킨다. 따라서 운동성 감각의 이상을 가진 장애아는 정상적이고 아무런 해가 없는 자극에도 대단히 민감하게 반응하여 고도의 운동수행 능력을 발휘하지 못하고 크게 방해를 받는다. 여섯째, 관절구축은 근긴장도, 운동조절 및 균형의 이상으로 야기되는 가장 중요한 이차적인 문제는 관절의 정렬을 변화시켜 관절 변형과 구축을 초래한다. 이상과 같이 지체장애의 진단은 될 수 있는 한 조기에 진단을 내려 치료를 하는 것이 여러 가지 합병증을 예방하고 예후에 도움이 되며, 상세한 병력정보와 면밀한 이학적 검사가 필수적이다.

2) 교육적 평가

지체장애 및 중도·중복장애아의 개별화 교육계획을 수립하기 위해 일차적으로 실행하여야 할 것은 학생의 개인정보와 현재의 성취수준을 진단하는 일이다. 이러한 진단을 위해서는 각종 심리검사 결과, 학부모와의 상담내용 및 교육적 요구수준, 생육력, 병력, 전 담임교사의 관찰기록, 교과별 성취수준, 진로상담 내용 등을 종합·분석해야 한다. 지금까지 보편적으로 지체장애 및 중도·중복장애아의 진단과 평가는 장애를 보상하고 보완해 주기 위해 그들이 가지고 있는 장애를 찾아내는 일에만 치중해 왔기 때문에 사실상 평가를 통해 그들이 가지고 있는 잠재능력을 찾아내는 일은 등한시되어 왔다. 이러한 학생의 잠재능력을 계발해 줄 수 있는 교육목표를 설정하고 교수-학습 방법을 계획하기 위해 진단과 평가는 매우 중요하다. 특수교육교사들은 경도 지체장애아뿐만 아니라 중도 지체장애아나 중복장애아의 경우에도 그들이 가지고 있는 잠재능력을 알아내도록 최선의 노력을 해야 한다.

(1) 교과활동 평가

교과활동의 평가는 교육과정중심 평가로 한다. 교육과정중심 평가란 각 교과 과목이나 기능을 교육과정에 선택한 평가항목으로 직접 평가함으로써 평가받은 학생의 교육계획이 어느 수준에서 이루어져야 하고, 어떤 교수-학습방법을 사용해야 되는지를 결정하는 과정을 말한다. 교육과정중심 평가의 실시 단계는 다음과 같다. ① 평가목적을 분명히 밝힌다. ② 교과과정을 분석한다. ③ 행동목표를 정한다. ④ 적절한 평가과정을 정한다. ⑤ 자료를 모은다. ⑥ 모은 자료를 정리 요약한다. ⑦ 자료를 제시한다. ⑧ 자료를 해석하고 결론을 내린다.

(2) 신체활동 평가

신체활동의 평가는 현재 스스로 수행할 수 있는 일상생활 활동을 평가하고 앞으로 익혀야 하는 일상생활 동작을 알기 위해, 물리치료사와 작업치료사 뿐만 아니라 교사와 부모도 일상생활에서 관찰을 통해 평가하도록 한다. 평가내용은 학생의 신체적인 제약이 무엇인가? 신체적인 제약이 치료교육을 통해 나아질 것인가 아니면 같은 상태를 유지할 것인가 혹은 진행성 근이영양증의 경우와 같이 앞으로 더욱 나빠질 것인가 등이다. 평가방법에는 두 가지 단계가 있다. 하나는 기초적인 선별을 위한 평가의 단계이고 다른 하나는 선별평가에서 신체적 장애가 있다고 판별된 학생들만을 대상으로 실시하는 깊이 있는 평가의 단계다. 학생의 이동능력을 기초로 한 기능적 활동을 선별평가하는 내용을 제시하면 〈표 9-1〉과 같다.

표 9-1 학교생활에 필요한 기능의 선별평가

활동	운동능력	개인생활 기능	몸자세	보조기구/자료
학급내 활동	· 앉은 자세에서 교실 바닥에 떨어진 연필을 집는다. · 선 자세에서 교실 바닥에 떨어진 연필을 집는다.	· 공책을 열고 닫는다. · 스카치 테이프를 뗀다. · 책상에서 물건을 꺼낸다. · 지철기를 사용한다. · 종이와 책을 정리한다.	· 의자에 앉는다. · 칠판 앞에 선다. · 줄을 선다. · 타자기를 쓰는 동안 바로 앉을 수 있다. · 의자에 앉고 일어서고 한다.	· 손브레이스 · 휠체어 · 서 있도록 고안된 책상 · 가슴으로 기대고 서는 기구 · 높인 의자
이동 능력	· 이동한다. · 문을 열고 드나든다. · 장애물을 피해 돌아간다.	· 책상을 연다. · 브레이스, 크러치를 사용하고 정리한다. · 분수대에서 물을 마신다.	· 의자에 앉아 편한 자세로 고쳐 앉는다. · 바른 자세로 걷는다.	· 휠체어 · 바퀴가 달린 의자 · 브레이스

(3) 사회 · 심리적 활동 평가

사회 · 심리적 활동의 평가는 환경중심 평가를 사용하며, 학생이 사회 환경 속에서 일어나는 활동에 참가하는 데 필요한 실질적인 기능을 과제분석을 통해 부분과제로 나눈 후 부분과제들을 순서적으로 적은 기능 평가를 말한다. 학생이 현재 가지고 있는 기능의 수준과 학습을 필요로 하는 부분이 어디인가를 알아보기 위해서는 환경중심 평가를 실시해야 하는 가정, 학교, 지역사회에서의 활동을 고려하여 한 가지 환경에서만 필요한 기술보다는 여러 환경에서 필요로 하고 또 활용이 가능한 기술과 동작들을 알아내는 것이다. 환경중심 평가의 실시 단계는 다음과 같다(Falvey, 1989). 첫째, 일반생활의 영역을 가정생활, 직업생활, 취미생활, 지역사회생활의 네 가지 교육과정으로 나눈다. 둘째, 교육과정의 네 영역 내에서 일반학생의 생활환경을 조사한다. 셋째, 각 생활환경을 이루고 있는 부속 생활환경을 조사한다. 넷째, 각 부속 생활환경 중에서 일어나는 활동을 조사한다. 다섯째, 각 활동에 참여하기 위해 필요한 기술이 무엇인가를 조사한다. 중도 지체장애아의 사회생활 능력을 평가하는 환경중심 평가의 한 예를 들면 〈표 9-2〉와 같다.

표 9-2 사회생활에 필요한 기능 측정

<table>
<tr><th>학생명</th><th>○○○</th><th>학습영역</th><th>지역사회 활동</th><th>부속환경</th><th>커피숍</th></tr>
<tr><td>날짜</td><td></td><td>환 경</td><td>대학병원</td><td>교 사 명</td><td></td></tr>
<tr><td colspan="2">일반학생의 기능</td><td>장애학생의 기능</td><td>차이 분석</td><td colspan="2">교육적 결정</td></tr>
<tr><td colspan="2">〈활동내용〉
・빈 자리를 찾는다.
〈기 술〉
・문에 들어선다.
・빈 자리가 있는지 둘러본다.</td><td>+
−
−</td><td>・둘러보는 방법을 모름
・둘러보는 능력의 부족</td><td colspan="2">・둘러보는 방법을 가르친다.
・둘러보는 방법을 가르친다.</td></tr>
<tr><td colspan="2">〈활동내용〉
・차림표를 읽는다.
〈기 술〉
・차림표의 항목을 본다.
・음식과 음료수를 정한다
・차림표를 제자리에 놓는다.</td><td>−
−
+</td><td>・둘러보는 방법을 모름
・읽는 능력의 부족</td><td colspan="2">・둘러보는 방법을 가르친다.
・그림으로 된 차림표를 만들고 사용법을 가르친다.</td></tr>
</table>

* + : 학생이 바르게 반응했던 항목. − : 학생이 수행할 수 없었던 항목

3. 지체장애아의 특성

지체장애아는 장애 원인과 상태가 다르기 때문에 이들의 일반적인 특성을 이끌어내기는 쉽지 않다. 지체장애아 특히 뇌성마비의 주증상은 근육결함, 과도한 불수의 운동, 자세의 불균형, 경련 등이며, 상하지 모두에 나타나는 경우가 많으나, 하지마비만 보이거나 때로는 편마비 경우가 있으며, 뇌 손상으로 인하여 감각장애, 언어장애, 청각장애, 이상행동의 장애를 수반하는 중복장애를 가지는 경우가 대부분이다. 이와 같이 지체장애아는 개인차가 심하고 장애의 정도가 점차 중도・중복화됨을 볼 수 있다. 여기서는 지체장애아의 특성을 인지적 특성, 지각 운동능력의 특성, 심리적 특성, 행동 및 성격특성으로 나누어 살펴보고자 한다.

1) 지체장애아의 인지적 능력 특성

지체장애아 중 일부는 병원에 입원하거나 치료 혹은 가정에서 적절한 교육 조치를

받지 못하여 정상적인 지능과 학습동기를 가지고 있지만 학업성취가 낮은 것으로 보고한 것과 중추신경계의 장애로 인하여 정신지체를 수반하는 경우도 있으며, 달리 운동상의 장애는 있지만 높은 수준의 학업성취를 보이는 지체장애아도 있다. 대부분의 지체장애아는 정보처리 능력의 제한, 감각을 통한 정보 수용능력의 제한 그리고 대인관계와 환경적 상호작용의 범위와 특성의 제한 등의 이유로 인지적 능력에 문제를 지니고 있다(Meyen, 1990).

지체장애의 인지적 능력을 지능, 사고, 언어 및 의사소통의 특성을 제시하면 다음과 같다.

1) 지능

뇌성마비와 지능의 관계가 확실치는 않으나 운동피질 이외의 뇌의 다른 부분도 손상받거나 비정상 발달이 되어 지능장애가 많은 것은 확실하고 거의 모든 뇌성마비에서 정신지체가 있다. Brimer(1991)는 뇌성마비아는 의사소통과 신체적 능력의 제한 때문에 지능검사에 의해 기술을 측정하기 어려우며, 경험의 폭이 매우 제한되어 지능지수가 낮게 나타난 것으로 해석하고 있다. 그리고 Batshaw와 Perret(1986)는 뇌성마비아의 약 60%가 정신지체의 범주에 속한다고 하였다. 昇地三郞(1974)은 지체장애아의 지능지수의 변동이 심하다는 연구결과를 지체장애아의 치료효과, 가정에서 학교로의 생활환경 변화, 고립에서 집단생활로의 변화, 열등감의 해소, 신경증적 증상의 치료효과 등을 들면서 환경적 · 정서적 요인이 직 · 간접적으로 지능의 발달에 영향을 준다고 한다. 그러나 뇌성마비아는 흔히 표준화된 지능검사의 수행을 제한하는 운동과 언어적 측면에서 장애를 지니고 있는 것을 자주 볼 수 있기 때문에 지능지수는 아동의 실제적 지능이나 잠재적 능력을 해석하는 유일한 자료로 활용할 수는 없다(박화문, 2001).

한편 전통적 지능 개념이 일상생활에서의 성공적인 지적 능력이나 행동을 예언하지 못한다는 것이 지적되면서부터 뇌성마비아의 지능에 대한 새로운 관점, 즉 실제적 지능의 개념이 대두되었다. 이와 같이 전통적 지능검사가 학업성취도 예언이나 학문적 적성만을 측정해 주는 반발로 이러한 제한점을 극복하고 학교 밖에서 일어나는 거의 모든 것에 대항 지적 반응, 일상생활에서의 문제해결 능력, 개인이 특정 집단 내의 역할기대를 충족시키는 정도를 나타내는 사회적 능력을 포함하는 실제적 지능에 관심을 가지기 시작하였다(1994). 이러한 실제적 지능에 대한 관심은 지체장애아 교육에서 적응행동의 측면의 강조(김하경, 2000), 생활중심 및 기능중심의 교육과정의 변화, 기존의 지능검사로부터 뇌성마비아를 위한 측정방법의 변화(표준화 검사의 양적 방법으로부터 관찰, 면접, 병력(생육력), 부모와 상담, 자유놀이 등의 질적 방법)를 가져다 줄 것이다.

(2) 사고

지체장애 특히 뇌성마비는 신체적 활동을 통해서 외부의 세계와 관련짓는 능력이 비장애아보다 저하되므로 추상능력과 개념적 사고의 발달이 늦어질 수 있고, 이동, 사지간의 협응동작, 언어(표현적 언어와 수용적 언어)들의 부자유에서 오는 사회적 결함과 대인관계의 활동의 폭의 제한을 초래하는 경향이 많다(정재권 등, 2001).

뇌성마비아는 비장애에 비해 감각 인지기능과 언어발달의 지체 현상이 현저하여 추상적 사고의 열등, 제약된 활동과 한정된 경험으로 인한 사고의 미성숙, 구체적 대상물에 대한 분석과 종합력 그리고 대상의 특징을 전체적으로 파악하려는 능력의 결함을 보인다(박화문, 2001).

뇌성마비아의 사고의 특징 중의 하나는 '전이(transfer)－한번 학습한 내용이 다음의 학습에 영향을 주는 현상'과 '일반화(generalization)－학습한 내용을 다른 상황에 적용하는 현상'을 들 수 있다. 뇌성마비아는 새로운 일이나 문제 그리고 자극 상황에 지식이나 기능을 잘 적용하지 못하며, 선행 경험을 미래의 비슷한 상황이나 문제해결에 효과적으로 활용하지 못한다(국립특수교육원, 1998, 1995). 橋本重治(1976)는 지체장애아의 사고에 관련된 경험 부족과 뇌손상의 영향을 분석하기 위하여 실험한 결과, 개념사고의 양적 측면에서는 비장애와 별 차이가 없었으나, 질적 측면에서는 비장애집단보다 매우 낮게 나타났다. 이러한 운동장애로 인한 직접적 경험 부족이 뇌성마비아의 사고능력에 미치는 영향을 살펴본 결과, 지체장애아도 비장애아와 함께 통합된 교육환경에서 생활경험이 풍부하면, 사고가 향상될 수 있고, 간접적 경험지도(예, 시청각자료의 활용) 또한 지체장애아와 비장애아에게 효과적이라는 시시점을 제공하고 있다.

(3) 언어와 의사소통

지체장애아들 중에는 단지 표현만이 안 되는 경우가 많다. 이와 같이 의사소통이 어렵게 되면 정보를 주고받거나 사회적 관계를 형성하는 데 큰 부정적 영향을 미치게 된다. 대부분 언어 및 의사소통에 어려움을 보이는 지체장애아들은 뇌성마비와 같이 중도 · 중복장애를 지니고 있어서, 일반적으로 발달이 늦고 자신을 돌보는 일, 생각이나 감정의 표현, 환경자극에 대한 반응, 생활연령 등이 같은 또래들과 상호교류를 하는

데 기능적으로 상당히 불일치를 나타내고 있다(국립특수교육원, 1999).

미국뇌성마비아협회(1992)에 의하면 뇌성마비아의 약 85~90%가 말과 의사소통에 장애를 가지고 있다. 이러한 의사소통 장애는 경도 조음장애에서부터 발성기관의 장애에까지 그 정도가 다양하며, 뇌성마비아의 유형에 따라 다르게 나타난다. 중도의 언어장애 및 신체장애로 남의 말을 알아듣기는 해도 말을 할 수 없거나 글씨로써 의사를 표현할 수 없는 지체장애아는 다른 사람들과의 의사소통을 할 수 없기 때문에 정서적으로 위축되고 불안하고, 좌절감을 느껴 사회적으로 고립될 뿐만 아니라 인지적 능력의 특성에까지 영향을 미친다. 이러한 지체장애아의 언어 및 의사소통의 문제를 해결하기 위한 방안으로 제안된 것이 보완대체의사소통(augmentative and alternative communication)이다.

2) 지체장애아의 지각 및 운동능력의 특성

지체장애아들은 근육의 협응이 어렵고 비정상적인 운동패턴의 영향을 받으며, 특정 근육이 마비 또는 위축되거나 신체 일부를 상실하는 경우도 있다. 이러한 신체적 손상으로 인해 이동성(mobility)에 있어서 어려움을 겪는 경우가 대부분이다. 휠체어, 목발, 교정기 등을 사용하여 이러한 어려움을 어느 정도 경감시킬 수 있다. 또한 일반적으로 신경근육계에 이상이 있으므로 정상적 운동발달이 이루어지지 않는다.

운동발달의 속도가 매우 느리거나 특정 발달단계에서 더 이상 발달이 이루어지지 않는 경우도 있다. 12세의 아동이 아직도 머리조절 능력이 없는 경우가 후자에 해당되는 예가 될 수 있다. 이와 같이 정상운동발달을 저해하는 요인으로는 비정상적인 근긴장도(abnormal muscle tone)와 비정상적인 반사작용이 가장 대표적이다(Fraser, Hensinger, & Phelps, 1900; Goosens & Crain, 1992; Orelove & Sobsey, 1996). 조기의 물리치료가 필요하며, 학교생활에서도 교사의 적절한 관리가 요구된다.

(1) 지각

지체장애아 특히 뇌성마비아의 수반장애 중 지각장애(시지각 운동장애)가 가장 일반적이다. 이러한 지각장애는 글자를 쓰거나 읽거나 셈하는 학습능력 뿐만 아니라 일상생활에도 영향을 준다. 지체장애아의 지각장애의 유형으로 공간위치의 장애(사물의 크기나 위치의 인지장애)는 특히 유아나 뇌성마비 저학년에게서 나타나는데, 형태나 순서를 반대로 보거나 읽는다. 또한 경영문자(鏡映文字)나 경영숫자를 읽는 것이 특징이다(안병즙 외, 1995).

이러한 장애는 학습과 일상생활 장면에서도 나타난다(예, 신발이나 양말을 반대로 신거나 셔츠를 앞뒤 반대로 입거나 신발장의 위치를 바꾸어 넣거나 하는 일들). 시운동 협응의 장애는 눈과 손의 협응이 원활하지 않기 때문에 도형이나 문자를 본 대로 쓰지 않고 잘못 쓴다거나 공간을 벗어나기도 한다. 책을 읽을 경우에는 문사를 빠뜨리거나 행을 건너뛰거나 한다. 또 자나 저울의 눈금을 잘못 읽을 경우가 많다. 시각적 항상성은 사물을 지각할 때, 사물로부터 감각기관으로 보내지는 자극은 조건에 따라 달라져야 함에도 불구하고 언제나 같은 것으로 지각되는 것으로 크기, 형태, 색, 밝기 등의 지각의 항상성과 언어나 사고에까지도 미친다. 마지막으로, 시각-운동의 장애는 뇌성마비아의 시각-운동능력의 결함은 일반적으로 연령과 지능과 밀접한 관련이 있으며, 특히 지각이나 사고에 있어 부분을 전체적으로 통합을 못하는 협응장애를 보이고 있다.

이와 같은 뇌성마비아의 지각장애는 앉는 자세, 선 자세의 유지, 보행의 곤란, 긴장 및 반사에 기인한 잘못된 자세 감각의 습득, 목과 머리의 억제 곤란, 상지의 운동기능장애에 영향을 미칠 수 있으며 궁극적으로는 신체상의 형성을 어렵게 한다.

(2) 감각통합의 장애

감각통합이란, '인간을 둘러싸고 있는 여러 가지 외계의 감각 정보를 행동으로 잘 나타낼 수 있도록 신체 내에서 조직화하는 뇌의 메커니즘'으로 정의하고 있다. Ayres(1973)는 신경학적 방법에 의하여 장애의 상태를 개선하고자 치료교육 방법의 하나로써 감각통합 이론을 제창하여 전정감각(운동감각 : 머리위치나 운동을 감지하여 그 변화에 대응할 수 있게 자동적으로 몸과 눈의 운동을 활용하는 감각), 고유수용감각(몸의 위치감각 : 몸의 각 부분이 어떤 위치에 있는가에 관한 것을 가르쳐 주는 감각), 촉각(촉감각 : 어두운 곳에서도 형태를 확인할 수 있고, 위험으로부터 몸을 보호해 준다)의 기능을 최대한으로 이용한 감각통합에 대한 방향으로 연구가 지속적으로 이루어지고 있다. 감각통합의 장애는 어떤 감각기관에 장애가 있느냐에 따라서 그 이동이 촉각이라든지 신체의 움직임 및 공간에서의 자기 몸의 위치를 정립하는 등의 위치 감각에 여러 가지 장애를 나타낸다. 특히 Ayres는 감각통합을 4가지 수준으로 계층적으로 도식화하여 설명하고 있다.

표 9-3 감각 · 지각 · 인지의 통합 발달 과정

감각기능	발달수준	행위수준
인지	수준 4	· 독서, 쓰기, 수학 개념화 · 자아 존중감, 대인관계 · 수준 1, 2, 3의 계속발달(6세 이상)
시공간 지각 형태 지각 운동 조작	수준 3	· 교차운동의 발달 · 측면우위의 확립 · 신체상 확립 · 감각계 변별능력의 발달 · 수준 1, 2의 계속 발달(1~5세)
신체상 운동 기획 좌우 지각	수준 2	· 기본적 청각 및 시각계 발달 · 대근육 운동기능의 발달 · 이동능력의 발달 · 신체상의 발달 · 수준 1(전 영역)의 계속 발달(2세 이상)
촉각 전정각 고유수용각 시각 청각	수준 1	· 촉각, 전정각의 발달 · 반사 상위 수준의 반사 통합 · 기본적 반사패턴(입술반사, 빨기반사, 비대칭성, 긴장성 목반사, 긴장성 미로반사, 시각, 바로서기 반사, 파악반사, 평형반응, 지지반응) · 언어의 점차적 발달(0~2세)

3) 지체장애아의 행동 및 성격특성

(1) 행동

일반적으로 지체장애아 특히 뇌성마비아는 뇌기능 부전으로 특유의 행동특성을 가지고 있다. 구체적으로 보면, 학교 및 사회생활을 성공적으로 수행하기 위한 필요한 자극을 주의해서 듣기, 지시 따르기, 도움 청하기, 무관 자극 무시하기, 자신 소개하기, 사과하기 등의 능력이 부족하다(박화문 2001). 이와 같은 행동특성은 교실 내에서 교사나 친구들과의 관계에 부정적 영향을 미치고 나아가 자아개념의 손상이나 주변인들로부터 고립현상을 가져와 적응행동의 문제는 악순환하게 된다. 많은 연구자들은 뇌성마비를 통해서 전도성(아동이 환경에 있는 특정의 대상에 주의를 집중시키지 못하고 불필요한 자극, 즉 주위의 잡음, 색, 빛, 금속 등에 무선택적으로 반응해 버리는 것), 다동성(침착하지 못하고 움직이기를 끝없이 하는 행동을 하며, 충동적으로 반응하고 행동에 일관성이 없는 경우), 통합곤란(하나의 묶어진 전체로서 또는 통일된 형태로 구성할 수 없는 현상), 고집성(아동이 어떤 장면의 행동을 다음 장면으로 전환 또는 이행이 곤란하다는 것) 등의 행동특성을 구분하였다.

이상에서 나타난 지체장애아의 행동특성은 유아기에 있는 대부분의 아동에게서 관찰되며, 뇌의 손상이 없을 경우 이러한 특성들은 뇌신경계의 성숙에 따라 감소하지만,

뇌의 발육이나 이동에 문제가 있는 뇌성마비아는 이 같은 미숙한 행동 경향이 학령기까지 지속된다. 그러나 뇌의 성숙이나 치료교육 활동에 의하여 변화되거나 소멸할 수 있다. 특히 이러한 행동특성은 개인차가 있음을 항상 명심해야 한다.

(2) 성격

일반적으로 성격형성에 관한 이론은 크게 유전적 요인과 환경적 요인으로 구분하지만, 같은 유전적 요인을 가지더라도 환경의 자극 조건과 경험에 따라 다르다고 할 수 있다. 지체장애아의 성격에 관한 연구를 보면, Hallahan과 Kauffman(1982)은 지체장애아의 심리적 특성은 신체적 한계에 어떻게 적응하느냐와 그들이 어떤 사회적 위치에 있으며, 부모, 형제 자매, 교사, 또래집단 등의 반응에 달려 있다고 하였다. 昇地三郎(1976)은 지체부자유아의 부적응의 원인을 '장애중적 심화과정'을 통해서 설명하고자 하였다. 개인이 신체적 · 정신적 장애를 갖고 있을 때, 그 증상을 제거하거나 감소시키지 않으면, 이러한 1차 증상이 원인이 되어 신경증적 정서불안이란 제2차의 새로운 장애가 일어나기 쉽다. 제2차 증상은 제1차 증상 위에 중적되어 더욱 심화되고, 더욱 내면화 혹은 내부에 삼투되어 심화된다. 이렇게 여러 차원의 증상이 중적되고 내면화되면 장애가 고정화되면서 더욱 심화되는 것이다. 이와 같이 장애가 심화되는 작용을 昇地三郎(1976)은 장애 중적 심화과정(障碍重積深化過程)이라고 하였는데 이를 나타내면 [그림 9-3]과 같다.

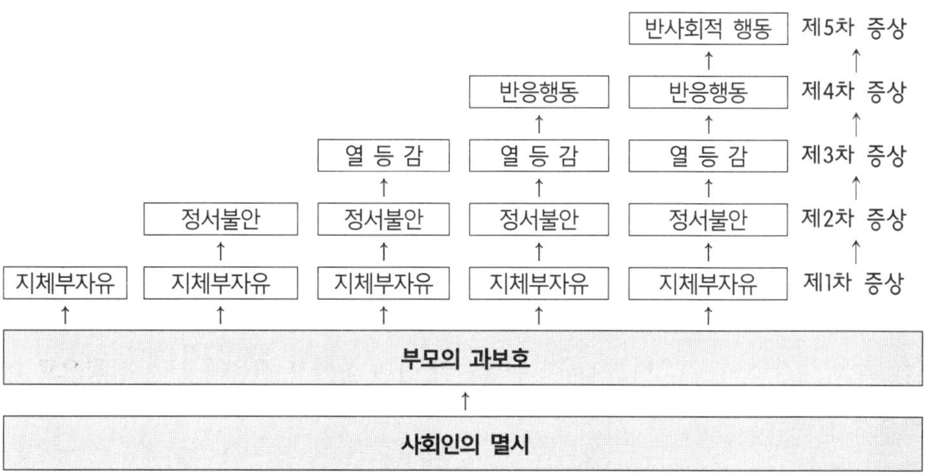

[그림 9-3] **장애중적 심화과정**

그리고 지체장애아들은 대부분 사고(思考) 기능에 이상이 없으므로 청소년기에 이르면 자신의 열악한 정체와 외부세계와의 부적응에 대한 심각한 심리적, 정서적 갈등에 빠질 수 있다. 특히, 사고(事故) 등으로 중도에 장애를 입어 급작스러운 환경변화에 놓이거나 진행성 근이영양증과 같이 자신의 시한부적 삶에 직면한 학생들은 갈등과 혼란이 더할 수밖에 없다. 이러한 아동들은 스스로 고립을 취하거나 심한 부적응 행동을 보임으로써 부모는 물론 교사나 주변 사람들의 긴장과 걱정을 불러일으킨다. 심리적 이유기에 있는 지체장애아들의 심리적, 정서적 문제를 해결하기 위해서는 비교적 객관적이고 중도적 위치에 있는 교사의 상담과 조언이 효과적일 수 있다.

(3) 자아개념과 장애수용

지체장애아는 자기 자신을 수용하거나 부정하는 것을 나타내는 자신에 대한 가치판단이라고 정의되는 자아개념에서도 신체적 기능 제한, 부모 형제의 부정적인 영향, 사회적 경험의 부족으로 인하여 부정적인 자아개념을 가질 것이다. 자아개념을 갖기 전에 먼저 자기 자신에 대한 감각을 발달시켜야 한다. 즉 자기 신체와 다른 사람들을 구별하고 환경으로부터 사물을 구분하는 것을 알아야 한다. 사물, 사람들, 자기 자신의 신체로부터의 경험들을 해석할 수 있게 되면 아기는 자아개념을 발달시킬 수 있게 된다.

지체장애아의 자아 실현의 목표를 사회적 참여와 고용이라고 하였을 때, 이러한 목표에 도달하기 위한 모든 과정을 재활(rehabilitation)이라고 할 수 있다. 그러나 재활의 과정에서 가장 먼저 부딪치는 것이면서도 가장 중요한 문제는 "장애수용"의 문제다. 일반적으로 장애수용이란 자신이 가진 장애에 대해 부정적인 측면에서 평가 절하하지 않고 긍정적으로 파악하며, 이를 통하여 자신의 장래나 재활의 의지를 갖는 상태(정재권 등, 2001)라고 정의된다. 이러한 장애수용은 한 개인으로서의 장애인이 행복한 삶을 영위하고 제공받는 서비스의 효과를 향상시키는 중요한 요소가 되며, 이를 통한 삶의 질 향상에 중요한 역할을 한다고 할 수 있다.

지체장애아의 성격특성은 개인의 정신적 · 신체적인 여러 방면을 포괄한 것이며, 그것들이 긴밀하게 역학적으로 통일체를 이루고 있으며, 환경과 분리해서 여러 심리적 특성만을 생각할 수 없으며, 사회나 환경과의 관계 속에서 적응해 가는 상황으로 해석하여야 한다.

4. 지체장애아 교육의 내용

지체장애아는 신체적 · 심리적으로 일반아동과는 다른 특이성을 가지고 있으나 교육의 근본이념은 일반교육의 원리와 다름이 없다. 그러므로 일반 학생의 학습지도법에 관한 이론이나 원리 위에서 지체장애아의 여러 가지 특이성에 주목하고 또 개개인이 갖고 있는 특수적인 필요에 대응하는 지원을 효과적인 지도를 도모할 필요가 있다. 여기에서는 신체적 처리와 조치, 수업적 조치, 교육관련 서비스로서의 부모교육과 순회교육을 살펴보고자 한다.

1) 신체적 처리와 조치

신체적인 문제들은 예견되거나 발견되는 순간부터 조치를 취하는 것이 중요하다. 조치에 관련된 영역은 많은데 몇 가지만을 제시하면 다음과 같다.

첫째, 자세와 앉기로서 지체장애를 가진 아동의 앉기는 어려운 과제다. 앉기는 손을 사용할 수 있고, 눈과 손의 협응이 쉽고, 균형유지에 어려움이 적을 때 가능하다. 책상다리, 옆으로 앉기, 의자에 앉기 등의 자세는 불안하지 않아야 한다. 보장구를 통하여 자세를 개선시키기 위해서는 바람직한 자세와 움직임이 발달되도록 도와 주 어야 하고 바람직하지 않은 자세나 움직임을 억제해 주어야 한다. 휠체어를 사용하는 아동들은 휠체어용 책상을 사용하기 때문에 책상에 앉기가 어렵지 않다. 그러나 테이블을 이용하여 작업을 할 때에는 테이블 위에 팔을 놓을 수 있도록 테이블의 높이가 조정되어야 한다. 아동이 휠체어 책상이나 다른 책상을 사용한다고 해도 책이나 물건을 놓을 수 있어야 하고, 물건의 배치도 팔운동의 범위, 힘 조작이 가능한 범위 내에 있어야 한다. 만약 학생이 서랍이나 칸막이가 있는 책상을 가지고 있지 않다면 사무용 책상을 제공할 수 있다.

둘째, 지체장애아는 가능한 한 혼자서 이동할 수 있어야 한다. 재활담당 의사와 치료사들은 아동의 신체적 기능에 나쁜 영향을 주지 않는 범위 내에서 스스로 이동할 수 있는 적당한 방법을 지도해야 한다. 혼자 걸을 수 없는 유아에게는 구르기, 기기, 클러치 사용법, 보행기 사용법 등을 가르쳐야 한다.

셋째, 지체장애아가 학교에서 직면하게 되는 어려움은 건축물의 출입과 이용이다. 이러한 장애물은 이용에 편리하도록 개선되어야 한다. 휠체어나 클러치를 사용하는 아동이 건물 안으로 쉽게 들어가기 위해서는 경사로가 설치되어야 하며, 화장실, 놀이터, 수도 등은 지체장애아가 이용할 수 있는 곳에 설치해야 한다. 또 잡을 수 있는 봉이나 지지 레일은 수돗가, 화장실, 칠판 근처 등에 설치해야 한다. 교실의 책걸상은 휠체어가 다닐 수 있도록 배치되어야 하고, 발판 조절 기구 등의 장치도 필요하다. 특수 높이 조절 테이블이나 곧추선 테이블은 앉거나 서기에 특별한 문제를 가진 학생들에게 도움을 준다.

넷째, 지체장애아들은 그들의 장애특성으로 인하여 특수보장구의 도움을 많이 필요로 한다. 필요한 보장구의 선정으로부터 사용할 수 있기까지에는 교사, 치료사, 부모 등의 협동적 노력이 요구된다. 그리고 아동 자신의 노력도 있어야 한다. 학생들은 조기에 연필, 종이와 같은 것의 조작을 배워야 한다. 특히 연필잡기, 물체 떨어뜨리기, 미끄러지기, 찢기, 종이 구기기, 읽기, 쓰기를 할 때에는, 특수 테이블, 클립보드, 손잡이 달린 컵, 특수 손잡이가 부착된 연필 등을 사용할 필요가 있다. 이러한 특수보장구의 사용방법을 익히는 것은 신체기능의 재활뿐만 아니라 심리적 재활에도 도움을 준다.

2) 수업적 조치

지체장애아를 위한 수업적 조치 내용을 살펴보면 다음과 같다. 첫째, 학령전기에는 각 전문가들의 활동은 서로 다른 상황에 처해 있는 아동들을 돕고 그들의 능력을 증가시키는 데 초점을 두고 있다. 화장실을 가야 할 때 말(언어) 이외의 방법으로 다른 사람에게 표현하는 것도 자립기능을 향상시키는 것이다. 식사, 용변, 착탈의 등 실제과정의 훈련이 포함되는 자립기능 향상 프로그램은 조기에 적용할수록 그 효과가 크다. 다른 장애아동들은 주로 이동이나 수업참여에 어려움을 수반하는 데 비해 뇌성마비 장애학생들은 이 밖에도 학습에 필요한 읽기, 쓰기, 말하기, 셈하기와 같은 기본적인 수행능력에도 상당한 어려움을 지니고 있기 때문이다. 이들은 미세근육운동의 발달지체나 심한 마비로 말하기는 물론 손으로 쓰기가 곤란하므로 문자습득에 필수적인 쓰기와 읽기 연습이 부족하여 문자의 완전한 해득 기간이 길고, 기본적인 셈하기 능력 또한 쉽게 향상시키기 어렵다. 그리고 초등부에서는 유아기의 지도가 계속되어야 하지만 기초 교과의 학습이 첨가되어야 한다. 아동의 학습 속도가 느리기 때문에 지체장애아의 교육과정은 기초 교과에 중점을 두어야 하지만 직업, 사회, 과학, 음악, 미술, 체육 등의 과목도 지도되어야 한다. 컴퓨터 지도는 손의 협응이 부족하거나 허약한 아동에게 많은 도움을 줄 수 있는데, 키를 누르는 것은 손으로 쓰는 것보다 쉽고 빠르며 신체적으로 문제가 있는 아동도 이용할 수 있기 때문이다.

그리고 중학교 등에서는 초등교육처럼 학습을 수행할 수 있는 방법적 대안을 찾아주는 것이 중요하다. 손바닥에 올려놓을 수 있는 컴퓨터는 신체적인 긴장의 원인으로 글씨를 쓰지 못하는 아동에게 유익하나. 또 언어상애아는 언어합성기가 부착된 가정용 컴퓨터에서 생성되는 언어의 녹음을 통하여 구두보고서를 만들 수 있다. 중등교육에서는 교과의 학습뿐만 아니라 직업준비 기능의 학습, 직업에 대한 기초 능력도 갖게 하여야 한다. 그리고 교사는 장애아동들을 교내외 활동에 참여시키는 일에 보다 적극적으로 개입하지 않으면 안 된다.

3) 진로 및 직업교육(전환교육)

장애인 등에 대한 특수교육법(2008)에는 "진로 및 직업교육"이라 함은 특수교육대상자의 학교에서 사회 등으로의 원활한 이동을 위하여 관련 기관의 협력을 통하여 직업재활훈련 · 자립생활훈련 등을 실시하도록 명시되고 있다.

지체장애아를 위한 전환교육은 유아기부터 노년기까지의 변화를 대비해 준비하는 교육이라고 생각할 때 나이가 들어감에 따라 변화하는 것은 종적 전환으로 보고 상황이 바뀜에 따라 변화하는 것은 횡적 전환이라고 한다. 전환교육은 일반적으로 두 가지로 나눌 수 있다. 읽기 · 쓰기 · 말하기 등 기초학문 중심의 교육과 지역사회 내에서 살아가는 데 필요한 기능과 생활에 중점을 두는 교육을 들 수 있다. 직업생활을 위한 직업인식부터 탐구, 실습, 훈련, 취업에 이르는 과정을 포함하여 필요한 것을 조기교육에서부터 특수교육의 학과목에 반영시켜 가르쳐야 한다. 또한 읽기 · 쓰기 · 셈하기 · 말하기 뿐만 아니라 학습계획세우기, 학습습관, 스케줄짜기, 수업듣기, 대학입학정보, 대학진학 및 졸업에 이르기까지 필요한 기초교과 내용과 올바른 학습습관을 조기부터 가르쳐야 한다.

대학교육의 경우 아무 도움없이 특례입학만으로 졸업할 수 있는 지체장애, 시각장애, 청각장애인 뿐만 아니라 도움을 주면 대학교육을 마칠 수 있는 좀 더 장애가 심한 사람과 경도의 정신지체인들도 고등교육의 기회를 가질 수 있도록 돕는 것이 전환교육의 범위라 할 수 있다.

4) 부모교육

부모교육은 자녀의 장애 특성, 발달 특성, 가정지도 방법을 바로 이해하고 지금까지의 자녀 양육에 대한 사고, 행동 등 습관적인 태도와 방법을 재검토하고, 자녀의 부정적 문제가 발생하지 않도록 하는 예방적 입장과 이미 발생한 문제를 치료하는 치료적 입장을 모두 포함한 것으로 부모역할에 변화를 주기 위한 일체의 교육적 활동을 말한다(정보인 등, 2002).

장애아 부모교육의 필요성을 제시하면(이영호, 2000), 첫째, 장애아동이 지닌 독특한 특성에 대한 지식을 얻음으로써 이들을 이해하고 도움을 줄 수 있어 가정에서의 효과적인 지도가 가능하다. 둘째, 부모에게 위안과 자신감을 심어 주어 조기 치료교육의 효과를 높일 수 있다. 셋째, 장애아동의 학교와 가정간의 일관성 있는 교육을 실시하기 위해 필요하고, 학교에서의 학습내용과 가정에서의 지도방법이 연계가 되어 일관성이 있을 때, 효과가 크다. 넷째, 2차적인 장애를 예방하는 데 도움이 된다. 다섯째, 사회에서 긍정적인 장애자관의 확립에 가정이 모범이 될 수 있다.

장애아의 부모교육의 내용은 자녀를 가정에서 돌보는 방법, 학습시키는 방법, 자녀에게 도움이 될 수 있는 사회의 각종 정보 제공 등이 있다. 보다 적극적인 방법으로는 특수학급 교사들을 관찰하여 그 행동을 배우며, 직접 가르쳐 보고 토의하며, 학습교재나 자료를 만들어 제공하는 등의 교사의 보조자 역할을 하는 것들이 해당된다.

이러한 체계적인 부모교육이 이루어진다면, 학교교육과 가정교육의 일관성이 유지되어 장애아동의 학습에 대한 이해가 높아지고, 장애아의 문제점을 조기에 발견하여 실행할수록 효과가 클 것이다. 그리고 부모의 장애아에 대한 태도는 형제, 친척, 이웃의 장애아에 대한 태도에 영향을 준다. 따라서 부모교육을 통하여 보다 적극적인 장애인관을 확립시키는데 도움을 제공할 것이다.

5) 순회교육

최근 우리나라의 경우도 특수교육의 기회 확대에 따라 특수교육을 받지 못한 재택 중증 장애아와 수용시설의 장애아들도 교육의 혜택을 받게 되었다. 장애인 등에 대한 특수교육법(2008)에 순회교육은 특수교육교원 및 특수교육 관련 서비스 담당 인력이 각급 학교나 의료기관, 가정 또는 복지시설(장애인복지시설, 아동복지시설 등을 말한다. 이하 같다) 등에 있는 특수교육대상자를 직접 방문하여 실시하는 교육이라고 명시하고 있다. 순회교육의 구체적인 내용을 살펴보면 다음과 같다(한국우진학교, 2006).

첫째, 중도 · 중복장애로 인해 학교에 등교하여 교육을 받기 곤란한 학생을 대상으로, 교사가 가정이나 시설을 방문하여 대상학생의 생활연령과 장애 정도 및 인지능력에 적합한 내용으로 지도하는 방문지도 교육이다 .둘째, 방문지도가 없는 가정학습의 날에는 과제지도, 학교생활에 대한 안내, 장애에 대한 이해, 복지서비스에 대한 자료제공 등을 하기 위한 교육활동이다. 셋째, 학교행사, 치료교육, 학급통합교육 등에 참여함으로써 학교생활에 대한 기본적인 이해와 대인관계의 기본예설, 공동체 소속감과 일원으로서의 역할 의식 함양 등을 도모하는 교육활동이다. 최근에 정보통신기술의 발달로 인터넷을 활용한 순회교육이 대중화되어 순회교육 학생들과 담임교사 및 교내 인터넷 화상교육 전담부서와 상호유기적인 관계(연결)를 통해 교사와 학생 간의 적극적인 교육기회 확대가 마련되고 있다. 이러한 지체장애아의 순회교육은 익숙한 교실장면에서의 학습이 아니고, 개념적으로 교육(education)보다는 보호(care)에 더 가깝더라도, 이들의 교육권은 사회적으로 옹호되고 실현되어야 한다. 아울러 중도 · 중복장애로 인하여 정상적인 학교 혜택을 받을 수 없을 때, 학교로의 복귀를 목표로 일시적이며 단기적인 교육지원이 가능한 유연한 형태로 구축되어야 한다.

5. 지체장애아의 배치

지체장애아는 장애의 유형 및 정도, 지역사회에서 이용할 수 있는 서비스, 그리고 장애의 의학적 예후에 따라 다른 학습 환경에 배치할 수 있다. 경도 및 중등도 지체장애아의 대다수는 일반아동과 같이 일반학급에 통합되고 있다. 지체장애아가 일반학급에 소속되어 있으면서 도움이 필요한 경우에만 자료실에 가서 도움을 받게 할 수도 있다. 자료실이나 치료실에서는 발달이나 교과학습 지도만이 아니라 물리치료, 언어치료, 작업치료 등도 할 수 있다. 이러한 치료는 상주하는 교사나 순회교사가 담당한다. 중증 · 중복장애아는 특수학교나 특수학급에 배치할 수도 있다. 이렇게 하는 경우에도 일부 활동은 일반아동과 같이 하게 함으로써 통합을 시도하는 것이 좋다. 아동이 학교에 다닐 수 없을 정도로 심한 지체장애를 가지고 있거나, 적합한 학교가 없는 곳에 살고 있거나, 학교에 취학하고 있으면서 일시적으로 가정에 있을 경우에는 가정에서 교육을 받게 할 수도 있다. 지체장애아가 진단이나 치료를 받기 위해서 병원에 입원하고 있는 경우에는 병원에서 교육을 받게 할 수도 있다. 병원교육은 병원에 설치되어 있는 병원학급이나 병원학교에서 담당하거나 순회교사가 담당하게 할 수 있다. 가정에서 돌볼 수 없을 정도로 심한 지체장애를 가진 아동은 기숙제 시설에 수용하고, 그곳에서 교육을 받게 할 수도 있다.

6. 지체장애아를 위한 관련지원 서비스

장애인등에 대한 특수교육법 제28조 특수교육 관련 서비스 조항에서 특수교육대상자가 필요로 하는 경우에는 물리치료, 작업치료 등 치료지원 및 장애인용 각종 교구, 각종 학습보조기, 보조공학기기 등의 설비, 통학차량 지원, 통학비 지원, 통학 보조인력의 지원 등 통학 지원 대책 등의 특수교육 관련 서비스의 제공에 필요한 사항은 대통령령으로 정하고 있한다. 지체장애아를 위한 치료지원 서비스를 살펴보면 다음과 같다.

1) 치료지원 서비스

지체장애를 위한 치료지원 서비스의 내용은 눈과 손의 협응, 두 손사용의 협응, 사물의 조작력, 그리고 손가락의 민첩성의 주요 요소로 구성되는 소근육 운동, 학습에 필요한 인과관계, 사물개념, 공간개념, 형태개념, 색개념, 크기개념, 시간개념 등으로 구성된 인지기능, 그리고 식사지도, 대 · 소변 가리기, 의복 입고 벗기 등의 일상생활로 일상생활지도로 구성된다. 지체장애아를 위한 치료 서비스의 구체적 내용을 살펴보면 다음과 같다.

첫째, 지체장애아를 위한 기능 발달은 운동기능과 가동성이다. 운동기능의 개발을 위한 프로그램 구성 시 최우선적인 것은 학급, 학교 활동의 수행에 필요한 기능적 움직임과 자세를 발달시키는 것이다. 구체적인 방안을 보면 학교생활에 필요한 활동의 수행을 위해, 바르게 앉아 있는 자세의 유지를 위한 머리와 몸통 통제력 개발(경청, 쓰기 컴퓨터나 의사소통 기기의 사용, 식사), 학교생활에 필요한 활동의 수행을 위해, 팔 동작과 소근육 운동기능의 개발(쓰기 위해 연필과 종이를 쥐기, 책을 잡고 페이지 넘기기, 컴퓨터나 의사소통 기기에 접근하기 위해 키보드나 스위치를 사용하기), 도움받아 걷기(버팀목이나 목발의 사용)를 위한 서기와 균형의 개발, 교실이나 학교 수업 및 생활장면에서 휠체어의 이동에 필요한 기능의 발달(추진하기 위해 팔을 사용하기, 조종간이나 다른 조종 장치가 있는 전기 휠체어 사용법을 익히기, 코너 돌아 출입구로 들어가기, 비탈길이나 커버길 넘어가기, 길 건너기) 등이다.

둘째, 신변처리 기능에는 식사, 용변보기, 착탈의, 목욕하기, 몸단장하기 등이 포함된다. 식사하기 과제를 수행하는데 어떤 아동들은 지원기기나 신체적인 도움을 필요로 한다. 예를 들면 아동의 장애에 적합하게 고안된 특수한 식사도구(컵, 스푼, 접시)나 미끄러지지 않는 매트에 아동의 접시를 고정시키는 것 등이다. 이것은 아동의 식사행동의 독립성을 증가시킨다. 교사와 부모들은 착탈의에 대한 특별한 취급 혹은 위치기법이 필요할 때는 물리치료사, 작업치료사와 긴밀히 협력해야 하며 특별한 착탈의 기기(단추 채우기 보조기구)나 의복의 수정방안이 필요할 수도 있다.

지체장애아를 위한 치료지원 서비스의 대표적인 것으로 감각-운동 통합교육을 들 수 있다. 감각-운동 통합교육은 Jean Ayres에 의해 고안되었으며, 다양한 감각(촉각, 고유수용성 감각, 전정감각) 채널을 통해서 입력된 감각정보를 전달하고 체계화시키는 것을 말한다. 이 치료는 운동의 협응, 양측 협응, 균형 발달, 눈과 손의 협응, 신체 인식능력을 증대시켜서 적응반응을 이끌어내는 것을 원칙으로 한다.

표 9-4 대표적인 감각-운동통합치료 프로그램의 예

영역	내용	기대효과
촉각훈련단계	· 온몸 주무르기, 두드리기, 간지르기, 쓰다듬기(위에서 아래로, 몸통에서 바깥으로)	· 촉각자극에 대한 반응력의 활성화 촉각의 정반응 강화 및 예민성의 중화, 올바른 촉각 입력을 강화, 친밀감, 대인관계 형성 강화
전정감각훈련단계	· 그물그네 타기, 튜브 타기, 안전그네 타기, 흔들 목마 타기, 트램플린 태우기, 균형판 태우기 등	· 다양한 전정자극으로 균형감각, 자발성 촉진, 균형이동 느끼기, 공간지각 형성하기 등
고유수용감각 훈련단계	· 짐볼을 엎드려 타면서 바닥의 고리나 블록을 잡아서 걸거나 목표점에 던지기	· 항 중력 자세에서 시각, 고유수용감각 통합, 주의집중 유지(두뇌에서 여러 감각의 연합속도 증가)

[그림 9-4] **감각-운동 통합교육 기자재**

2) 보조 장비의 지원

(1) 이동

지체장애아 중에는 의지나 보장구를 사용하는 아동이 있다. 의지는 신체의 결손 부위용 인공 대치이며, 보장구는 신체부위에 존재하지 않는 기능을 대치하는 장치다. 교사가 의지나 보장구를 사용하는 학생을 돕기 위해서는 의지와 보장구의 기능 및 조작을 알고, 이러한 아동이 할 수 있는 것과 할 수 없는 것을 이해하여야 하며, 의지 및 보장구 전문가들과 협력해야 한다.

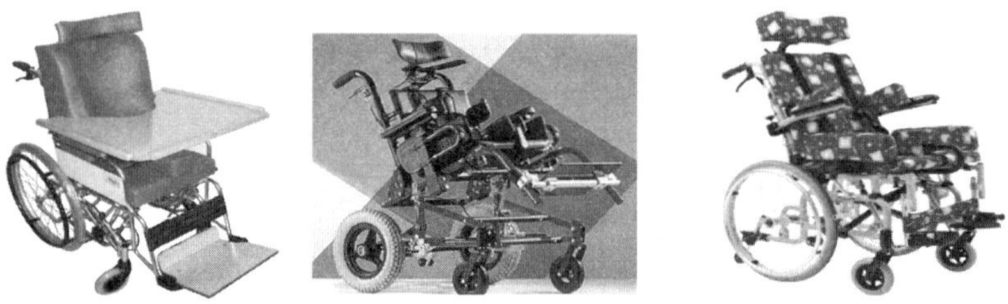

일반 휠체어

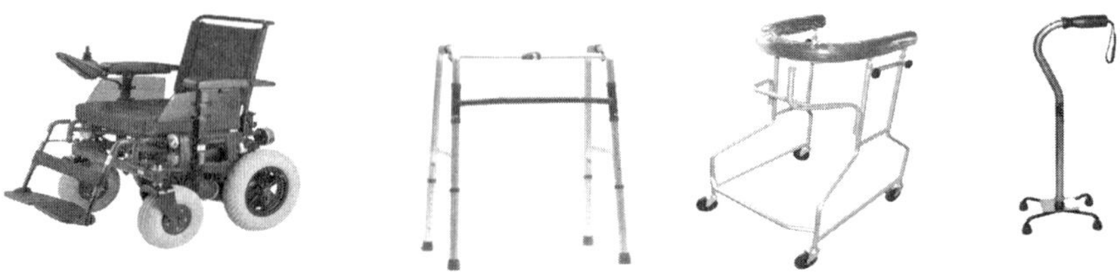

전동휠체어 보행기 지팡이

[그림 9-5] **지체장애자를 위한 여러 가지 보장구**

(2) 의사소통

다른 사람이 알아들을 수 없는 말을 하거나 글을 쓰지 못하는 지체장애아에게는 대안적인 의사소통 체계가 제공되어야 한다. 예컨대, 뇌성마비아는 말하는데 사용되는 입 근육에 심한 문제가 있는가 하면, 소근육 운동 기능이 제한되어 쓰기 기능에 문제가 많다. 근위축증이나 관절염은 아동이 허약해져서 글씨를 쓸 때 쉽게 피곤해진다. 이런 아동들에게는 대안적인 의사전달 체제가 필요하다. 교사들과 부모들은 언어 임상가들과 긴밀히 상의해서 신체장애아를 위한 대안적 의사소통 기기를 선택하고, 설계하며, 수행하여야 한다. 가장 일반적 보완 대체 의사소통은 의사소통판과 합성된 말이 산출되는 전자장치다. 교사는 언어치료사, 부모, 기타의 사람들과 긴밀히 협력해서 정확한 기기를 선택하고, 아동에게 사용법을 가르져 수며, 다른 아동들이 그 아동과 의사소통하도록 도와 주어야 한다.

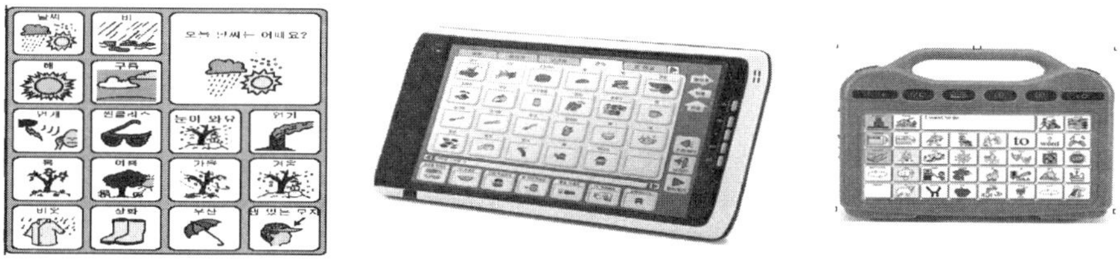

[그림 9-6] **여러 가지 의사소통판**

(3) 학습지원

문어적 의사전달에 이용할 수 있는 보조 장치와 대안적 체제는 매우 다양하다. 어떤 학생들은 크레용이나 연필 또는 펜을 쥐는데 도움이 되는 손부목이나 특수한 연필집게를 사용하며 또 다른 아동들은 팔 앞을 받쳐 줄 경사진 판이 필요할 수 있다. 워드프로세스용 소프트웨어는 쓰기 숙제를 완성하는데 사용될 수 있으며, 컴퓨터가 타자기보다 더 효율적일 수 있다. 소근육 운동 기능의 제한으로 표준 키보드의 사용이 불가능한 아동들에게는 커다란 키가 부착된 확대 키보드가 사용하기에 더 간편하다.

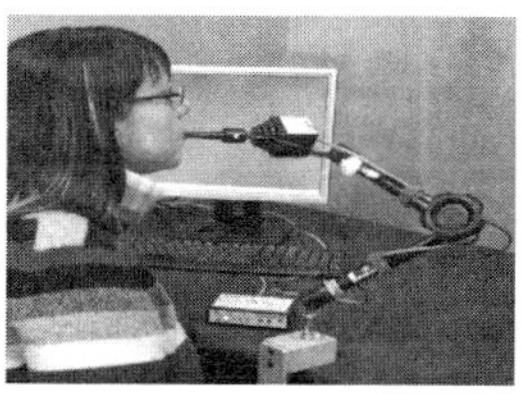

대체 마우스

대체 키보드

타이핑보조기

[그림 9-8] **지체장애자를 위한 컴퓨터 보조 장치들**

3) 편의시설

지체장애아의 일반학교에 통합교육이 가능하도록 특수교육진흥법 제12조 제4항에는 '각급학교의 장은 특수교육의 편의를 위하여 장애인 · 노인 · 임산부 등의 편의 증진 보장에 관한 법률 제2조 제2호의 규정에 의한 편의시설을 설치하여야 한다'고 규정하고 있다. 따라서 지체장애아가 일반학교에서 일반아동들과 함께 공부하고, 놀고, 생활할 수 있는 통합교육이 이루어지게 하기 위해서 장애인 편의시설들이 설치되어야 할 것이다.

휠체어용 리프트

경사로

화장실

[그림 9-8] **지체장애인을 위한 편의시설**

7. 건강장애아를 위한 교육적 배려

우리나라에서는 2005년 특수교육진흥법에 '건강장애'를 특수교육대상자로 규정함으로써 소아암, 백혈병, 심장질환 등 만성질환으로 인해 학교생활이나 학업에 어려움이 있는 학생들이 특별한 교육지원을 받게 되었다. 한편, 특수교육 연차보고서(교육부, 2008)에 의하면, 건강장애로 인해 특별한 교육적 지원이 필요한 아동이 전국적으로 1,637명(일반학급 1,130명)인 전체 장애학생 중 2.3%로 조사되었지만, 이들 중 상당수가 치료 기간 중 학교생활과 격리되어 학업이 중단되고, 친구관계의 단절로 인해 완치 후 학교에 돌아오더라도 적응하기 힘들어 중도에 학교를 포기하는 경우가 많다.

대부분의 건강장애아들은 질병 자체의 원인이나 치료과정으로 인해, 혹은 장기 결석, 장기간의 입원, 가족구성원의 기능에서의 변화 등으로 인해 학교 및 사회생활 적응에 어려움을 보인다. 건강장애아들이 학업에 나타내는 특성을 살펴보면, 소아당뇨는 심각한 과소혈당 때문에 학업수행과 주의집중에 어려움이 있다. 백혈병의 경우, 치료과정으로 인해 인지와 사회정서 및 행동에서의 문제가 발생하게 된다. 건강장애아들은 입원이라는 경험을 통하여 자신의 신체와 정서상의 균형을 가능하게 했던 일상으로부터 소외되고, 질병과 치료에 따른 고통과 재발에 대한 염려로 스트레스를 경험하게 된다. 소아암을 비롯하여 장기입원을 요하는 만성질환 아동은 불안, 우울, 어머니에 대한 지나친 의존성, 대인관계의 회피, 자존감 저하 등의 정서적 문제를 겪게 된다(김은주, 2008).

건강장애아 교육지원 방안(교육인적자원부, 2008)을 살펴보면 다음과 같다. 만성질환 아동을 건강장애아로 선정하여 무상교육 혜택을 부여한다. 순회교육 · 병원학교 · 화상강의 등 다양한 방법을 통해 출석일수를 확보하여 상급학교 · 학년에 신학하도록 지원한다. 개별화교육계획 수립은 개별화건강관리계획은 물론, 병원학교 · 화상강의 시스템 등을 이용한 수업일수 확보 계획을 포함하고, 아동연령과 학업수준에 따라 학업중심 교육과정과 심리 · 정서적 적응지원의 균형을 유지한다. 사이버가정학습 서비스, 화상강의시스템 시범 운영 등을 이용하되, 담임교사, 특수교사, 학부모도우미, 교사자원봉사단, 예비교사 등이 일대일 상담 및 지도 등 지속적으로 관리하여 학년별 · 과목별 진도에 따라 학습할 수 있도록 한다. 그리고 일반아동 봉사점수제 활용, 캠프, 기타 다양한 방법을 통한 심리 · 정서적 적응 지원으로 치료효과 증진 및 학교생활에 적응할 수 있도록 한다.

병원학교 교육과정 운영을 살펴보면, 배치된 특수교육교사 외 인근학교 교사자원봉사단, 예비교사도우미 등의 방문교육, 사이버가정학습 서비스, 화상강의 시스템을 적극 활용한다. 즉, 화상강의시스템 시범 운영과 인터넷을 통한 실시간 화상강의를 시범적으로 운영하여 개별아동의 학년 및 학력 수준에 적합한 개별화된 학습을 지원하고 수업으로 인정한다(예 : 꿀맛 무지개학교 http : //www. kkulmat.com : 꿈사랑 사이버학교 http : //www. nanura.org : 사이버 가정학습 http : //www. cyber.edu_i.org 등). 그리고 학사 관리는 병원학교의 수업 참여를 출석으로 인정하도록 조치하며, 정규교사 미배치 병원학교의 경우 수업확인증명서 발급을 통해 출석으로 인정하고, 최소수업 시간은 유치원 · 초등학생 1일 1시간 이상, 중 · 고등학생 1일 2시간 이상으로 한다.

표 9-5 **병원학교 운영현황(특수교육 실태 조사 보고서, 교육부, 2008)**

(단위 : 교, 명)

학교수	월평균 학생수	교사 및 담당자수	병원명	
			교육청 소속 병원학교	병원자체 운영 병원학교*
29	1,317	특수교사 22 병원담당자 11 보조원 14	경상대병원, 부산대병원, 인제대부산백병원, 동아대의료원, 국립부곡병원, 국립암센터, 대구영남대의료원, 대동병원, 가천의대부속길병원, 인하대부속병원, 울산대병원, 충남대병원, 건양대병원, 화순전남대병원, 단국대천안병원, 강릉아산병원, 강원대병원, 충북대병원, 전북대병원, 경북대병원	서울대병원, 세브란스병원, 한양대병원, 서울아산병원, 삼성서울병원, 국립서울병원, 서울시립병원, 경희대의료원, 한국원자력병원

※ 병원자체 운영 : 교육청과 협약을 통한 자체 운영

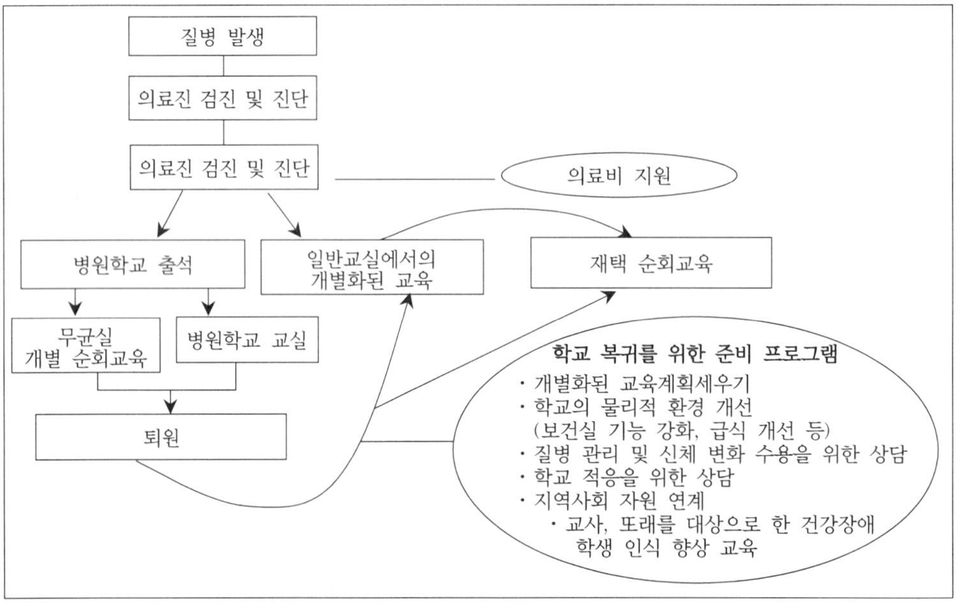

[그림 9-9] **건강장애아를 위한 교육전달 체계(박은혜 · 박지연 · 노충래, 2005)**

정서 · 행동장애아의 이해

10

1. 정서 · 행동장애의 정의
2. 정서 · 행동장애의 원인 및 출현율
3. 정서 · 행동장애의 진단 및 평가
4. 정서 · 행동장애의 분류 및 특성
5. 정서 · 행동장애의 하위유형
6. 정서 · 행동장애의 교육방법

1. 정서 · 행동장애의 정의

일반적으로 정서 · 행동장애(Emotional and Behavioral Disorder; EBD) 아동은 자신의 발달이나 타인의 생활 혹은 그 둘 모두를 방해하는 행동이 일반아동에 비해 현저하게 일탈된 아동을 말한다. 즉, 정서의 표현방법이 자신의 의지대로 통제하기 어려워서 일반인에 비해 극단적으로 편향되어 있거나 과격하게 표현하는 등 자신의 의지로는 통제하기 어려운 상태로 이러한 행동이 반복되면서 사회적으로 부적응을 초래하는 아동을 정서 · 행동장애라고 한다.

정서 · 행동장애라는 용어는 1940~1950년대에는 주로 사회부적응으로 사용되다가 정신역동적 이론이 성행하던 1960년대에 '정서장애'로 용어가 바뀌었으며, 1960년대 말과 1970년대에는 당시 유행하던 행동주의 이론의 영향으로 '행동장애'라는 용어를 자주 사용하였다. 1980년대 후반 미국 행동장애아협회(Council for Children with Behavior Disorders; CCBD)는 정서장애라는 용어보다는 행동장애라는 용어가 더 적절하다는 입장을 채택하였으며, 그 이후로 정서 · 행동장애 영역과 관련된 30여 개 단체들의 모임인 미국의 국립 정신건강 및 특수교육연합회(National Mental Health and Special Education Coalition; NMHSEC)에서 '정서 · 행동장애'라는 용어의 사용을 제안하였다. 현재는 많은 전문가들이 '정서 · 행동장애'라는 용어를 가장 선호하고 있으며, 학문적 분야와 교육 현장에서 가장 폭넓게 사용하고 있다. 지금까지 정서 · 행동장애에 대한 다양한 정의가 제안되어 왔는데, 미국에서는 장애인교육법(Individuals with Disabilities Education Act; IDEA)의 정의와 행동장애아협회(CCBD)의 정의를 가장 보편적으로 사용하고 있으며, 우리나라에서는 IDEA의 정의를 그대로 차용하여 사용하고 있다.

우리나라의 장애인 등에 대한 특수교육법 시행령(시행 2008. 5. 26. 대통령령 제20790호) 제10조 관련 별표에서는 '정서 · 행동장애를 지닌 특수교육대상자'를 '장기간에 걸쳐 다음 각 목의 어느 하나에 해당하여, 특별한 교육적 조치가 필요한 사람'이라고 정의하고, 다음과 같이 5가지 항목을 제시하고 있다.

(1) 지적 · 감각적 · 건강상의 이유로 설명할 수 없는 학습상의 어려움을 지닌 사람
(2) 또래나 교사와의 대인관계에 어려움이 있어 학습에 어려움을 겪는 사람
(3) 일반적인 상황에서 부적절한 행동이나 감정을 나타내어 학습에 어려움이 있는 사람
(4) 전반적인 불행감이나 우울증을 나타내어 학습에 어려움이 있는 사람

(5) 학교나 개인 문제에 관련된 신체적인 통증이나 공포를 나타내어 학습에 어려움이 있는 사람

이 정의는 미국 장애인교육법(IDEA)에서 정의하고 있는 내용과 매우 유사하다. IDEA(1997)에서는 심한 정서장애(Seriously Emotionally Disturbed)를 다음과 같이 정의하고 있다.

(1) 심한 정서장애는 장기간에 걸쳐 교육적 수행에 현저하게 부정적인 영향을 미칠 정도로 다음 특성들 중에서 한 가지 이상을 보이는 상태를 의미한다.
   ① 지적, 감각적, 또는 건강상의 요인 등으로 설명될 수 없는 학습 무능력
   ② 또래 및 교사들과 만족스러운 대인관계를 형성하거나 유지하지 못함
   ③ 일상적인 상황에서 부적절한 형태의 행동이나 감정을 보임
   ④ 일반적으로 전반적인 불행감이나 우울감을 느낌
   ⑤ 개인적 또는 학교 문제와 관련하여 신체적 증상이나 공포를 보이는 경향
(2) 심한 정서장애는 정신분열증을 포함한다. 그러나 정서장애를 보이지 않는 한 사회적 부적응을 보이는 아동들에게는 적용되지 않는다.

이 준거는 정서 · 행동장애의 대상에서 교육적 수행에 많은 영향을 미치는 사회적 부적응 아동을 제외하고 있다는 점과 정신분열증 아동을 포함시키는 항목은 5가지 항목 중 적어도 하나에 포함되므로 불필요한 항목이라는 점 등에서 비판을 받고 있다.

미국 행동장애아협회(CCBD, 1989)가 새로운 용어를 사용하여 정의하고, 나중에 국립 정신건강 및 특수교육연합회(NMHSEC, 1992)에 의해 채택된 정의는 다음과 같다.

(1) 정서 · 행동장애는 학교 현장에서 나타나는 아동의 행동이나 정서반응이 적절한 연령, 문화 또는 인종 규준과 너무 달라 학업기술, 사회성기술, 직업기술 또는 개인기술이 포함되는 교육적 수행에 불리한 영향을 미치는 장애를 의미한다. 이러한 장애는
   ① 환경 내의 스트레스성 사건에 대해 예상되는 반응 이상으로 장기간에 걸쳐 나타나며,
   ② 두 개의 장면에서 일관되게 나타나는데 그 중 하나는 학교와 관련되어 있으며,
   ③ 일반교육에서 실시되는 직접중재에 반응을 보이지 않거나 아동의 상태가 일반적인 교육중재로 불충분한 것을 말한다.
(2) 정서 · 행동장애는 다른 장애와 중복되어 나타날 수 있다.
(3) 정서 · 행동장애는 (1)에 기술된 바와 같이 교육수행에 부정적인 영향을 미치는 정신분열증, 정동장애, 불안장애, 지속적인 품행장애나 적응장애를 보이는 아동 및 청소년이 포함될 수 있다.

IDEA와 CCBD 정의의 가장 두드러진 차이점은 사회적 부적응 아동을 심한 정서장애나 정서 · 행동장애의 범주에 포함시키는지 여부인데, CCBD의 정의와는 달리 IDEA의 정의에서는 사회적 부적응 아동을 제외하고 있다. 이것은 사회적 부적응 아동들을 특수

교육대상자로 포함시킬 경우 재정압박을 초래하고, 정서 · 행동장애 아동들과는 달리 의도적이고 계획적으로 문제를 일으키는 아동이라는 이유 때문이다.

우리나라의 장애인 등에 대한 특수교육법에 제시된 정서 · 행동장애의 정의를 미국의 IDEA와 CCBD의 정의와 비교하여 보면 몇 가지 개선해야 할 점이 지적되고 있다. 첫째, 아무리 심한 정서 · 행동 문제를 가졌다 하더라도 학습에 문제가 없는 한 정서 · 행동장애를 가진 특수교육대상자로 선정될 수 없다는 점, 둘째, 정신분열증을 포함시키지 않고 있다는 점, 셋째, 정서 · 행동장애는 사실 소아정신과 진단에 많이 의존을 하는데 비해 정신장애 진단 및 통계편람 4판(DSM-VI; APA, 1994)과의 진단범주 관계가 모호하다는 점 등에서 재고의 여지가 있는 것으로 보인다(이승희, 2008).

2. 정서 · 행동장애의 원인 및 출현율

1) 정서 · 행동장애의 원인

정서 · 행동장애는 특정 한 가지 원인으로 발생하는 하는 것이 아니라 매우 다양한 요인들이 서로 관련되어 있다. 즉 정서 · 행동장애의 발생은 생물학적 취약성이나 까다로운 성미와 같은 아동의 내부 요인과 외부 환경적 요인이 적절하게 조정되지 않았을 때 나타난다고 여겨진다.

정서 · 행동장애의 원인을 종합하여 보면 생물학적 요인과 환경적 요인으로 나눌 수 있다.

(1) 생물학적 요인

현대에 와서는 의학, 유전학, 생리학 등의 발달로 인하여 생물학적 요인에서 정서 · 행동장애의 발생 원인을 찾고 있다. 뇌에 장애를 가진 사람들은 정서 · 행동에 문제를 보이지만 대부분의 정서 · 행동장애 아동들은 뇌 손상을 가지고 있지 않다. 정신분열증의 경우에는 유전과 관련되어 있는 경우가 많은데, 이것은 가족들이 정신분열증을 가지고 있으면 다른 가족도 이 장애를 가질 확률이 높아진다는 것이다. 또한 각 아동들은 태어날 때 쉬운 기질과 까다로운 기질을 가질 수 있는데, 까다로운 기질을 타고난 아동의 경우에는 행동문제를 가질 가능성이 증가한다고 말한다. 하지만 정서 · 행동장애의 특성은 생물학적 요인에만 영향을 받는 것이 아니라 환경적 조건에 따라 심해지거나 개선될 수도 있다.

(2) 환경적 요인

정서 · 행동장애를 유발시킬 수 있는 환경적 요인으로 부적절한 양육환경, 가족 간의 갈등, 부모의 이혼, 학대, 또래에 의한 거부 등이 있다. 이러한 문제들은 가정, 학교, 지역사회 등에서 다양하게 나타날 수 있다.

첫째, 가정환경은 아동의 발달에 있어서 매우 중요한데 부모의 양육 방법이 아동의 행동 형성에 영향을 미치기 때문이다. 부모가 자녀를 사랑으로 대하고 자녀의 욕구에 민감하게 반응하며 적절한 관심을 보일 경우에는 긍정적인 행동이 많이 보이지만, 부모가 일관성 없는 훈육을 하고 지나친 체벌을 하며 사랑과 애정을 보이지 않는 경우에는 반사회적인 행동을 보이는 경우가 많다.

둘째, 학교환경은 학령기 아동들이 가정 외에 가장 많은 시간을 보내는 곳으로 학교에서의 학업실패, 부적절한 규칙, 잘못된 기대, 일관성 없는 훈육 등은 정서 · 행동 문제를 유발시킬 수 있다. 학교에서 부정적인 경험이 아동의 정서 문제를 일으킨다고 입증할 명백한 증거는 없으나 아동의 기질이나 사회적 능력 등이 또래 및 교사의 행동과 상호작용하여 정서 · 행동장애의 문제를 일으킬 수 있다.

셋째, 지역사회 환경 역시 아동들에게 많은 영향을 주는데 반사회적 행동을 유발하는 요건으로는 불량집단 가입, 약물 중독, 알코올 중독, 일탈된 성행동 등이 있다. 아동들이 반사회적 행동을 보이는 또래와 교제를 하면 문제를 보일 가능성은 증가된다.

이상에서 살펴본 특정 한 가지 요인이 정서 · 행동장애를 유발하는 것이 아니라 대부분의 문제행동은 가정, 학교, 지역사회 등 다양한 요인들이 복합되어 나타나며, 다양한 위험요인에 많이 노출되고 오랫동안 지속될수록 성장에 부정적인 영향을 준다.

2) 정서 · 행동장애의 출현율

정서 · 행동장애 아동의 출현율은 0.15%부터 25.8%에 이르기까지 매우 다양하게 나타난다. 우리나라의 경우에는 정동영 등(2001)은 0.15%, 윤점룡(1982)은 1.52%, 김인자(1987)가 11.5%, 이은(1982)이 22%로 추정하는 등 고르지 못한 출현율을 보고하고 있다. 최근에 보건복지부가 부산 · 강원 등을 제외한 전국 12개 시 · 도 94개 초등학교 학생

7700명(남자 3969명, 여자 3731명)을 대상으로 '2006년 상반기 아동 정신건강 선별검사'를 실시한 결과, 전체 학생 중 25.8%가 정서와 행동에 문제를 가지고 있었다. 미국에서는 특수교육이 필요한 만성적인 정서 · 행동장애 아동의 출현율을 1~7%로 추정하고 있으며, 학령기 아동 중에서 0.7%가 심한 정서장애의 범주로 특수교육을 받고 있다. 이와 같이 다양한 출현을 보이는 이유는 정서 · 행동장애의 정의, 조사된 모집단, 장애를 진단하는 방식, 장애를 진단하는 사람 등의 차이 때문인 것으로 여겨진다.

정서 · 행동장애의 대다수는 남자이며, 남자는 공격성과 같은 외현화 장애를 많이 보이는데 비해 여자는 사회적 위축이나 불안과 같은 내면화 장애를 보이는 경향이 많다.

3. 정서 · 행동장애의 진단 및 평가

진단 및 평가의 근본적인 목적은 특정 아동을 정서 · 행동장애 아동이라고 결정하는데 있는 것이 아니라, 아동의 행동이 특수교육 서비스를 받아야 할 정도로 매우 다르다는 것을 이해하고 특정 서비스를 받아야 하는지 여부를 결정하는데 있다. 정서 · 행동장애를 진단 · 평가하기 위해서는 대상아동의 특성에 맞게 다양한 절차와 기법을 사용해야 한다. 선별검사는 비장애 아동과 정서 · 행동장애의 증후가 보이는 아동이나 행동문제를 나타낼 위험이 높은 아동을 선별해 내는 과정이다. 선별검사 도구로는 교사, 부모, 또래가 작성하거나 아동 스스로 작성하는 행동평정척도나 행동검목표가 있다. 여기에는 아동 청소년 행동평정척도(K-CBCL), 청소년 자기행동 평가척도(K-YSR) 등이 있다.

직접관찰 및 행동측정으로 사정을 할 때에는 일반적인 환경에서 아동의 행동을 명확하게 규정하고 표적행동의 빈도, 지속시간, 반응시간, 형태, 크기 등을 객관적으로 측정하여야 한다. 이것은 정서 · 행동장애를 판별하고, 교육계획 수립, 교육결과에 대한 평가 등을 객관적으로 측정할 수 있다는 장점이 있다.

기능평가는 문제행동을 유발하는 선행 사건과 환경 요인에 관한 정보와 이러한 행동을 강화시킬 수 있는 행동의 결과에 대한 정보를 얻기 위해 면접과 직접관찰법을 이용한다. 이러한 방법을 통해 행동의 기능이나 목적에 대한 가설을 설정하고 기능분석을 통해 보다 적절한 대체행동을 확인하여 문제행동을 감소시키기 위한 중재계획을 수립하게 된다. 기능평가는 실제 상황에서 바람직한 행동과 바람직하지 못한 행동이 언제,

어디서, 왜 일어났는지를 정확하게 기술함으로써 지도해야 할 표적행동의 빈도를 관찰할 수 있고, 행동의 전후 상황을 파악함으로써 행동을 변화시키기 위한 효과적인 지도계획을 세우는데 도움을 준다.

장애인 등에 대한 특수교육법 시행규칙(시행 2008. 6. 12. 교육과학기술부령 제5호) 제2조 제1항 관련 별표에서는 '정서 · 행동장애' 아동을 진단 · 평가할 때에 적응행동검사, 성격진단검사, 행동발달평가, 학습준비도검사를 각각 실시해야 한다고 명시하고 있다.

4. 정서 · 행동장애의 분류 및 특성

1) 정서 · 행동장애의 분류

정서 · 행동장애는 크게 질적 분류와 양적 분류로 나눌 수 있다. 질적 분류체계는 주로 정신 내면의 주관성에 따른 임상 관찰에 의존하는 경우로 세계보건기구(World Health Organization; WHO)의 국제질병분류 10판(ICD-10, 1992)과 미국정신의학회(American Psychiatric Association; APA)의 정신장애 진단 및 통계편람 4판(DSM-VI, 1994) 등이 있다. 양적 분류체계에는 서로 근접한 상관행동들을 특징적 행동양상으로 분석하여 개별 단위화한 Quay의 분류가 대표적이다.

(1) ICD-10의 질적 분류

WHO(1992)의 ICD-10에서는 '일반적으로 아동기와 청소년기에 시작되는 정서 · 행동장애'의 하위 유형으로 과잉운동장애, 품행장애, 혼합형 품행 · 정서장애, 아동기 발병형 정서장애, 아동기 · 청소년기 발병형 사회성 기능장애, 틱장애(Tic disorder), 아동기 · 청소년기 발병형 기타 정서 · 행동장애 등이 제시되어 있다.

(2) Quay의 양적 분류

Quay(1983)는 통계적 요인분석에 근거하여 서로 상관관계에 있는 군집행동들을 개개 행동군의 범주로 제시하였다. 양적 분류체계의 주요 행동군의 차원적 분류와 그에 따른 행동 특성들은 다음과 같다.

1 품행장애

품행장애 아동들은 또래에게 인기가 없으며, 죄책감 없이 고의적으로 괴롭히는 행동을 보이며, 신체적 · 언어적 공격, 불순종, 방해, 자기통제 결여, 대인관계 손상 등과 같은 행동을 보인다.

2 사회화된 공격성

사회화된 공격성을 보이는 아동은 일반아동보다 심한 정도의 공격적 행동을 보이지만 품행장애 아동과 달리 또래들에게 인기가 있고 비행 하위문화의 규준과 규칙을 준수한다. 품행장애의 외향적 반사회적 행동과는 달리 많은 행동이 내향적 반사회적 행동으로 아동기나 청소년기에 자주 발생하고 비행활동을 포함하지만, 법적 용어인 비행과는 다른 형태를 보인다.

3 주의력 결핍/미성숙

주의력 결핍/미성숙을 보이는 아동은 어린 아동과 유사한 행동을 보이고, 학습장애아동이 겪는 문제와 유사한 학업결함을 보인다. 이들은 사고 및 기억문제, 자극의 조직화 및 해석문제, 잦은 기분 변화, 무기력감 등의 특성을 보인다.

4 불안/위축

불안/위축을 보이는 아동은 우울, 불안, 공포 등으로 인하여 일상적인 활동에 잘 참여하지 못하므로 사회적으로 고립된다. 이들은 열등감, 무능감, 불안과 두려움, 사랑받지 못한다는 느낌, 실패에 대한 두려움, 과민반응 등의 특성을 보인다.

5 정신증적 행동

정신증적 행동을 보이는 아동들은 병리학적으로 심한 상태에 있는 아동을 말하며, 아동기 자폐증과 아동기 정신분열증 등이 여기에 포함된다.

6 과잉행동

과잉행동을 보이는 아동은 전형적으로 불안정하고 예측할 수 없으며 주의가 산만하고 충동적이며 성급하고 파괴적인 행동을 보인다.

2) 정서 · 행동장애의 특성

정서 · 행동장애 아동은 일상적인 상황에서 일반아동과는 비교할 수 없는 부적절한 행동이나 감정을 나타내며, 또한 지적, 감각적 및 신체적 혹은 건강 문제로 설명되어질 수 없는 심한 학습부진을 보인다. 일반적으로 이들은 또래 아동 및 성인에게 수용될 수 없는 문제행동의 빈도가 매우 높게 나타나며, 이들과 만족스러운 대인관계를 형성하거나 유지하지 못한다. 또한 개인 및 학교 문제와 관련된 신체적 증후, 공포 및 두려움 등은 아동들의 학업성취와 사회적 관계에 부정적인 영향을 미치게 된다.

일반적으로 정서 · 행동장애 아동들은 외현화와 내면화의 두 차원에서 또래집단의 규준을 유의미하게 벗어나는 행동 특징을 가진다.

(1) 외현화 행동(externalizing behaviors)

정서 · 행동장애 아동이 보이는 가장 일반적인 외현화 행동장애 유형으로는 자리이탈, 큰소리 지르기, 또래 방해하기, 때리기 혹은 싸우기, 교사 무시하기, 불평하기, 지나친 논쟁하기, 훔치기, 거짓말하기, 물건 파괴, 지시 불이행, 울화, 또래활동에의 참여 곤란, 숙제를 하지 않는 것 등이 있다. 주의해야 할 점은 이러한 행동을 보인다고해서 모두가 정서 · 행동장애가 아니라 이러한 행동 특성을 만성적으로 심하게 나타낼 때 문제가 된다는 점이다.

취학전 아동들이 보이는 반사회적 행동의 초기 징후들은 잘 사라지지 않으며, 오히려 이들은 학교에 진학하면서 자신과 다른 사람들에게 부적절한 행동을 하면서 성장하게 된다. 아동기 초기에 나타나는 반사회적 행동은 청소년기의 비행을 예언하는 가장 좋은 지표가 되며, 공격행동을 보이는 아동이 성장하여 청소년이 되면 퇴학을 당하거나 구속, 약물 남용 등을 보일 가능성은 매우 높아진다.

(2) 내면화 행동(internalizing behaviors)

정서 · 행동장애 아동 중 일부는 외현화 행동장애와 반대로 다른 사람들과 사회적 상호작용을 거의 보이지 않는 내면화 행동장애를 보이기도 한다. 이와 같이 미숙하고 위축된 아동들은 반사회적 아동들과는 달리 다른 사람들을 위협하지는 않지만 자신의 발달에 심각한 장애를 초래한다. 이들은 또래와 놀이를 하지 못하고 친구를 사귀는 사회적 기술이 부족하며 백일몽과 환상에 자주 빠지기도 한다. 또한 이유 없이 사물을 무서워하고 자주 아프다고 호소하며 우울해 한다. 이와 같은 불안과 기분장애를 가진 아동들은 반사회적 아동들보다 교사들을 덜 방해하므로 잘 확인되지 않는 위험이 있다.

(3) 지능 및 학업성취

정서 · 행동장애 아동들의 지적 능력은 대다수가 경도 정신지체 범주에 속하고, 상대적으로 평균 이상의 지능을 보이는 경우는 비교적 적은 편이다. 이와 같이 낮은 지능은 정서 · 행동장애 아동의 학업성취도와 사회적 성취도를 가장 잘 예언해 주는 단일 변인이라고 주장하기도 한다. 이들의 낮은 지적 능력은 읽기와 수학 능력 등의 학업과제를 학습하는 과정에 부정적인 영향을 준다. 대부분의 정서 · 행동장애 아동들의 학업수준은 자기 학년보다 1년 이상 지체되며, 심한 정서 · 행동장애 아동들은 기초적인 학업기술 외에도 기본적인 자조기술조차도 가지고 있지 못한 경우가 많다.

(4) 적응행동

정서 · 행동장애 아동들은 가정, 학교, 지역사회 환경에 적응하는 데 있어 다양한 형태의 문제를 보인다. 가장 보편적인 문제 중의 하나가 품행장애(Conduct Disorder)인데, 품행장애와 학교생활 실패와의 상관관계는 매우 높은 것으로 알려져 있다. 따라서 외부로 드러나는 문제행동을 보이면서 학업성취가 낮은 아동들에 대해서는 각별한 관심과 교육이 필요하다. 사회적으로 미성숙하고 위축된 행동을 보이는 아동들은 정상적인 발달의 특성인 만족스러운 인간관계를 발달시키지 못하기 때문에 사회적으로 고립되어 친구가 거의 없으며 사회적 기술이 부족하다. 이러한 사회적 위축행동은 겉으로 드러나는 공격행동과는 달리 잘 발견되지 않는 경우가 많기 때문에 조기 발견을 위해서는 교사의 각별한 관심이 요구된다.

(5) 과잉행동, 충동성, 산만함

정서 · 행동장애 아동들의 보편적 행동 특성으로 과잉행동, 충동성, 산만함 등의 세 가지가 있다. 첫째, 과잉행동(hyperactivity)은 활동의 양이 주어진 과제나 연령에 비해서 지나치게 과도하게 나타내는 것을 말한다. 둘째, 충동성(impulsivity)은 주의 깊은 생각이나 목적 없이 충동적으로 행동하는 경향을 말한다. 셋째, 산만함(distractablility)은 과제에 대한 집중력과 관련된 용어로, 학교 활동을 하는데 있어서 주변의 무관 자극으로부터 쉽게 방해를 받거나 특정 과제에 주의를 기울일 수 없는 것을 말한다.

(6) 기타의 행동 특성

정서 · 행동장애 아동의 기타 행동 특성으로는 기능적인 목적 없이 동일한 행동을 반복하는 상동행동, 자해행동, 청소년 비행 등이 있다. 이 중에서도 특히 청소년들에게서 점점 더 증가하고 있는 음주나 다양한 종류의 약물복용, 자살행위는 이들을 교육하는 많은 전문가들의 우려를 낳고 있다. 학생들의 음주나 약물복용 등은 학교 수업에 대한 관심, 수행의 질, 학교나 부모, 또래들을 향한 태도에 많은 악영향을 미치며, 자아개념에도 부정적인 영향을 미친다. 특히 청소년의 자살행위는 점차 증가하고 있는데, 이것은 심한 좌절감이나 우울증, 약물이나 알코올 중독과 함께 나타나기도 한다. 교사들은 사전에 세심한 관찰을 통해 문제를 사전에 예방하고 발견 시에는 전문가의 도움을 받는 것이 바람직하다. 그러므로 이러한 아동들이 학교나 지역사회에서 어떤 전문적인 도움을 받을 수 있는지에 대해서 사전에 숙지하고 있어야 한다.

5. 정서 · 행동장애의 하위유형

1) 주의력 결핍 과잉행동 장애

주의력 결핍 과잉행동 장애(Attention Deficit Hyperactivity Disorder; ADHD)는 학령 전기와 학령기에 가장 일반적으로 나타나며, 주의력 결핍(inattention), 과잉행동(hyperactivity), 충동성(impulsivity) 등으로 인해 정상적인 학교생활 및 가정생활에 많은 어려움을 초래하는 장애다. ADHD 아동은 이러한 문제들로 인하여 낙제나 유급과 같은 학업적인 어려움을 보이게 되고, 지적 능력에 비해 낮은 학업성취를 나타내는 경향을 보인다. ADHD의 출현율은 학령기 아동의 약 3~5% 정도로 상당히 높게 나타난다.

ADHD의 특성을 구체적으로 살펴보면 다음과 같다.

첫째, 주의력 결핍(inattention)이다. ADHD 아동은 선택적 주의집중과 주의집중 유지에 문제를 보인다. 선택적 주의집중이 되지 않는 아동은 부적절한 자극에 초점을 맞추거나 적절한 자극에 집중해야 할 때 쉽게 주의가 산만해지기 때문에 교실에서의 학업수행이 어렵게 된다.

둘째, 과잉행동(hyperactivity)이다. ADHD 아동은 허락 없이 자리에서 이탈하거나 뛰어다니며 팔과 다리를 끊임없이 움직이는 등 활동수준이 매우 높다. 교실에서의 과잉행동은 자리를 이탈하는 것, 몸을 흔드는 것, 안절부절못하는 것, 앉아 있을 때 다리를 계속해서 흔드는 것, 연필을 툭툭 치는 것, 손을 가만히 두지 못하는 것 등으로 나타난다. 과잉행동을 보이는 아동들은 자주 학급 규칙을 어기고 다른 사람을 혼란스럽게 하며 학업에서 뒤처지게 됨으로써 학급관리를 어렵게 한다.

셋째, 충동성(impulsivity)이다. ADHD 아동은 여러 가지 행동 가운데 어떤 행동이 적절한 것인지를 판단하지 못하는 경우가 많으며 이러한 현상은 아동의 충동성이 인지적 측면으로 반영된 것이라 볼 수 있다. 충동성은 교실과 가정에서의 과제 완수에 영향을 미칠 뿐만 아니라 대인관계에서도 심각한 영향을 미칠 수 있다. 이런 충동성은 학업 환경에서도 그대로 반영되는데 문제를 풀 때 지시문을 끝까지 읽지 않는다든가 선택 답안을 모두 읽지 않고 답을 선택하는 것을 말한다. 또한 앞의 장애물을 보지 못하고 뛰어가다가 넘어지거나 위험한 차도를 잘 살피지 않고 뛰어들어 교통사고를 당하는 위험도 높다.

DSM-Ⅳ-TR(APA, 2000)에서 제시하고 있는 ADHD의 진단기준은 다음과 같다.

A. (1) 또는 (2)에 해당됨

(1) 다음에 제시한 주의력 결핍 증상 중 6가지(또는 그 이상)가 발달 수준과 불일치하는 부적절한 정도로 적어도 6개월 동안 지속적으로 나타난다.

- 주의력 결핍(inattention)

① 흔히 상세한 내용에 주의 깊게 집중하지 못하거나 학업, 작업, 기타 활동에서 부주의로 인한 실수를 저지른다.

② 흔히 과제나 놀이 활동에서 지속적으로 집중하는 데 어려움을 보인다.

③ 흔히 다른 사람이 직접 말을 할 때 말을 듣지 않는 것처럼 보인다.

④ 흔히 지시를 완수하지 못하고 학업, 잡일, 작업장에서의 과제를 수행하지 못한다(반항적인 행동이나 지시를 이해하지 못해서가 아님).

⑤ 흔히 과제나 활동을 조직화하는 데 어려움을 보인다.

⑥ 흔히 지속적인 정신적 노력이 필요한 과제(학업이나 숙제와 같은)에 참여하기를 피하거나 싫어하거나 꺼려한다.

⑦ 흔히 과제나 활동을 위해서 필요한 물건들(예 : 장난감, 숙제, 연필, 책, 공구)을 잃어버린다.

⑧ 흔히 외부자극에 의해서 쉽게 산만해진다.

⑨ 흔히 일상적인 활동을 잊어버린다.

(2) 다음의 과잉행동－충동성 증상 중 6가지(또는 그 이상)가 발달 수준과 불일치하는 부적절한 정도로

적어도 6개월 동안 지속적으로 나타난다.

- 과잉행동(hyperactivity)

① 흔히 손이나 발을 가만히 두지 못하거나 의자에 앉아서도 몸을 뒤튼다.
② 흔히 자리에 앉아 있어야 하는 교실이나 기타 상황에서 자리를 이탈한다.
③ 흔히 부적절한 상황에서 지나치게 뛰어다니거나 기어오른다(청소년기나 성인기, 주관적인 판단에 의해 쉼 없이 움직이는 것으로 여겨지는 경우).
④ 흔히 조용히 여가 활동에 참여하거나 놀이를 하는데 어려움을 보인다.
⑤ 흔히 가만히 있지 못하고 모터가 달린 것처럼 행동한다.
⑥ 흔히 지나치게 말을 많이 한다.

- 충동성(impulsivity)

① 흔히 질문이 끝나기도 전에 성급하게 답을 말한다.
② 흔히 차례를 기다리는 데 어려움을 보인다.
③ 흔히 다른 사람의 활동을 방해하거나 간섭한다(예 : 대화나 게임에 참견한다).

B. 장애를 일으키는 몇몇 과잉행동－충동성이나 주의력 결핍 증상이 7세 이전에 나타난다.
C. 증상으로 인한 장애가 2개 이상의 환경에서 나타난다(예 : 학교(또는 작업장)와 가정).
D. 사회적, 학업적, 직업적 기능에서 임상적으로 심각한 장애의 명백한 증거가 있어야 한다.
E. 증상이 전반적 발달장애, 정신분열증 또는 기타 정신증적 장애의 경과 중에만 나타나지 않으며, 다른 정신장애(예 : 기분장애, 불안장애, 해리성장애, 성격장애)에 의해서 더 잘 설명되지 않는다.

2) 적대적 반항장애(반항성 장애)

적대적 반항장애(Oppositional Defiant Disorder; ODD) 아동들은 권위적인 인물에 대한 끊임없이 계속되는 비협조적이고 적대적인 태도로 인하여 일상적인 기능에 심각한 지장을 초래한다. 적대적 반항장애는 뚜렷하게 반항적이고 불복종적이며 도발적인 행동을 보이지만, 품행장애와는 달리 타인의 권리에 대한 중대한 침해가 없으며 반사회적 행동이나 공격적 행동이 두드러지지 않는 특징을 갖는다. 일부 학자들은 품행장애와 질적으로 다른 장애가 아니고 품행장애의 가벼운 형태로 간주하기도 한다. 적대적 반항장애의 출현율은 표본 집단의 특성과 조사방법에 따라 2～16%로 다양하게 나타난다.

DSM-Ⅳ-TR(APA, 2000)에서 제시하고 있는 적대적 반항장애의 진단기준은 다음과 같다.

A. 거부적, 적대적, 도전적 행동 양상이 적어도 6개월 이상 지속되고, 다음 중 적어도 4가지(또는 그 이상)가 존재한다.
(1) 흔히 버럭 화를 낸다.
(2) 흔히 어른과 논쟁한다.
(3) 흔히 적극적으로 어른의 요구나 규칙을 무시하거나 거절한다.
(4) 흔히 고의적으로 타인을 귀찮게 한다.

(5) 흔히 자신의 실수나 잘못된 행동을 남의 탓으로 돌린다.
(6) 흔히 타인에 의해 기분이 상하거나 쉽게 신경질을 낸다.
(7) 흔히 화내고 원망한다.
(8) 흔히 악의에 차 있거나 앙심을 품고 있다.
- 주의 : 나이가 비슷하고 동일한 발달 수준에 있는 다른 사람들에게서 전형적으로 관찰되는 것보다 반항적 행동이 더 빈번하게 발생될 경우에만 진단기준을 고려한다.

B. 행동의 장애가 사회적, 학업적, 직업적 기능에 임상적으로 심각한 장애를 일으킨다.
C. 이 행동은 정신증적 장애 또는 기분장애의 기간 중에만 나타나지 않는다.
D. 품행장애의 진단기준에 맞지 않아야 하며, 18세 이상이라면 반사회성 인격장애의 진단기준에 맞지 않아야 한다.

3) 품행장애

품행장애(Conduct Disorder; CD)는 정서 및 행동장애의 가장 보편적인 장애 중의 하나로 비교적 오랫동안 관심받고 있는 장애다. 품행장애는 1968년 미국 정신의학회(APA)에서 발간한 정신장애 진단 및 통계편람 Ⅱ판(DSM-II)에서 품행의 장애(Disorders of Conduct)라는 용어로 등장하였고, 1980년의 정신장애 진단 및 통계편람 Ⅲ판(DSM-III)에서 품행장애(Conduct Disorder)라는 용어가 처음 사용되기 시작하여 현재까지 이르고 있다.

품행장애는 다양한 행동 문제를 포함하지만 다른 사람의 권리를 침해하는 장애로 만성적일 경우에는 또래나 가족구성원 간의 사회적 관계에 많은 문제를 야기한다. 유아기에 나타나는 품행장애는 청소년기까지 지속되어 성인기 생활에 많은 영향을 미치므로 적절한 예방과 조기교육이 필요하다. 품행장애의 출현율은 표본 집단의 특성과 조사방법에 따라 다양하게 나타나는데 18세 이하의 남자에서는 6~16%이며 여자는 2~9%이다.

DSM-Ⅳ-TR(APA, 2000)에서 제시하고 있는 품행장애의 진단기준은 다음과 같다.

A. 다른 사람의 기본적 권리를 침해하고 나이에 맞는 사회적 규범 및 규칙을 위반하는 지속적이고 반복적인 행동 양상으로서, 다음 가운데 3개 이상의 항목이 지난 12개월 동안 있어 왔고, 적어도 1개 항목이 지난 6개월 동안 있어 왔다.
- 사람과 동물에 대한 공격성

(1) 흔히 다른 사람을 괴롭히거나 위협하거나 협박한다.
(2) 흔히 육체적인 싸움을 도발한다.
(3) 다른 사람에게 심각한 신체적 손상을 일으킬 수 있는 무기를 사용한다(예 : 방망이, 벽돌, 깨진 병, 칼, 총).
(4) 사람에게 신체적으로 잔혹하게 대한다.

(5) 동물에게 신체적으로 잔혹하게 대한다.
(6) 피해자와 대면한 상태에서 도둑질을 한다(예 : 노상 강도, 날치기, 강탈, 무장 강도).
(7) 다른 사람에게 성적 행위를 강요한다.

• 재산의 파괴

(8) 심각한 손상을 입히려는 의도로 일부러 불을 지른다.
(9) 다른 사람의 재산을 일부러 파괴한다(방화는 제외).

• 사기 또는 도둑질

(10) 다른 사람들의 집, 건물, 차를 파괴한다.
(11) 물건이나 호감을 얻기 위해, 또는 의무를 회피하기 위해 거짓말을 흔히 한다(예 : 다른 사람을 속인다).
(12) 피해자와 대면하지 않은 상황에서 귀중품을 훔친다(예 : 파괴와 침입이 없는 도둑질, 문서 위조).

• 심각한 규칙 위반

(13) 13세 이전에 부모의 금지에도 불구하고 밤늦게까지 집에 들어오지 않는다.
(14) 친부모 또는 양부모와 같이 사는 동안 적어도 2번 가출한다(또는 오랫동안 돌아오지 않는 1번의 가출).
(15) 13세 이전에 무단결석이 시작된다.

B. 행동의 장애가 사회적, 학업적, 직업적 기능에 임상적으로 심각한 장애를 일으킨다.
C. 18세 이상일 경우 반사회성 인격장애의 진단기준에 맞지 않아야 한다.

〈유형〉

· 소아기 발병형 : 10세 이전에 품행장애 특유의 진단기준 가운데 적어도 1가지가 발생한 경우다.
· 청소년기 발병형 : 10세 이전에는 품행장애의 어떠한 진단기준도 충족시키지 않는다.

〈심각도〉

· 가벼운 정도 : 품행문제의 수가 진단을 내리기 위해 요구되는 정도를 매우 적게 초과하여 나타나며 다른 사람에게 단지 가벼운 해를 끼친다.
· 중간 정도 : 품행문제의 수와 다른 사람에게 해를 끼치는 영향의 정도가 가벼운 정도와 심한 정도의 중간이다.
· 심한 정도 : 품행문제의 수가 진단을 내리기 위해 요구되는 정도를 매우 많이 초과하여 나타나거나 다른 사람에게 심각한 해를 끼친다.

4) 기분장애

기분장애(Mood Disorder)는 본질적인 감정의 장애로 완전 또는 부분적인 조증 또는 우울증의 증후를 나타내는 기분의 장애가 주축이 되는 일련의 정신장애를 말한다. 여기에는 기분이 저조한 상태인 우울증(Depression)과 기분이 들뜬 상태인 조증(Mania)이 있다. 우울증은 자기의 모든 생활이 우울한 기분으로 덮여 있고 정신운동의 저하, 자살의욕, 염세감, 자책감 그리고 절망에 사로잡혀 있는 병리 현상을 말하고, 조증은 현실적 여건과는 맞지 않게 자기 스스로 기분이 들뜨고 자신감과 자존심에 차 있는 병리현상이다.

DSM-IV-TR(APA, 2000)에 의하면 기분장애는 크게 우울장애(Depressive Disorder)와 양극성장애(Bipolar Disorder)로 나뉘게 된다. 우울장애는 다시 주요우울장애(Major Depressive Disorder)와 기분부전장애(Dysthymic Disorder)로 구분되고, 양극성장애는 I형 양극성장애(Bipolar I Disorder)와 II형 양극성장애(Bipolar II Disorder), 순환성장애(Cyclothymic Disorder)로 분류된다.

(1) 우울장애

주요우울장애(Major Depressive Disorder)는 조증 삽화, 혼재성 삽화, 경조증 삽화의 병력 없이 한 번 이상의 주요우울증 삽화를 보이는 경우를 말한다. 주요우울장애는 청소년과 성인에 있어서 남자보다 여자에게서 2배 정도 많이 발생한다. 그리고 주요우울장애는 빈번하게 물질관련장애, 공황장애, 강박장애, 거식증, 폭식증, 경계선 성격장애와 함께 나타난다. 기분부전장애(Dysthymic Disorder)는 만성적으로 2년 이상(아동 · 청소년은 1년) 지속적으로 나타나는 가벼운 우울증으로 주요우울증 삽화가 없다. 우울기 동안에 식욕부진이나 과식, 불면이나 수면과다, 기력의 저하나 피로감, 자존심 저하, 집중력 감소나 결정 곤란, 절망감 등의 증상 중에서 2가지 이상을 보인다.

(2) 양극성장애

양극성장애(Bipolar Disorder)는 조증 삽화, 혼재성 삽화 또는 경조증 삽화를 보이며, 보통 여기에 주요우울증 삽화가 함께 나타난다. I형 양극성장애(Bipolar I Disorder)는 한번 이상의 조증 삽화나 혼재성 삽화를 보이며 보통 주요우울증 삽화를 동반한다. II형 양극성장애(Bipolar II Disorder)는 한번 이상의 주요우울증 삽화를 보이며 적어도 한번의 경조증 삽화를 동반한다. 순환성장애(Cyclothymic Disorder)는 조증 삽화의 진단기준을 충족시키지 않는 경조증과 주요우울장애의 진단을 충족시키지 않는 우울증상을 2년 이상 지속적으로 보인다.

5) 불안장애

불안이란 사람이 친숙하지 않은 환경에 적응하고자 할 때 나타나는 가장 기본적인 반응 양상이다. 정상적인 불안은 위험을 내포한 위협적인 상황에서 느끼는 자연스럽고 적응적인 심리적 반응인 반면에 병적인 불안은 불안반응이 부적응적인 양상으로 작용하는 것을 말한다. 병적인 불안은 다음과 같은 점에서 구별된다. 첫째, 현실적인 위험이 없는 상황이나 대상에 대해서 불안을 느끼는 경우, 둘째, 현실적인 위험의 정도에 비해 과도하게 심한 불안을 느끼는 경우, 셋째, 불안을 느끼게 한 위협적 요인이 사라졌음에도 불구하고 불안이 과도하게 지속되는 경우 등이다.

정신분석 이론에서는 불안을 임박한 위험을 경고하는 경계신호로서 심리적 평형상태를 위협하는 생각이나 충동에 대한 위험신호로 보고 있으며, 학습이론에서는 불안을 과거에 벌과 함께 경험한 어떤 자극에 대해 조건화된 공포반응이라고 본다. 유전학적 이론에서는 어떤 사람은 일반 사람들과는 달리 특정 스트레스를 받는 상황에서 병적으로 불안해지는 신체적 조건을 타고난다고 보고 있다.

DSM-IV-TR(APA, 2000)에서는 불안장애(Anxiety Disorder)를 공황장애, 공포증(광장공포증, 사회공포증, 단순공포증), 강박장애, 외상 후 스트레스장애, 일반화된 불안장애로 구분하고 있다.

6) 하위유형간의 상관

품행장애(CD) 아동의 대부분은 적대적 반항장애(ODD)의 기준을 충족하는데, 품행장애 남아의 96%는 적대적 반항장애를 보인다. 발병 연령은 적대적 반항장애는 6세, 품행장애는 9세인데, 이것은 품행장애에 앞서 적대적 반항장애가 먼저 나타난다는 것을 보여준다. 대부분의 품행장애 아동이 적대적 반항장애의 기준을 충족시키기는 하지만 적대적 반항장애가 전부 품행장애로 전이되는 것은 아니다.

적대적 반항장애와 품행장애는 주의력 결핍 과잉행동 장애(ADHD)와 함께 출현하는 경우가 많다. ADHD로 진단된 아동의 35～70%가 적대적 반항장애로 발전하고 30～50%가 품행장애로 전이한다고 본다. ADHD 아동은 충동성, 부주의, 과잉행동 등의 특성으로 인한 양육 문제는 적대적 반항장애의 조기출현을 가져오게 하고, 지속적으로 적대적 반항장애와 품행장애를 유지하고 악화시킬 수 있다. 품행장애 아동은 불안과 우울과 같은 내면화 장애를 많이 보이며, 품행장애와 불안장애의 동시발생 비율은 19～53%로 다양하게 나타난다. 남자의 경우 청소년 이전 단계에서 청소년기로 가는 사이에 많이 발생하고 젊은 여성의 경우는 청소년기에서 성인기로 가는 사이에 많이 발생한다.

6. 정서 · 행동장애의 교육방법

정서 · 행동장애의 원인을 어떠한 관점에서 바라보는가에 따라 아동들을 어떻게 가르치고 다루어야 하는가가 대부분 결정된다. 그러므로 어떤 특정한 이론적 모델의 입장을 취하기 전에 다양한 모델에 대하여 알고 있어야 한다. 각각의 이론은 독특한 용어와 판별 절차 그리고 선호하는 중재방식을 가지고 있다.

정서 · 행동장애의 교육방법을 다섯 가지 주요 개념적 모델을 중심으로 구체적으로 살펴보면 다음과 같다.

1) 행동주의 모델

행동주의나 응용행동분석이론에서는 문제행동을 잘못된 학습에서 기인된 결과라고 보며, 이들은 아동이 어떻게 생각하는가보다는 어떻게 행동하는가에 더 많은 관심을 보인다. 문제행동은 특정 환경적 영향으로 나타나기 때문에 상황적 변인들을 중심으로 평가하고 중재를 하면 아동의 행동도 변화할 것이라고 본다. 행동주의 모델의 특징을 살펴보면, 첫째, 모든 행동은 학습된 것이므로 잘못 학습된 행동을 제거하거나 새로운 학습을 통해 바람직한 행동으로 대체할 수 있다. 둘째, 행동의 유발과 유지는 주로 환경에 의해 결정된다. 셋째, 행동주의는 개인의 정신 내적인 힘이나 내적인 요인에 관심을 두지 않고 관찰 가능한 행동만을 강조한다.

행동주의 이론은 고전적 조건화, 조작적 조건화, 사회학습(모델링)에 기초하고 있다. 먼저 고전적 조건화 이론은 반사적 반응을 유발하는 자극과 새로운 자극이 반복해서 제시됨으로써 새로운 자극만을 원하는 반응이 유발되며, 아동들은 새로운 자극이나 상황에서 반응하는 것을 학습한다고 본다. 조작적 조건화 이론은 환경으로부터 특정의 바람직한 후속결과를 산출하는 수의적 반응으로 강화와 벌을 조작함으로써 행동의 변화가 가능하다는 것이다. 사회학습 이론은 행동은 관찰학습과 대리학습을 통하여 학습될 수 있다는 것이다.

행동주의 모델은 학업이나 사회성 영역에서 새로운 행동을 가르치거나 행동을 관리하기 위해 다양한 기법들을 사용하는데, 일반적으로 다음과 같은 절차를 포함한다.

① 목표설정 : 아동의 학습내용과 습득수준을 정한다.
② 현재의 기능수준 평가 : 교육과정중심평가를 통하여 습득한 기술과 선수조건에 도달하였는지를 평가하고, 사회성 행동의 경우에는 관찰 기록과 기능평가를 포함할 수 있다.
③ 학습목표를 행동적 용어로 상세하게 기술하기 : 학습목표를 수행조건, 행위동사, 목표수준을 포함하여 기술하며, 목표들은 과제분석을 통하여 세분화한다.
④ 계획 : 목적과 목표, 학습활동과 자료, 평가 절차에 대한 정보를 포함하는 수업계획을 작성한다.
⑤ 교수 실시 : 프로그램 교수, 직접교수, 컴퓨터 보조교수, 반복연습, 개별화교육 프로그램, 역할놀이, 모델링, 촉구, 정밀학습, 우발학습, 분산시도학습, 행동시연, 구조화된 상호작용, 숙달학습 중에서 개인 및 집단의 특성과 교육목표, 수업계획에 적합하고 효과적인 방법을 찾아 적용한다.
⑥ 아동의 성취 점검 : 아동의 성취과정을 관찰기록법을 통하여 지속적으로 평가한다.
⑦ 아동의 성취 평가 : 아동의 성취 정도가 적절한지 판정하고 다음 단계의 학습 목표로 진행하는지 여부를 결정한다. 평가 방법은 그래프, 교육과정 중심 사정, 기타 수행평가 전략 등을 사용한다.

학령기 정서 · 행동장애 아동에게는 사회성 기술훈련을 자주 사용하는데, 이것은 아동들이 적절하게 행동하는 방법을 알지 못해 부적절한 사회적 행동을 보이는 것이라고 보기 때문이다. 사회성 기술훈련은 아동의 사회적 능력을 향상시키기 위한 직접적이고 계획적인 교수를 말하며, 설명, 모델링 역할놀이 혹은 시연, 정적강화 등의 기법들이 종합적으로 적용된다. 그리고 행동을 증가시키기 위해서는 강화, 행동계약, 토큰경제 등의 방법을 사용하고, 행동을 감소시키기 위해서는 차별강화, 벌, 타임아웃, 신체적 구속 등의 방법을 사용한다.

2) 인지주의 모델

인지주의 모델에서는 정서 · 행동장애가 잘못된 인지에서 발생한다고 본다. 인지주의자들은 지각이나 신념의 변화를 통해 개인들이 자신의 정서 및 행동 반응을 변화시킬 수 있다고 믿는다. 따라서 아동이 자신의 목표, 행동, 사고에 대해 정확하게 생각할 수 있도록 자신의 인지와 세계관을 재구조하거나 새로운 인지기술과 전략을 사용하도록 가르친다.

교육적 중재 방법에는 합리적 정서행동치료(REBT), 대인관계 문제해결 훈련, 자기관리, 자기조절 훈련 등이 있다.

(1) 합리적 정서행동치료

합리적 정서행동치료(REBT)는 자신들이 변화시킬 수 없는 문제나 상황에 봉착한 학생들에게 문제해결 절차로 사용되는데, 이것은 학생들에게 문제가 되는 상황을 변경하거나 그 상황에 대한 자신의 생각을 바꾸도록 가르치는 것이다. 합리적 정서교육 교육과정은 연습 문제지, 집단 및 개별활동, 자기점검법, 자기평가, 행동시연, 재구성하기 등의 활동을 한다. 이러한 활동들을 통해 아동들이 자신의 사고가 자신의 행동에 영향을 미친다는 점과 자신의 사고를 통제할 수 있다는 점을 이해하기 시작하면 비합리적 사고에 대해 논박하고 합리적으로 진술할 수 있게 된다.

(2) 대인관계 문제해결 훈련

대인관계 문제해결 훈련은 자신의 문제를 해결하도록 가르침으로써 사회적 적응과 독립적 기능의 기초를 제공한다. 인지주의 모델에서 문제해결 능력이 없다는 것은 내적 사고과정에 결함을 가지는 것이므로 문제해결 훈련을 통해 다양한 유형의 사고능력을 향상시키고 일련의 문제해결 과정을 가르치는 것이 필요하다. 문제해결 과정을 학습한 아동들은 다양한 상황에서 사회적 요구에 맞는 행동과 적응하는 능력을 가지게 된다.

(3) 자기관리/자기조절 훈련

자기관리/자기조절 훈련은 자신의 행동을 스스로 관리함으로써 동기유발의 효과를 가지며 그 자체로 목표행동에 변화를 가져오게 하는 기능을 한다는 점에서 매우 바람직한 방법이다. 자기관리 기법에는 자기교수, 자기점검, 자기평가, 인지전략 교수 등이 있다. 첫째, 자기교수 훈련은 자신의 행동을 규제하기 위해 자기 자신에게 이야기하는 과정을 말하며, 둘째, 자기점검은 자신의 특정 행동을 스스로 관찰하고 기록하는 것이며, 셋째, 자기평가는 아동이 자신의 행동을 관찰하고 어떤 정해진 목적 혹은 기준에 의하여 평가하는 것을 말한다. 넷째, 인지전략 교수(CSI)는 수행을 촉진하는 목표 지향적이고 의식적으로 통제할 수 있는 과정으로 문자 전략(letter strategies), 핵심어(keyword) 방법, 말뚝어(pegword) 방법 등의 기억증진 전략을 사용한다.

3) 생태학적 모델

생태학적 모델에서는 문제행동의 원인이 개인과 환경 간의 상호작용에 있다고 가정하고 있다. 생태학적 이론가들은 문제행동을 개인의 특성, 환경적 체계, 서로에게 미치는 영향의 기능으로 파악하고 있다. 즉, 단일적 접근방법의 평가나 치료보다는 개인적 특성, 환경적 체제, 그리고 상호작용 변인들을 변화시키고 평가하는 것에 초점이 맞추어져 있다. 이러한 상호작용은 양방향성이기 때문에 환경이 아동을 변화시킬 뿐만 아니라 아동도 환경에 영향을 끼친다.

교육적 중재 방법을 가족체계, 교육체계, 사회적 체계로 구분하여 살펴보면 다음과 같다.

(1) 가족체계

정서 · 행동장애 아동을 상담하는데 있어서 부모의 참여는 꼭 필요하며, 성공적인 중재는 부모참여에 많이 의존한다. 즉, 부적절한 행동을 가정과 학교에서 일관성 있게 중재한다면 학생은 적절하게 행동하는 방법을 보다 쉽게 학습하고 유지할 수 있다.

(2) 교육체계

정서 · 행동장애 아동에게 제공되는 프로그램은 최소 제한적 환경에서 제공되어야 한다. 이러한 교실에서 교사는 정서 · 행동장애 아동들이 흔히 가지는 실패에 대한 기대보다는 수용과 성공의 환경을 창조하는 데에 목적을 둔다. 생태학적 학교프로그램은 아동을 치료하는 것이 아니라 아동의 생태계를 보다 원활하게 고치는 것을 목적으로 하며, 중재 대상은 아동뿐만 아니라 아동의 가정, 이웃, 학교, 사회적 기관, 그리고 지역사회 등도 포함된다.

(3) 사회적 체계

정서 · 행동장애 아동에게 영향을 미치는 사회적 체계에는 사회복지, 소년원, 정신건강 등이 있다. 사회복지 체계에서는 건강 서비스, 가족계획, 거주 서비스, 응급 처치 등과 같은 다양한 사회적 서비스를 가족들에게 제공하는 것이다. 그러므로 교사는 아동을 일상적으로 관찰을 할 수 있으므로 학대나 방임이 의심되는 아동이 있으면 관련기관과의 연계를 통하여 이들에게 적절한 지원이 이루어질 수 있도록 노력하여야 한다. 정서 · 행동장애 아동은 비행으로 인하여 법 위반의 가능성이 매우 높으므로 소년원 체계에게 적절한 지원이 이루어져야 한다. 또한 정서 · 행동장애 아동들은 심리학자나 정신의학자 등에게서 자신의 감정이나 행동을 통제할 수 있는 개별 혹은 집단상담이나 약물치료 등을 제공받아야 한다.

4) 정신역동적 모델

정신역동적 모델에서는 정신 내적 기능의 정상 · 비정상적 발달과 개인의 욕구에 초점을 두고 있다. 이 모델은 정서 · 행동 문제는 해결되지 못한 갈등, 방어기제의 과도한 의존, 성격구조의 심한 일탈 등 정신 내적 장애가 드러난 것이라고 보고, 개인의 무의식적 충동, 욕구, 불안, 죄의식, 갈등 등을 주로 평가하게 된다.

교육적 중재 방법을 인간중심교육, 현실치료, 정서교육을 중심으로 살펴보면 다음과 같다.

(1) 인간중심교육

인간중심교육에서는 인간중심주의 이념에 근거하여 학생들은 독립적이고 창의적으로 학습할 능력을 가지고 있으며, 학교에서의 모든 교육적 활동은 학생의 일상생활과 긴밀한 연관성을 가지는 것이어야 한다고 주장한다. 이는 교사주도의 수업이 아니라 학생들이 자신들의 삶과 밀접한 연관이 있는 지역사회 내의 다양한 활동에 적극 참여하여 그 경험을 통해 배우고 발달해 나갈 수 있도록 동기화하는 프로그램이다. 인간중심교육의 성공적인 실현은 교사와 학생 간에 얼마나 긍정적인 상호작용이 일어나는가에 달려 있다.

(2) 현실치료

현실치료(reality therapy)에서는 아동이 자신의 행동을 스스로 선택하기 때문에 활동뿐만 아니라 사고나 감정에 대해서도 아동에게 책임이 있다는 점을 강조한다. 장애아동은 자신을 둘러싼 세상의 현실을 부인하기 경향이 있기 때문에 현실은 아주 중요한 개념이다. 이들은 사회의 규칙이나 법규를 이해하거나 수용하지 않고 자신의 행동과 그 결과와의 관련성을 부인하며 자신의 어려움을 다른 사람이나 외부 사건 탓으로 돌리는 경향이 있다. 현실치료자들은 합리화나 변명으로 자신의 행동을 정당화하는 것을 거부하고 아동 스스로가 부적절한 행동을 알고 적절한 행동을 하는 방법을 배워야 한다고 주장한다.

(3) 정서교육

정서교육은 인지발달보다 아동의 참여를 우선적으로 가르쳐야 한다는 것이다. 교육은 느낌이나 태도, 가치, 대인관계에 대해 가르치는 것을 포함한다. 일반적으로 교사나 전문가가 소집단 아동들을 대상으로 드라마, 창작, 토론, 듣기 활동, 브레인스토밍 등의 활동을 지도한다.

5) 신체생리적 모델

신체생리적 모델은 의료적 모델의 일종으로 장애는 생물학적 소인이 환경적 요인에 의해 나타난 결과이거나 몇 가지 생물학적 결함이 복합적으로 나타난 것이라고 본다. 따라서 생리적, 생물학적 비정상성으로 초래된 장애는 의료적 조치를 통해 상태가 완화되거나 치료될 수 있다고 가정한다. 이 모델에서의 교사의 역할은 아동의 부모에게 신체생리적 중재에 대한 정보를 제공해 주고 학교에서의 아동의 행동을 관찰하여 전문가와의 연락을 주고받는 것이다. 즉, 약물치료나 식이요법 등의 중재로 인한 교실 내 행동변화를 점검하는 중요한 역할을 담당하게 되므로 체계적인 관찰방법을 알고 있어야 한다. 만약 아동이 약물치료를 받고 있다면 교사는 아동이 복용하고 있는 약물의 종류와 용량, 부작용 등을 사전에 숙지하고 있어야 한다.

교육적 중재 방법을 유전공학, 약물치료, 영양치료를 중심으로 살펴보면 다음과 같다.

(1) 유전공학

게놈 프로젝트(Genome Project)를 통한 정보는 유전적 상담과 태아기 진단을 통한 예방으로 여러 가지 장애를 예방할 수 있게 되었다. 유전공학의 발전은 장애를 예방하거나 치료하는 긍정적인 측면과 함께 이에 대한 윤리적, 법적 우려도 함께 높아지고 있다.

(2) 약물치료

약물치료(Drug Therapy)는 가장 널리 사용되어 온 신체생리학적 중재방법이다. 이는 장애 자체에 대한 치료적 처방이 아니라 임상적 특징에 근거한 처방이라는 점을 알아야 한다. Sweeney 등(1997)은 항정신성 약물을 심리자극제, 항우울제, 항정신제, 경련억제

제 등으로 구분하고 있으며, 정서 · 행동장애 아동에게 일반적으로 처방되는 약물에는 프로작(Prozac), 리탈린(Ritalin), 리스페리돈(Risperidone), 클로미프라민(Clomipramine) 등이 있다.

(3) 영양치료

영양치료는 정서 · 행동장애 아동들의 증상이나 문제행동이 원활하지 않은 신진대사의 문제나 신경정신과적 장애를 일으킬 수 있는 음식이나 음료에 대한 알레르기 반응에 의해 기인될 수 있다는 것이다. 식이요법을 통하여 방부제나 인공 색소 등을 먹이지 않는 체계적인 접근을 한다면 다른 중재 방법처럼 특정 아동들에게는 문제 행동이 완화될 수도 있다는 것이다.

11 자폐범주성장애아의 이해

1. 자폐범주성장애의 정의
2. 자폐범주성장애의 원인 및 출현율
3. 자폐범주성장애의 진단 및 평가
4. 자폐범주성장애의 특성
5. 자폐범주성장애의 하위유형
6. 자폐범주성장애의 교육방법

1. 자폐범주성장애의 정의

자폐범주성장애(Autism Spectrum Disorder; ASD)는 미국의 소아정신과 의사인 Kanner(1943)가 정신분열증과는 다른 증상을 지닌 11명의 아동사례를 발표하면서 유아 자폐증(Infantile Autism)이라고 처음 소개한 것에서 유래한다. 자폐범주성장애는 사회적 상호작용의 질적 결함, 의사소통의 질적 결함, 제한적이고 반복적인 상동행동 등을 보이는 장애이다.

자폐범주성장애는 전반적 발달장애(Pervasive Developmental Disorder; PDD)에 속하면서 사회성 및 언어발달 지체라는 공통점을 가지고 있는 자폐장애(Autistic Disorder), 아스퍼거장애(Asperger's Disorder), 레트장애(Rett's Disorder), 아동기붕괴성장애(Childhood Disintegrative Disorder), 그리고 달리 분류되지 않는 전반적 발달장애(Pervasive Developmental Disorder–Not Otherwise Specified) 등을 말한다. 이러한 장애들은 각각 독특한 양상을 나타내지만 동시에 사회성과 의사소통 발달 지체라는 공통점이 있어 최근에는 자폐성장애를 자폐장애와 비전형적 자폐장애를 포함한 포괄적인 용어인 자폐범주성장애로 사용하자는 움직임이 일고 있다. 자폐범주성장애는 자폐성장애의 범주에 해당되는 폭넓은 범위의 하위 유형들과 심각한 정도를 모두 지칭하는 용어로 사용되고 있다.

종래의 우리나라 특수교육진흥법에서는 '정서장애(자폐포함)'에 자폐범주성장애를 포함하여 분류하였으나, 2008년에 시행된 '장애인 등에 대한 특수교육법(시행 2008. 2. 29. 법률 제8852호)'에서는 '자폐성장애'를 독립적인 장애로 분리하여 표기하고 있다. 장애인 등에 대한 특수교육법 시행령(시행 2008. 5. 26. 대통령령 제20790호) 제10조 관련 별표에서는 '자폐성장애를 지닌 특수교육대상자'를 다음과 같이 정의하고 있다.

> 사회적 상호작용과 의사소통에 결함이 있고, 제한적이고 반복적인 관심과 활동을 보임으로써 교육적 성취 및 일상생활 적응에 도움이 필요한 사람

장애인복지법시행령(시행 2008. 12. 31.대통령령 제21214호) 제2조 관련 별표 1에서는 '자폐성 장애인'을 다음과 같이 정의하고 있다.

> 소아기 자폐증, 비전형적 자폐증에 따른 언어 · 신체표현 · 자기조절 · 사회적응 기능 및 능력의 장애로 인하여 일상생활이나 사회생활에 상당한 제약을 받아 다른 사람의 도움이 필요한 사람

미국 장애인교육법(Individuals with Disabilities Education Act; IDEA, 1997)에서 제시하고 있는 자폐성장애의 정의를 살펴보면 다음과 같다.

자폐증은 구어 및 비구어 의사소통과 사회적 상호작용에 심각한 영향을 미치는 발달장애로, 일반적으로 3세 이전에 나타나며, 아동의 교육적 성취에 부정적인 영향을 미친다. 자폐증과 자주 관련되는 다른 특성들은 반복적인 활동 및 상동적인 움직임, 환경적인 변화나 일과의 변화에 대한 저항, 감각적 경험에 대한 비전형적인 반응 등이 있다. 이 용어는 아동이 정서장애로 인하여 교육적 성취에 주요한 부정적인 영향을 받게 되는 경우에는 적용되지 않는다.

3세 이후에 자폐의 특성을 보이는 아동들도 앞에서 서술한 진단기준에 해당된다면 자폐증으로 진단할 수 있다.

미국자폐학회(Autism Society of America; ASA, 2004)에서는 자폐성장애를 다음과 같이 정의하고 있다.

자폐는 복잡한 발달장애로 생후 초기 3년 내에 나타난다. 두뇌의 기능에 영향을 미치는 신경학적 손상의 결과로 나타나며 자폐와 관련된 행동들은 1,000명 중 2~6명 정도에서 발견된다(Centers for Disease Control and Prevention, 2001). 자폐는 여아보다 남아에게 4배 정도 높게 나타나며, 인종이나 민족이나 사회적 지위와 관계없이 나타난다. 가족의 수입이나 삶의 형태, 교육수준 등은 자폐의 출현에 영향을 미치지 않는다.

2. 자폐범주성장애의 원인 및 출현율

1) 자폐범주성장애의 원인

과거에는 아동의 정서적 욕구에 무관심한 부모들이 자폐범주성장애의 원인이라고 생각하였으나 최근에는 자폐범주성장애가 후천적인 심리적 요인에 의하여 발생한다는 주장은 더 이상 수용되지 않고 있으며, 최근 연구에서는 비정상적인 두뇌 발달, 구조 및 신경화학의 형태, 유전적 요인, 임신 중의 특정 요소들과 같은 다양한 생물학적인 요인들이 추정하고 있으나 대다수의 경우 명확한 원인인자를 입증하지는 못하고 있다.

자폐범주성장애의 원인을 유전, 임신과 출산, 신경생리학적 원인, 생화학적 이상 등으로 구분하여 살펴보면 다음과 같다.

첫째, 유전적 원인으로 염색체에 이상으로 인하여 자폐범주성장애가 발생한다는 것이다. 자폐아동을 대상으로 한 연구에서 염색체에 있는 유전자의 이상을 발견하였다고 공통적으로 보고하고 있으며, 이들 중 소수에게서 유약 X 증후군(fragile-x syndrome)이 발견되기도 한다.

둘째, 임신과 출산시의 환경적 영향으로 인하여 자폐범주성장애가 발생하다는 것이다. 자폐아동에게서 고령 출산, 태아의 미성숙, 임신 중 출혈, 산모의 불안, 스트레스, 약물복용, 임신중독증, 바이러스 감염이나 바이러스 노출, 산전 산후 합병증, 분만촉진제에 의한 출산 등과 같은 위험 요소가 많이 확인되고 있다.

셋째, 전두엽, 측두엽, 소뇌, 변연계 편도핵, 대뇌 등의 손상과 같은 신경생리학적 원인으로 인하여 자폐범주성장애가 발생한다는 것이다. 자폐증 관련 연구에서 소뇌와 중앙 측두엽과 이와 관련된 변연계 구조에서 구조적 이상이 확인되고 있다. 전두엽의 손상은 자폐아동들에게 자주 보이는 언어적 문제나 언어 사용을 전혀 하지 못하는 이유가 설명해 준다. 또한 저기능 자폐아동은 해마와 편도핵이 있는 중앙 측두엽에 문제가 있어 시각 재인 기억과 같은 기본적 기억 기능에서 결함을 보이며, 자폐아동의 대다수가 소뇌의 특정 영역이 일반인보다도 훨씬 작다는 사실이 발견되었다.

넷째, 신경전달 물질의 이상과 같은 생화학적 원인으로 인하여 자폐범주성장애가 발생한다는 것이다. 신경전달 물질은 근육수축과 신경활동에 영향을 주는 화학매개체이며 기분, 정서, 사고과정에 영향을 주게 된다. 자폐아동의 약 1/3이 전체 혈류 세로토닌(serotonin)의 수준이 높게 보고되고 있는데, 세로토닌의 불균형은 주의력 산만, 극심한 부주의, 과격한 행동, 공포심, 우울증, 만성적 고통 등을 일으키게 된다. 또한 뇌 속의 도파민(dopamine) 수준이 높으면 과잉행동을 유발하기도 하는데 전반적으로 자폐아동의 도파민의 수준은 높게 나타난다.

2) 자폐범주성장애의 출현율

자폐범주성장애 아동은 미국에서 가장 빠르게 증가하고 있는 발달장애다. 현재 많은 전문가들과 부모들은 자폐성장애의 발생률이 과거에 비하여 상당히 높은 비율로 증가하고 있다는 사실에 동의하고 있지만, 실제로 자폐아동의 숫자가 정확하게 조사되지 않고 있기 때문에 그 발생률이 어느 정도인지를 말하기는 매우 어려운 실정이다.

자폐성장애의 출현율은 DSM-IV(APA, 1994)에서는 10,000명당 2~5명, Fombonne(1999)

은 10,000명당 4~5명 등으로 보고하고 있다. 최근에는 10,000명당 60명(Hyman, Rodier, & Davidson, 2001), 10,000명당 57명(Scott et al., 2002) 등으로 이전에 예상했던 것보다 훨씬 더 높은 출현율을 보고하고 있다. 이와 같이 자폐아동이 증가하는 이유는 장애에 대한 인식 확대, 더 폭넓은 신별 및 평가 질차, 서비스 확대, 자폐스펙트럼장애 아동의 실제 증가 때문인 것으로 여겨진다.

3. 자폐범주성장애의 진단 및 평가

아동의 구체적인 현재 수준을 파악하고 아동의 행동에 영향을 미치는 요인들을 판별하여 교육목표와 내용을 결정하기 위해서는 진단 및 평가가 필요하다. 이를 위한 방법으로 교사나 부모, 또래 친구들, 혹은 아동 자신에게 질문지나 평가척도를 작성하게 할 수 있다. 그리고 자연적인 상황이나 구조화된 상황에서 아동의 행동을 직접 관찰할 수 있다. 또한 특정 상황에 필요한 사회적 기술에 대한 지식을 아동이 알고 있는지를 검사할 수도 있다. 어떤 방법으로 평가할 것인지는 기본적으로 문제행동과 상황, 여건에 따라 달라지지만 최소한 두 사람 이상, 두 가지 상황 이상에서 복수의 방법으로 자료를 수집해야 한다. 정확한 진단을 위해서는 특수(일반)교사, 의사, 심리학자, 사회복지사, 물리치료사, 작업치료사 등의 평가팀에 의해 다양한 진단 및 평가 방법을 사용해야 한다. 또한 부모 보고서를 통해 아동의 강점과 약점, 언어 능력, 인지 능력, 행동 특성, 운동 특성 등의 정보를 수집하여 진단 및 평가에 포함시켜야 한다.

자폐범주성장애로 의심되는 아동을 평가하기 위해 개발된 도구에는 평정척도, 관찰 검목표, 진단 면접 등이 있다. 우리나라에서 사용되는 진단・평가 도구로는 심리교육 프로파일(PEP-R), 아동기 자폐증 평정척도(CARS), 이화-자폐아동 행동발달평가도구(E-CLAC), 한국 자폐증 진단검사(K-ADS), 자폐증 진단관찰 스케줄(ADOS) 등이 있다.

심리교육프로파일(PEP-R)은 김태련과 박랑규(2005)가 미국의 PEP-R을 한국의 아동들을 대상으로 표준화한 것이다. PEP-R은 자폐아동과 유사 발달장애아동의 발달수준과 특이한 학습 및 행동 패턴을 평가하여 개별화 교육계획에 활용하기 위해 제작된 검사다. PEP-R은 발달척도와 행동척도로 나누어져 있는데 발달척도는 7개영역 131개 문항으로 구성되어 있으며, 행동척도는 4개영역 43개 문항으로 구성되어 있어 총 174개 문항으로 이루어져 있다.

아동기 자폐증 평정척도(CARS)는 김태련과 박랑규(1996)가 미국의 CARS(1988)를 번역한 것으로 만 2세 이상의 아동을 대상으로 자폐성장애와 기타 발달장애를 구별하고 자폐성장애의 정도를 판별하기 위한 검사다. CARS는 15개 문항(사람과의 관계, 모방, 정서반응, 신체사용, 물체사용, 변화에 대한 적응, 시각반응, 청각반응, 미각 · 후각 · 촉각반응 및 사용, 두려움 또는 신경과민, 언어적 의사소통, 비언어적 의사소통, 활동수준, 지적 반응의 수준과 항상성, 일반적 인상)으로 구성되어 있으며 각 문항을 1점에서 4점까지 평정한다.

이화-자폐아동 행동발달 평가도구(E-CLAC)는 김태련과 박랑규(1992)가 일본의 CLAC(1982)을 모형으로 하여 우리나라의 아동을 대상으로 표준화한 것으로 만 1세부터 만 6세까지의 아동을 대상으로 행동발달 및 병리성 수준을 평가하기 위한 검사다. 검사대상으로 자폐아동이 중심이지만 자폐성장애로 의심되는 아동도 대상이 될 수 있으며 정신지체나 기타 장애를 가진 아동들의 경우에도 발달과정을 파악하는데 활용할 수 있다. E-CLAC은 총 56개 문항으로 구성되어 있는데 단계별로 체크하도록 되어 있는 척도문항(43개 문항)과 해당되는 모든 항목에 표시하도록 되어 있는 비척도문항(13개 문항)으로 나누어져 있으며, 척도문항은 다시 발달문항(18개 문항)과 병리문항(25개 문항)으로 나누어져 있다.

한국자폐증진단검사(K-ADS)는 DSM-Ⅳ-TR(APA, 2000)의 자폐성장애 진단기준과 GARS(Gilliam, 1995)을 기초로 하여 강위영과 윤치연(2004)이 우리나라 실정에 맞도록 제작한 진단도구로 자폐증이 의심되는 만 3세부터 만 21세까지의 아동 및 청소년을 대상으로 한다. K-ADS는 세 개의 하위검사(상동행동, 의사소통, 사회적 상호작용)로 구성되어 있는데, 각 하위검사마다 14개의 문항이 포함되어 있어 총 42개 문항으로 구성되어 있다.

자폐증 진단 관찰 스케줄(ADOS; Lord et al., 2000)은 반구조화된 관찰도구로서 정상적인 상호작용을 유도할 수 있는 다양한 놀이활동으로 구성되어 있으며, 자폐성장애의 진단, 행동양상 관찰, 치료효과 평가를 위해 사용할 수 있다. 이 검사는 걸음마기부터 성인의 연령 범위에 있는 자폐성장애가 의심되는 개개인을 위한 표준화된 4개의 모듈을 사용함으로써 대상자의 언어 수준과 가장 근접한 모듈을 선택하여 평가할 수 있다.

장애인 등에 대한 특수교육법 시행규칙(시행 2008. 6. 12. 교육과학기술부령 제5호) 제2조 제1항 관련 별표에서는 '자폐성장애' 아동을 진단 · 평가할 때에 적응행동검사, 성격진단검사, 행동발달평가, 학습준비도검사를 각각 실시해야 한다고 명시하고 있다.

4. 자폐범주성장애의 특성

1) 인지적 특성

자폐아동의 지능은 매우 심한 정신지체에서 우수한 능력까지 매우 다양하다. 약 70~80%가 정신지체 수준의 지능을 가지고 있으며, 자폐아동의 약 20% 정도는 평균 이상의 지적 기능을 가진 고기능 자폐(High Functioning Autism; HFA)아동이다. 고기능 자폐아동들은 평균 이상의 지적 능력을 가지고 있으나 자폐적 특성은 그대로 가지고 있기 때문에 교육 현장에서 다양한 어려움에 직면하게 된다. 특히 아스퍼거장애는 평균이나 평균 이상의 지능을 보이는 것으로 알려져 있다. 자폐아동들 중 약 10% 정도가 특정 영역에서 뛰어난 능력이나 기술을 보이기도 하는데 이것을 '자폐적 우수성(Autistic Savant)' 또는 '우수성 증후군(Savant Syndrome)'이라고 한다.

자폐아동은 일반아동에 비해 필요한 학습자극에 대한 선택적 주의집중이 어렵고 주의집중 시간이 짧으며 주의집중의 이동이 어렵기 때문에 한번에 여러 가지 자극을 자발적으로 이동하는데 어려움이 있다. 또한 자극의 과잉투입이론 등 원하는 자극 이외의 자극이 과잉으로 투입됨에 따라 필요한 자극이 선택적으로 사용할 수 없는 특성을 보인다. 또한 하나의 자극에서 다른 자극으로 주의를 이동시키는 주의력 이동의 어려움을 보이며, 청각적 정보보다는 시각적 정보를 더 선호하는 경향을 보인다.

자폐아동은 기억과정상의 결함으로 인하여 투입된 정보를 기억하여 식별하는 기능에 어려움을 보인다. 개념형성 학습이 어려워 여러 가지 개념을 복합적으로 이용해야 하는 학습에 장애를 초래한다. 자폐아동은 한번 학습한대로 또는 기억한대로 행동하거나, 융통성이 없는 행동, 일반화가 되지 않는 행동 등으로 인해 어려움을 보인다. 이들은 서술기억에서는 비교적 손상이 많으나 절차기억은 비교적 손상이 적으며, 뛰어난 기계적 기억력(예 : 전화번호, 정류장, 달력, 한자 기억하기 등)을 보이기도 한다. 자폐아동은 인지적 기능을 필요로 하는 문제해결 능력이나 문제를 해결하기 위해 전략적인 지식을 적용하는 상위인지에 어려움을 보인다. 이로 인하여 상상력을 필요로 하는 놀이나 게임을 하기가 어렵고 장난감을 목적에 맞게 사용하지 못한다.

2) 사회적 특성

자폐범주성장애는 의사소통 장애와 더불어 대인관계의 형성에 있어서 장애를 보이는 사회성 지체다. 사회성 능력은 의사소통 기술 습득과 인지적 능력 수준과 밀접한 관련이 있기 때문에 이 세 가지 영역은 서로 영향을 주게 된다. 자폐아동은 정서적인 상호반응 또는 정신적인 유대감 형성이 어려워 관계 형성이 어려우며 다른 사람의 감정을 이해하지 못한다. 이러한 특성으로 양육자와의 애착관계, 사회적 유대관계 형성에 어려움을 보인다. 자폐 영아는 응시, 호명에 반응하기, 사회성 발달 및 놀이반응, 사회적인 응시행동(social gaze behavior)과 지적하기(pointing) 면에서 취약하며 응시 시점이 일반 영아와 다르다. 자폐아동은 일반아동에 비해 표정이 적거나 없어서 표정단서를 인식하는 것이 어려우며 관심공유(joint attention)를 하거나 사회적 상호작용을 시작하는 것이 어렵다.

자폐아동의 사회적 특성은 다음과 같다.

첫째, 사회적 방향정위(social orientation)의 결핍이다. 자폐아동은 태어나면서부터 사람의 얼굴이나 사회적 자극에 대해 관심이 없고, 관심을 공유하지 못하고 시선을 맞추지 못하는 등 사회적 상호작용에 성공적으로 참여하지 못한다. 관심공유는 사회적 상호작용의 한 형태로서 상호작용 그 자체에 초점이 맞춰지기보다는 아동이 상호작용의 대상과 제 3의 물건, 사람, 또는 사건에 대해 경험을 나누는 것을 의미하는데, 자폐아동은 자기가 원하는 물건을 얻기 위해 다른 사람의 도움을 구하는 명령적 기능을 지닌 얼굴 표정, 비언어적 발성, 자세, 동작 및 몸짓은 사용할 수 있지만, 단순히 특정 사물이나 경험에 대해 다른 사람들의 관심을 끌고자하는 서술적 기능을 지닌 의사소통적 표현은 거의 보이지 않는다.

둘째, 자폐아동은 모방과 놀이기술에 결핍을 나타낸다. 모방능력은 상징적 놀이(예: 소꿉놀이, 병원놀이)의 선수조건이므로 매우 중요하며 상징적 놀이도 상징적 사고와 언어의 발달과 연관되어 있으므로 중요하다. 자폐아동은 단순한 몸동작을 모방하거나, 모방능력을 이용한 사회적 놀이(예: 까꿍 놀이)를 하는데도 어려움을 나타낸다. 또한 자폐아동은 장난감을 가지고 놀 때에도 기능보다는 냄새, 맛, 촉감, 및 시각적 자극 등에 더욱 관심을 갖는다.

셋째, 자폐아동들은 그들의 삶에 있어서의 중요한 사람들(예: 부모, 친구)과도 사회적 또는 정서적 관계를 형성하는데 실패하기 때문에 애착행동이 발달되지 않거나 발달하더라도 비정상적으로 발달한다. 또한 신체적 접촉을 원하지 않으므로 안아주기도 어렵고 다른 사람의 감정을 인식하지 못하고 다른 사람의 얼굴표정에서 읽어야 하는 시각적 정보를 처리하는데 어려움을 느낄 뿐만 아니라, 또래들과 협동놀이나 사회적 상호작용을 하지 않는 등 사회적인 관계를 형성하지 못한다.

3) 의사소통 특성

일반적으로 의사소통을 위해서는 사람, 행동, 사물(사건)들 사이의 관련성을 이해해야 하는데, 자폐아동들은 세상에 대하여 제한된 이해만을 가지고 있기 때문에 주위 사람들과 의사소통을 하는데 어려움이 많다. 자폐아동의 의사소통 연구는 1970년대 초기에는 음운론, 구문론, 형태론에 초점을 두었으나, 이러한 언어 양상에서의 특정한 결함을 보이지 않았다. 1980년대에는 자폐성장애가 사회적 및 의사소통 맥락에서에서 언어의 적절한 사용 및 화용론에서 심각한 장애를 나타내고 있음이 점차 분명해졌다. 즉, 자폐아동은 단어를 발음하는 능력이나 언어구조(문법)를 배우는 능력에서는 큰 장애가 없지만, 어휘력 발달과 단어의 뜻을 이해하는 것과 같은 언어의 의미적 측면(semantic aspect)과 언어를 사회 상황에서 적절히 사용하는 언어의 사회적 혹은 화용적 측면(social or pragmatic aspect)에 문제가 있다.

자폐아동 중 약 50%의 아동이 기능적인 말을 결코 발달시키지 못한다. 자폐아동은 다양한 목적이나 기능을 위해 기능적으로 의사소통하는데 어려움을 보이는데, 자폐아동은 즉각 반향어와 지연 반향어 같은 제한된 언어적 체계를 사용하여 사회적 관계를 유지하려고 하는 등 제한된 의사소통 기능을 사용한다. 대다수의 자폐아동들은 언어의 내용과 형식에 있어서도 또래 아동들보다 지체되어 있을 뿐만 아니라 특히 두드러진 특징 중의 하나가 대화에 대한 시도로 사람에게 스스로 말을 시작하는 자발성이 거의 없다. 이들은 영아기에 옹알이를 하지 않고 엄마의 말을 모방하지 않으며, '나'와 '너'를 구별하지 못하는 대명사 반전현상을 보인다. 언어구조와 언어사용 사이의 불균형 현상은 비교적 풍부한 어휘력과 구문을 구사하는 언어표현 능력이 좋은 고기능 자폐아동에게서도 나타난다.

자폐아동들은 강세, 높낮이, 억양, 리듬 등과 같은 운율적인 측면에서 일반아동들과는 많은 차이를 나타낸다. 상대방이 사용하는 몸동작, 억양, 얼굴 표정과 같은 비언어적 의사소통을 이해하는데 어려움을 나타내며 대화 과정에서 사용되는 농담이나 비유를 이해하지 못한다. 대화를 할 때 상대방의 관점이나 생각을 이해하지 못하고 자신만의 관점에서 대화를 하기 때문에 일방적 대화가 이루어진다. 또한 엉뚱한 것을 자세하게 말하거나 특정 주제를 반복하거나 부적절하게 새로운 주제로 옮겨가기도 한다.

4) 행동적 특성

자폐아동들은 제한된 범위의 관심 영역에 지나치게 강도 높은 독특한 관심을 보이며, 특정 일과를 따르는 등의 동일성에 대한 비합리적인 집착을 보이고, 상동적이고 반복적인 운동기능상의 습관을 보이며, 사물의 특정 부분에 대한 집착을 보이는 등의 행동 특성을 보인다. 이와 같은 동일성에 대하여 집착하는 특성은 일상생활에서의 변화나 전환이 매우 어려우며, 공격행동, 자해행동, 성질부리기, 기물 파손 등의 문제행동을 보이기도 한다. 또한 감각이나 운동기능에 있어서도 문제를 보이기도 하며 주의력 결핍 과잉행동장애(ADHD)를 보이기도 한다.

자폐아동의 행동적 특성을 크게 상동행동, 자해행동, 공격행동 등으로 구분하여 살펴보면 다음과 같다.

첫째, 상동행동은 반복적이고 부적절한 행동을 말하는데, 몸을 앞뒤로 흔들기, 눈앞에 손가락이나 막대를 대고 흔들기, 물건 빙빙 돌리기, 같은 소리 반복적으로 내기 등이 있다. 이러한 상동행동을 바라보는 관점은 행동주의에서는 어떠한 생산적인 목적이나 기능도 담겨 있지 않은 병적인 행동으로 파악하고 있으며, 기능주의적 관점에서는 따분함이나 짜증 등을 다른 사람에게 알리는 것과 같은 어떤 특정한 의사소통 의도나 기능이 포함되어 있음을 강조하고 있다.

둘째, 자해행동은 자신의 신체에 위해를 가하는 것을 말하는데, 머리를 들이박거나 깨물고 할퀴는 등의 행동을 보인다. 자해행동이 심한 경우에 영구적인 신체 손상을 입게 되거나 목숨을 잃는 경우가 생기기도 한다.

셋째, 공격행동은 자폐아동이 자신이 아닌 주변의 다른 사람들에게 신체적인 위해를 가하거나 침을 뱉는 등의 행동을 하는 것을 말한다.

여기에서 유의할 점은 이러한 문제행동이 주어진 과제에 대한 불만, 상황에 대한 불만, 원하는 욕구를 실현하기 위한 방법적 행동, 사회적 관심 끌기, 의사소통적 기능, 자기 확인 기능 등의 측면을 가질 수 있다는 것이다.

5. 자폐범주성장애의 하위유형

DSM-Ⅳ-TR(APA, 2000)에 의하면 전반적 발달장애(PDD)에는 자폐장애, 아스퍼거장애, 레트장애, 아동기붕괴성장애, 달리 분류되지 않은 전반적 발달장애(PDD-NOS) 등이 있다. 이들은 모두 사회적인 상호작용과 의사소통에서의 장애, 제한된 관심이나 상동적인 행동들을 특징으로 하며 전반적으로 발달의 다양한 영역에서 비정상적인 발달을 보인다. 전반적 발달장애는 자폐장애, 아스퍼거장애, PDD-NOS처럼 장애의 정도가 서로 다르게 보이는 형태와 레트장애나 아동기붕괴성장애와 같이 정상적인 발달을 하다가 퇴행을 보이는 형태로 구분할 수 있다.

1) 자폐장애

자폐장애(Autistic Disorder)는 자폐범주성장애의 가장 많은 부분을 차지하고 있고, 사회적 상호작용과 의사소통의 문제, 특정 영역에 한정된 활동과 관심, 상동적인 행동 등이 진단의 기준이 된다. 자폐장애는 3세 이전에 발병하며 남자가 여자보다 4~5배 정도 더 많이 나타나고, 자폐아동의 대부분 정신지체 수준의 지적 발달을 보이며 간질을 동반하기도 한다. 자폐장애는 2세 이전에 부모가 자녀의 장애를 인지하는 경우가 75% 정도이고, 2세 이후 3세 이전에 자폐장애로 진단되는 경우는 상대적으로 고기능인 경우가 많은 것으로 알려져 있다.

DSM-Ⅳ-TR(APA, 2000)에서 제시하고 있는 자폐장애의 진단기준은 다음과 같다.

A. 다음의 (1), (2), (3)에서 총 6개(또는 그 이상) 항목, 적어도 (1)에서 2개 항목, (2)와 (3)에서 각각 1개 항목이 충족되어야 한다.

(1) 사회적 상호작용에서의 질적인 장애가 다음 항목들 가운데 최소한 2개 항목으로 표현된다.

① 사회적 상호작용을 조절하기 위한 눈맞춤, 얼굴표정, 몸자세, 몸짓과 같은 다양한 비언어적 행동을 사용함에 있어서 현저한 장애가 있음

② 발달수준에 적합한 친구관계 발달의 실패

③ 자발적으로 다른 사람들과 기쁨, 관심, 성공감을 나누지 못함(예 : 관심의 대상을 보여주거나, 가져오거나, 지적하지 못함)

④ 사회적으로나 감정적으로 서로 반응을 주고받는 상호교류의 결여

(2) 질적인 의사소통의 장애는 다음 항목들 가운데 최소한 1개 항목으로 표현된다.

① 구어 발달의 지연 또는 완전한 발달 결여(몸짓이나 흉내내기와 같은 대체 의사소통의 방법에 의한 보상 시도가 수반되지 않음)
② 적절하게 말을 하는 경우, 다른 사람과 대화를 시작하거나 지속하는 능력의 현저한 장애를 보임.
③ 언어 사용이 상동증적이고 반복적이며, 일탈적인 언어를 사용함
④ 발달수준에 적합한, 자발적이고 다양한 가상적 놀이나 사회적 모방놀이 기능에 결여가 있음
(3) 제한적이고 반복적이며 상동증적인 행동이나 관심, 활동이 다음 항목들 가운데 최소한 1개 항목으로 표현된다.
① 강도나 초점 맞추기에 있어 비정상적이며, 한 가지 이상의 상동증적이고 제한적인 관심에 집착.
② 특이하고 비효율적인, 틀에 박힌 일이나 의식에 고집스럽게 매달림
③ 상동증적이고 반복적인 동작성 매너리즘(예 : 손이나 손가락으로 딱딱 때리기나 비틀기, 또는 복잡한 몸 전체 움직임)이 있음
④ 대상의 부분에 지속적으로 몰두
B. 다음 영역들 가운데 적어도 한 가지 영역에서 기능이 지연되거나 비정상적이며, 3세 이전에 시작된다.
(1) 사회적 상호작용
(2) 사회적인 의사소통에서 사용되는 언어
(3) 상징놀이 또는 상상놀이
C. 장애가 레트장애 또는 아동기붕괴성장애로 잘 설명되지 않는다.

2) 아스퍼거장애

1944년에 오스트리아의 의사인 Hans Asperger는 Kanner(1943)가 보고한 아동들과 행동은 유사하지만 지능이 더 정상적이고 언어능력도 뛰어난 아동 및 청소년들에 대한 사례를 발표하였다. 그 후 1981년에 영국의 의사인 Lorna Wing은 아스퍼거가 쓴 사례들을 정리하면서 아스퍼거 증후군(Asperger's Syndrome)이란 용어를 처음으로 사용하였다.

아스퍼거장애(Asperger's Disorder)는 자폐장애와 공통된 특성을 보이지만 임상적으로 심각하게 언어발달이 지체되지는 않으며 자폐아동보다 사회성과 행동 문제가 심하지 않다. 이들은 2세에 단어를 사용하며 3세에 구문을 사용하고, 자조기술과 적응행동이 정상발달에 근접하지만, 운동발달이 지연되거나 동작이 서툰 편이다. 아스퍼거장애 아동도 자폐아동들의 구어 특성과 마찬가지로 구어 사용에 있어서 억양과 운율이 독특하고 일반적이지 않으며, 흥미 및 활동과 관련하여 매우 제한되어 있다. 아스퍼거장애 아동은 오랜 시간 말을 할 수 있고 많은 어휘를 가지고 있지만 상대방이 이야기의 주제에 관심을 보이는지를 알지 못하며, 상대방에게 말할 기회를 주는 것에도 관심을 보이지 않는다. 이들은 자신이 관심이 있는 특정 주제에 대해 엄청나게 많은 정보를 모으고 오랜 시간 동안 그 주제에 관해 말을 할 수 있기 때문에 때로는 어른스럽게

보이기도 한다.

장애 발생 시기는 자폐장애와 비슷하며 학령기에 사회적 상호작용 기술의 문제가 뚜렷해진다. 인지기능이 정상 범위에 속하는 고기능 자폐아동과 구별하는 것은 어렵다. 그러나 고기능 자폐아동은 지능검사에서 언어성 검사항목과 비언어성 검사항목 간 점수 차가 크지만, 아스퍼거장애 아동은 항목 간 점수 차이가 크지 않을 뿐 아니라 언어성 항목 점수가 비언어성 항목 점수보다 높다. 아스퍼거장애는 자폐장애와 마찬가지로 남자에게 더 많이 나타나는 것으로 알려져 있다.

DSM-Ⅳ-TR(APA, 2000)에서 제시하고 있는 아스퍼거장애의 진단기준은 다음과 같다.

A. 사회적 상호작용에서의 질적인 장애가 다음 가운데 적어도 2개 항목으로 표현된다.
(1) 사회적 상호작용을 조절하기 위한 눈맞춤, 얼굴표정, 몸자세, 몸짓과 같은 다양한 비언어적 행동을 사용함에 있어서 현저한 장애가 있음
(2) 발달수준에 적합한 친구 관계 발달의 실패
(3) 자발적으로 다른 사람들과 기쁨, 관심, 성공감을 나누지 못함(예 : 관심의 대상을 보여주거나, 가져오거나, 지적하지 못함)
(4) 사회적으로나 감정적으로 서로 반응을 주고받는 상호교류의 결여
B. 제한적이고 반복적이며 상동증적인 행동이나 관심, 활동이 다음 항목들 가운데 최소한 1개 항목으로 표현된다.
(1) 강도나 초점 맞추기에 있어 비정상적이며, 한 가지 이상의 상동증적이고 제한적인 관심에 집착
(2) 특이하고 비효율적인, 틀에 박힌 일이나 의식에 고집스럽게 매달림
(3) 상동증적이고 반복적인 동작성 매너리즘(예 : 손이나 손가락으로 딱딱 때리기나 비틀기, 또는 복잡한 몸 전체 움직임)이 있음
(4) 대상의 부분에 지속적으로 몰두
C. 장애가 사회적, 직업적, 또는 다른 중요한 기능 영역에 임상적으로 심각한 장애를 일으킨다.
D. 임상적으로 심각한 전반적인 언어 발달의 지연은 없다(예 : 단음절 단어를 2세에 사용하고, 의사소통을 위한 구를 3세에 사용한다).
E. 아동기의 인지발달이나 나이에 맞는 자기-보호 기술 및 적응행동의 발달(사회적 상호작용 이외의), 환경에 대한 호기심의 발달에 있어서 임상적으로 심각한 지연은 없다.
F. 다른 특정 전반적 발달장애나 정신분열증의 진단기준에는 맞지 않는다.

3) 레트장애

레트장애(Rett's Disorder)는 1966년 오스트리아의 의사인 Andreas Rett가 생후 6개월간 정상발달을 하다 손동작, 자폐적 행동, 운동 실조 등과 같은 심각한 퇴행을 보인 22명의 여아에 대한 사례를 보고한데서 기인한다. 이들은 생후 약 5개월 동안 정상적인

발달을 하다 4세 이전에 급격한 퇴행을 하는 것이 특징이다. 레트장애가 있는 아동의 머리 둘레는 출생 시에는 정상 범위에 속하지만 생후 5개월에서 48개월 사이에 머리 성장 속도가 늦어진다. 또한 5개월과 30개월 사이에 이미 습득한 손 기술을 상실하는 특성이 나타나는데, 초기 증상으로 손을 비트는 동작이나 손을 씻듯이 비비는 동작을 자주 보인다. 레트장애 아동은 대체로 심한 정신지체를 동반하며, 약 10,000~15,000명 당 1명꼴로 여아에게서만 보인다고 보고되었으나 최근에는 남아에게서도 발견되기도 한다.

DSM-Ⅳ-TR(APA, 2000)에서 제시하고 있는 레트장애의 진단기준은 다음과 같다.

A. 다음 사항 모두
(1) 명백하게 정상적인 출생 전과 주산기 발달
(2) 출생 이후 첫 5개월 동안 명백하게 정상적인 정신운동성 발달
(3) 출생시 정상적인 머리 둘레
B. 정상적 발달 기간이 지난 후 다음의 모든 사항이 시작된다.
(1) 5개월과 48개월 사이에 머리 성장의 감속
(2) 5개월과 30개월 사이에 과거의 습득한 의미 있는 손 기술의 상실과 뒤따르는 상동증적인 손 움직임의 발달(예 : 손을 쥐어틀기, 손씻기)
(3) 발병 초기 사회적 참여의 상실(사회적 상호작용은 흔히 늦게 발달하지만)
(4) 조정이 안 되는 보행과 몸 움직임
(5) 심한 정신운동성 지체와 함께 수용성 언어 발달과 표현성 언어 발달의 심한 장애

4) 아동기붕괴성장애

아동기붕괴성장애(Childhood Disintegrative Disorder; CDD)는 1908년 오스트리아의 특수교육자 Theodor Heller가 생후 2~3년간 정상발달을 하다 3~4세부터 수개월에 걸쳐 지적 사회성과 의사소통 기능에서 심한 발달적 퇴행을 하는 6명의 아동 사례를 보고한데서 기인한다. 이들은 생후 2년 동안 정상적인 발달을 하다가 2~10세 사이에 여러 영역에서 극심한 퇴행을 보인다. 퇴행은 주로 4세 이전에 일어나며 회복되기가 매우 어려운 것으로 알려져 있다. 이들은 사회적 상호작용과 의사소통 기술의 지체를 보이며 환경에 대한 전반적인 관심을 상실하는데, 전조 증상으로는 아동의 활동 수준이 증가하거나 과민 혹은 불안을 나타내는 것이다.

아동기붕괴성장애는 정확한 유병률을 파악하기 어려울 만큼 발병률이 낮은데 자폐장애의 10% 수준 혹은 10만명 당 1명으로 추정되며, 초기에는 남녀 비율이 비슷한

것으로 알려져 있었으나 최근에는 자폐장애와 비슷한 남녀 비율로 나타난다고 한다. DSM-Ⅳ-TR(APA, 2000)에서 제시하고 있는 레트장애의 진단기준은 다음과 같다.

A. 출생 후 적어도 2년 동안 분명한 정상 발달이 이루어지는데, 이는 나이에 적절한 언어적, 비언어적 의사소통, 사회적 관계, 놀이, 적응 행동으로 드러난다.
B. 다음 영역 가운데 적어도 2개 영역에서 과거에(10세 이전에) 습득했던 기술이 임상적으로 심각한 수준에서 상실된다.
(1) 표현성 언어 또는 수용성 언어
(2) 사회성 기술 또는 적응 행동
(3) 대변 또는 방광 조절
(4) 놀이
(5) 운동성 기술
C. 다음 영역 가운데 적어도 2개 영역에서 기능적인 장애
(1) 사회적 상호작용에서의 질적인 장애(예 : 비언어적 행동 장애, 친구 관계의 발달 실패, 사회적 또는 감정적 상호 교류의 결여)
(2) 의사소통에서의 질적인 장애(예 : 구두 언어의 지연 또는 결여, 대화를 시작하거나 유지하지 못함, 상동증적이고 반복적인 언어 사용, 여러 가지 가상적 놀이의 결여)
(3) 운동성 상동증과 매너리즘을 포함하는, 제한적이고 반복적이고 상동증적인 행동, 관심, 활동
D. 장애가 다른 특정 전반적 발달장애나 정신분열증으로는 잘 설명되지 않는다.

5) 달리 분류되지 않는 전반적 발달장애(비전형적 자폐증 포함)

달리 분류되지 않는 전반적 발달장애(Pervasive Developmental Disorder Not Otherwise Specified; PDD-NOS)는 전반적 발달장애의 다른 하위유형의 모든 기준에는 부합하지 않고 몇 가지 기준에 맞을 때 사용하며 흔히 자폐장애보다 경미한 증상을 보인다. 그리고 진단 준거에 도달하지 못하는 가벼운 정도의 증상, 늦은 발병 연령, 비전형적인 증상을 보이는 비전형적 자폐증(Atypical Autism)을 포함한다.

6. 자폐범주성장애의 교육방법

자폐아동이 적절한 교육을 받지 못하면 인지기능 및 사회성의 퇴보, 공격적 행동이나 반항적 행동이 나타나기도 하고 문제행동이 더 심해지기도 한다. 자폐아동의 교육방법은 자폐아동의 개별적인 특징과 그들의 예후에 바탕을 두어서 그들이 생활하고 있는

현재와 앞으로 살아가야 할 상황에서 기본 생활적인 기능과 사회적, 문화적 가치에 적응하여 생활할 수 있는 것이어야 한다.

자폐아동을 교육하는 데 있어서의 기본적인 고려사항은 다음과 같다. 먼저 일반아동의 정상발달 단계를 기준으로 하여 자폐아동의 발달수준에 맞는 교육을 제공하고, 각 개인에 맞는 고유한 학습특성 및 기질을 고려하여 교육해야 한다. 또한 가능한 한 조기 발견 및 진단을 통하여 조기교육을 실시해야 하고, 기본적인 생활기능과 생존과 관련된 지식이나 기술들을 지도하여야 하며, 생활하는데 필수적인 기능적인 기술(사회성 기술, 의사소통 기술, 문제해결 기술, 자기결정 기술 등)을 중심으로 체계적으로 지도한다. 만약 문제행동을 보이면 기능분석을 통한 긍정적 행동지원을 해야 하며, 모든 중재법은 적극적인 가족참여를 바탕으로 가족구성원과 협조하여 연계성 있게 지도하여야 한다.

자폐아동에게 적용할 수 있는 다양한 교육방법들 중에서 효과가 검증된 중재법을 중심으로 살펴보면 다음과 같다.

1) 응용행동분석

응용행동분석(Applied Behavior Analysis; ABA)은 Pavlov(1929)에 의해 시작된 행동주의 이론에 근거한다. 응용행동분석 방법은 아동의 문제점에 근거한 기술 및 진단과 평가를 중시하며, 학습 및 행동은 선행사건과 후속결과에 의해 조절된다는 사실을 기초로 하고 있다. 부적절한 행동을 예방하고 적절한 행동을 지원하는 응용행동분석은 과학적 분석과 효과근거 중심 중재를 제공함으로써 자폐아동의 긍정적인 발달을 지원하는데 중요한 역할을 한다. 응용행동분석은 어떤 특정 행동의 향상을 위해 가설적인 행동 원리를 적용해 보고 이러한 적용이 행동의 변화를 가져오는지 여부와 변화가 있다면 어떤 부분 때문에 변화가 있었는지를 평가하는 과정이다. 한 마디로 행동을 연구하는 전체 과정을 검증하는 분석적 행동주의 절차의 적용을 의미한다.

응용행동분석은 첫째, 인간행동을 설명하는 규칙인 행동원리, 둘째, 행동을 관찰하고 평가하기 위한 체계적인 행동측정, 셋째, 행동변화에 따른 다른 중재의 결정을 하기 위한 평가 등의 세 가지 요소로 구성되어 있다. 자폐아동에 대한 응용행동분석 적용은 아동의 바람직한 행동을 증가시키기 위한 의미 있는 교육과정, 적절한 교수활동, 적절한 자극 조절, 긍정적인 학급구조 등 개인의 환경에 대해 지속적이며 종합적인 분석을 포함한다. 응용행동분석에 기초해서 자폐아동을 가르치기 위한 체계적 전략에는 인위적 자극에서 아동의 환경에서 접할 수 있는 자연적으로 발생하는 자극이나 사건으로 전환시키는 전략, 그림 교환 의사소통 시스템과 같은 대안적 의사소통 수단, 사회적 관계 증진을 위한 또래 중재, 무오류 변별 학습 방법, 자극 등가 수업의 개발, 문제행동에 대한 기능평가, 중심축 반응 중재, 자연적인 언어 전략 등이 있다.

2) 감각훈련

자폐아동은 감각정보의 등록이나 조절기능의 장애 때문에 다른 사람이나 사물을 포함한 주위의 환경과의 상호교섭에 문제를 가지고 있다. 많은 자폐아동들이 청각, 시각, 촉각, 미각 등의 감각에 있어서 일반아동들보다 지나치게 민감한 반응을 하거나 둔감한 반응을 나타내는 특성을 보인다. 이로 인하여 자폐아동들은 주변 환경에 대한 적응력이 떨어져 불안이나 거부 등의 부적절한 행동을 나타낼 수 있다. 또한 감각기능 체계의 불균형은 감각자극에 지나치게 민감하거나 지나치게 둔감하게 반응하게 하고 활동수준이 너무 높아 과잉행동을 보이거나 활동이 너무 없는 양상을 나타낼 수 있다. 자폐아동들이 대・소근육 운동 발달의 미숙, 충동성, 과잉행동 등을 보이는 것 역시 감각기능체계 이상과 무관하지 않다. 이로 인해 아동들은 새로운 상황이나 환경에의 적응력이 결여되고 언어발달 지연이나 학습 성취의 어려움 등을 경험할 수 있다. 이러한 측면에서 자폐아동의 발달지원 방법으로 청각훈련, 시각훈련, 촉각훈련, 기타 감각통합훈련을 실시할 필요성이 있다(김정일, 2006).

감각훈련을 실시할 경우에는 자폐아동의 감각특성을 정확히 평가하여 이에 대한 적절한 접근을 하여야 한다. 자폐아동들은 일반아동이나 다른 형태의 장애아동들에 비해 시각적인 자극을 우선적으로 선택하는 특성이 있다. 따라서 자폐아동이 시각적으로 다양한 경험을 할 수 있도록 지원해 주고, 환경으로부터 제공되는 다양한 정보에 대해 균형있게 주의집중할 수 있도록 교육활동을 계획하여야 한다. 감각훈련은 자폐아동 개개인의 감각입력이나 지각 운동발달 등의 개인차에 근거하여 개별적으로 교육하는 것이 중요하다. 이러한 감각훈련은 청각과 시각뿐만 아니라 촉각이나 미각 또는 전정감각 등의 다양한 경험활동을 통하여 자폐아동의 감각기능체계가 균형을 이룰 수 있도록 지원하는 것이 필요하다(Dawson & Watling, 2000).

3) 놀이행동지도

놀이는 아동발달에 있어서 자연스럽게 나타나는 자기표현의 형태이며, 사회적이고 물리적인 환경과의 상호관계를 통한 자신과 주변 환경에 대한 학습과정이라고 할 수 있다. 놀이는 언어습득에 직접적으로 영향을 미치는 것은 물론이거니와 사회적 발달에도 영향을 미친다.

Terpstra 등(2002)은 놀이를 상징적 놀이, 기능적 놀이, 사회적 놀이라는 3가지 유형을 위계적으로 제시하였다. 이들이 제시한 놀이의 전형적인 발달과정을 보면, 아동들은 반복적인 탐색과정이나 자기 주변의 놀이기구나 사람을 다루는 과정에서 놀이 활동을 어떻게 다양화하고 조합하는지를 자연스럽게 배우게 된다. 자폐아동들은 특정 사물을 반복적으로 다루거나 장난감이나 사물을 부적절하게 조작하며, 물건에 과도하게 집착하거나 반복적이고 기계적인 행동을 보인다. 일부 자폐아동들은 상징놀이나 가장놀이를 매우 어려워하는데 행동전략 중재를 활용하여 비록 자발적이지는 않았지만 상징적 놀이를 할 수 있는 역량을 가지도록 지도할 수 있다. 가장놀이를 증진시키기 위한 전략에는 활동계획양식, 그림단서, 그리고 비디오 모델링과 같은 시각적 지원의 활용이 포함된다.

기능적 놀이는 아동들이 아주 가깝게 접하고 있는 환경 내에서 관찰한 행동을 모방하는 데에서 비롯되는데 자폐아동들은 단순한 놀이 구조를 보이며 현재 있는 환경 내에서 관찰한 것에 국한되어 있다. 따라서 자폐아동의 교육에 있어서 아동 자신이 인식하고 행동적으로 습득한 기술을 가지고 놀이를 할 수 있는 기능적 놀이, 소꿉놀이 도구를 활용한 가족놀이 등의 상징놀이, 가위 바위 보를 하여 이긴 사람만이 특정한 선호활동을 할 수 있다는 것을 가르치는 등의 규칙을 가진 게임놀이, 학예회에서의 연극참여 같은 구성적 놀이에 참여할 수 있도록 지도하는 것이 필요하다(김정일, 2006).

4) 의사소통지도

의사소통의 질적 결여는 자폐아동의 특성 중 하나로서 행동문제를 개선하는 교육프로그램과 함께 아동이 교육받는 모든 환경과 시간 안에서 자연적으로 연계하여 의사소통 지도를 진행하는 것이 필요하다. 특히 의사소통 지도는 자폐아동이 지니고 있는 일반화의 어려움을 극복하도록 설계되어야 하므로 가정 중심 의사소통 지도, 학교 중심 의사소통 지도, 지역사회 중심 의사소통 지도가 제공되어야 한다. 자폐아동이 의사소통을 하도록 지도할 때는 아동이 구어로 의사소통이 가능한 경우와 그렇지 않은 경우를 명확히 평가하고 이에 대한 적절한 지원이 제공되어야 한다. 그리고 아동의 부모, 교육관련자, 전문가들이 협력적인 팀을 이루어서 아동에게 의사소통을 지도하는데 필요한 지원체제에 대해 구체적으로 의견을 나누어야 한다. 자폐아동에게 의사소통을 지도할 때에는 일반아동들의 언어발달을 근거로 하여 아동이 실제로 생활하는 환경에서 자신과 타인과의 의사소통을 원활하게 할 수 있는 자연적 환경중심 언어를 지도하는 것이 매우 중요하다.

자폐아동은 마음이론 발달과 밀접한 관계가 있는 마음을 나타내는 용어를 이해하는 시기가 늦으며 사용 빈도도 낮은 것으로 보고되고 있으므로 이런 용어들에 대한 이해를 높이는 활동이 필요하다. 대인간의 상호작용에서 적절하게 반응하기 위해서는 사회적 단서를 놓치지 않고 바르게 해석할 수 있어야 한다. 하지만 자폐아동은 상대방의 얼굴 표정, 눈길, 목소리, 몸짓, 몸자세를 통해 나타나는 사회적 단서에 주의하지 못하며 이러한 자극을 해석함에 있어서 어려움을 보인다. 아동은 자신이 직접 느끼지 못하는 감정을 이해하기는 어렵기 때문에 먼저 아동이 나타내는 정서와 느낌에 대해 조사할 필요가 있다. 그러므로 부모나 교사는 말을 하지 않고 단지 얼굴 표정을 통해서만 아동에게 메시지를 제공하여 얼굴이 정보센터의 역할을 하도록 돕는 노력이 필요하다. 또한 목소리를 통해 정서를 인식하는 능력을 키우기 위한 교육활동을 통해 다양한 음조 해석, 말의 속도에 대한 이해, 비구어적 음 패턴에 대한 이해, 구어에서 말하는 이의 강세에 따라 달라지는 의미 찾기 등을 지도하여야 한다. 자폐아동은 상황에 따라서 적절성의 기준이 변하는 사회적 행동의 규준을 이해하는 것이 어렵기 때문에 목소리의 크기는 장소(예; 도서관, 운동장, 기차 안)에 따라서 어느 정도가 적절하며 어떤 사람에게 접근할 때 상황에 따라서 어느 정도로 가까이 다가가는 것이 적절한지 등을 구체적으로 지도해 주어야 한다(서경희, 2006).

5) 보완대체 의사소통

많은 자폐아동들은 구어의 발달에 문제가 있기 때문에 최근에는 중재과정에 특별한 기법이나 도구를 이용하는 보완대체 의사소통의 사용에 대한 논의가 늘고 있다. 보완대체 의사소통(Augmentative and Alternative Communication : AAC)은 개인의 의사소통을 증진시키기 위해 사용되는 상징(symbol), 보조도구(aid), 전략 및 기술(strategy and technique)을 포함한다. 자폐아동을 대상으로 AAC를 적용한 연구들은 상징체계 면에서 주로 수화와 그림 상징을 많이 이용하여 왔으며, 보조도구 면에서 자폐아동은 운동능력이 양호하므로 휴대하기 편한 의사소통 책 형태가 많이 사용되었고, 최근에는 각종 하이테크 의사소통 기자재와 컴퓨터 소프트웨어들도 활용되고 있다.

보완적인 체계는 음성적 의사소통을 위해 보조적인 지원을 제공하는 것으로 약간의 음성적 의사소통을 가지고 있는 자폐아동들에게 사용되고 있으며, 자연적인 말이나 발성 외에 의사소통을 위해 보조적으로 사용되는 모든 방법들을 말한다. 여기에는 의사소통용 책이나 컴퓨터 등을 이용한 도구사용 체계와 얼굴표정이나 수화 등을 이용하는 비도구사용 체계가 있다. 대체적인 체계는 언어적 의사소통이 전혀 없는 자폐아동들을 위해 사용된다. 많은 자폐아동들이 언어 발달시기가 지난 후에도 자발적인 말이나 손짓 등을 사용하지 않기 때문에 일반적인 구어를 대신하는 대체적인 의사소통 방법을 사용한다(문혜숙, 이상복, 2007).

그림교환 의사소통 체계(The Picture Exchange Communication System; PECS)는 자폐아동들이 자발적이고 실제적인 의사소통을 쉽게 습득할 수 있도록 구어를 사용하지 않고 그림과 같은 보조도구를 이용해서 의사소통기술을 교수하는 방법이다. PECS의 장점으로는 첫째, 교환의 개념을 쉽게 이해하고 의도적으로 행동을 유도할 수 있게 된다. 둘째, 자연적인 상황에서 자신이 선호하는 사물을 보았을 때 아동이 먼저 상호작용을 유발하게 된다는 점이다. 셋째, 아동은 원하는 것을 얻기 위해 해당 그림 언어를 주는 교환방식을 취하기 때문에 상호간의 기능적인 의사소통이 이루어지며 자발적으로 의사소통할 수 있는 동기를 부여해 주게 된다. 이러한 점에서 PECS는 상호작용에 대한 기능이 지체되어 있는 자폐아동들에게 교환의 개념 습득을 통하여 자발적 상호작용과 의사소통을 가능하게 해 준다.

6) 긍정적 행동지원

긍정적인 행동지원(Positive Behavior Support; PBS)은 장애아동이 보이는 문제행동을 예방하고 감소시킬 뿐 아니라 이들에게 꼭 필요한 사회적, 학습적 성과를 달성할 수 있도록 지원하는 체계적이고 종합적인 개별화 전략이다. 긍정적 행동지원은 새로운 긍정적인 행동의 지도를 통해 장애아동이 할 수 있는 기능의 범위를 확장하려는 교육적 측면과 그 장애아동이 속한 다양한 환경의 재구성을 도모하는 체제개선 측면을 동시에 포함한다. 긍정적 행동지원은 문제행동의 감소를 가져오기는 하지만 한두 가지 문제 행동의 감소나 제거에만 한정하지 않으며, 궁극적 목표는 자폐아동이 새로운 의사소통기술, 사회적 기술, 자기관리기술들을 개발하고 또래와의 긍정적인 관계를 형성하고 학급, 학교, 지역사회에서 더 적극적인 역할을 할 수 있도록 돕는 것 등을 포함한다.

긍정적 행동지원에 사용되는 중재기법은 크게 3가지 차원(보편적 차원, 그룹 차원, 개별

차원)으로 구성되어 있다. 구성 요소로 문제행동의 기능평가, 중다요소의 중재, 문제행동이 발생하는 실제 환경에서의 행동지도, 문제행동을 발생시키는 선행사건의 조작, 적응행동을 위한 대안기술의 지도, 생활방식의 변화, 효과적인 결과를 위한 환경의 조성, 행동지원 절차의 사회적 타당성의 확보, 인간의 존엄성 확보 등이 있다.

기능평가는 환경과 문제행동의 관계에 대한 가설이 설정되는 과정을 문제행동에 대해 이해하고자 하는 과정으로 이를 통해 수집한 자료를 가지고 행동지원 계획을 개발하고 실행하게 된다. 이러한 기능평가 정보를 수집하는 방법으로 현재까지 기록의 재검토, 면담, 직접관찰, 기능 분석 등이 있다.

긍정적 행동지원은 일반적으로 ① 선행조건 중재, ② 대안기술 교수 중재, ③ 후속결과 중재, ④ 생활방식 중재 등의 4가지 중재 전략을 동시에 사용하는 복합 중재로 계획을 수립한다. 이것은 단일 중재로는 복잡한 요구를 가진 자폐아동의 포괄적이고 장기적인 행동지원 목표를 다루기 어렵고 복합 중재가 단독 중재보다 일반화와 유지의 효과가 좋기 때문이다. 이와 같이 긍정적 행동지원은 자폐아동의 문제행동의 원인이 되는 요소를 제거하고 바람직한 대안적 행동을 지도하고 강화하며 궁극적으로 생활방식의 긍정적인 변화를 유도함으로써 자폐아동의 삶의 질을 높이는 기능을 하게 된다.

7) 사회상황 이야기와 연재만화 화술

Gray(1998)는 빠른 정보의 교환이 일어나는 사회적 상황을 이해하는 것이 어려운 아동을 지원하기 위하여 추상적인 상황을 구체적으로 표현해 주는 사회상황 이야기(Social Stories)와 연재만화 화술(Comic Strip Conversations)을 개발하였다. 사회상황 이야기와 연재만화 화술은 사회적 상황을 둘러싼 비밀들을 손에 잡히는 사회적 정보로 바꾸어 주는 것이다. 사회상황 이야기와 연재만화 화술을 이용한 의사소통 지도는 시각에 의존하는 전략이라는 점에서 시각적인 사고를 하는 자폐아동에게 특히 유용하다.

사회상황 이야기는 부모나 교사에 의해 작성되는 개별화된 짧은 이야기로 사회적 상황을 이해하거나 필요한 사회적 기술을 확인할 수 있도록 고안되어 있어 자폐아동의 사회성 기술을 가르치는데 도움이 된다. 사회상황 이야기는 학생의 행동을 변화시킬 목적으로 쓰인 것이 아니라 그들이 사회적 상황과 상대방의 입장을 좀 더 쉽게 이해할 수 있도록 하기 위한 것이다. 사회상황 이야기는 사건과 기대를 설명하기 위한 정보의 교류를 목적으로 한 것으로 실제적인 예도 포함될 수 있다. 사회상황 이야기에는 첫째, 상황, 사건, 또는 기대(누가, 무엇을, 언제, 어디서, 왜)를 기술하기 위한 진술문, 둘째, 학생의 기대행동을 기술하기 위한 지시문, 셋째, 사람들의 느낌, 믿음, 또는 알고 있는 것을 기술하기 위한 관점문, 넷째, 중요 개념에 대한 구분을 돕기 위한 확정문, 다섯째, 학생으로 하여금 특정 상황에서 타인의 역할을 기술하도록 하기 위한 협조문, 여섯째, 학생들의 회상을 돕기 위해 쓰인 통제문 등의 6가지 문장형태가 있다. 사회상황 이야기나 문장진술을 활용한 중재를 실시하려면 자폐아동들에게 신선한 사건을 마련해줘야 하며, 이를 위해서는 방법론적 타당성을 고려하고 가정학습을 수행하는 데 따른 혼란을 줄여야 하며 선택이 용이하여야 한다.

연재만화 화술은 전통적인 이야기 활용법 중의 하나로 학생들로 하여금 대화 중에 교류되는 문자적이거나 비문자적인 정보를 이해시키는데 매우 효과적인 것이다. 연재만화 화술은 성인들은 아동들이 재미있게 그려낸 그림에서 특정 대화적 상황을 설정하여 그 특징에 대하여 깊이 생각하도록 촉구하거나 격려하게 된다. 전형적인 연재만화 화술은 8컷짜리 만화형식을 통하여 사고와 어휘를 담아내게 된다. 연재만화 화술은 말하는 사람의 느낌과 의도를 상징, 막대인물 묘사, 색깔(예 : 놀리는 말은 빨간색, 다정한 말은 초록색)을 이용하여 시각적으로 표시해 준다. 연재만화 화술을 통하여 자폐아동들의 동기화 요인뿐만 아니라 다른 사람들이 어떻게 생각할 수 있고 또 어떻게 느낄 수 있는지를 배우게 된다. 이것은 공통적인 언어와 단순한 소재를 활용하고 분명하게 제시된 그림은 빠르고 쉽게 바로 인식할 수 있도록 해 준다.

이상에 살펴본 다양한 방법들이 자폐아동 모두에게 효과적인 것이 아닐 수 있으므로 자폐아동의 특성에 맞게 다양한 중재 방법들을 적절하게 선별하여 사용하는 것이 필요하다. 이러한 다양한 방법들은 어떻게 결합하여 융통성 있게 지도하는지에 따라 효과는 다르게 나타날 수 있다. 자폐 아동이 나타내는 다양한 특성 및 어려움들을 행동중재 하나만으로 개선하거나 해결하기 보다는 그 방법과 효과에 대해 충분한 근거를 지니고 있는 여러 가지 다른 중재들을 통합적으로 제공하는 것이 바람직하다. 특히 자폐범주성 장애는 특정한 하나의 영역에서만 지체가 나타나거나 발달적 어려움을 지니는 것이 아니므로 다양한 영역의 전문가들이 협력하여 아동에게 통합적인 중재방법을 제공함으로써 최상의 교육적 효과를 얻을 수 있다는 것은 당연한 사실이다.

학습장애아의 이해

12

1. 학습장애아의 정의
2. 학습장애아의 원인과 출현율
3. 학습장애아의 판별
4. 학습장애아의 특성
5. 학습장애아의 교육방법
6. 학습장애아 교육의 지원방안

1. 학습장애아의 정의

교육은 인간의 바람직한 행동 변화를 목적으로 하고 있다. 이러한 목적을 달성하기 위하여 각종 교육기관에서는 의도적이고 체계적이며 계획적인 과정을 통하여 교육활동을 전개하고 있다. 이에 학습자들은 교육목표에 따라 교육내용, 그리고 교수-학습과정을 거치면서 자신의 목표달성을 위하여 노력한다. 그러한 노력이 있음에도 실제적으로 교육의 결과는 만족스럽지 못한 경우가 많다. 이러한 아동을 학습장애아(學習障碍兒, learning disorder)라고 칭하기도 하는데 이전에는 학습장애를 정상적인 지능과 능력을 가지고도 정상적인 학업성취에 도달하지 못하는 학습부진아와는 달리 주의가 산만한 아동, 공부에 흥미가 없는 아동, 뇌에 이상이 있는 아동, 난독증, 지각력이 떨어지는 아동, 집중을 못하는 아동, 정서적으로 불안한 아동 등으로 구분하기도 했지만 정확히 결론을 내리는 데에는 많은 문제점들이 있다. 그 이유는 다음과 같다(김종현 외, 2008).

첫째, 학습장애 영역이 가장 최근에 생겼지만 여러 학문 분야의 협동 연구로서 놀라울 정도로 발전하였기 때문이다.

둘째, 학습장애 집단이 매우 이질적이기 때문에 장애를 범주화하고 기술하는 데 어려움이 있기 때문이다.

위와 같이 학습장애아 정의를 내리기가 쉽지 않은 상황에서 최초의 학습장애란 용어의 사용은 Kirk(1963)에 의해서이며 이로 인하여 학습장애자협회(ACLD)가 구성되었고 1968년 미국 국립장애자자문위원회(NACHC)는 학습장애를 다음과 같이 정의하였다(이효자 외, 2001).

> '학습장애는 말과 글을 이해하고 이를 사용하는데 관련되는 기초적 · 심리적 과정의 장애로 인하여 예컨대 이해하고, 사고하고, 말하고, 글을 알고 쓰는 능력, 철자법, 그리고 셈하기에 장애를 나타낸다. 이는 종래에 지각장애, 뇌손상, 미세뇌기능장애(Minimal brain dysfunction), 난독증(Dyslexia), 발달적 실어증(Development aphasia) 등으로 일컫던 문제들을 포괄할 수 있는 개념이다. 다만 시청각장애, 운동기능장애, 정신지체장애, 정서장애, 혹은 환경의 문제에 기인하는 학습곤란은 제외한다(U.S. Office of Education, 1968).'

위와 같은 정의에도 불구하고 새로운 단체들은 꾸준한 논쟁을 하게 됐고 이로 인하여 미국 전국학습장애인연합회(National Joint Committe for Learning Disability : NJCLD)가 탄생되어 다음과 같이 정의를 내리게 된다(전경원, 2004).

"학습장애란 듣기, 말하기, 읽기, 쓰기, 생각하기, 산수 능력의 습득과 사용에 있어서 심각한 어려움을 보이는 장애로 구성된 다양한 사람들의 집단을 칭하는 포괄적인 용어다. 이러한 장애들은 개인에 대한 본질적인 특성을 지니며 중추신경계의 기능장애로 인한 것으로 추정되고 있으며 일생에 걸쳐 나타날 수도 있다. 자기 통제적인 행동, 사회적 지각, 사회적 상호작용 등에 있어서의 문제가 학습장애와 함께 나타날 수도 있지만 이러한 문제를 단으로는 학습장애로 판별되지는 않는다. 학습장애는 기타 장애(예 : 감각장애, 정신지체, 정서장애)와 동시에 발생할 수 있고, 외부적인 영향(예 : 문화적 차이, 부적절하거나 불충분한 교수)을 받을 수도 있다. 하지만 이러한 기타 장애나 외부적인 영향의 결과에 의해서 직접적으로 발생한 것은 아니다."

한국교육개발원 연구진은 한국적인 현실에 비추어 학습장애를 이렇게 정의하고 있다 (이효자, 2001).

'학습장애는 여러 다양한 장애 그룹을 지칭하는 포괄적인 용어로서 듣기, 말하기, 읽기, 쓰기, 논리적 사고나 산수 능력을 습득하거나 사용하는 데 심한 어려움을 보이는 경우를 말한다. 이러한 장애는 개인에게 내재하는 원인으로서 지각, 지각－운동 및 그 밖의 신경체계적인 역기능과 같은 기본적인 내적 과정의 장애를 보이는 경우다. 그러나 주로 시각, 청각 및 운동장애, 정신지체, 정서장애, 혹은 문화적, 환경적, 경제적 실조에 의한 학습문제 아동은 포함되지 않는다.'

이러한 내용을 종합하여 구체적으로 학습장애아에 대한 정의를 내리면 지능은 정상이지만 듣기, 말하기, 읽기, 쓰기, 추리 또는 계산능력에 심각하게 여러 장애가 나타나는 아동을 말한다. 한국의 특수교육진흥법에서는 특수학습장애라고도 하며 이러한 장애아는 원래 학업성적이나 자신감 저하, 대인관계에 있어서의 사교 능력 부족 등으로 일상생활의 모든 면에서 문제가 나타난다. 성인기 사회적응력에도 영향을 미칠 수 있으며, 행동장애, 주의력 결핍 과잉 운동장애, 우울장애 등과 동반되어 나타날 수 있다. 그 유병률은 낮게는 1.7%, 높게는 30% 정도로 추정하고 있지만 학동기 아동의 약 3~9%가 이 장애를 갖고 있는 것으로 알려져 있다. 기초학습 기능검사를 통하여 진단한다.

우리나라에서 학습장애를 학습부진, 학습지진, 경도 정신지체 등으로 정리하는 경우도 있는데 이는 차이점에 있어서 다음과 같은 모호한 점이 있기 때문이다. 학습부진은 학교 내의 일정 교육 목표를 따라오지 못한 학습자를 지칭하고 있다. 이는 가정의 경제 사정 때문이거나 환경적 요인 때문에 학업성취가 이루어지지 않은 상태다. 학습지진은 지능이 절대적인 것은 아니지만 IQ가 일반적으로 70 이하의 정신지체아 등 경계선 아동이 정서적 요인이나 가정 환경, 학교 환경, 사회 환경, 신체적 요인, 시각 · 청각장애 등으로 정상적인 학습 활동을 할 수 없어서 학업성취가 이루어지지 않은 아동을 말한다.

위에서 학습장애에 대한 정의를 내렸지만 학습부진이나 학습지진, 경도 정신지체와 확연하게 차이점이 들어나지 않기 때문에 정확하게 정의를 내리는 것이 쉬운 일은 아니다. 하지만 학습지진은 자신의 능력 부족으로 표준화된 학업성취검사 도구로 측정했을 때 일정 수준의 학업성취가 이루어지지 않아 정상적인 수준에 도달할 수 없는 경우라 할 수 있고 학습부진은 개인의 노력 부족 등으로 목표에 도달하지 못한 경우라고 결론지으면 학습장애아를 이해하는 데 도움이 될 것으로 본다.

2. 학습장애아의 원인과 출현율

1) 학습장애의 원인

학습장애아의 정의를 내리는데 어려움이 있었듯이 원인을 밝히는 것도 정확하게 밝혀지진 않는다. 이러한 의미는 학습장애가 복합적 요인에 의한 내용이 원인이 될 수 있다는 것을 의미한다. 이러한 학습장애의 원인을 일반적으로 신경학적 원인, 유전적 원인, 환경적 원인으로 나눌 수 있는데 구체적인 내용은 다음과 같다.

(1) 신경학적 원인

학습장애의 원인을 신경생물학적 원인인 뇌기능에 문제가 있다고 보는 입장이다. 뇌 상태가 인간의 모든 기능에 장애를 일으키게 되는데 학습장애와 관련된 장애는 인지적 학습능력과 관련되고, 신체의 통제 중추가 있는 대뇌와 관련이 있다. 특히 미세뇌기능장애를 말한다. 이를 토대로 중추신경계 조직의 장애가 학습장애의 원인이라고 분류하고 있다(송준만 외, 2004). 또한 분만과정에서의 태아의 비정상적인 위치, 무산소증, 산소 결핍, 뇌진탕, 뇌염, 뇌막염, 홍역 등에 의한 신경계의 손상 등도 학습장애의 원인이 되고 있다.

(2) 유전적 원인

Hallgren(1950)은 난독증으로 진단받은 사람의 친척 중에 읽기, 쓰기, 철자 장애가 유전된다고 하였다. 쌍생아 연구에 있어서도 유전적 원인이 밝혀졌으며 읽기 학습장애

아동과 부모, 형제 및 통제집단 가족들에게 다양한 심리검사 및 읽기 검사 결과 역시 유전적 원인에 의함이라고 하였다. 이란성 쌍생아에 비하여 일란성 쌍생아가 읽기장애가 더 많았으며 난독증과 가족력 관계의 연구에서 난독증 또는 읽기장애가 가족력과 관계 있다는 결론을 얻었으며, 이는 유선석 원인이라 할 수 있음을 증명하는 일이다 (Cirtchley, 1970; Bannatyne, 1971; Derker & Defries, 1980; Derker & Derker, 1982). 부모가 학습장애인 경우 약 35~45%의 자녀들이 읽기장애를 가지며 구어와 언어장애, 철자법 장애 등도 가족력에 따라 발생하고 있다고 한다.

(3) 환경적 원인

교육에 있어서 환경은 매우 중요하다. 인간은 환경의 피조물이라 할 수 있으며, 학습과 관련해서는 유전과 환경이 쌍벽을 이루며 학업성취에 주요 작용 요인으로 거론되고 있다. 학습장애 역시 환경 결핍, 특히나 조기 환경 자극의 결핍은 학습장애의 주된 원인이라 할 수 있다. 아울러 심한 영양실조 역시 학습장애의 원인이 된다. 이 두 가지는 서로 띄어 놓을 수 없는 관계인데 많은 경우에 있어서 영양실조와 제심리학적 자극의 결핍이 동일한 아동에게서 같은 작용을 하기 때문이라 할 수 있다(김승국, 1992). 신생아의 영양실조는 유아의 신체 발육이나 중추신경계 발육을 저해하여 학습장애를 일으킬 충분한 소지가 있다. 가정에서 가정 경제나 부모의 능력부족으로 자식 교육에 소홀하거나 충분한 영양 공급을 제대로 해 주지 못할 경우 발달상의 문제로 학습장애가 일어날 수 있다는 점이다.

Engelmann(1977)은 학습장애라고 명명된 90% 이상이 그들의 지각 능력이 부족해서가 아니라 잘못 배웠기 때문이라고 했는데 이는 교수-학습에 문제가 있으며 학습장애가 선천적 요소가 아니라 후천적인 환경적 요인들에 의함이란 점을 주지시키고 있다. 지금 우리 주위에는 학습을 방해하는 환경적 원인들이 너무도 많이 있다. 분별없이 일어나는 식품사고 및 식품 첨가제, 방사선에의 노출, 흡연, 음주, 약물 복용, 아동의 신체기능장애에 대한 분별없는 기성세대의 태도 등 학습자들이 요구하지 않은 나쁜 환경 때문에 학습자들의 뇌기능장애나 질병에의 노출로 인한 학습 기회 부족으로 학습장애아가 늘고 있는 실정을 감안하면 학습자의 환경적 배경이 어떻게 갖추어져야 할 것인가 하는 것에 대한 경종이 된다.

또한 학습자 주위에는 학습자를 괴롭히는 많은 스트레스적 요인이 있는데 이러한 스트레스가 학습할 수 있는 집중력을 분산시키고, 기억을 방해하고, 사고를 무력화시킴으로써 학습장애가 일어날 수 있는 것도 현대 정보산업사회 발전과 함께 학습장애의 주요 환경적 요인이라는 점에서 논의 대상이라 할 수 있다.

2) 출현율

학습장애아 출현율은 매우 다양한데 1968년 미국장애아국가자문위원회 보고로는 1~2%로 나타났다. 산업발달에 따른 공해, 임산부의 약물 남용, 흡연, 알코올의 다량 섭취 등으로 학습장애는 꾸준히 증가할 수 있을 것으로 보인다. 미국에서도 1991~1992년도 6~17세 아동 중 5%가 학습장애아이었으며, Mercer(1990)는 중증의 특성 학습장애 아동을 전체 아동의 1.5%로 추정하였다.

우리나라 출현율은 김승국(1985) 연구에 의하면 초 · 중등학교 9,990명 중 학습장애 출현율이 1.02% 이하라고 제시하였다. 이중 학습장애아 만의 출현율은 0.97%이었고 중복장애로 인한 학습장애는 0.05%라고 하였다(이효자 외, 2001). 국립특수교육원은 1998년 자료에서 2.46%라고 제시하고 있다. 정대영(1985)은 초등학교 3~4학년을 대상으로 한 조사에서 출현율이 3.83%라고 제시하였다. 이를 요약해 보면 일반적으로 학령기 아동의 2~4%가 학습장애아임을 추정할 수 있다. 성차의 경우에 있어서는 남아와 여아의 비율이 4 : 1로서 남아가 훨씬 많지만 그 이유가 정확히 밝혀지지 않았다(김종현 외, 2008).

3. 학습장애아의 판별

효율적인 학습을 하기 위해서는 학습자가 현재 어느 정도 능력을 가지고 학업성취를 하고 있는지를 진단해 보아야 한다. 학습장애아를 정확히 판별하는 일은 이후에 이루어질 교육방법에 커다란 이정표가 된다. 따라서 보다 정확한 판단 근거나 자료에 따라 판별하는 일은 매우 중요한 일이다. 지적인 요소가 문제가 있는지, 학습에 대한 이해력 부족인지, 발달지체인지, 뇌손상으로 인한 장애인지 등 구체적인 요소를 밝혀 보는 것은 정상적인 교수－학습활동에서 전제가 되는 요소다.

현재까지 뚜렷하고 결정적인 학습장애아의 판별법은 발견되지 않고 있기 때문에 개인적인 진단평가를 통하여 판별하는 데 우리나라 장애인 등에 대한 특수교육법시행령 및 시행규칙에 따른 학습장애아 선정기준을 보면 다음과 같다.

학습장애를 지닌 특수교육대상자는 개인의 내적 요인으로 인하여 듣기, 말하기, 주의집중, 지각(知覺), 기억, 문제해결 등의 학습기능이나 읽기, 쓰기, 수학 등 학업성취 영역에서 현저하게 어려움이 있는 사람이라고 하고 있다. 장애인에 대한 특수교육법 시행규칙에서는 학습장애아 교육대상자 선별검사 및 진단·평가 영역을 다음과 같이 제시하고 있는데 구체적 영역은 ① 지능검사 ② 기초학습 기능검사 ③ 학습준비도 검사 ④ 시지각 발달 검사 ⑤ 지각운동발달 검사 ⑥ 시각운동 통합발달 검사다.

학습장애통합위원회(ICLD, 1987)에 의한 학습장애아 판별은 ① 학습과 기억의 신경생물학적 결함 ② 읽기, 쓰기, 셈하기 등의 3 R's에서의 특별한 발달적 결함 ③ 발달적 언어의 결함 ④ 사회적 기능 결함 ⑤ 과다 행동과 주의 결핍 등을 들고 있다. 학습장애아는 듣기, 생각하기, 말하기, 쓰기, 수 계산, 철자법 등에서 현저히 능력이 떨어진다.

이러한 학습장애아에 대한 진단과 판별은 교육계획이나 교육활동에 도움을 주기 위함이다. 여기서 얻어진 검사 점수가 실제적으로 교육활동을 해나가는 구체적 기준이 될 수 있다. Stephens(1978)는 진단 방법을 능력모형과 기능모형으로 나누었다.

능력모형은 기본적인 학습과정 결함을 시청지각, 주의과정 및 지각운동 과정에 대한 검사를 위주로 하며 기능모형은 학업과제 수행을 위한 학생들의 능력에 초점을 맞추고 표준화 학력검사와 계열 목표에 따른 기능위계표를 판별하는 것이 적절할 것으로 판단된다(이효자 외, 2001).

여기서는 비교적 보편적으로 사용되고 있는 검사인 표준학업성취 검사, 과정검사, 준거참조 검사를 살펴보도록 한다.

1) 표준학업성취 검사

학습장애는 곧 학업에 도달하고자 하는 학습목표만큼 도달했느냐 못했느냐와 관련되며 학습목표 성취를 표준만큼 수행하지 못한 것이 제일 중요한 문제다. 학업성취가 이루어지기 위해서는 지적 능력이나 성숙도, 선행학습, 지구력 등 다양한 학습에 대한 준비요소가 필요한 데 이러한 준비요소 부족으로 학습 수행에 곤란을 심하게 겪을 경우 학습장애로 이어지게 된다.

우리나라는 한국교육개발원(1989)이 개발한 개인용 표준화 학력검사인 기초학습기능 검사를 학습장애의 평가도구로 사용하고 있다. 이 평가도구는 정보처리 기능, 언어 기능, 수 기능을 측정하도록 되어 있는데 검사 정보가 아동의 선수 학습 능력이나 학업지체의 파악이나 개별화 교육 프로그램을 세우는 데 도움이 될 수 있는 검사도구다(송준만 외, 2004).

읽기 검사 중에는 Monroe의 검사처럼 모음이나 자음의 오류, 생략, 대치 등과 같은 오류의 종류를 발견하는 것도 있다(김승국, 1992).

2) 과정검사

과정검사란 심리적 과정을 검사하는 것으로 결함을 보이는 특정 심리과정을 판별하고 치료계획을 세우기 위함이다.

구체적 검사 과정은 ① 시-지각, 연합 및 수용 ② 청-지각, 기억, 연합 및 수용 ③ 촉각, 근육운동 감각 ④ 통합감각인 시각-운동, 청각-운동, 청각 음성 및 시-청각 등을 표준화 도구로 검사한다(이효자 외, 2001).

현재 많이 알려진 과정검사는 일리노이 심리언어능력검사(Illinois Test Psychiliguistic Abilities : ITPA)와 머린스틱 시지각발달검사(Marianne Frosting Development Test of Visual Perception : DTVP)가 있다.

ITPA 검사는 12개 하위 검사를 하는 것이며 청각 음성과 시각-운동과 관련되는 의사교환 통로는 정보의 in put과 out put하는 여러 가지 감각 양식을 검사하는 것이다.

심리언어 과정은 수용, 조직 및 재현적 자동적인 것과 관련되는 것으로서 정보를 구체적으로 처리하고 정보를 밖으로 내보내는 표현과 같은 내용들을 중심으로 구성한 심리 과정검사다(전경원, 2004).

DTVP검사는 읽기와 관련한 시지각을 평가하는 것이다. 여기에는 5개의 하위 검사가 있는데 눈과 운동간 협응을 검사하는 것으로서 각종 선을 그리거나 점 사이의 원을 그리는 것이 포함된다. 전경과 배경의 검사는 선이 교차되어 숨겨진 기하학적 도형을 사용하며, 크기, 명암, 공간 내의 위치 등이 다른 도형을 인지하고 비슷한 도형을 변별하는 형태의 불변성 검사가 있다. 반전 및 회전되어진 도형을 변별해 내는 공간 내 위치 검사 등이 있고, 마지막으로 공간 관계 검사가 있는데 이는 비교적 쉬운 형상과 도안을 분석하는 것이다(Frosting & Horne, 1964).

3) 준거참조 검사

이 검사는 교사가 임의로 준거를 정하고 정한 수준 만큼 아동이 도달할 때까지 계속해서 실시해 보는 검사 형태다.

이러한 준거 검사를 하는 교사는 많은 경험이 있어야 하고 아동 개개인의 특성을 충분히 파악한 후 아동에게 적절한 규준을 정해 주는 것이 관건이다. 규준을 너무 높게 잡거나 너무 낮게 잡으면 실패를 경험하거나 학습에 흥미를 잃음으로써 소기의 성과를 거둘 수 없으며 시간과 노력의 낭비가 될 수 있다. 아동의 규준을 정하는 데에는 뚜렷한 형식이 없기 때문에 정량적 보다는 정성적 기준을 정하여 실시하게 되므로 사전 계획을 치밀하게 짜는 것도 중요하겠고 몇 번의 시도를 통하여 정확히 기준점을 잡도록 하는데 검사의 성패가 달려 있다 할 수 있다.

실례로 교사가 아동의 기준점을 일정 시간 내에 수학문제 12개 중 10개를 계산해야 한다고 규준점을 정했다면 아동이 이 준거에 도달하지 못했을 때 원인을 분석하고 재지도하여 다시 재검사를 실시하면서 아동이 준거에 도달할 때까지 계속하는 것이다.

4. 학습장애아의 특성

1) 발달상의 특성

(1) 주의집중장애

일반학습에서 주의가 산만한 아동은 학습에 대한 집중부족으로 학업성취에 문제가 있다. 뿐만 아니라 과잉행동이 있는 아동이나 충동적 행동을 하는 아동들도 집중력 결핍으로 인하여 학습장애가 나타나게 된다. 하지만 조용히 교수자의 지시나 교육내용에 열중을 하고 교재 내용에 충실하면서도 결과에 있어서는 학습 수행에 극히 미진한 학습장애아도 있다. 일 연구에 의하면 주의장애 아동은 관계있는 것을 식별하는 과제라든지 주의집중을 유지하기 위한 과제 등에 취약한 것으로 나타났으며 과제 지향적 행동을 수행한 비율은 정상아동이 88%인 것에 비하여 68%로 20%가량 낮았다(이효자 외, 2001).

1994년 미국정신의학협의회 정의에 따르면 행동성주의집중장애(ADHD : Attention Deficit Hyperactivity Disorder)는 과다행동, 충동성, 산만함의 세 가지 기본적 특성이 있는 장애로 이러한 행동성은 7세 이전에 나타나 약 6개월 이상 지속되는 것이라고 정의했다(전경원, 2004). 즉 일어섰다 앉았다를 반복하며 옆 친구를 밀고 머리를 잡아당기고 장난감을 던지고 물건들을 빼앗고 또 물건들을 오래 간직하지도 않으며 잠시 동안도 안정적이지 못한 태도가 나타난다. 결국 이러한 과정은 학습장애를 유발하는 중요 요인이라고 할 수 있다.

(2) 기억장애

학습장애아동의 지능은 정상 아동과 비슷하기 때문에 사고할 수는 있으나 사려 깊은 태도로 문제를 해결하기 보다는 충동적으로 문제를 해결하려 한다. 그리고 학습장애 이론은 언어라든지 문자 · 음성들의 학습 정도가 유입됐을 때 이를 조직화하고 부호화하며 기억에 저장하는 능력이 결여되어 있다.

일반적인 학습에서 기억을 강화하기 위하여 정보를 요약한다거나(예 : 조선시대 임금의 순위를 기억함에 있어서 태조, 정종, 태종, 세종 — 의 순으로 기억하는 것을 태정 태세 등으로 요약), 의미화(예 : 육계 이름을 많이 크라고 마니커, 산란계의 이름을 많이 낳으라고 마니나 등)하거나 색, 명암, 크기 등을 자극을 주어 주의력을 향상시키는 등의 방법을 사용하고 있는데 학습장애인 경우는 기억을 잘하기 위한 조직력이 현저히 저하되어 가까운 시일 내에 배웠던 내용도 쉽게 잊어버리는 경우가 허다하다. 더 나아가 시기억이나 청기억이 원활하지 못하여 보고 들었음에도 이를 기억하지 못한 학습장애아가 발생하게 된다(임채식 외, 2007).

(3) 구어장애

학습장애 중 가장 흔한 장애로서 가정 내에서 구어활용에 문제가 있는 경우에 구어활용에 대한 구강 구조의 결함 등이 있는데 학국병리학회에서는 구어장애를 듣다와 관련되는 수용언어장애와 말하기 장애와 관련되는 표현언어장애로 구분하여 정리하고 있다(한국병리학회, 1994, 재인용).

[1] 수용언어장애

수용언어장애는 수용언어실어증(receptive language aphasia), 베르니케실어증(Wernike's aphasia), 유창성실어증, 감각신경실어증이라고도 한다. 청지각에 문제가 있어 타인의 말을 들어도 말을 이해하거나 해석하지 못한 경우가 있는데 그 특징은 다음과 같다.

① 억양과 발음 측면에서 보면 말이 유창하며, ② 문법규칙을 잘 지키나 의미없는 말들을 제 마음대로 사용하기 때문에 그 뜻을 이해하기 어렵고, ③ 조음 곤란은 거의 없으며, ④ 언어로서 소통이 잘 이루어지지 않으면 몸짓으로 의사소통을 하고, ⑤ 기계

적이나 글씨를 쓸 수 있고, ⑥ 시각장애를 보이는 경우가 허다하다.

2 표현언어장애

표현언어장애란 말로서 자신의 사고와 경험을 표현하는 데 어려움을 겪는 상태다. 일명 표현언어실어증(expressive language aphasia), 브로커실어증(Broca's aphasia), 혹은 근육운동실어증이라고도 불리운다.

표현언어장애의 특징으로는 ① 청각적 언어 능력은 비교적 좋으나, ② 조음장애가 잦고 말의 유창성이 떨어지며 말하는 도중에 중단하는 등 말하기를 힘들어 하며, ③ 전보식 문장을 쓰고 어휘를 이해하나 적절한 때 떠 올리지 못하며 단일 단어나 짧은 어귀 이상의 완전한 문장을 구성하기가 어렵고, ④ 문법 규칙을 잘 지키지 않으며, ⑤ 조음기관의 의도적 상용은 힘들지만 무의식적인 조음운동은 가능하다. ⑥ 글을 쓰는 능력이 손상되는 경우도 많고, ⑦ 근육운동 신경 부위가 손상되는 경우가 많다.

(4) 지각장애

오관을 통하여 습득되는 정보를 조직적으로 느끼고 깨우쳐 스스로를 일깨워야 하는데 이러한 능력을 적절하게 발휘하지 못하는 경우를 말한다. 시각 능력이 떨어지거나 청각 능력의 부족으로 자신이 표현하고자 하는 언어 표현의 미흡으로 사물 인지 능력이 저하되어 학습의 이해가 이루어지지 못함으로써 "이것은 이렇게 하는 것이구나", "이것은 이런 것이었구나" 등의 인지가 이루어지지 못함을 의미하는 장애다.

(5) 운동장애(활동장애)

일정과정을 수행하는 데는 이에 합당한 적절한 활동이 관계되어야 하는데 운동장애는 적절한 활동보다 과잉된 행동이 나타난다든지, 과도한 행동이 나타나는 경우다. 촉각을 통하여 지각한다든지, 근육운동에 대한 지각장애가 일어난다. 이러한 아동은 다양한 운동을 동시에 수행하지 못하여 접촉에 능동적이지 못할 뿐더러 심할 때는 방향 감각을 잃기도 한다. 이 외에도 발달상 학습장애는 초인지 장애도 있다.

2) 학업상 학습장애의 특성

학습의 기회나 교육적인 자극이 부족한 경우, 집중력 부족, 우울증 · 불안 등 정서적 문제, 신경학적 이상에 의한 경우 등이 원인일 수 있다. 학습과 관련이 있는 뇌기능 특정 영역에 결함이 있거나 발육지연 또는 장애가 있는 경우도 원인이 된다. 또한 부모가 조기에 자녀의 능력과 적성을 잘 알지 못하는 경우에도 많이 생긴다. 여기에서 학업상 학습장애인 읽기장애, 쓰기장애, 수학학습장애 등을 살펴보기로 한다.

(1) 읽기장애

읽기장애의 특성은 학습장애 영역에서 제일 많은 장애 특성으로서 글을 읽는데 어디에서 띄어 읽어야 할지 잘 모르고 있으며, 읽는 도중 침묵을 지킨다거나 겸연쩍어하는 어색한 행동, 그 외 몸을 비비꼬는 행위 등을 한다. 또 글의 중간이나 단어를 빼 먹는 일, 전도하여 읽는 일, 다른 말을 입으로 집어 넣거나 틀린 발음, 어린 아동의 경우는 책을 거꾸로 놓고 다른 친구들을 모방하여 읽는 등의 모습을 보인다. 논리적으로 읽지 못하고 읽는 속도나 억양이 적절하지 못하며 읽는 목소리도 경쾌하지 못하다. 접속사 사용을 효율적으로 연결하지 못하며 난독증 증상을 보이고 있다.

학령기 아동의 4% 정도에게서 나타나는데, 남자 어린이가 3~4배 정도 더 많다. 주로 언어발달 장애가 동반되고, 정확한 원인이 밝혀지지는 않았지만 가족력, 인플루엔자 감염, 측두엽 · 두정엽 등 대뇌 반구 이상, 경련성 질병, 뇌성마비 등 신경학적 질병 등과 관련이 있는 것으로 추정하고 있다. 지능이 발달한 아동은 조기에 치료한 경우에는 예후가 좋지만 초등학교 3학년 이후까지 방치하면 성인기에도 장애가 남을 수 있다.

(2) 쓰기장애

보고 쓰는 행위도 제대로 수행하지 못하며 글이 심하게 기울어져 잘 알아볼 수 없다든지, 문장을 진술하는 데 말의 순서가 뒤 바뀐 경우도 있다. 언어의 시제를 구분하지 못하여 문장으로 만드는 능력도 부족하며 추상적인 용어를 사용할 줄 모른다. 글을 쓸 때는 중요한 것은 자기가 하고 싶은 말을 유효 적절하게 글로 표현해야 하는데 그러지 못한다. 가슴 속에 차오르는 감정은 글의 전개 방법이 서툴러 제삼자가 쓴 내용을 이해하는데 어려움이 따르며 문장 진술 능력이 현저히 저하되어 있다. 쓰기장애는 학령기 아동의 3~10% 정도에게서 나타나며, 가족력에 의한 경우가 많다. 이는 뇌의 정보 전달부위에 문제가 있기 때문인 것으로 추정된다. 행동장애, 주의력 결핍 과잉 운동장애, 우울장애 등과 함께 나타나기도 한다.

(3) 수학학습장애

계산능력 부족인 아동을 말하며 계산 구조를 잘몰라 오류를 범하는 경우가 많으며 가감승제, 배열이나 분류, 연산 등에 장애를 일으킨다. 보통은 정상적이지만 수학과 관련한 능력만 뚜렷이 저하한다. 정상지능을 가진 아동의 1~5% 정도에게 나타나는데, 여자 어린이에게 좀 더 많다. 다른 학습장애 또는 언어장애를 동반할 수 있다. 정확한 원인은 밝혀지지 않았지만 인지적 · 정서적 · 교육적 · 사회적 등 여러 요인이 복합적으로 작용하는 것으로 알려져 있다. 적절한 치료를 받지 않으면 합병증으로 우울장애, 행동장애 등을 동반하기도 한다.

3) 사회 정서적 장애

학습장애아동은 다른 아동과의 사회적 관계를 설정하고 유지하는 능력이 미흡하여 다른 동료들과 적응할 수 있는 사회화 능력이 부족한 경우가 많다. 또 자신의 위치가 사회적 관계에서 어느 위치인지를 몰라 사회적 유능감이 떨어지고 정서가 불안하며 원만한 사회적 관계를 유지하지 못할 뿐더러 행동에 있어서 주책없는 경우가 많아 따돌림을 당하기도 한다. 학습장애아동은 정서가 불안하고 정서의 기복이 심하며 자기 정체성이 정립되지 않기 때문에 이로 인한 학습능력의 저하가 많다. 이는 곧 학습장애로 이어질 뿐만 아니라 낮은 자아 존중감을 보이는 등 사회 정서적 문제를 야기하게 된다(전경원, 2004). 학습장애 집단은 불안, 우울, 강박-충동적 등의 신체적 증상의 내재화된 문제행동은 보이지만 사회적 위축이나 과잉행동, 공격성, 비행 등의 외현적인 문제행동이 더 많이 나타나는 데 특히 빈도가 높은 정서 및 행동의 문제는 공격성, 우울, 사회적 위축, 불안 등을 들 수 있다(김종현 외, 2008).

5. 학습장애아의 교육방법

학습장애아의 교육에 대해서는 분야별로 다양하게 방법이 제시될 수 있으나 본 절에서는 언어교육과 수학교육에 대하여 알아보고 이어서 학습장애아 교육 프로그램을 살펴보기로 한다.

1) 언어교육

의사소통과 학습에 있어서 언어능력은 매우 중요한데 특히 읽기교육을 시키는 것이 중요하다. 읽을 줄 안 이후에야 단어를 쓰고 문장을 만들 수 있는데 이에 적절한 프로그램이 Fernald(1988) 지도방법이다. 이는 다음과 같이 3개 과정으로 구성되어 있다(김승국, 1992).

첫째, 아동이 알고 있는 단어를 말하고 있는 동안에 그 낱말의 형태를 찾고 그 다음에 기억으로 단어를 쓰고 쓴 것을 처음 모델과 비교해 본다.

둘째, 단어나 일부 문장을 말하고 있는 동안 바라 보게만 하고 다음으로 기억을 더듬어 써 보고 이 쓴 내용을 모델과 비교하되 성공할 때까지 계속한다.

셋째, 이전에 학습된 단어를 가지고 경험에 기초해서 새로운 단어를 일반화하여 읽기 시작한다.

글자를 읽거나 쓰기에 학습장애가 있는 유아나 초등학교 저학년들인 경우는 글을 읽거나 쓰기 전에 오른쪽 · 왼쪽, 위 · 아래, 앞 · 뒤 등을 먼저 습득하도록 하고 글을 읽거나 쓰는 것이 왼쪽으로부터 오른쪽으로, 위로부터 아래로, 앞으로부터 뒤로 이루어지도록 지도하는 것도 필수다. 때에 따라서 유아들은 글자를 거꾸로 쓰거나 협응력 부족으로 자음과 모음의 조합 간격이 넓거나 글자간 띄어쓰기가 알맞지 않은 경우가 있을 수 있기 때문에 Fernald가 제시한 바와 같이 말을 하고 글자를 쓰도록 하며 이후에 조합된 단어를 말하게 하므로서 언어의 의미를 전달하게 한다.

2) 수학교육

수학교육 장애는 읽기문제 장애아보다 많지는 않으나 관련되는 요소로는 추상적 사고, 읽기, 기억, 지각 등이 있다. 수학 학습장애아에 대한 교육은 교수 절차를 쉬운 것부터 시작하여 단계적으로 어려운 것으로 진행하여야 하며 수학 학습장애아들이 성취수준을 느끼게 하므로서 성취동기를 부여하여 성공적으로 학습하도록 하고 진도를 나가는 일은 학습장애 아동의 개인적인 학습능력에 따라 적절하게 속도를 조절해야 한다.

뿐만 아니라 효율적인 학습활동이 진행될 수 있도록 쉽게 학습내용을 이해할 수 있는 실물 등을 이용한 학습활동이라든지 생활의 현장에서 직접 경험할 수 있거나 주위에 있는 물건들을 최대한 활용하여 이해를 도울 수 있어야 한다. 예를 들어 전화기를 통한 숫자 익히기, ○ · ×게임을 통한 숫자 세기, 게임판을 만들어 주사위나 숫자카드를 활용하여 1칸씩, 2칸씩 세면서 올라가 목적지에 도달하는 등의 수놀이 교육이 있다.

3) 학습장애아 교육 프로그램

(1) 자기교수법

자기교수법(Self-instruction Method)은 문제를 해결하기 위하여 아동 스스로 어떤 전략을 어떻게 사용하여 학습의 효과를 높일지를 스스로 터득하는 것이다. 이 자기교수법은 정신지체, 정서장애, 학습장애 등 다양한 장애를 지닌 아동들의 읽기, 쓰기, 수학 등의 학습과제 수행에 널리 쓰여져 왔으며 효과 또한 명확히 입증된 전략이다(김종현 외, 2008). 한 예를 들면 수학 문제 답을 쓰기 전 답을 먼저 말로 하고 답을 쓰면 그냥 말하지 않고 답을 쓰는 것보다 계산적인 오류를 줄일 수 있다(Lovit & Cartiss, 1968, 재인용).

한편, Meichenbaum(1975)은 자기교수법을 다음과 같이 4가지를 제시하고 있다(송준만 외, 2004).

① 성인 모델이 큰 소리로 자신에게 이야기하면서 과제를 수행한다.
② 아동이 모델의 교수법 지도 아래서 모델과 동시에 모델과 같은 과제를 수행한다.
③ 아동이 과제를 수행하면서 자기교수를 자신에게 속삭인다.
④ 아동이 내적 언어로 자신의 수행을 지도하면서 과제를 수행한다.

그리고 근래에는 컴퓨터가 우리 생활의 중요한 한 부분으로 자리잡고 있음을 거부할 수 없는 사실로 인정하여야 하며, 곳곳의 교수-학습 현장에서 컴퓨터 학습 기능에 대한 긍정적 시각과 부정적 시각이 있다는 점도 사실로 받아들여야 한다. 이렇게 현대문명의 한 부분으로서 컴퓨터를 무시할 수 없는 상황이기 때문에 이제는 이를 효율적으로 활용하는 방안을 구체적으로 강구해야 할 시점임을 인정해야 한다. 정상적인 아동들에게도 컴퓨터를 이용한 교수-학습활동이 필요하지만 학습장애 아동들에게도 필요하다. 학습장애 아동들에게는 그들 수준에 알맞는 효율적인 컴퓨터 교육 프로그램을 제공하여 인쇄 도구만이 아닌 시청각 도구를 통한 흥미 유발 체제를 강화하여 학습 효과를 높이는 쪽으로 컴퓨터를 적극 활용할 필요가 있다. 단, 학습장애아들이 컴퓨터에 중독

되지 않은 범위 내에서 프로그램을 계획적으로 구성하고, 이어서 효율적인 교육적 학습 결과를 도출해 낼 수 있도록 하는 것도 긍정적으로 검토하여야 한다.

(2) 자기관리법

자기관리란 현재까지 자신에게 이루어진 학습 상황을 스스로 점검하여 수정할 부분을 수정하고 지원을 요청하고, 필요한 정보가 있다면 적극적으로 수집하여 보다 나은 학습활동이 이루어지도록 하는데 있다.

특히 본인의 부족된 부분을 스스로 파악할 수 있는 계기가 되며 일정 부분을 성취했을 경우에는 자기 효능감이 증대되어 보다 적극적으로 학습활동에 임할 수 있는 장점이 있다. 예를 들면 읽기에 있어서 녹음을 하고 틀린 부분이 몇 군데인지 찾아보고 재차 시도하여 성공률을 따져 본다든지, 쓰기에 있어서 틀린 부분을 확인하고 다시 집중한 후에 다시 써 보고 성공률을 따져 보는 등의 학습활동을 통하여 스스로의 만족도를 채워 주도록 함으로써 학습 성과를 높혀야 하고 이에 교사나 동료들의 적극적인 지원과 협조가 뒤 따라야 학습장애아의 자기관리 능력이 향상될 수 있다. 학습효과 측면에서도 스스로의 관리 능력을 향상시키는 것이 장기적인 측면에서 바람직한 학습태도 형성에 도움을 줄 수 있을 것이다.

따라서 사회적 관계를 확장하고 원만한 적응을 통하여 스스로의 자신감을 증진시키고 자아 존중감을 향상시키는 일은 앞으로의 성공적인 학습이 이루어지는 자기관리의 중요 방법이 될 수 있다.

(3) 직접교수법

직접교수법은 교사가 학습장애 아동을 대상으로 직접 교수하는 방법이다. 이 방법은 아동의 특성을 분석하기보다는 가르쳐야 할 내용의 체계적인 분석을 강조한다. 이 방법의 결정적 요소는 과제분석이다. 과제분석은 학업 문제를 구성 요소로 나누어 교사가 각 부분을 분리하여 가르친 다음 아동이 더 큰 기술을 시행하기 위하여 각 부분을 통합하도록 한다(송준만 외, 2004).

교과영역에 따라 교사가 직접 교수해야 할 영역이 다르겠지만 교사가 아동의 학습장애 영역을 파악하여 도달하여야 할 학습목표와 수준을 설정하고 지속적으로 지도하여 일정 목표에 도달하도록 노력한다. 읽기장애 교육을 시킬 경우의 예를 들면 아동이 해독기술을 터득한 후에 이해기술을 가르쳐야 하고, 다음 단계에서는 글을 통해 얻는 지식과 다양한 교재를 이해하고 읽기 목적을 깨달아야 한다.

이 과정이 끝나면 다음 단계로 유창성과 어휘지도를 하고, 이어서 주요 개념과 이해 전략을 교수하여야 한다. 교수자는 이러한 교수 활동을 전개하는 동안 아동의 학업 수행의 과정을 점검 평가하고 꾸준히 피드백하면서 아동 개개인별 성취 목표에 접근하도록 적극적으로 계획에 의거 지도하며 특히 동기부여를 많이 할 필요가 있다. 교사가 이렇게 다양한 측면에서 접근하고 배려한다 할지라도 학습장애아가 받아들이지 않는다면 학습 효능은 저하될 수밖에 없다(이효자 외, 2001).

6. 학습장애아 교육의 지원방안

학습장애 아동은 단순한 학습장애가 있는 경우도 있고 다른 장애를 1~2개 갖게 되는 중도 및 중복장애아도 있다. 이러한 특수아동 중 경도의 장애아동인 경우는 일반 학급에 통합하여 정상적인 아동과 사회적 관계를 유지하며 학습장애를 줄이고 학업성취를 높이도록 하여야 한다. 특수교사가 있는 경우는 학교 내의 특별 교실에서 교육이 진행되는 방법도 고려해 보아야 하겠고 특수교사가 없는 경우는 순회 특수교사나 특수교육 연수를 받은 교사의 전문적인 지도를 통하여 학업성취를 높이도록 하여야 한다. 중증의 학습장애 아동을 일반 학습 아동들 하고 주류화할 경우는 일정의 특별한 격리 시간과 장소를 마련하여 특수교사의 전문적인 지도를 받은 후에 다시 정상적인 아동들과 같이 학습하는 방법을 택하도록 하며 특수교육 시간의 조절은 대상아동의 성취 결과와 연계하여 조절하도록 한다.

이렇게 학습장애아 교육에 대하여 각별한 교육적 주의를 기울려야 함에도 우리 교육의 현실은 그렇게 학습장애아를 배려해 주고 지원해 주는 데는 부족한 점이 많다. 특히 입시중심 교육은 학습장애아나 학습부진, 학습지진 아동들을 사각지대로 모는 경우가 발생할 수 있다. 일부 교육이 상급학교 진학을 목표로 하는 우수학생 위주의 교육이 이루어진 경우 학습장애 때문에 학업에 미진한 학생은 이들로부터 소외되고 자신의 능력을 최대로 발휘할 수 있도록 구체적 배려 결핍으로 인하여 더욱더 장애가 심화된다. 학습장애아들이 자신이 가지고 있는 능력만큼 그들 수준에 알맞은 교육이 이루어져야 하는데 이러한 장애아를 위한 교육이 부족하기 때문에 결국은 정상적이고 우수한 아이들에게 희생당하는 존재가 될 가능성이 있다. 이러한 상황에 놓이지 않도록 교육적 지원을 강화하여 학습장애아가 누릴 수 있는 학습권을 보장해 주도록 해야 한다.

하지만 실질적 지원의 최전방에 서 있는 사람은 교사다. 교사가 학습장애아에 대하여 배려적 · 긍정적 차원의 교직관을 가진다면 학습장애아는 보다 좋은 교육환경에서 생활할 수 있다. 학습장애아가 자발적이고 적극적이지 못하기 때문에 교사의 의도적인 배려가 절실히 필요하다. 또 교사가 학습장애아를 대할 때 온정적 태도로 대하는가?, 아니면 냉정적 태도로 대하는가? 하는 점, 또는 조직적인 교수과정의 제시, 교수매체의 1 : 1의 맞춤교육, 적절한 시기에 교육 성과에 대한 적절한 보상 등, 교사의 역할이 학습장애아가 학습할 수 있는 동기부여나 교육 결과 도출에 매우 영향력이 크다는 점을 간과해서는 안 된다. 아울러 교사들은 자신들의 수업을 녹화한 비디오 테이프를 보기도 하면서 학습 활동에 개입하기도 하며 학습장애아를 위한 교육활동이 적절했는지 모니터링해 볼 수 있다. 또한 학습장애 아동은 교사의 적극적 지원 없이는 학습활동을 전개하거나 진행하기가 어렵기 때문에 교사의 적극적이고 능동적인 환경 지원과 교사와 특수아동 간에 친사회적 분위기나 신뢰감 등, 학습활동에 대한 기본적인 교사의 지원이 뒤따라야 한다.

뿐만 아니라 일반아동들의 모델 행동을 학습장애아들이 바라보고 모방하는 학습활동은 학습장애 아동에게 많은 혜택을 준다. 이와 같이 일반아동의 모델링 역할이 통합교육을 해나가는 데 큰 지원 역할을 한다는 점은 의심의 여지가 없다. 하지만 일반아동들이 학습장애 아동을 이해하고 학습활동에 통합하는 일이 쉽지만은 않은 일이기 때문에 교사가 학습장애 아동과 일반아동 간의 관계 개선의 유도 과정에 많은 노력을 투자해야 할 것이다. 아울러 교사 이외의 관리자나 행정지원 부서 등에서도 교사의 학습장애 아동의 학습지도에 대한 지원이 원만하고 효율적으로 이루어질 수 있도록 학습장애를 위한 프로그램 지원과 인적 · 재정적 지원을 강화하여야 한다.

영재아의 이해

13

1. 영재아 교육의 필요성 및 목적
2. 영재성의 정의와 특성
3. 영재아의 판별
4. 영재아 교육과정

1. 영재아 교육의 필요성 및 목적

영재교육은 필요한가? 특별히 뛰어난 능력을 가진 아이들만을 위한 특별교육이 과연 필요한 것인가? 이러한 질문에 대해 영재교육학자들은 영재를 발굴하고 육성해야 하는 이유를 개인적, 국가적, 인류 발전이라는 세 차원으로 나누어 해답을 제시하고 있다. 먼저 개인적 차원에서 모든 인간은 누구나 자신이 지닌 잠재력을 최대한 발휘하여 자아실현 및 행복을 영위할 권리를 갖고 있으며, 이 권리는 영재들에게도 동일하게 적용되어야 한다. 둘째, 국가적 차원에서 현대와 미래사회는 다양한 분야에서 전문성을 갖춘 창의적 두뇌들의 양성과 확보 여부에 따라 국가 경쟁력을 담보할 수 있게 된다. 국가의 미래를 이끌어갈 창의적인 인재를 양성하는 것은 국가발전과 직결되는 중요한 문제다. 셋째, 인류 발전의 차원에서 과거 인류의 발전에 획기적인 전기를 마련한 사람들은 뛰어난 영재들이었으며 이들의 꾸준한 노력의 결과 인류는 지금과 같은 발전을 이루며 삶을 영위하게 된 것이다. 우리나라에서도 에디슨이나 빌게이츠와 같이 인류의 삶을 변화시키는 데 기여하는 인재가 배출될 수 있다(박성익 외, 2003).

영재교육의 목적은 영재들의 잠재력을 최대한 계발시켜 자아실현의 욕구를 충족시킴과 동시에 국가 사회가 그 부수적인 효과로 혜택을 누리게 되는데 있다. 미국 연방정부의 영재교육법(The Jacob Javit Law for the Gifted and Talented)에는 영재아동이 미국의 안보, 복지, 문화에 필수불가결한 자원임을 밝히고 있다. 영재교육의 목적과 목표는 영재들에게 길러 주어야 할 능력과 행동으로 진술되어야 한다. 특히, 영재들에게 필수적으로 길러 주어야 하는 능력과 행동특성을 창의적 사고력이나 문제해결력에만 중점을 두는 경향이 있으나, 인지적 측면에만 영재교육의 목적이 있는 것이 아니다. Davis와 Rimm(1994), van Tassel-Baska(1997)는 창의력, 사고력, 문제해결력과 같은 종합적 고등정신 능력의 신장, 자기주도적 학습능력과 태도 함양, 도덕성 · 사회성 · 지도력 계발을 바탕으로 한 개인의 자아실현과 사회에의 공헌에 영재교육의 목적을 두어야 한다고 하였다.

2. 영재성의 정의와 특성

1) 영재성의 정의

전통적으로 특별히 뛰어난 능력을 보이는 사람을 '천재', '수재', '신동', '영재' 등과 같이 다양하게 지칭해 왔으나, 1999년 타고난 능력이 특별히 뛰어난 아이들을 위한 교육법을 「영재교육진흥법」으로 명명하여 제정한 것을 계기로 타고난 능력이 뛰어난 아이들을 '영재'로 지칭하기 시작하였다. '천재(天才)', '신동(神童)', '수재(手才)'가 각각 '하늘이 내린 재능', '신이 주신 아이', '으뜸가는 재능' 등과 같이 타고난 능력이 뛰어남을 강조하고 있는데 반해, 영재는 '꽃피운 재능'이라는 의미로 타고난 잠재력을 계발해야 한다는 의미를 더 함축하는 용어라고 볼 수 있다. 영재성은 분명히 선천적으로 타고나는 것이지만 이것이 발휘되기 위해서는 자연적 성숙과 더불어 지속적인 연습과 훈련이 요구된다는 점을 강조하는 것이다.

뛰어난 능력이 유전되는가, 후천적으로 계발되는가에 대해서는 아직도 논란이 계속되고 있지만, 역사적으로 훌륭한 업적을 남긴 사람들에 대한 연구를 통해 뛰어난 능력은 선천적으로 타고난다 하더라도 이를 후천적으로 계발하지 않으면 뛰어난 성취를 이루지 못한다는 것이 밝혀졌다. 따라서 한 개인이 나타내는 뛰어난 재능이나 능력이 선천적인 것인가 또는 후천적으로 계발된 것인가에 관계 없이 '뛰어난' 능력을 보이는 아동을 '영재' 혹은 '영재아'로 지칭하고, 이들이 보이는 뛰어난 특성을 '영재성'이라고 한다.

미국에서 영재성에 대한 초기의 정의는 1차 세계대전 직후 Terman에 의해 개발된 Stanford-Binet 지능검사에서 130이나 140 이상의 높은 점수를 받는 것을 의미하였다. 이 점수는 동일연령 집단에서 상위 2~3%에 해당하는 것으로, 이 지능검사에서 높은 점수를 받는 것은 같은 나이의 또래들보다 더 빠르게 발달하고 있다는 것을 의미한다. 이는 이들이 행하는 것이 독특하다라기 보다는 이들이 행하는 시기가 빠르다는 것을 의미하는 것이다. 이후 1970~80년대에 이르러 여러 능력차원을 포함하여 영재성의 개념을 확대시키고자 하는 노력이 생겨났다. 1978년 미국 연방정부 교육부에서는 영재성을 다음과 같이 정의하였다.

> 영재아/재능아란 뛰어난 능력을 갖고 있어서 훌륭한 성취를 보일 가능성이 있다고 판별된 아동으로서 그 자신과 사회에 기여하기 위하여 정규 교육과정이 제공하는 것 이상의 변별적인 특별 교육 프로그램이나 도움을 필요로 하는 아동이다. 뛰어난 성취를 할 수 있는 아동은 다음의 한 분야 또는 여러 분야에서 이미 성취를 나타내거나 성취할 잠재능력이 있는 아동들이다.
> ① 일반 지적 능력
> ② 특수 학문 적성
> ③ 창의적이고 생산적인 사고
> ④ 지도력
> ⑤ 시각 및 공연 예술
> ⑥ 정신 운동 능력
> 이상의 기준을 사용하여 판별하면 영재는 전체 학생의 3~5%를 포함할 것으로 보인다.

2000년 1월 28일 제정 · 공포된 우리나라 영재교육진흥법 제5조에서는 다음과 같이 정의한다.

> 고등학교 과정 이하의 각급 학교에 취학한 자 중에서 일반 지능, 특수학문 적성, 창의적 사고 능력, 예술적 재능, 신체적 재능, 기타 특별한 재능 중 각각에 대하여 뛰어나거나 잠재력이 우수한 사람 중 영재판별 기준에 의거 판별된 사람으로 정의한다.

우리나라에서는 영재성을 나타내는 아동의 비율을 구체적으로 명시하고 있지 않은데, 이는 아직까지 영재교육에 참여하는 대상의 비율이 매우 낮은 이유도 있고, 점차 그 대상의 비율을 확대시켜 나가기 위한 목적에 의해 유연하게 그 대상을 포함시키고자 하는 의도에 따른 것이다(박성익 외, 2003).

초기 영재성은 주로 인지적 측면에 초점이 맞추어져 있었으나, 최근에는 우리나라를 포함한 많은 국가에서 다양한 영역에서의 뛰어난 능력을 영재성으로 공식적으로 정의하고 있다. 그럼에도 불구하고 여전히 영재는 수학, 과학과 같은 특정한 학문분야에서만 존재하는 것이 아닌가라는 의문을 갖는 경우가 있다. 이는 시대적으로 그 사회가 어떤 영역에서 우수한 사람들에게 더 많은 가치를 부여하는가에 따라 생겨나는 차이로 볼 수 있다. 최근 우리나라에서 수학, 과학 분야 영재에 관심이 집중되고, 이 분야에 대한 연구 및 교육프로개발이 활발하게 이루어져 영재교육 전반의 분위기가 특정 학문 분야에 집중되었기 때문에 생기는 현상이며, 실제 영재성은 다양한 영역에 걸쳐 정의되고 있다.

2) 영재의 특성

영재들은 그 나이 또래의 동료들과 어떤 차이를 보이는가? 이 질문에 답을 하기 위해서는 우선 영재성 발달에 관한 기념비적인 연구인 Terman의 종단연구에 대해 살펴볼 필요가 있다. Stanford 대학의 심리학과 Terman 교수는 1916년에 Binet-Simon 지능검사 개발에 참여한 이후, 영재아들에게 관심을 갖게 되었다. 1920년에 Terman은 1,528명의 영재를 선발하여, 50년 동안 이들의 발달과정을 추적 조사하는 연구를 수행하였다.

Terman은 캘리포니아 공립학교에서 영재아를 선발하였는데, 영재판별을 위해서 교사지명과 집단지능검사 방법을 사용하였다. 선발된 대부분 아이들의 IQ점수는 140 이상이었으며, 평균 IQ는 151이었다(Terman, 1926). 이들에 대한 추적연구에서 선발된 영재들은 학교나 직장에서의 수행뿐만 아니라, 결혼, 성격, 정신건강과 같은 영역에서도 우수한 특성을 보이는 것으로 나타났다. 이러한 결과는 전통적으로 영재들에 대해 갖고 있던 고정관념, 즉 영재는 몸집이 작고, 몸이 허약하고, 사회적으로 미성숙하다는 관념을 뒤집는 연구결과였다. 물론 개인에 따른 차이가 존재하지만, 집단 전체로 보았을 때 선발된 영재들은 대체적으로 건강하고 잘 적응된 아이들이었다. 하지만 Terman의 연구에서 밝혀진 영재의 특성들이 사실은 연구대상의 편파적 표집에 따른 왜곡된 결과라고 이후 연구자들이 지적한다. 즉, 지능검사와 교사지명 방법을 통해서 성취수준이 낮은 영재 혹은 품행이 바르지 못한 영재들은 지명될 가능성이 낮기 때문에 학업성적이 우수하고 품행이 바르며 학교생활에 잘 적응하는 아이들이 주로 선발되었을 수 있다. 이렇게 선발된 아이들을 대상으로 수행된 연구였기 때문에 위와 같은 결과가 나타난 것이라고 지적한다.

Terman 이후 영재를 대상으로 한 수많은 연구들은 영재들이 보이는 일반적인 특성에 대해 보고하였다. 먼저 영재들이 보이는 지적 특성을 살펴보면, 높은 지적 호기심을 보이고, 새로운 것을 추구하고 창의적이며, 사고과정이 빠르고, 흥미를 보이는 영역에 놀라울 정도의 높은 주의집중 능력을 보인다. 한편 정의적 측면에서는 정서적으로 민감하고 목표 지향적으로 완벽을 추구하며, 남과 다르다는 자의식 및 자신감이 강하고, 타인으로부터 방해받지 않고 혼자 독립적으로 수행하려고 하는 독립심이 강하다. 일상생활의 틀을 싫어하고 뛰어난 유머감각을 보이며, 도덕성과 정의감도 높게 나타난다.

하지만, 영재의 재능 영역은 다양하여, 영재아라는 묶음 속에는 여러 하위집단이 존재한다. 언어, 수, 과학 영역뿐만 아니라 미술, 음악, 체육 심지어 바둑과 같은 특수한 영역에서 재능이 나타나며, 영재의 특성은 이들 영재의 재능 영역에 따라 다르게 나타난다. 예를 들어 언어영재와 수학영재가 보이는 특성은 다르며, 이들은 미술, 음악과 같은 예체능 영역의 영재들이 보이는 특성과도 분명한 차이를 보인다. 따라서 영재의 특성은 이런 재능영역에서의 차이를 고려하면서 이해해야 할 것이다.

영재적 특성은 어느 정도 갖고 있느냐에 따라서도 나타나는 특성에 차이가 있다. 예를 들어 보통 이상의 영재성을 보여 또래보다 2년에서 3년 정도 앞선 능력을 보이는 아이들이 있지만, 또래보다 7, 8년 정도 앞서는 매우 뛰어난 능력을 보이는 아이들도 있다. 이런 영재성의 정도 차이에 따라 이들이 갖게 되는 자아개념의 문제, 사회적응 문제는 서로 다르게 나타난다.

영재성이 나타나는 시기와 발달 양상에도 차이가 있다. 영재성의 발달패턴은 다양하고 복잡하지만(김재은, 1993), 박성익 외(2003)는 이를 단순화하여 크게 네 가지로 분류하였다. 첫째는 '사라진 신동형'으로 어려서는 뛰어난 능력을 보였지만, 성장하면서 그 능력이 두드러지지 않고 평범하게 되어 버리는 경우다. 둘째는 '대기만성형'이다. 어려서는 평범하였으나, 이후 대단한 성취를 이루는 성인을 일컫는 경우다. 어릴 때 주위의 성인이 영재성을 발견하지 못했거나, 이를 계발시켜 줄 환경을 적절히 제공해 주지 못하다가, 이후 영재성이 계발될 수 있는 환경이 제공되고 본인도 끊임없이 노력한 결과로 뛰어난 성취를 이루게 되는 경우다. 셋째는 '일취월장형'이다. 어려서부터 뛰어난 능력을 인정받고 지속적으로 그 능력을 계발시킬 기회가 제공되어 영재성이 지속적으로 발달되는 경우다. 넷째는 '묻혀 있는 보석형'이다. 영재성을 잠재적으로 갖고 있으나 어려서 이런 능력이 발굴되지 못했고, 성장과정에서도 이를 계발할 수 있는 환경이 제공되지 못한 경우다. 영재성은 이와 같은 다양한 패턴으로 발달해 가는데, 여기에는 개인적 특성, 가정환경, 교육의 기회 등 여러 가지 요인이 작용하면서 영재성 발현에 영향을 미치게 된다.

3) 영재성 발달에 영향을 미치는 요인

(1) 개인적 특성요인

영재성이 발현되기 위한 개인적 특성요인은 능력 이외 특성으로 주로, 정의적 특성이 언급된다. Winner(1996)는 영재성의 계발과 관련하여 한 개인의 성공과 관련하여 탁월한 능력 그 자체보다 정의적 특성이 더 중요하다고 주장하였으며, 이와 관련된 특성들로 Gagné(1993)는 자아효능감, 자기존중감, 자율적인 학습태도, 높은 동기를, Ziegler와 Heller(2000)는 실패 극복하기, 높은 성취동기, 스트레스 이겨내기, 학습전략 알고 사용하기, 자아효능감, 자기 통제하기 등을 포함시키고 있다. 소석희(2003)는 본인이 해낼 수 있다는 자신감과 자아효능감을 바탕으로 주도적이며 자율적으로 자신을 통제해가면서 문제해결이 안되거나 실패한 경우에도 이를 극복하며, 효과적인 전략을 사용하며 꾸준한 연습, 훈련과 경험을 쌓아가야만 뛰어난 성취를 해낼 수 있다고 하였다.

(2) 환경요인

환경요인은 인적 환경, 물적 환경, 교육, 사건, 기회 등으로 나누어 볼 수 있다. 영재성 계발에 영향을 미치는 주요 인적 환경 요인, 즉 사람들로는 부모, 형제, 교사, 훈련자, 아동이 동일시하는 인물들이 될 수 있다.

물적 환경 요인은 시골지역이나 후진국과 같은 지리적 특성요인으로 재능을 계발하는 데 필요로 되는 자원을 쉽게 제공해 줄 수 있는지의 여부다.

교육요인은 일반적인 교육기회 이외에 영재의 특성에 적합한 프로그램이 개발되어 제공되었는지의 여부다.

사건요인은 Walters와 Gadner(1986)가 '결정적 경험'이라고 부르는 것으로, 결정적 경험은 특정분야에 대한 경험을 하게 됨에 따라, 이제까지 가지고 있던 생각, 자신의 능력 등을 결정적으로 변화시키는 것을 의미한다. 탁월한 성취를 보인 사람들 중에 과거를 회상하는 과정에서 이런 경험을 보고하는 사례들을 쉽게 만날 수 있다. 자신의 글짓기를 보고 "너는 이 다음에 훌륭한 작가가 될 거다"라는 초등학교 선생님의 말씀을 듣고, 이후 더욱 열심히 글쓰기에 매진하게 되었으며, 실제로 훌륭한 작가로 성장한 경우가 여기에 해당한다.

기회요인과 관련하여 Tannenbaum(1992)은 영재성 계발에서 기회를 중요한 요인으로 설명하고 있다. 기회는 수동적인 사람에게 우연히 떨어진 행운이 있을 수 있지만, 환경을 적극적으로 탐색하는 과정에서 행운을 만날 기회가 더 증가될 수 있으며, 마침 그 시간, 그 장소에 있게 됨에 따라 다른 사람이 경험할 수 없는 것을 경험함에 따라 얻게 되는 것 등을 모두 포함한다.

(3) 학습, 훈련, 연습 요인

세계적 수준의 성취를 하는데 있어서 필수적으로 요구되는 것은 체계적인 훈련이다. 과학자, 예술가, 운동선수 등 자신의 재능을 세계적 수준으로 끌어올리고자 한다면 오랜 시간 동안 고되고 집중적인 훈련이 필수적으로 요구된다. 성취수준이 높을수록 더 많은 시간 동안 더 많은 노력을 기울여야 하는 것이다.

3. 영재의 판별

1) 영재판별 원칙

완전한 영재판별 체제 혹은 가장 바람직하다고 인정되는 판별절차는 없다(Feldhusen et al., 1990). 따라서 몇 가지 판별의 원칙을 준수하면서 다단계 절차를 통해 영재를 판별하는 것이 보편적인 방법이다. 먼저 일반적으로 영재를 판별하는데 적용되는 기본적인 원칙을 살펴보면 다음과 같다.

첫째, 영재성의 정의와 판별은 일관성이 있어야 한다. 영재성은 복잡하고 상대적인 현상으로 누구도 완전한 정의를 내리지 못하고 있다(Feldhusen et al., 1990). 따라서 영재성을 잘 정의하는 것이 우선되어야 하고, 그 다음 이러한 정의를 잘 반영할 수 있는 판별절차가 마련되어야 한다.

둘째, 다양한 검사방법과 도구를 활용하여 다양한 방법을 통해 정보를 수집하고 활용하여야 한다.

셋째, 다단계 절차를 거치면서 판별한다. 일회적인 판별은 모든 검사를 실시한 후 각 검사점수에 가중치를 부여하여 전체 점수를 토대로 판별하는 것이고, 다단계 판별은 각 단계별로 영재들을 걸러 내는 방법을 통해 판별해 나가는 것이다. 일회적인 판별보다는 다단계를 거치는 것이 좀 더 정확하게 영재를 판별해 낼 수 있다.

넷째, 지속적으로 수행한다. 일회적인 영재판별로 끝나는 것이 아니라 부단히 지속적으로 판별을 해 나가는 것이다. 영재성은 일정 기간이 지나 사라지는 경우가 있고, 그 반대의 경우도 있다. 따라서 지속적으로 영재성을 판별해야 한다.

다섯째, 판별대상에 적합한 절차와 방법을 적용해야 한다. 연령 혹은 기타 신체적, 심리적 특성에 따라 그에 맞는 절차와 방법을 사용해야 한다.

여섯째, 배타성이 아닌 포괄성의 원칙에 입각해서 판별을 실시한다. 영재를 판별할 때 영재가 아닌 아이들이 선발되면 어떻게 할 것인가라는 입장에서 영재를 선발하는 것을 배타성에 입각한 선발이라고 한다면, 잠재력을 가진 영재가 선발되지 못하는 것을 두려워하여 잠재력을 가진 영재들을 가급적 포함시키고자 선발하는 것을 포괄성에 입각한 판별이라고 한다. 배타성과 포괄성의 어떤 원칙에 따르건 선발되는 학생의 수는 동일할 수 있다. 하지만 포괄성의 원칙에 따라 선발할 때 영재교육에 보다 더 유연하게 임할 수 있다.

2) 영재판별 검사 방법

영재판별을 위해 다음과 같은 방법이 사용될 수 있다.

(1) 지능검사

과거에는 지능이 영재를 판별하는 가장 강력한 수단으로 사용되었다. 지능검사는 집단지능검사와 개인지능검사가 있는데, 집단지능검사는 한 번에 많은 학생을 검사할 수 있어 경제적이기 때문에 많이 사용되지만, 뛰어난 능력을 정확히 변별해 내기 어렵다. 반면 개인지능검사는 검사자와 피험자가 일대일로 검사를 실시하기 때문에 시간과 비용이 많이 든다는 단점이 있지만, 지능을 보다 종합적이고 정확하게 측정해 낼 수 있다는 장점이 있다. 이에 일정 지능 이상의 점수를 보인 학생을 대상으로 개인지능검사를 실시하는 방법도 사용될 수 있다.

지능검사로 지적인 능력을 평가할 수 있지만, 지능검사 그 자체가 영재성을 판별하는 도구는 아니다. Pegnato와 Bitch(1975)는 지능검사만 가지고 영재를 판별했을 때의 정확성을 다음과 같이 설명하여 높은 지능만으로 영재를 판별했을 때 더 많이 오류가 생길 수 있다고 보고하였다.

115 이상 판별 — 92.3%

120 이상 판별 — 71.4%

123 이상 판별 — 43.9%

130 이상 판별 — 29.1%

지능검사 결과 나타나는 점수, 즉 지능지수는 동일연령 집단 내에서의 상대적 위치를 알려주는 편차지능지수의 개념을 사용하여 점수를 부여한다. 즉, 평균이 100, 표준편차가 15 혹은 16인 분포곡선에서의 상대적 위치를 알려주는 것이다. 이 지능지수를 해석할 때는 다음과 같은 사항에 주의해야 한다.

첫째, 지능지수는 인간이 가진 다양한 능력 중 주로, 언어, 수, 공간 능력만을 제한적으로 측정한다. 둘째, 지능과 학업성취와의 관계는 r=.2~.6 정도로, 지능이 학업성취의 4~36% 정도를 설명하는 것으로 여러 연구에서 보고하고 있다. 이런 관계는 학교 수준이 높아질수록 더욱 낮아지는 경향을 보이는데, 연령이 많아질수록 학업성취는 학업에 대한 동기, 흥미, 교우관계, 가정환경 등의 영향이 커지기 때문이다. 셋째, 지능검사의 하위영역별 점수와 관련하여 수학영재의 경우 언어, 수, 공간 영역에서 고르게 높은 점수를 얻는 학생보다는 언어 영역에서는 점수가 낮더라도 수, 공간 영역에서 아주 높은 점수를 받는 학생을 선발하는 것이 더욱 바람직하다.

(2) 학업성적

학업성적은 해당 교과영역에서의 성취수준을 보여주는 것으로, 영재 중에서는 해당 교과영역에서 뛰어난 성취를 보이는 경우가 있다. 하지만 다음과 같은 이유 때문에 교과 성적만 가지고 영재를 판별하는 데는 어려움이 있다. 첫째, 시험문제가 단순한 암기력이나 암기된 단순한 지식, 개념, 원리를 적용하는 수준의 문제해결력을 측정하며 고차원적인 사고능력을 측정하지 못하는 경우가 많다. 둘째, 일반학생을 대상으로 한 문항들로 난이도 수준이 영재를 판별하기에 적합하지 못하다. 셋째, 영재 중에는 학교 학업에 흥미를 보이지 않는 경우가 있다. 이런 학생의 경우 영재성이 있음에도 불구하고 낮은 학업성적으로 인해 영재로 판별되기 어렵다.

Pegnato와 Bitch(1975)는 B학점 이상의 학생이 선발되었을 때, 영재로 판별된 학생이 73.6%가 포함되고 26.4%가 제외되었으며, A학점 이상의 학생을 선발한다면 영재성을 지닌 학생들이 더 많이 제외될 수 있다고 보고하였다.

(3) 교사, 부모, 동료 지명

학생에 대한 관찰을 토대로 주관적으로 영재인지 아닌지를 판별하는 방법이다. 교사에 의한 지명방법은 전통적으로 사용되어온 방법이다. 교사는 학급에서 다른 학생들과의 상대적인 비교를 통해 뛰어난 능력을 발휘하는 학생들을 쉽게 발견할 수 있다.

따라서 교사의 추천은 경험적으로 우수한 영재를 선발할 수 있는 좋은 방법이다. 하지만 교사들은 공부 잘하고, 모범적이며, 말 잘 듣는 학생을 영재로 지명하는 경향이 높기 때문에 교사지명에 의한 영재선발이 50% 정도의 정확도를 갖는 것으로 보고되고 있다. 교사지명에 의한 영재판별의 효율성을 증가시키기 위해서는 교사들에게 영재의 긍정적인 특성 및 부정적인 특성을 충분히 이해할 수 있는 교육이 제공되어야 한다.

부모는 객관적인 관찰자가 되기 어렵고 동일연령 집단에서 어떤 특성을 보이는지에 대한 전문적 지식이 부족하다는 단점이 있지만, 학교 이외의 장면에서 나타내는 행동 특성에 대한 정보를 알려주는 좋은 자원이 된다. 특히 연령이 어릴수록 부모는 다양한 방면에서 자녀의 행동을 자세히 관찰할 기회를 많이 갖게 된다.

동료들은 교사나 부모가 관찰하지 못하는 행동특성들을 관찰할 수 있다. 하지만 동료는 공부 잘하는 학생을 영재로 지목하는 경향이 높고 이런 경향은 연령이 어릴수록 더욱 높게 나타난다. 적어도 10세 이상은 되어야 동료지명이 타당성을 갖는 것으로 보고되고 있다.

(4) 창의성 검사

창의성은 남과 다른 독특한 아이디어를 산출해 내는 능력을 일컫는 것으로, 최근에는 영재판별에 있어 창의적 능력의 평가를 중시하고 있다. 이는 '새롭고 유용한 것의 발견 혹은 발명'을 영재성을 판단하는 중요한 준거로 보기 때문이다. 1950년대 초까지만 해도 지능검사에서 높은 점수를 받은 사람을 영재로 인식하였으나, Torrance(1966), Renzulli(1978), Tannenbaum(1983) 등에 의해 창의성이 영재성의 중요한 요인으로 여겨지게 되었다. Torrance(1966)는 웩슬러 개인지능검사(WISC)로 영재를 판별했을 때, 창의적 능력의 상위 20%에 해당하는 아동 중 70%가 제외될 가능성이 있다고 하였다. 창의성과 지능 간에는 약한 상관이 있지만 지능이 120 이상일 때 이 둘의 상관은 더욱 낮아지는 것으로 보고되어, 지능만으로 선발했을 때 창의성이 높은 사람들이 제외될 가능성이 높음을 지적하였다. Renzulli는 영재성의 구성요소로 평균 이상의 일반적 지적 능력, 창의력, 과제집착력의 세 가지를 꼽고 있다. 영재성을 학업 영재성과 창의적·생산적 영재성으로 구분하고, 둘 다 중요하나 영재교육에서는 후자가 더 중시되어야 한다고 하였다. Tannenbaum은 창의성을 영재성과 동일시할 정도로 영재에게 있어서 창의성을 매우 중시하였다.

(5) 영재성을 보여주는 행동이나 산출물

학교나 학교 이외의 장면에서 보여주는 여러 가지 행동이나 산출물은 검사나 학업성적으로 선발되기 어려운 영재들을 발굴하는데 도움을 준다. 이들은 수업 중에 보이는 창의적 아이디어의 수준이나 질, 학교 내에서 실시하는 대회에서의 입상, 특별활동 시간의 활동과 그 산출물들, 그리고 학교 이외의 장면에서 예를 들어 교외 각종 경시대회 입상, 교외 영재교육 활동 참가 입상, 가정이나 사회에서 개인적으로 수행하는 활동이나 산출물 등에 의해 영재성이 확인되기도 한다. 자신의 영재성을 입증할 수 있는 다양한 자료들에 대한 포트폴리오는 영재성을 확인하는데 도움을 줄 수 있다.

(6) 학생의 자기보고서

자기보고서는 교사, 학부모, 동료들이 파악하기 어려운 특성을 알리는데 도움이 되는 방법이다. 자기보고서에 들어갈 내용을 미리 정해 주는 경우도 있지만, 대개의 경우 자신의 능력에 대한 스스로의 평가, 잘하는 것과 못하는 것, 흥미/관심 분야, 지금까지 수행해 온 것 중 자랑하고 싶은 것, 앞으로의 계획 등이 포함된다.

(7) 여러 가지 방법의 효과적 사용

Pegnato와 Bitch(1975)는 한두 가지 방법에 의한 영재판별의 위험을 다음과 같이 설명하고 있다.

① 교사의 지명, 추천에 의한 방법은 45.1%의 정확성을 갖고, 음악 및 미술 분야에서는 정확도가 더 낮아져 11.2%의 정확성만을 보인다.

② 학업성적(B학점 이상)에 의한 방법은 영재아로 판별된 학생의 73.6%만이 여기에 해당한다.

③ 집단지능검사는 앞에서 제시한 것과 같으며 높은 지능수준을 요구할수록 영재성을 가진 아이들이 선발될 가능성이 더욱 낮아진다.

이는 한두 가지 검사방법에 의해 영재를 판별하기 보다는 여러 가지 방법을 혼용하여 영재를 판별해야 보다 더 정확하게 영재를 판별해 낼 수 있음을 시사하는 것이다.

3) 영재판별 절차

영재판별에 대한 학자들의 주장이 서로 다르며, 실제로 각 나라에서 영재를 판별하는 절차는 상이하다. 대체적으로 이들 판별절차는 단계적 절차와 일회적 판정의 두 가지 유형으로 나누어지는 데, 단계적 절차는 일정한 단계를 거치면서 매 단계에서 영재들을 선발해 나가는 것이고, 일회적 판정은 여러 가지 검사를 실시한 후, 이들 점수를 종합하여 영재를 선발하는 것이다. 영재판별에서는 일반적으로 다단계에 걸친 단계적 판별 방법을 선호한다.

(1) 영재판별 절차에 관한 이론

[1] Fox(1976)의 판별절차

① **1단계**(선별단계) : 집단지능검사, 지명, 관찰법 등을 병행하여 영재성이 있는 것으로 생각되는 학생을 선발한다.

② **2단계**(변별 및 판별단계) : 영재교육전문가, 교육학자, 심리학자 등이 1차 선별된 학생들을 대상으로 지능검사, 창의성검사, 학문적성검사, 표준화 성취도검사 등을 실시하여 영역별 영재를 판별한다.

③ **3단계**(정치단계) : 1, 2단계를 통해 영재로 선발된 학생들에게 영역별 영재프로그램에 정치(定置)한다.

[2] Renzulli(1996)의 판별절차

① **1차 판별** : 전체 학생의 15~20%를 선정한다. 이들 학생의 1/2은 표준화검사에서 우수한 성취를 보인 학생으로 선정하고, 나머지 1/2은 주로 교사 추천에 의해 선정된 학생으로 선정하며, 그 외 자신을 영재로 추천한 학생, 지난 해 담당교사가 영재로 추천한 학생 중 판별위원회의 심의를 거친 학생을 선정한다.

② **2차 판별** : 삼부(3단계) 심화학습이라 불리는 프로젝트를 수행하는 과정에서 학생 스스로의 판별이 이루어진다. 1부 심화학습활동과 2부 심화학습활동에 참여한 후, 학생 스스로 영재성을 판정한다. 2부 심화학습활동을 마친 후, 3부 심화학습활동에 참여하기를 원하는 경우 더 높은 수준의 심화활동에 참여할 수 있다. 대체적으로 참여한 학생의 약 5% 정도가 3부 심화학습에 참여한다. 이 방법은 판별과정에 학생 스스로 자신의

능력과 수준에 맞는 프로그램을 선택할 수 있도록 해 준다는 특징이 있다.

3 조석희(1996)의 판별절차

① 1단계 : 학업성취에 대한 누가기록 및 행동관찰 내용을 토대로 한 교사의 추천

② 2단계 : 표준화된 지능검사, 적성검사, 흥미검사, 창의성검사, 학업성취도 검사 실시

③ 3단계 : 전문가에 의한 문제해결 과정의 관찰 평가, 각 분야의 전문가에 의해 학생들의 실연과정, 실험과정 및 이미 완성된 산출물에 대한 직접적인 관찰 평가 실시

④ 4단계 : 교육프로그램에의 배치 및 수행행동 관찰 평가 실시

(2) 영재판별 사례

우리나라의 영재판별 사례 중 초등학교와 고등학교의 사례를 소개하면 다음과 같다.

1 경기도 시흥 장곡초등학교

1단계에서 지능, 적성검사를 통해 동일학년 재적 학생의 30%를 선정하고, 이외 별도로 추천을 통해 10%를 선정한다. 총 40%의 학생들을 대상으로 컴퓨터 활용능력, 수학 · 과학 창의적 문제해결력 검사를 통해 20%를 선발한다. 선발된 20%의 학생들을 대상으로 한 달 동안의 사전프로그램에 투입한 후 학생의 능력과 행동을 관찰하여 최종 학생을 선발한다.

	검사도구	대상	선발
1단계	· 집단지능검사 · 특성적성검사	전교생	학년재적 30%
	· 전 · 현 담임 추천 · 아동 · 학부모 추천 · 수상경력	전교생	학년재적 10%
2단계	· 컴퓨터 활용 능력 검사 · 수학 · 과학 창의적 문제해결력 검사	1단계 통과자	학년재적 20%
3단계	· 사전프로그램 참가과정에서의 교사관찰	2단계 통과자	학년재적 10%
4단계	· 심화프로그램 참가	3단계 통과자	

② 부산과학고등학교

우리나라 최초로 고등학교 수준에서 영재학교로 지정되어 영재교육을 실시하는 부산과학고등학교는 2002년 전국에서 144명의 신입생을 선발하였다. 이곳에서는 3단계에 걸쳐 영재판별이 이루어졌다.

① 1단계(학생기록물 평가단계) : 중학교 1, 2, 3학년 재학생, 졸업생 및 이에 상응하는 자격을 갖춘 자로 수학, 과학 분야에서 뛰어난 재능이 있다고 학교장, 지도교사 및 시 · 도교육감의 추천을 받은 자가 대상이 되고, 이들이 제출한 학생기록물을 평가한다. 학생기록물에는 자기소개서, 추천서, 교과별 학업성취 수준, 수학과 과학 분야의 각종 대회 수상 경력, 기타 영재성을 입증할 수 있는 실적물 등이 포함된다. 1단계에서 입학 정원의 10배수 1,500명 내외를 선발한다.

② 2단계(창의적 문제해결력 검사단계) : 수학, 과학 분야에서의 고급 사고력과 창의적 문제해결력을 평가하기 위한 필답고사를 실시한다. 입학정원의 1.5배수 이내로 선발한다.

③ 3단계(과학캠프단계) : 과학적 문제해결력, 창의성, 인성 등을 종합적으로 평가하기 위하여 3박 4일간의 캠프를 실시한다. 이 단계에서는 학생이 문제를 해결하는 과정을 관찰하고, 심층면접을 실시하고, 연구보고서를 작성, 구두발표하게 하며, 이 과정을 통해 최종 인원을 선발한다.

4. 영재아 교육과정

1) 영재교육 방법

영재들을 위한 효과적인 교육 방법으로 속진과 심화 방법이 있다.

(1) 속진

속진교육은 교육과정을 이수하는 속도를 일반학생들보다 빨리 진행하는 것을 의미한다. 속진이 이루어지는 방법은 몇 가지 유형으로 나누어 볼 수 있다.

우선 과목별 속진방법으로, 특정 교과에서 동급생보다 높은 성취수준을 보이는 학생에게 원 학급에 머물도록 하면서, 높은 성취를 보이는 교과에 한해서만 동급 학년보다 더 높은 학년의 교육과정을 이수하게 하는 방법이다.

두 번째는 학년별 속진방법이다. 거의 모든 교과에서 동급생보다 높은 성취수준을 보이는 학생을 상급학년에 배치하여 전 과목에 걸쳐 상급학년의 교육과정을 이수하게 하는 방법이다.

세 번째는 교육과정 압축방법이다. 동급생보다 더 빠른 속도로 교육과정을 이수할 수 있다고 판단되는 학생에게 자기가 속한 학년 혹은 상급학년에 속해 있으면서, 교육과정의 일부라도 배우지 않고 뛰어넘는 일이 없도록 빠른 속도로 교육과정을 이수하게 하는 방법이다.

교과별, 학년별 속진은 학생을 선별하여 이들 학생의 수준에 맞는 교육프로그램에 배치하는 행정적 절차인 반면, 교육과정 압축은 학습속도가 빠른 학생을 선별하고 이들에게 정규 교육과정보다 빠른 속도로 학습을 진행할 수 있도록 압축된 교육과정을 개발하고 이를 실시한다는 데 그 차이점이 있다.

(2) 심화

속진교육이 교육과정을 이수하는 속도를 정상속도보다 빨리 진행하는 것과는 달리, 심화교육은 정규교육과정의 폭과 깊이를 보다 확장시켜 가르치는 것이다. 속진교육이 정규교육과정을 '보다 빨리' 가르치는 것이라면, 심화교육은 '보다 넓고 깊게' 가르치는 것이다. 심화교육에서 학생은 원래 속해 있는 학년에 머물러 있게 된다. 심화교육은 다음과 같은 방법을 통해 교육과정의 폭과 깊이를 확장시키게 된다.

1 정규 교육과정의 폭과 깊이의 확장

정규 교육과정에서는 간단하게만 언급되어 있는 주제를 확대하여 심도 있게 가르친다.

2 정규 교육과정 주제와 관련된 새로운 내용

정규 교육과정의 내용에 대한 반복 연습이나 복습을 생략하는 대신 정규 교육과정의 주제와 관련이 있는 새로운 내용을 가르친다.

③ 적절한 교육자료 제공

영재들의 특성과 흥미에 맞는 정규 교육과정에서 제시된 것과는 별개의 교육내용과 자료를 제공한다.

④ 고차원적 사고력 개발

지식의 생산과정에 필요한 고차원적 사고능력을 배양하기 위한 교육내용 및 수업방법을 적용한다. 즉 학생 스스로의 탐구방법, 원리나 개념을 스스로 발견해 내는 발견학습, 하나의 주제를 학생 혼자서 깊이 있게 탐구하는 프로젝트 수행법 등이 활용된다.

속진은 정규 교육과정을 영재들에게 빨리 가르치는 것이지만, 심화는 정규 교육과정을 보다 심도 있게 가르치는 방법이다. 속진은 진도를 빨리 나가지만, 심화는 일반교육보다 수준 높은 교육을 제공하는 것이다. 심화교육은 어느 정도 속진교육을 포함할 수밖에 없다. 교육과정을 보다 넓고 깊게 운영하기 위해서는 정규 교육과정을 빠르게 진행하고 남는 시간을 심화를 위해 할애해야 하기 때문이다. 더욱이 심화교육이 제대로 이루어지기 위해서는 심화교육용 교재 및 교육프로그램이 개발되어야 하는 등의 노력이 더 요구된다.

2) 영재를 위한 교수-학습 방법

교수-학습은 학습의 효과를 극대화하기 위한 교사-학생 간 실질적인 상호작용의 장으로, 영재교육에 있어 가장 핵심적 · 실천적 장면이라고 할 수 있다. 아무리 재능이 뛰어난 영재를 판별하고 선발하였다 하더라도 이들에게 맞는 교수-학습이 제공되지 못한다면, 영재의 탁월한 잠재력은 개발되기 어려울 것이다. 이에 많은 연구자들은 영재들의 잠재력을 최대한 이끌어 내는데 도움을 줄 수 있는 교수-학습 모형을 개발하고자 노력하였다. 다음에서는 영재들이 선호하는 학습활동 유형에 대해 살펴보고, 이런 특성을 반영하여 개발된 영재 교수-학습 모형으로 Renzulli의 '삼부(3단계) 심화학습모형', Treffinger의 '자기주도학습 모형'에 대해 살펴보고자 한다.

(1) 영재들의 학습활동 특성

영재들은 학습목표, 학습내용과 과제, 학습활동, 학습과정 측면에서 다음과 같은 특성을 갖는다.

첫째, 창의력과 사고력을 욕구하는 복잡하고 도전적인 과제를 선호한다. 영재들은 쉽고 간단하게 해결할 수 있는 과제보다는 창의적인 사고력과 문제해결력을 요구하는 복잡하고 고난도의 과제를 해결하고자 하는 경향을 갖는다. 자신의 지적 능력을 총동원하여 다른 학생이 해결하지 못하는 과제를 해결하고자 하는 성향을 보이고, 경우에 따라서는 자신의 능력을 초과하는 과제에 대해서도 도전하여 성취감을 맛보려고 하는 심리적 기제를 가지고 있다.

둘째, 새로운 과제에 흥미를 보인다. 이미 잘 알고 있는 익숙한 과제보다는 처음 접하는 생소한 과제일수록 더욱 흥미를 갖고 학습에 참여한다. 영재들은 항상 새롭고 신기한 것을 추구하는 속성을 갖고 있으며, 이러한 속성이 영재로 하여금 탁월한 발명가나 예술가가 되도록 하는 원동력이 된다.

셋째, 창의적 사고와 논리적 사고에 의한 학습을 선호한다. 창의적 사고는 특정한 문제사태를 다양한 관점에서 검토해 보고 새로운 것을 구상하고 예상해 내는 지적 활동이며, 논리적 사고는 문제사태에 포함된 구성요소들 간의 관계나 관련성을 따져 보고 규명해 보는 지적 활동이다. 창의적 사고와 논리적 사고는 기본적인 지식기반을 토대로 새로운 아이디어를 창안해 내거나 복잡한 문제를 해결해 내는 능력이므로, 개방적이고 비구조화된 과제를 해결하는 과정을 통해 신장될 수 있다.

넷째, 창의적 문제해결 학습방법을 선호한다. 창의적 문제해결이란 고차원적인 사고능력으로 창의적 사고력, 논리적 사고력, 분석적 사고력, 발산적 사고력 등을 바탕으로 하여 길러진다. 이러한 고차원적 사고능력은 '개인 프로젝트 수행'과 같은 방법을 통해 효과적으로 길러질 수 있다.

다섯째, 발견식, 탐구식 학습방법을 선호한다. 영재들은 스스로 새로운 것을 찾아보거나 탐구해 보려는 학습 성향을 강하게 갖는다. 학문 이론이나 법칙을 깊이 있게 이해하기 위해서는 이미 만들어진 이론이나 법칙을 적용하기 보다는 이들 이론이나 법칙이 발견되는 과정에 참여해야 한다. 영재들은 발견의 과정 또는 탐구의 과정에 참여하면서 남들이 미처 생각지 못한 것을 해결하거나 창안하는 학습활동을 선호한다.

여섯째, 자발적/자기주도적 학습방법이다. 영재들은 교사나 부모의 지시에 따르기를 원하지 않으며, 기존의 지식을 단순히 받아들이는 수동적 학습 역시 선호하지 않는다. 이들은 자신의 생각과 계획에 따라 학습활동을 주도적으로 진행시켜 가고자 하며, 자신의 능력에 맞는 관심 있는 주제에 따라 학습을 이끌어 가고자 한다.

(2) 효과적인 영재 교수-학습 모형

1 Renzulli(1996)의 '삼부(3단계) 심화학습 모형'

Renzulli의 삼부 심화학습 모형이란 3단계의 심화과정을 통해 학습이 이루어지도록 하는 것인데, 소수의 영재들만을 대상으로 하는 영재교육 개념에서 벗어나 다수의 잠재적 영재들을 대상으로 다양한 수준과 형태의 심화학습 프로그램을 제공한다는 특성을 갖는다.

심화학습은 3단계에 걸쳐 진행되는데 1, 2단계는 영재뿐 아니라 일반 학생들에게도 폭넓게 적용될 수 있다. 심화학습 1, 2단계는 심화학습 3단계를 영재 스스로 진행하기 위한 준비단계의 성격을 갖는다.

① **1단계(1부) 심화학습 활동-일반적 탐색활동** : 1단계(1부) 심화학습과정은 일반적 탐색활동 단계로 앞으로 진행될 심화학습 3단계에서 독자적으로 탐구과제를 진행해 나갈 수 있도록 학생들에게 광범위한 주제를 다양하게 경험하도록 하는 과정이다. 주로 정규 교육과정에서 다루지 않는 다양한 주제와 분야를 접하게 하며 폭넓은 지식을 경험하게 함으로써, 자신의 관심분야를 파악할 수 있도록 해 준다. 특정 주제에 대해 전문가 초청강연, 견학, 비디오 상영, 조사활동, 토론 등의 방법을 통해 진행된다. 1단계 심화학습과정은 단순히 보고 듣는 차원에서 끝나는 것이 아니라, 직접 전문분야를 경험하고 관련활동을 적극적으로 체험해 보도록 구성된다. 교사는 다양하고 전문적 영역에 종사하는 인적, 물적 자원에 대한 정보를 수집하여 학생들의 주제탐색 활동에 도움을 제공해 주어야 한다.

② **2단계(2부) 심화학습 활동-소집단 단위의 학습활동** : 2단계 심화학습 활동에서는 사고하고 느끼는 기능을 습득하고 숙달하는 과정에 참여토록 한다. 1단계 심화활동이 '내용위주'의 심화학습이라면 2단계 심화활동은 '방법학습'을 위주로 심화학습이 이루어지게 된다. 실제 삶에서 발생하는 다양한 문제들을 효과적으로 처리하는 기술, 능력, 태도, 방법을 익히도록 하는데 중점을 둔다.

다양한 소집단 단위의 프로그램을 통하여 사고력, 창의력, 문제해결력을 기르고, 학습기능 및 연구기능(관찰, 인터뷰, 설문, 자료 분석 및 해석 등), 참고자료 활용기능, 그리고 다양한 의사소통 기능의 계발과 향상을 목표로 한다. 또한 학생들의 올바른 자아개념 형성과 사회성 발달에도 주안점을 주고 활동이 진행된다.

③ **3단계(3부) 심화학습 활동-개인 또는 소집단 단위의 문제해결 및 연구 활동** : 3단계 심화활동에서는 개인별 혹은 소집단 단위로 스스로 선택한 문제를 중심으로 전문가들이 문제를 해결해 나가는 과정을 그대로 경험해 보도록 한다. 이 단계는 영재들에게 가장 적합하다고 여겨지는 학습활동 단계인데, 상당한 수준의 창의력, 지적 능력, 과제 집착력이 요구되기 때문이다. Renzulli의 삼부 심화학습 모형에서 이 3단계가 가장 핵심적인 활동이며 영재들의 잠재력을 가장 잘 계발시킬 수 있는 방법으로 평가되고 있다. 이 단계는 앞의 1, 2단계에서 이해한 내용이나 습득한 기능을 기반으로 하여 일상생활에서 발견할 수 있는 문제를 선정하고 이를 해결하기 위한 활동으로 진행되는데, 기존의 지식을 소비하거나 재생산하기보다는 새로운 지식을 창출하도록 요구받는다. 이는 전문가들이 새로운 지식을 창출하기 위해 참여하는 연구과정과 유사한 과정이다. 영재들이 참여하는 연구 활동은 2, 3일의 단기적인 것에서 2, 3개월의 장기적인 것이 될 수 있다. 이 과정을 거치면서 최종적으로 학생들은 산출물을 제출하여, 이를 동료, 교사, 부모들에게 전시하거나 발표하는 것을 원칙으로 한다.

(2) Treffinger(1975)의 '자기주도학습 모형'

이 모형은 자율적 학습에 필요한 기술을 점진적으로 계발시키는 데 필요한 구조를 제공한다. 영재들은 어느 정도 자발적 학습경향을 가지고 있지만, 자기주도적 학습자가 되기 위해서는 지속적인 지도와 훈련이 요구된다. 따라서 이 모형은 영재들이 자신의 관심분야를 직접 계획하고 수행하면서, 잠재능력과 재능을 최대한 계발시키고, 자주적 사고력, 집착력, 추진력, 창의력, 연구기능 등을 신장시켜 주기 위해 고안된 방법이다.

영재들이 자기주도적 학습자가 되도록 하기 위해서 이 모형은 목적 파악, 출발점 행동측정, 교수-학습 절차의 확인 및 실행, 수행평가의 4단계로 구성되어 있다. 교사는 이런 요소들을 단계적으로 지도함으로써 교사주도 단계로부터 학생의 자기주도 학습 단계로 바뀌면서 자기주도적 학습능력을 신장시켜 줄 수 있게 된다.

[1] 교사주도 단계

교사가 학습활동의 목적과 목표를 설정하여 학생들에게 설명하고, 학생들의 출발점 행동을 진단하며, 개별학생에게 필요한 학습활동을 주도하여 진행하며, 평가의 준거를 마련하여 평가를 실시한다.

2 자기주도학습 1단계

교사는 학생들의 출발점 행동을 진단하고, 학생의 수준에 맞는 몇 개의 대안활동을 제공한다. 학생은 자신의 능력과 학습 속도에 맞추어 학습활동을 선택할 수 있다.

3 자기주도학습 2단계

교사와 학생은 함께 출발점 행동을 진단하고, 가장 적절한 교육프로그램을 개발하되, 학생에게 보다 많은 책임을 부여해 주고, 학생이 학습활동에 보다 능동적으로 참여한다.

4 자기주도학습 3단계

학생이 학습할 내용을 스스로 선택하도록 하고, 교사는 필요한 자료나 교재를 제공하는 자원인사의 역할을 수행한다.

위의 4단계 학습절차를 거치게 되면, 영재학생의 독자적 학습능력이 신장되고, 자기주도적으로 프로젝트를 수행할 수 있는 능력이 길러지게 된다.

부 록

- 부록 1 : 장애인 등에 대한 특수교육법
- 부록 2 : 장애인 등에 대한 특수교육법 시행령

장애인 등에 대한 특수교육법

법률 제8483호 신규제정 2007. 05. 25.
법률 제8852호(정부조직법) 일부개정 2008. 02. 29.

제1장 총칙

제1조 (목적) 이 법은「교육기본법」제18조에 따라 국가 및 지방자치단체가 장애인 및 특별한 교육적 요구가 있는 사람에게 통합된 교육환경을 제공하고 생애주기에 따라 장애유형 · 장애정도의 특성을 고려한 교육을 실시하여 이들이 자아실현과 사회통합을 하는 데 기여함을 목적으로 한다. [[시행일 2008. 5. 26]]

제2조 (정의) 이 법에서 사용하는 용어의 정의는 다음과 같다.

1. "특수교육"이란 특수교육대상자의 교육적 요구를 충족시키기 위하여 특성에 적합한 교육과정 및 제2호에 따른 특수교육 관련서비스 제공을 통하여 이루어지는 교육을 말한다.
2. "특수교육 관련서비스"란 특수교육대상자의 교육을 효율적으로 실시하기 위하여 필요한 인적 · 물적 자원을 제공하는 서비스로서 상담지원 · 가족지원 · 치료지원 · 보조인력지원 · 보조공학기기지원 · 학습보조기기지원 · 통학지원 및 정보접근지원 등을 말한다.
3. "특수교육대상자"란 제15조에 따라 특수교육을 필요로 하는 사람으로 선정된 사람을 말한다.
4. "특수교육교원"이란「초 · 중등교육법」제2조제5호에 따른 특수학교 교원자격증을 가진 자로서 특수교육대상자의 교육을 담당하는 교원을 말한다.
5. "보호자"란 친권자 · 후견인, 그 밖의 사람으로서 특수교육대상자를 사실상 보호하는 사람을 말한다.
6. "통합교육"이란 특수교육대상자가 일반학교에서 장애유형 · 장애정도에 따라 차별을 받지 아니하고 또래와 함께 개개인의 교육적 요구에 적합한 교육을 받는 것을 말한다.
7. "개별화교육"이란 각급학교의 장이 특수교육대상자 개인의 능력을 계발하기 위하여 장애유형 및 장애특성에 적합한 교육목표 · 교육방법 · 교육내용 · 특수교육 관련서비스 등이 포함된 계획을 수립하여 실시하는 교육을 말한다.
8. "순회교육"이란 특수교육교원 및 특수교육 관련서비스 담당 인력이 각급학교나 의료기관, 가정 또는 복지시설(장애인복지시설, 아동복지시설 등을 말한다. 이하 같다) 등에 있는 특수교육대상자를 직접 방문하여 실시하는 교육을 말한다.
9. "진로 및 직업교육"이란 특수교육대상자의 학교에서 사회 등으로의 원활한 이동을 위하여 관련 기관의 협력을 통하여 직업재활훈련 · 자립생활훈련 등을 실시하는 것을 말한다.
10. "특수교육기관"이란 특수교육대상자에게 유치원 · 초등학교 · 중학교 또는 고등학교(전공

과를 포함한다. 이하 같다)의 과정을 교육하는 특수학교 및 특수학급을 말한다.

11. “특수학급”이란 특수교육대상자의 통합교육을 실시하기 위하여 일반학교에 설치된 학급을 말한다.

12. “각급학교”란 「유아교육법」 제2조제2호에 따른 유치원 및 「초 · 중등교육법」 제2조에 따른 학교를 말한다. [[시행일 2008. 5. 26]]

제3조 (의무교육 등) ① 특수교육대상자에 대하여는 「교육기본법」 제8조에도 불구하고 유치원 · 초등학교 · 중학교 및 고등학교 과정의 교육은 의무교육으로 하고, 제24조에 따른 전공과와 만 3세미만의 장애영아교육은 무상으로 한다.

② 만 3세부터 만 17세까지의 특수교육대상자는 제1항에 따른 의무교육을 받을 권리를 가진다. 다만, 출석일수의 부족 등으로 인하여 진급 또는 졸업을 하지 못하거나, 제19조제3항에 따라 취학의무를 유예하거나 면제받은 자가 다시 취학할 때의 그 학년이 취학의무를 면제 또는 유예받지 아니하고 계속 취학하였을 때의 학년과 차이가 있는 경우에는 그 해당 연수(年數)를 더한 연령까지 의무교육을 받을 권리를 가진다.

③ 제1항에 따른 의무교육 및 무상교육에 드는 비용은 대통령령으로 정하는 바에 따라 국가 또는 지방자치단체가 부담한다. [[시행일 2008. 5. 26]]

제4조 (차별의 금지) ① 각급학교의 장 또는 대학(「고등교육법」 제2조에 따른 학교를 말한다. 이하 같다)의 장은 특수교육대상자가 그 학교에 입학하고자 하는 경우에는 그가 지닌 장애를 이유로 입학의 지원을 거부하거나 입학전형 합격자의 입학을 거부하는 등 교육기회에 있어서 차별을 하여서는 아니 된다.

② 국가, 지방자치단체, 각급학교의 장 또는 대학의 장은 다음 각 호의 사항에 관하여 장애인의 특성을 고려한 교육시행을 목적으로 함이 명백한 경우 외에는 특수교육대상자 및 보호자를 차별하여서는 아니 된다.

1. 제28조에 따른 특수교육 관련서비스 제공에서의 차별
2. 수업참여 배제 및 교내외 활동 참여 배제
3. 개별화교육지원팀에의 참여 등 보호자 참여에서의 차별
4. 대학의 입학전형절차에서 장애로 인하여 필요한 수험편의의 내용을 조사 · 확인하기 위한 경우 외에 별도의 면접이나 신체검사를 요구하는 등 입학전형 과정에서의 차별

[[시행일 2008. 5. 26]]

제2장 국가 및 지방자치단체의 임무

제5조 (국가 및 지방자치단체의 임무) ① 국가 및 지방자치단체는 특수교육대상자에게 적절한 교육을 제공하기 위하여 다음 각 호의 업무를 수행하여야 한다.

1. 장애인에 대한 특수교육종합계획의 수립
2. 특수교육대상자의 조기발견
3. 특수교육대상자의 취학지도
4. 특수교육의 내용, 방법 및 지원체제의 연구 · 개선
5. 특수교육교원의 양성 및 연수

6. 특수교육기관 수용계획의 수립
7. 특수교육기관의 설치 · 운영 및 시설 · 설비의 확충 · 정비
8. 특수교육에 필요한 교재 · 교구의 연구 · 개발 및 보급
9. 특수교육대상자에 대한 진로 및 직업교육 방안의 강구
10. 장애인에 대한 고등교육 및 평생교육 방안의 강구
11. 특수교육대상자에 대한 특수교육 관련서비스 지원방안의 강구
12. 그 밖에 특수교육의 발전을 위하여 필요하다고 인정하는 사항

② 국가 및 지방자치단체는 제1항의 업무를 수행하는데 드는 경비를 예산의 범위 안에서 우선적으로 지급하여야 한다.

③ 국가는 제1항의 업무 추진이 부진하거나 제2항의 예산조치가 부족하다고 인정되는 지방자치단체에 대하여는 예산의 확충 등 필요한 조치를 하도록 권고하여야 한다.

④ 교육과학기술부장관은 제1항의 업무를 효율적으로 수행하기 위하여 보건복지부장관 · 노동부장관 · 여성가족부장관 등 관계 중앙행정기관 간에 협조체제를 구축하여야 한다. [개정 2008.2.29 제8852호(정부조직법)] [[시행일 2008. 5. 26]]

제6조 (특수교육기관의 설립 및 위탁교육) ① 국가 및 지방자치단체는 특수교육대상자의 취학 편의를 고려하여 특수교육기관을 지역별 및 장애영역별로 균형 있게 설치 · 운영하여야 한다.

② 국가 및 지방자치단체는 국립 또는 공립의 특수교육기관이 부족하거나 특수교육대상자의 의무교육 또는 무상교육을 위하여 필요한 경우에는 사립의 특수교육기관에 그 교육을 위탁할 수 있다.

③ 제2항에 따라 특수교육을 위탁한 경우에는 해당 특수교육기관의 교육여건이 국립 또는 공립 특수교육기관의 수준에 미달하지 아니하도록 지원하여야 한다.

④ 제2항에 따른 위탁교육 · 제3항에 따른 지원 또는 비용부담 등에 관하여 필요한 사항은 대통령령으로 정한다. [[시행일 2008. 5. 26]]

제7조 (위탁교육기관의 변경신청) ① 제6조제2항에 따라 교육을 위탁받은 사립의 특수교육기관에 취학하고 있는 특수교육대상자 또는 그의 보호자는 해당 특수교육기관의 교육활동이 매우 불량하거나 특수교육대상자의 특성에 맞지 아니하여 특수교육대상자의 교육에 현저한 지장을 주고 있다고 판단되는 때에는 교육장 또는 교육감에게 그 사유를 구체적으로 명시하여 취학하고 있는 교육기관 외의 교육기관에 취학할 수 있도록 교육기관 변경을 신청할 수 있다.

② 제1항에 따른 변경신청을 받은 교육장 또는 교육감은 신청 접수일부터 30일 이내에 제10조제1항에 따른 시 · 군 · 구특수교육운영위원회 또는 시 · 도특수교육운영위원회를 열어 신청인 · 해당 학교의 장 등 이해관계인의 의견을 들은 후 변경 여부를 결정 · 통보하여야 한다.
[[시행일 2008. 5. 26]]

제8조 (교원의 자질향상) ① 국가 및 지방자치단체는 특수교육교원의 자질향상을 위한 교육 및 연수를 정기적으로 실시하여야 한다.

② 국가 및 지방자치단체는 특수교육대상자의 통합교육을 지원하기 위하여 일반학교의 교원에 대하여 특수교육 관련 교육 및 연수를 정기적으로 실시하여야 한다.

③ 제1항과 제2항에 따른 교육 및 연수에 필요한 사항은 대통령령으로 정한다. [[시행일 2008. 5. 26]]

제9조 (특수교육대상자의 권리와 의무의 안내) 국가 및 지방자치단체는 제15조제1항 각 호의 장애를 가지고 있는 자를 알게 되거나 제15조에 따라 특수교육대상자를 선정한 경우에는 2주일 이내에 보호자에게 해당 사실과 의무교육 또는 무상교육을 받을 권리 및 보호자의 권리 · 책임 등을 통보하여야 한다. [[시행일 2008. 5. 26]]

제10조 (특수교육운영위원회) ① 제5조에 따른 국가 및 지방자치단체의 업무수행에 관한 주요 사항을 심의하기 위하여 교육과학기술부장관 소속으로 중앙특수교육운영위원회를, 교육감 소속으로 시 · 도특수교육운영위원회를, 교육장 소속으로 시 · 군 · 구특수교육운영위원회를 각각 둔다. [개정 2008. 2. 29 제8852호(정부조직법)]

② 제1항에 따른 중앙특수교육운영위원회의 구성 · 운영 등에 관하여 필요한 사항은 대통령령으로, 시 · 도특수교육운영위원회 및 시 · 군 · 구특수교육운영위원회의 구성 · 운영 등에 관하여는 특별시 · 광역시 · 도 및 특별자치도(이하 "시 · 도"라 한다)의 교육규칙으로 각각 정한다.

[[시행일 2008. 5. 26]]

제11조 (특수교육지원센터의 설치 · 운영) ① 교육감은 특수교육대상자의 조기발견, 특수교육대상자의 진단 · 평가, 정보관리, 특수교육 연수, 교수 · 학습활동의 지원, 특수교육 관련서비스 지원, 순회교육 등을 담당하는 특수교육지원센터를 하급교육행정기관별로 설치 · 운영하여야 한다.

② 제1항에 따른 특수교육지원센터는 하급교육행정기관이나 특수학교, 특수학급이 설치된 일반 초 · 중 · 고등학교 또는 관할 지역의 관공서(장애인복지관을 포함한다) 등 특수교육대상자를 비롯한 지역주민의 접근이 편리한 곳에 설치하여야 한다.

③ 특수교육지원센터의 설치 · 운영 등에 관하여 필요한 사항은 대통령령으로 정한다.

[[시행일 2008. 5. 26]]

제12조 (특수교육에 관한 연차보고서) 정부는 특수교육의 주요 현황과 정책에 관한 보고서를 매년 정기국회 개회 전까지 국회에 제출하여야 한다. [[시행일 2008. 5. 26]]

제13조 (특수교육 실태조사) ① 교육과학기술부장관은 특수교육대상자의 배치계획 · 특수교육 교원의 수급계획 등 특수교육정책의 수립을 위한 실태조사를 3년마다 실시하여야 한다. [개정 2008. 2. 29 제8852호(정부조직법)]

② 교육과학기술부장관은 대학에 취학하는 장애학생의 교육여건을 개선하기 위하여 필요하다고 인정하는 경우 장애학생의 교육복지 실태 등에 관한 조사를 실시할 수 있다. [개정 2008. 2. 29 제8852호(정부조직법)]

③ 제1항과 제2항에 따른 조사의 내용과 방법, 그 밖에 조사에 관하여 필요한 사항은 대통령령으로 정한다. [[시행일 2008. 5. 26]]

제3장 특수교육대상자의 선정 및 학교배치 등

제14조 (장애의 조기발견 등) ① 교육장 또는 교육감은 영유아의 장애 및 장애 가능성을 조기에 발견하기 위하여 지역주민과 관련 기관을 대상으로 홍보를 실시하고, 해당 지역 내 보건소와 병원 또는 의원(의원)에서 선별검사를 무상으로 실시하여야 한다.

② 교육장 또는 교육감은 제1항에 따른 선별검사를 효율적으로 실시하기 위하여 지방자치단체

및 보건소와 병·의원 간에 긴밀한 협조체제를 구축하여야 한다.

③ 보호자 또는 각급학교의 장은 제15조제1항 각 호에 따른 장애를 가지고 있거나 장애를 가지고 있다고 의심되는 영유아 및 학생을 발견한 때에는 교육장 또는 교육감에게 진단·평가를 의뢰하여야 한다. 다만, 각급학교의 장이 진단·평가를 의뢰하는 경우에는 보호자의 사전 동의를 받아야 한다.

④ 교육장 또는 교육감은 제3항에 따라 진단·평가를 의뢰받은 경우 즉시 특수교육지원센터에 회부하여 진단·평가를 실시하고, 그 진단·평가의 결과를 해당 영유아 및 학생의 보호자에게 통보하여야 한다.

⑤ 제1항의 선별검사의 절차와 내용, 그 밖에 검사에 필요한 사항과 제3항의 사전 동의 절차 및 제4항에 따른 통보 절차에 필요한 사항은 대통령령으로 정한다. [[시행일 2008. 5. 26]]

제15조 (특수교육대상자의 선정) ① 교육장 또는 교육감은 다음 각 호의 어느 하나에 해당하는 사람 중 특수교육을 필요로 하는 사람으로 진단·평가된 사람을 특수교육대상자로 선정한다.

1. 시각장애
2. 청각장애
3. 정신지체
4. 지체장애
5. 정서·행동장애
6. 자폐성장애(이와 관련된 장애를 포함한다)
7. 의사소통장애
8. 학습장애
9. 건강장애
10. 발달지체
11. 그 밖에 대통령령으로 정하는 장애

② 교육장 또는 교육감이 제1항에 따라 특수교육대상자를 선정할 때에는 제16조제1항에 따른 진단·평가결과를 기초로 하여 고등학교 과정은 교육감이 시·도특수교육운영위원회의 심사를 거쳐, 중학교 과정 이하의 각급학교는 교육장이 시·군·구특수교육운영위원회의 심사를 거쳐 이를 결정한다. [[시행일 2008. 5. 26]]

제16조 (특수교육대상자의 선정절차 및 교육지원 내용의 결정) ① 특수교육지원센터는 진단·평가가 회부된 후 30일 이내에 진단·평가를 시행하여야 한다.

② 특수교육지원센터는 제1항에 따른 진단·평가를 통하여 특수교육대상자로의 선정 여부 및 필요한 교육지원 내용에 대한 최종의견을 작성하여 교육장 또는 교육감에게 보고하여야 한다.

③ 교육장 또는 교육감은 특수교육지원센터로부터 최종의견을 통지받은 때부터 2주일 이내에 특수교육대상자로의 선정 여부 및 제공할 교육지원 내용을 결정하여 부모 등 보호자에게 서면으로 통지하여야 한다. 교육지원 내용에는 특수교육, 진로 및 직업교육, 특수교육 관련서비스 등 구체적인 내용이 포함되어야 한다.

④ 제1항에 따른 진단·평가의 과정에서는 부모 등 보호자의 의견진술의 기회가 충분히 보장되어야 한다. [[시행일 2008. 5. 26]]

제17조 (특수교육대상자의 배치 및 교육) ① 교육장 또는 교육감은 제15조에 따라 특수교육대

상자로 선정된 자를 해당 특수교육운영위원회의 심사를 거쳐 다음 각 호의 어느 하나에 배치하여 교육하여야 한다.

1. 일반학교의 일반학급
2. 일반학교의 특수학급
3. 특수학교

② 교육장 또는 교육감은 제1항에 따라 특수교육대상자를 배치할 때에는 특수교육대상자의 장애정도 · 능력 · 보호자의 의견 등을 종합적으로 판단하여 거주지에서 가장 가까운 곳에 배치하여야 한다.

③ 교육감이 관할 구역 내에 거주하는 특수교육대상자를 다른 시 · 도에 소재하는 각급학교 등에 배치하고자 할 때에는 해당 시 · 도 교육감(국립학교의 경우에는 해당 학교의 장을 말한다)과 협의하여야 한다.

④ 제3항에 따라 특수교육대상자의 배치를 요구받은 교육감 또는 국립학교의 장은 대통령령으로 정하는 특별한 사유가 없는 한 이에 응하여야 한다.

⑤ 제1항부터 제4항까지의 규정에 따른 특수교육대상자의 배치 등에 관하여 필요한 사항은 대통령령으로 정한다. [[시행일 2008. 5. 26]]

제4장 영유아 및 초 · 중등교육

제18조 (장애영아의 교육지원) ① 만 3세 미만의 장애영아의 보호자는 조기교육이 필요한 경우 교육장에게 교육을 요구할 수 있다.

② 제1항에 따른 요구를 받은 교육장은 특수교육지원센터의 진단 · 평가결과를 기초로 만 3세 미만의 장애영아를 특수학교의 유치원과정, 영아학급 또는 특수교육지원센터에 배치할 수 있다.

③ 제2항에 따라 배치된 장애영아가 의료기관, 복지시설 또는 가정 등에 있을 경우에는 특수교육교원 및 특수교육 관련서비스 담당 인력 등으로 하여금 순회교육을 제공하도록 할 수 있다.

④ 국가 및 지방자치단체는 장애영아를 위한 교육여건을 개선하고 설비를 정비하기 위하여 노력하여야 한다.

⑤ 그 밖에 장애영아의 교육지원에 필요한 사항은 대통령령으로 정한다. [[시행일 2008. 5.26]]

제19조 (보호자의 의무 등) ① 특수교육대상자의 보호자는 그 보호하는 자녀에 대하여 제3조제1항에 따른 의무교육의 기회를 보호하고 존중하여야 한다.

② 부득이한 사유로 취학이 불가능한 의무교육대상자에 대하여는 대통령령으로 정하는 바에 따라 제1항에 따른 취학의무를 면제하거나 유예할 수 있다. 다만, 만 3세부터 만 5세까지의 특수교육대상자가 「영유아보육법」에 따라 설치된 보육시설 중 대통령령으로 정하는 일정한 교육 요건을 갖춘 보육시설을 이용하는 경우에는 제1항에서 정하는 유치원 의무교육을 받고 있는 것으로 본다.

③ 제2항에 따라 취학의무를 면제 또는 유예 받은 자가 다시 취학하고자 하는 경우에는 대통령령으로 정하는 바에 따라 취학하게 할 수 있다. [[시행일 2008. 5. 26]]

제20조 (교육과정의 운영 등) ① 특수교육기관의 유치원 · 초등학교 · 중학교 · 고등학교과정

의 교육과정은 장애의 종별 및 정도를 고려하여 교육과학기술부령으로 정하고, 영아교육과정과 전공과의 교육과정은 교육감의 승인을 받아 학교장이 정한다. [개정 2008.2.29 제8852호(정부조직법)]

② 특수교육기관의 장 및 특수교육대상자가 배치된 일반학교의 장은 제1항에 따른 교육과정의 범위 안에서 특수교육대상자 개인의 장애종별과 정도, 연령, 현재 및 미래의 교육요구 등을 고려하여 교육과정의 내용을 조정하여 운영할 수 있다.

③ 특수학교의 장은 교육감의 승인을 받아 유치원 · 초등학교 · 중학교 · 고등학교과정을 통합하여 운영할 수 있다. [[시행일 2008. 5. 26]]

제21조 (통합교육) ① 각급학교의 장은 교육에 관한 각종 시책을 시행함에 있어서 통합교육의 이념을 실현하기 위하여 노력하여야 한다.

② 제17조에 따라 특수교육대상자를 배치받은 일반학교의 장은 교육과정의 조정, 보조인력의 지원, 학습보조기기의 지원, 교원연수 등을 포함한 통합교육계획을 수립 · 시행하여야 한다.

③ 일반학교의 장은 제2항에 따라 통합교육을 실시하는 경우에는 제27조의 기준에 따라 특수학급을 설치 · 운영하고, 대통령령으로 정하는 시설 · 설비 및 교재 · 교구를 갖추어야 한다.

[[시행일 2008. 5. 26]]

제22조 (개별화교육) ① 각급학교의 장은 특수교육대상자의 교육적 요구에 적합한 교육을 제공하기 위하여 보호자, 특수교육교원, 일반교육교원, 진로 및 직업교육 담당 교원, 특수교육 관련서비스 담당 인력 등으로 개별화교육지원팀을 구성한다.

② 개별화교육지원팀은 매 학기 마다 특수교육대상자에 대한 개별화교육계획을 작성하여야 한다.

③ 특수교육대상자가 다른 학교로 전학할 경우 또는 상급학교로 진학할 경우에는 전출학교는 전입학교에 개별화교육계획을 14일 이내에 송부하여야 한다.

④ 특수교육교원은 제1항부터 제3항까지의 규정에 따른 업무를 수행하기 위하여 각 업무를 지원하고 조정한다.

⑤ 제1항에 따른 개별화교육지원팀의 구성, 제2항에 따른 개별화교육계획의 수립 · 실시 등에 관하여 필요한 사항은 교육과학기술부령으로 정한다. [개정 2008.2.29 제8852호(정부조직법)]

[[시행일 2008. 5. 26]]

제23조 (진로 및 직업교육의 지원) ① 중학교 과정 이상의 각급학교의 장은 특수교육대상자의 특성 및 요구에 따른 진로 및 직업교육을 지원하기 위하여 직업평가 · 직업교육 · 고용지원 · 사후관리 등의 직업재활훈련 및 일상생활적응훈련 · 사회적응훈련 등의 자립생활훈련을 실시하고, 대통령령으로 정하는 자격이 있는 진로 및 직업교육을 담당하는 전문인력을 두어야 한다.

② 중학교 과정 이상의 각급학교의 장은 대통령령으로 정하는 기준에 따라 진로 및 직업교육의 실시에 필요한 시설 · 설비를 마련하여야 한다.

③ 특수교육지원센터는 특수교육대상자에게 효과적인 진로 및 직업교육을 지원하기 위하여 대통령령으로 정하는 바에 따라 관련 기관과의 협의체를 구성하여야 한다. [[시행일 2008. 5. 26]]

제24조 (전공과의 설치 · 운영) ① 특수교육기관에는 고등학교 과정을 졸업한 특수교육대상자에게 진로 및 직업교육을 제공하기 위하여 수업연한 1년 이상의 전공과를 설치 · 운영할 수 있다.

② 교육과학기술부장관 및 교육감은 지역별 또는 장애유형별로 전공과를 설치할 교육기관을 지정할 수 있다. [개정 2008. 2. 29 제8852호(정부조직법)]

③ 전공과를 설치한 각급학교는 「학점인정 등에 관한 법률」 제7조에 따라 학점인정을 받을 수 있다.

④ 제1항 및 제2항에 따른 전공과의 시설 · 설비 기준, 전공과의 운영 및 담당 인력의 배치 기준 등에 관하여 필요한 사항은 대통령령으로 정한다. [[시행일 2008. 5. 26]]

제25조 (순회교육 등) ① 교육장 또는 교육감은 일반학교에서 통합교육을 받고 있는 특수교육대상자를 지원하기 위하여 일반학교 및 특수교육지원센터에 특수교육교원 및 특수교육 관련서비스 담당 인력을 배치하여 순회교육을 실시하여야 한다.

② 교육감은 장애정도가 심하여 장 · 단기의 결석이 불가피한 특수교육대상자의 교육을 위하여 필요한 경우 순회교육을 실시하여야 한다.

③ 교육감은 이동이나 운동기능의 심한 장애로 인하여 각급학교에서 교육을 받기 곤란하거나 불가능하여 복지시설 · 의료기관 또는 가정 등에 거주하는 특수교육대상자의 교육을 위하여 필요한 경우 순회교육을 실시하여야 한다.

④ 제1항부터 제3항까지의 규정에 따른 순회교육의 수업일수 등 순회교육의 운영에 필요한 사항은 대통령령으로 정한다. [[시행일 2008. 5. 26]]

제26조 (종일제를 운영하는 유치원 과정의 교육기관) ① 「유아교육법」 제2조제6호에 따른 종일제를 운영하는 유치원 과정의 교육기관에 특수교육대상자가 배치되는 경우 해당 각급학교의 장은 특수교육대상자에 대한 종일제 운영을 담당할 인력을 학급당 1인 이상 추가로 배치할 수 있다.

② 제1항에 따른 종일제 담당 인력의 자격기준, 운영방법 등에 관하여 필요한 사항은 대통령령으로 정한다. [[시행일 2008. 5. 26]]

제27조 (특수학교의 학급 및 각급학교의 특수학급 설치 기준) ① 특수학교와 각급학교의 장은 다음 각 호의 기준에 따라 학급 및 특수학급을 설치하여야 한다.

1. 유치원 과정의 경우 : 특수교육대상자가 1인 이상 4인 이하인 경우 1학급을 설치하고, 4인을 초과하는 경우 2개 이상의 학급을 설치한다.
2. 초등학교 · 중학교 과정의 경우 : 특수교육대상자가 1인 이상 6인 이하인 경우 1학급을 설치하고, 6인을 초과하는 경우 2개 이상의 학급을 설치한다.
3. 고등학교 과정의 경우 : 특수교육대상자가 1인 이상 7인 이하인 경우 1학급을 설치하고, 7인을 초과하는 경우 2개 이상의 학급을 설치한다.

② 교육감은 제1항에도 불구하고 순회교육의 경우 장애의 정도와 유형에 따라 학급 설치 기준을 하향 조정할 수 있다.

③ 특수학교와 특수학급에 두는 특수교육교원의 배치기준은 대통령령으로 정한다. [[시행일 2008. 5. 26]]

제28조 (특수교육 관련서비스) ① 교육감은 특수교육대상자와 그 가족에 대하여 가족상담 등 가족지원을 제공하여야 한다.

② 교육감은 특수교육대상자가 필요로 하는 경우에는 물리치료, 작업치료 등 치료지원을 제공하여야 한다.

③ 각급학교의 장은 특수교육대상자를 위하여 보조인력을 제공하여야 한다.

④ 각급학교의 장은 특수교육대상자의 교육을 위하여 필요한 장애인용 각종 교구, 각종 학습보조기, 보조공학기기 등의 설비를 제공하여야 한다.

⑤ 각급학교의 장은 특수교육대상자의 취학 편의를 위하여 통학차량 지원, 통학비 지원, 통학보조인력의 지원 등 통학 지원 대책을 마련하여야 한다.

⑥ 각급학교의 장은 특수교육대상자의 생활지도 및 보호를 위하여 기숙사를 설치 · 운영할 수 있다. 기숙사를 설치 · 운영하는 특수학교에는 특수교육대상자의 생활지도 및 보호를 위하여 교육과학기술부령으로 정하는 자격이 있는 생활지도원을 두어야 한다. 생활지도원의 배치 기준은 국립학교의 경우 교육과학기술부령으로, 공립 및 사립학교의 경우에는 시 · 도 교육규칙으로 각각 정한다. [개정 2008. 2. 29 제8852호(정부조직법)]

⑦ 각급학교의 장은 각급학교에서 제공하는 각종 정보(교육기관에서 운영하는 인터넷 홈페이지를 포함한다)를 특수교육대상자에게 제공하는 경우 특수교육대상자의 장애유형에 적합한 방식으로 제공하여야 한다.

⑧ 제1항부터 제7항까지의 규정에 따른 특수교육 관련서비스의 제공을 위하여 필요한 사항은 대통령령으로 정한다. [[시행일 2008. 5. 26]]

제5장 고등교육 및 평생교육

제29조 (특별지원위원회) ① 대학의 장은 다음 각 호의 사항을 심의 · 결정하기 위하여 특별지원위원회를 설치 · 운영하여야 한다.

1. 대학의 장애학생 지원을 위한 계획
2. 심사청구 사건에 대한 심사 · 결정
3. 그 밖에 장애학생 지원을 위하여 대통령령으로 정하는 사항

② 특별지원위원회의 설치 · 운영 등에 관하여 필요한 사항은 대통령령으로 정한다.
[[시행일 2008. 5. 26]]

제30조 (장애학생지원센터) ① 대학의 장은 장애학생의 교육 및 생활에 관한 지원을 총괄 · 담당하는 장애학생지원센터를 설치 · 운영하여야 한다. 다만, 장애학생이 재학하고 있지 아니하거나 대통령령으로 정하는 바에 따라 장애학생 수가 일정 인원 이하인 소규모 대학 등은 장애학생 지원부서 또는 전담직원을 둠으로써 이에 갈음할 수 있다.

② 장애학생지원센터(제1항에 따라 장애학생 지원부서 또는 전담직원으로 갈음하는 경우에는 이를 말한다)는 다음 각 호의 업무를 담당한다.

1. 장애학생을 위한 각종 지원에 관한 사항
2. 제31조에서 정하는 편의제공에 관한 사항
3. 교직원 · 보조인력 등에 대한 교육에 관한 사항
4. 장애학생 교육복지의 실태조사에 관한 사항
5. 그 밖에 대학의 장이 부의하는 사항

③ 장애학생지원센터의 설치 · 운영에 관하여 필요한 사항은 대통령령으로 정한다.
[[시행일 2008. 5. 26]]

제31조 (편의제공 등) ① 대학의 장은 해당 학교에 재학 중인 장애학생의 교육활동의 편의를 위하여 다음 각 호의 수단을 적극적으로 강구하고 제공하여야 한다.

1. 각종 학습보조기기 및 보조공학기기 등의 물적 지원
2. 교육보조인력 배치 등의 인적 지원
3. 취학편의 지원
4. 정보접근 지원
5. 「장애인 · 노인 · 임산부 등의 편의증진보장에 관한 법률」 제2조제2호에 따른 편의시설 설치 지원

② 국가 및 지방자치단체는 제1항에 따라 필요한 경비를 예산의 범위 안에서 지원하여야 한다. [[시행일 2008. 5. 26]]

제32조 (학칙 등의 작성) 대학의 장은 이 법에서 정하는 장애학생의 지원 등에 관하여 필요한 내용을 학칙에 규정하여야 한다. [[시행일 2008. 5. 26]]

제33조 (장애인 평생교육과정) ① 각급학교의 장은 해당 학교의 교육환경을 고려하여 「장애인복지법」 제2조에 따른 장애인의 계속교육을 위한 장애인 평생교육과정을 설치 · 운영할 수 있다.

② 「평생교육법」 에 따른 평생교육시설 및 평생교육단체는 장애인의 평생교육 기회의 확대를 위하여 별도의 장애인 평생교육과정을 설치 · 운영할 수 있다.

③ 「평생교육법」 제13조에 따라 설치된 평생교육센터는 장애인의 평생교육 기회 확대 방안 및 장애인 평생교육 프로그램을 개발하고 연구하여야 한다.

④ 「평생교육법」 제14조에 따라 설치된 지역평생교육정보센터는 평생교육단체와 평생교육시설이 장애인 평생교육과정을 설치 · 운영할 수 있도록 지원하여야 한다. [[시행일 2008. 5. 26]]

제34조 (장애인평생교육시설의 설치) ① 국가 및 지방자치단체는 초 · 중등교육을 받지 못하고, 학령기를 지난 장애인을 위하여 학교형태의 장애인평생교육시설을 설치 · 운영할 수 있다.

② 국가 및 지방자치단체 외의 자가 제1항에 따른 장애인평생교육시설을 설치하고자 하는 때에는 대통령령으로 정하는 시설과 설비를 갖추어 교육감에게 등록하여야 한다.

③ 국가 및 지방자치단체는 장애인평생교육시설의 운영에 필요한 경비를 예산의 범위 안에서 지원하여야 한다. [[시행일 2008. 5. 26]]

제6장 보칙 및 벌칙

제35조 (대학의 심사청구 등) ① 장애학생 및 그 보호자는 대학에 이 법에 따른 각종 지원조치를 제공할 것을 서면으로 신청할 수 있다.

② 대학의 장은 제1항에 따른 신청에 대하여 2주 이내에 지원 여부 및 그 사유를 신청자에게 서면으로 통지하여야 한다.

③ 장애학생 및 그 보호자는 제1항에 따른 신청에 대한 대학의 결정(부작위 및 거부를 포함한다)과 이 법을 위반하는 대학의 장 또는 교직원의 행위에 대하여 특별지원위원회에 심사청구를 할 수 있다.

④ 특별지원위원회는 제3항의 심사청구에 관하여 2주 이내에 결정을 하여야 한다.

⑤ 제3항에 따른 심사에서는 청구인에게 의견진술 기회를 주어야 한다.

⑥ 대학의 장, 교직원, 그 밖의 관계자는 제4항에 따른 결정에 따라야 한다.

⑦ 그 밖에 특별지원위원회에 대한 심사청구에 관하여 필요한 사항은 대통령령으로 정한다. [[시행일 2008. 5. 26]]

제36조 (고등학교 과정 이하의 심사청구) ① 특수교육대상자 또는 그 보호자는 다음 각 호의 어느 하나에 해당하는 교육장, 교육감 또는 각급학교의 장의 조치에 대하여 이의가 있을 때에는 해당 시 · 군 · 구특수교육운영위원회 또는 시 · 도특수교육운영위원회에 심사청구를 할 수 있다.

1. 제15조제1항에 따른 특수교육대상자의 선정
2. 제16조제3항에 따른 교육지원 내용의 결정 사항
3. 제17조제1항에 따른 학교에의 배치
4. 제4조를 위반하는 부당한 차별

② 제17조제1항에 따라 특수교육대상자를 배치받은 각급학교의 장은 이에 응할 수 없는 특별한 사유가 있거나 배치받은 특수교육대상자가 3개월 이상 학교생활에의 적응에 상당한 어려움이 있는 경우에는 해당 시 · 군 · 구특수교육운영위원회 또는 시 · 도특수교육운영위원회에 심사청구를 할 수 있다.

③ 시 · 군 · 구특수교육운영위원회 또는 시 · 도특수교육운영위원회는 제1항과 제2항의 심사청구를 받은 때에는 이를 심사하여 30일 이내에 그 결정을 청구인에게 통보하여야 한다.

④ 제3항의 심사에서는 청구인에게 의견진술의 기회를 주어야 한다.

⑤ 교육장, 교육감, 각급학교의 장, 그 밖의 관계자는 제3항에 따른 결정에 따라야 한다.

⑥ 제3항에서 정하는 심사결정에 이의가 있는 특수교육대상자 또는 그 보호자는 그 통보를 받은 날부터 90일 이내에 행정심판을 제기할 수 있다.

⑦ 제1항부터 제4항까지의 규정에 따른 심사청구의 절차 등에 관하여 필요한 사항은 대통령령으로 정한다. [[시행일 2008. 5. 26]]

제37조 (권한의 위임과 위탁) ① 이 법에 따른 교육과학기술부장관의 권한은 그 일부를 대통령령으로 정하는 바에 따라 교육감에게 위임할 수 있다. [개정 2008.2.29 제8852호(정부조직법)]

② 이 법에 따른 교육감의 권한은 그 일부를 대통령령으로 정하는 바에 따라 교육장에게 위임할 수 있다. [[시행일 2008. 5. 26]]

제38조 (벌칙) 다음 각 호의 어느 하나에 해당하는 자는 300만원 이하의 벌금에 처한다.

1. 제4조제1항을 위반하여 장애를 이유로 특수교육대상자의 입학을 거부하거나 입학전형 합격자의 입학을 거부하는 등의 불이익한 처분을 한 교육기관의 장

2. 제4조제2항제1호부터 제3호까지의 규정을 위반하여 특수교육 관련서비스의 제공, 수업참여 및 교내외 활동 참여와 개별화교육지원팀에의 보호자 참여에 있어서 차별한 자

3. 제4조제2항제4호를 위반하여 대학의 입학전형절차에서 수험편의의 내용의 확인과 관계없는 별도의 면접이나 신체검사를 요구한 자 [[시행일 2008. 5. 26]]

부 칙

부칙 [2007.5.25 제8483호]

제1조(시행일) 이 법은 공포 후 1년이 경과한 날부터 시행한다. 다만, 제3조 중 유치원 및 고등학교 과정에 대한 의무교육의 실시는 국가 및 지방자치단체의 재정여건을 고려하여 대통령령으로 정하는 바에 따라 순차적으로 실시한다.

제2조(다른 법률의 폐지) 특수교육진흥법은 폐지한다.

제3조(특수교육대상자에 대한 경과조치) 이 법 시행 당시 종전의 「특수교육진흥법」의 규정에 따라 선정된 특수교육대상자는 이 법에 따라 선정된 특수교육대상자로 본다.

제4조(벌칙 적용에 관한 경과조치) 이 법 시행 전의 행위에 대한 벌칙의 적용에 있어서는 종전의 「특수교육진흥법」의 규정에 따른다.

제5조(다른 법령의 개정) ①고등교육법 일부를 다음과 같이 개정한다.

제45조제5항중 "「특수교육진흥법」 제15조제3항의 규정을 준용한다"를 "「장애인 등에 대한 특수교육법」 제27조에 따른다"로 한다.

②장애인고용촉진 및 직업재활법 일부를 다음과 같이 개정한다.

제8조제2항제1호중 "「특수교육진흥법」 제2조제3호"를 "「장애인 등에 대한 특수교육법」 제2조제10호"로 한다.

③학원의 설립 · 운영 및 과외교습에 관한 법률 일부를 다음과 같이 개정한다.

제2조의2제1항제1호중 "「특수교육진흥법」 제10조제1항"을 "「장애인 등에 대한 특수교육법」 제15조제1항"으로 한다.

제6조(다른 법령과의 관계) 이 법 시행 당시 다른 법령에서 「특수교육진흥법」 및 그 규정을 인용한 경우 이 법 중 그에 해당하는 규정이 있는 때에는 종전의 규정에 갈음하여 이 법 또는 이 법의 해당 조항을 인용한 것으로 본다.

부칙 [2008. 2. 29 제8852호(정부조직법)]

제1조(시행일) 이 법은 공포한 날부터 시행한다. 단서 생략

제2조부터 제5조까지 생략

제6조(다른 법률의 개정) ① 부터 〈93〉 까지 생략

〈94〉 장애인 등에 대한 특수교육법 일부를 다음과 같이 개정한다.

제5조제4항 중 "교육인적자원부장관"을 "교육과학기술부장관"으로 한다.

제10조제1항, 제13조제1항 · 제2항, 제24조제2항 및 제37조제1항 중 "교육인적자원부장관"을 "교육과학기술부장관"으로 한다.

제20조제1항, 제22조제5항, 제28조제6항 후단 중 "교육인적자원부령"을 각각 "교육과학기술부령"으로 한다.

〈95〉 부터 〈760〉 까지 생략

제7조 생략

대통령령 제20790호

장애인 등에 대한 특수교육법 시행령

제1장 총칙

제1조(목적) 이 영은 「장애인 등에 대한 특수교육법」에서 위임된 사항과 그 시행에 필요한 사항을 규정함을 목적으로 한다.

제2조(의무교육의 실시) 「장애인 등에 대한 특수교육법」(이하 "법"이라 한다) 제3조 및 법률 제8483호 부칙 제1조 단서에 따라 특수교육대상자에 대한 의무교육은 다음 각 호에 따라 차례로 각각 실시한다.

1. 2010학년도 : 만 5세 이상 유치원 과정 및 고등학교 과정
2. 2011학년도 : 만 4세 이상 유치원 과정
3. 2012학년도 : 만 3세 이상 유치원 과정

제3조(의무교육의 비용 등) ① 법 제3조제3항에 따라 국가 또는 지방자치단체가 부담하여야 하는 비용은 입학금, 수업료, 교과용 도서대금 및 학교급식비로 한다.

② 국가 및 지방자치단체는 제1항의 비용 외에 학교운영 지원비, 통학비, 현장 · 체험학습비 등을 예산의 범위에서 부담하거나 보조할 수 있다.

제2장 국가 및 지방자치단체의 임무

제4조(위탁교육) ① 교육감은 법 제6조제2항에 따라 특수교육대상자에 대한 교육을 사립(私立) 특수교육기관에 위탁하기 위하여 매 학년도가 시작되기 10개월 전까지 관할 구역에 있는 사립 특수교육기관의 교육여건, 교육 가능한 인원, 교육기간 등에 관하여 그 특수교육기관의 장(특수학급이 설립된 사립학교의 장을 포함한다)과 협의하여야 한다.

② 교육감은 특수교육대상자의 교육을 위탁한 사립 특수교육기관에 대하여 국립 또는 공립 특수교육기관과 같은 수준의 교육을 할 수 있도록 운영비, 시설비, 실험실습비, 진로 및 직업교육비, 교직원의 인건비, 그 밖에 특수교육에 필요한 경비를 지급하여야 한다.

③ 제1항과 제2항 외에 위탁교육의 운영에 관한 세부 사항은 교육감이 정하는 바에 따른다.

제5조(교원의 자질 향상) ① 교육과학기술부장관 및 교육감은 통합교육에 대한 이해를 높이기 위하여 일반학교의 교원(특수교육교원은 제외한다. 이하 이 조에서 같다)에게 연수를 받게 하는 경우 특수교육에 관한 내용을 포함하여야 한다.

② 교육과학기술부장관 및 교육감은 통합교육을 효율적으로 시행하기 위하여 통합교육을 지원하는 일반학교의 교원에 대하여는 특수교육과 관련된 직무연수 과정을, 특수교육교원에 대하여는 일반교과 교육에 관한 직무연수 과정을 개설 · 운영하여야 한다.

제6조(중앙특수교육운영위원회 구성 · 운영) ① 법 제10조제1항에 따른 중앙특수교육운영위

원회(이하 "중앙위원회"라 한다)는 위원장을 포함하여 15명 이내의 위원으로 구성한다.

② 중앙위원회의 위원장(이하 "위원장"이라 한다)은 교육과학기술부 제1차관이 되고, 위원은 당연직위원과 위촉위원으로 구성한다.

③ 당연직위원은 교육과학기술부, 행정안전부, 문화체육관광부, 보건복지가족부, 노동부, 여성부의 고위공무원단 소속 공무원으로서 해당 부처의 장관이 지명하는 사람이 된다.

④ 위촉위원은 다음 각 호의 어느 하나에 해당하는 사람 중에서 위원장이 위촉한다.

1. 특수교육교원 자격이 있는 사람으로서 7년 이상 특수교육대상자를 교육하거나 교육하였던 사람
2. 특수교육대상자의 학부모 또는 보호자로서 특수교육 분야에서 활동하거나 활동 경험이 있는 사람
3. 「고등교육법」 제2조제1호 또는 제3호에 따른 학교에서 특수교육에 관한 학문을 가르치는 부교수 이상으로 재직하거나 재직하였던 사람

⑤ 위촉위원의 임기는 2년으로 하되, 2차에 한하여 연임할 수 있다.

⑥ 중앙위원회의 회의는 연 2회 이상 개최하여야 하며, 위원장이 필요 하다고 인정하거나 재적위원 3분의 1 이상이 요구하는 경우에는 위원장이 회의를 소집한다.

⑦ 중앙위원회의 회의는 재적위원의 과반수 출석으로 개의하고, 출석위원 과반수의 찬성으로 의결한다.

⑧ 중앙위원회는 필요하다고 인정되면 관계 행정기관에 직원의 출석 · 설명과 자료 제출을 요구할 수 있다.

⑨ 그 밖에 중앙위원회의 구성 및 운영 등에 필요한 사항은 중앙위원회의 의결을 거쳐 위원장이 정한다.

제7조(특수교육지원센터의 설치 · 운영) ① 교육감은 법 제11조에 따른 특수교육지원센터를 설치할 때 그 업무를 수행할 수 있는 독립된 공간을 확보하여야 한다.

② 교육감은 특수교육지원센터가 그 업무를 효율적으로 수행할 수 있도록, 담당 업무를 전담하는 특수교육 분야의 전문인력을 배치하여야 한다.

③ 교육감은 지역의 지리적 특성 및 특수교육의 수요 등을 고려하여 필요한 경우에는 하나의 하급교육행정기관에 2 이상의 특수교육지원센터를 설치 · 운영할 수 있다.

④ 특수교육지원센터는 담당 업무를 효율적으로 수행하기 위하여 관련 기관과의 연계체제를 구축하고 협력하여 업무를 수행할 수 있다.

⑤ 교육감은 특수교육지원센터의 진단 · 평가 과정에서 장애가 의심되는 영유아 또는 학생이 이전에 의료적 진단을 받지 아니한 경우에는 이에 대한 의료적 진단을 보건소, 병원 또는 의원에 의뢰하여야 한다.

⑥ 교육감은 제5항에 따라 의료적 진단을 보건소, 병원 또는 의원에 의뢰한 경우에는 그 비용을 부담하여야 한다.

제8조(실태조사) ① 법 제13조에 따라 실태조사할 사항은 다음 각 호와 같다.

1. 특수교육대상자의 성 · 연령 · 장애유형 · 장애정도별 현황
2. 특수교육기관 및 그 교육과정의 운영 실태
3. 특수교육 관련서비스의 제공 현황

4. 특수교육 지원을 위한 행정조직 및 지원 현황
5. 특수교육재정의 확보 · 분배 · 활용 현황
6. 특수교육대상자의 교육성과 및 학교 졸업 후의 생활상태
7. 장애인 평생교육과정 및 장애인 평생교육시설의 운영 현황
8. 특수교육대상자 및 그 보호자, 특수교육에 관한 전문가 등 특수교육 관련자의 특수교육 지원에 대한 만족도 및 요구 사항

② 실태조사는 표본조사의 방법으로 시행하되, 특수교육에 관하여 정확한 현황을 파악하고 조사항목의 특성상 필요한 경우에는 전수조사(全數調査)의 방법으로 시행할 수 있다.

제3장 특수교육대상자의 선정 및 학교 배치 등

제9조(장애의 조기발견 등) ① 교육장 또는 교육감은 매년 1회 이상 법 제14조제1항에 따른 홍보를 하여야 한다.

② 교육장 또는 교육감은 장애의 조기발견을 위하여 관할 구역의 보육시설 · 유치원 및 학교의 영유아 또는 학생(이하 "영유아 등"이라 한다. 이하 이 조에서 같다)을 대상으로 수시로 선별검사를 하여야 한다. 이 경우 「국민건강보험법」 제47조제1항 또는 「의료급여법」 제14조제1항에 따른 건강검진의 결과를 활용할 수 있다.

③ 교육장 또는 교육감은 선별검사를 한 결과 장애가 의심되는 영유아 등을 발견한 경우에는 병원 또는 의원에서 영유아 등에 대한 장애 진단을 받도록 보호자에게 안내하고 상담을 하여야 한다.

④ 교육장 또는 교육감은 선별검사를 받은 영유아 등의 보호자가 법 제15조에 따른 특수교육대상자로 선정받기를 요청할 경우 영유아 등의 보호자에게 영유아 등의 건강검진 결과통보서 또는 진단서를 제출하도록 하여 영유아 등이 특수교육대상자에 해당하는지 여부를 판단하기 위한 진단 · 평가를 하여야 한다.

⑤ 교육장 또는 교육감은 제3항에 따라 진단 · 평가한 결과 영유아 등에게 특수교육이 필요하다고 판단되면 보호자에게 그 내용과 특수교육대상자 선정에 필요한 절차를 문서로 알려야 한다.

⑥ 제2항부터 제5항까지의 규정에 따른 선별검사 및 진단 · 평가에 필요한 사항은 교육과학기술부령으로 정한다. 이 경우 제2항에 따른 선별검사에 관한 사항은 보건복지가족부장관과 협의하여야 한다.

제10조(특수교육대상자의 선정 기준) 법 제15조에 따라 특수교육대상자를 선정하는 기준은 별표와 같다.

제11조(특수교육대상자의 학교 배치 등) ① 교육장 또는 교육감은 법 제17조제1항에 따라 특수교육대상자를 학교에 배치할 때에는 해당 학교의 장과 특수교육대상자에게 각각 문서로 알려야 한다.

② 교육장 또는 교육감은 특수교육대상자를 일반학교의 일반학급에 배치한 경우에는 특수교육지원센터에서 근무하는 특수교육교원에게 그 학교를 방문하여 학습을 지원하도록 하여야 한다.

③ 각급학교의 장은 특수교육대상자에 대한 교육지원의 내용을 추가 · 변경 또는 종료하거나 특수교육대상자를 재배치할 필요가 있으면 법 제22조제1항에 따른 개별화교육지원팀의 검토를

거쳐 교육장 및 교육감에게 그 특수교육대상자의 진단 · 평가 및 재배치를 요구할 수 있다.

제12조(배치에 대한 이의) 법 제17조제4항에서 "대통령령으로 정하는 특별한 사유"란 해당 특수학교가 교육하는 특수교육대상자의 장애종류와 배치를 요구받은 특수교육대상자의 장애종류가 달라 효율적인 교육을 할 수 없는 경우를 말한다.

제4장 영유아 및 초 · 중등교육

제13조(장애영아의 교육지원) ① 만 3세 미만의 장애영아(이하 이 조에서 "장애영아"라 한다) 교육의 수업일수는 매 학년도 150일을 기준으로 하되, 장애영아의 건강 상태 및 교육과정의 운영상 필요한 경우에는 교육과학기술부장관, 교육감 또는 교육장의 승인을 받아 30일의 범위에서 줄일 수 있다.

② 법 제18조제2항에 따라 특수교육을 받는 영아학급 등의 교원 배치에 관한 사항은 교육과학기술부장관, 교육감 또는 교육장이 정한다.

③ 교육감이나 교육장은 법 제18조제2항에 따라 장애영아를 특수교육지원센터에 배치하여 교육을 하는 경우 「특수학교시설 · 설비기준령」 별표에 따른 보통교실을 그 특수교육지원센터에 갖추어야 한다.

④ 장애영아 담당 교원은 「초 · 중등교육법」 제21조제2항에 따른 특수학교 유치원교사 자격증을 소지한 사람으로서 유치원 과정 담당 경력이 3년 이상인 사람으로 한다.

제14조(취학의무의 유예 또는 면제 등) ① 특수교육대상자의 보호자가 법 제19조제2항에 따라 특수교육대상자의 취학의무를 유예받거나 면제 받으려는 경우에는 관할 교육감 또는 교육장에게 취학의무의 유예 또는 면제를 신청하여야 한다.

② 제1항에 따른 신청을 받은 교육감 또는 교육장은 법 제10조제1항에 따른 관할 특수교육운영위원회의 심의를 거쳐 특수교육대상자의 등 · 하교 가능성, 순회교육 실시 가능성 및 보호자의 의견 등을 고려하여 면제 또는 유예를 결정한다. 이 경우 유예기간은 1년 이내로 하고, 유예기간을 연장하려는 경우에도 관할 특수교육운영위원회의 심의를 거쳐야 한다.

③ 취학의무를 면제 또는 유예받은 사람이 다시 취학하고자 하는 경우 그 보호자는 교육감 또는 교육장에게 취학을 신청하고, 그 신청을 받은 교육감 또는 교육장은 관할 특수교육운영위원회의 심의를 거쳐 취학 여부를 결정하여야 한다.

제15조(보육시설의 교육 요건) 법 제19조제2항 단서에서 "대통령령으로 정하는 일정한 교육 요건을 갖춘 보육시설"이란 다음 각 호의 사항을 모두 충족하는 시설을 말한다.

1. 「영유아보육법」 제30조제1항에 따른 평가인증을 받은 시설
2. 장애아 3명마다 보육교사 1명을 배치한 시설(보육교사가 3명 이상인 경우에는 보육교사 3명 중 1명은 「초 · 중등교육법」 제21조제2항에 따른 특수학교 유치원교사 자격증을 소지한 교사여야 한다)

제16조(통합교육을 위한 시설 · 설비 등) ① 일반학교의 장은 법 제21조제2항에 따라 통합교육을 실시하는 경우에는 특수교육대상자의 교내 이동이 쉽고, 세면장 · 화장실 등과 가까운 곳에 위치한 66제곱미터 이상의 교실에 특수학급을 설치하여야 한다. 다만, 배치된 특수교육대상자의 수 및 그 학교의 여건 등을 고려하여 시 · 도 조례로 정하는 바에 따라 44제곱미터 이상의 교실에

학급을 설치할 수 있다.

② 일반학교의 장은 법 제21조제2항에 따라 통합교육을 실시하는 경우에는 배치된 특수교육대상자의 성별, 연령, 장애의 유형 · 정도 및 교육활동 등에 맞도록 정보 접근을 위한 기기, 의사소통을 위한 보완 · 대체기구 등의 교재 · 교구를 갖추어야 한다.

제17조(전문인력의 자격 기준 등) 법 제23조제1항에서 "대통령령으로 정하는 자격이 있는 진로 및 직업교육을 담당하는 전문인력"이란 특수학교의 정교사 · 준교사 · 실기교사의 자격이 있는 사람으로서 다음 각 호의 어느 하나에 해당하는 사람을 말한다.

1. 대학이나 대학원에서 직업재활에 관한 전공을 이수한 사람
2. 진로 및 직업교육과 관련한 국가자격증 또는 민간자격증 소지자
3. 진로 및 직업교육과 관련한 직무연수를 이수한 사람

제18조(진로 및 직업교육을 위한 시설 등) ① 중학교 과정 이상 각급 학교의 장은 법 제23조제2항에 따라 진로 및 직업교육을 위하여 66제곱미터 이상의 교실을 1개 이상 설치하여야 한다.

② 특수교육지원센터는 특수교육기관, 한국장애인고용촉진공단지부 등 해당 지역의 장애인 고용 관련 기관, 직업재활시설, 장애인복지관, 산업체 등 관련 기관과 협의체를 구성하여야 한다.

③ 교육감은 특수교육대상자의 취업을 위하여 직업훈련실을 특수학교에 설치하고, 이에 필요한 인력과 경비를 지원하도록 노력하여야 한다.

제19조(전공과의 설치 · 운영) ① 법 제24조제1항에 따른 전공과를 설치 · 운영하는 특수교육기관의 장은 66제곱미터 이상의 전공과 전용 교실을 1개 이상 설치하여야 하며, 세부적인 시설 · 설비의 기준은 교육감이 정한다.

② 전공과를 설치한 교육기관의 장은 그 설치 목적을 달성하기 위하여 현장실습이 포함된 직업교육계획을 수립하여야 한다.

③ 전공과의 수업 연한과 학생의 선발 방법은 교육감의 승인을 받아 전공과를 설치한 교육기관의 장이 정한다.

④ 전공과를 전담할 인력은 전공과를 설치한 특수교육기관의 고등학교 과정과 같은 수준으로 배치한다.

제20조(순회교육의 운영 등) ① 교육장이나 교육감은 법 제25조제1항에 따른 순회교육을 하기 위하여 순회교육을 받는 특수교육대상자의 능력, 장애 정도 등을 고려하여 순회교육계획을 작성 · 운영하여야 한다.

② 순회교육의 수업일수는 매 학년도 150일을 기준으로 하여 각급학교의 장이 정하되, 순회교육을 받는 특수교육대상자의 상태와 교육과정의 운영상 필요한 경우에는 지도 · 감독기관의 승인을 받아 30일의 범위에서 줄일 수 있다.

③ 교육장이나 교육감은 순회교육대상자를 위하여 의료기관 및 복지시설 등에 학급을 설치 · 운영할 수 있다.

제21조(유치원 과정의 종일제 담당 인력의 자격기준 및 운영방법) ① 법 제26조제1항에 따라 특수교육대상자에 대한 종일제 운영을 담당하는 인력은 「영유아보육법」 제21조제2항에 따른 보육교사의 자격 또는 「유아교육법」 제22조 및 「초 · 중등교육법」 제21조에 따른 교원의 자격을 가지고 있는 사람으로 한다.

② 종일제를 운영하는 유치원 과정의 교육기관의 장은 교육과 보육을 연계하고 정규교육과정

을 포함하여 1일 8시간 이상으로 운영하며, 그 밖에 운영에 필요한 사항은 교육감이 정한다.

③ 교육감은 종일제를 운영하는 유치원 과정의 교육기관에 대하여 그 교육에 소요되는 경비를 부담하거나 보조하여야 한다.

제22조(특수학교 및 특수학급에 두는 특수교육교원의 배치기준) 법 제27조제3항에 따라 배치하는 특수교육 담당 교사는 학생 4명마다 1명으로 한다. 다만, 도시와 농촌 · 산촌 · 어촌 교육의 균형발전, 특수교육지원센터의 운영현황 및 특수교육대상자의 지역별 분포 등을 고려하여 특별시 · 광역시 · 도 · 특별자치도별 교사는 교육과학기술부장관이, 단위 학교 · 학급별 교사는 해당 교육감 또는 교육장이 배치 기준의 40퍼센트의 범위에서 가감하여 배치할 수 있다.

제23조(가족지원) ① 법 제28조제1항에 따른 가족지원은 가족상담, 양육상담, 보호자 교육, 가족지원프로그램 운영 등의 방법으로 한다.

② 제1항에 따른 가족지원은 「건강가정기본법」 제35조에 따른 건강가정지원센터, 「장애인복지법」 제58조에 따른 장애인복지시설 등 과 연계하여 할 수 있다.

제24조(치료지원) ① 법 제28조제2항에 따른 치료지원에 필요한 인력은 「의료기사 등에 관한 법률」 제4조에 따른 면허 또는 「자격기본법」 제19조제1항에 따라 주무부장관이 공인한 민간자격을 소지한 사람으로 한다.

② 교육감 또는 특수학교의 장은 특수교육지원센터 또는 특수학교에 치료실을 설치 · 운영할 수 있다.

③ 교육감은 「공공보건의료에 관한 법률」 제2조에 따른 공공보건의료기관 및 「장애인복지법」 제58조에 따른 장애인복지시설 등과 연계하여 치료지원을 할 수 있다.

제25조(보조인력) ① 교육감은 법 제28조제3항에 따라 각급학교의 장이 특수교육대상자를 위한 보조인력을 원활하게 제공할 수 있도록 보조인력 수급에 관한 계획의 수립, 보조인력의 채용 · 배치 등 보조인력의 운영에 필요한 업무를 수행한다.

② 교육감 또는 교육장은 보조인력의 자질 향상을 위하여 특수교육에 관한 연수를 실시하여야 한다.

③ 보조인력의 역할 및 자격은 교육과학기술부령으로 정하고, 그 밖에운영 방법에 관한 세부사항은 교육감이 정하여 고시한다.

제26조(각종 교구 및 학습보조기 등 지원) 교육감은 법 제28조제4항에 따라 각급학교의 장이 각종 교구 · 학습보조기 · 보조공학기기를 제공할 수 있도록 특수교육지원센터에 필요한 기구를 갖추어 두어야 한다.

제27조(통학 지원) ① 교육감은 각급학교의 장이 법 제28조제5항에 따른 통학 지원을 원활하게 할 수 있도록 통학차량을 각급학교에 제공하거나 통학 지원이 필요한 특수교육대상자 및 보호자에게 통학비를 지급하여야 한다.

② 각급학교의 장은 특수교육대상자가 현장체험학습, 수련회 등 학교밖 활동에 참여할 수 있도록 조치를 취하여야 한다.

제28조(기숙사의 설치 · 운영) ① 교육감은 법 제28조제6항에 따른 기숙사의 운영에 필요한 경비를 예산의 범위에서 부담하거나 보조할 수 있다.

② 공립 및 사립학교의 기숙사 시설 · 설비 기준은 시 · 도 교육규칙으로 정한다.

제29조(기타 특수교육 관련서비스의 제공) ① 교육과학기술부장관 또는 교육감은 제23조부터

제28조까지의 규정에서 정한 특수교육 관련서비스 외에 보행훈련, 심리 · 행동 적응훈련 등 특정한 장애유형의 특수교육대상자에게 필요한 특수교육 관련서비스를 제공하여야 한다.

② 제1항의 특수교육 관련서비스 제공에 필요한 인력은 국가자격 또는 「자격기본법」 제19조제1항에 따라 주무부장관이 공인한 민간자격을 소지한 사람으로 한다.

제5장 고등교육 및 평생교육

제30조(특별지원위원회의 설치 · 운영) ① 대학의 장은 그 대학에 장애학생이 10명 이상 재학하는 경우에는 법 제29조에 따른 특별지원위원회(이하 "특별지원위원회"라 한다)를 설치 · 운영하여야 한다.

② 장애학생이 10명 미만인 대학의 장은 법 제30조제2항에 따른 장애학생 지원부서 또는 전담직원이 법 제29조제1항제1호 및 제3호에 관한 특별지원위원회의 기능을 수행할 수 있도록 할 수 있다.

③ 특별지원위원회의 위원 자격, 구성 및 회의 개최 시기 등은 해당 대학의 장이 정한다.

제31조(장애학생지원센터의 설치 · 운영 등) ① 법 제30조제1항 단서에서 "일정 인원"이란 9명을 말한다.

② 법 제30조제1항에 따른 장애학생지원센터, 장애학생 지원부서 또는 전담직원은 장애학생 지원계획을 수립하고, 그 사실을 장애학생에게 알려야 한다.

제32조(학교형태의 장애인평생교육시설) ① 법 제34조제2항에서 "대통령령으로 정하는 시설과 설비"란 다음 각 호에 해당하는 시설 · 설비를 말한다.

1. 49.5제곱미터 이상의 수업실
2. 학습에 필요한 시설 및 설비
3. 도서 및 자료 500권 이상을 갖춘 자료실
4. 관리실
5. 「장애인 · 노인 · 임산부 등의 편의증진 보장에 관한 법률 시행령」 별표 2에 따라 교육연구시설에 설치하여야 하는 편의시설

② 교육감은 법 제34조제2항에 따른 장애인평생교육시설을 설치 · 운영하는 사람이 교육감이 관리하는 공공시설을 이용하려는 경우, 그 공공시설의 본래 이용 목적을 해치지 않는 범위에서 이용할 수 있도록 지원하여야 한다.

제6장 보칙

제33조(심사청구 절차) 법 제35조제3항 및 법 제36조제1항 또는 제2항에 따른 심사청구 및 그 심사청구에 대한 결과의 통지에 필요한 서류는 각각 교육과학기술부령으로 정한다.

부칙

제1조(시행일) 이 영은 공포한 날부터 시행한다.

제2조(다른 법령의 폐지) 특수교육진흥법 시행령은 폐지한다.

제3조(다른 법령의 개정) 초·중등교육법 시행령 일부를 다음과 같이 개정한다.

제40조를 다음과 같이 하고, 같은 조 별표 1의2를 삭제한다.

제40조(특수학교 등의 교원) ① 특수학교에는 법 제19조에 따라 교장 및 교감을 둔다. 다만, 학급 수가 5학급 이하인 학교에는 교감을 두지 아니할 수 있으며, 3학급 이상인 분교장에는 따로 교감을 둘 수 있다.

② 특수학교 등에 두는 특수교육담당 교사의 배치기준은 따로 대통령령으로 정한다.

③ 특수학교에는 전문상담교사 및 사서교사를 둘 수 있다.

제4조(다른 법령과의 관계) 이 영 시행 당시 다른 법령에서 「특수교육진흥법 시행령」 또는 그 규정을 인용하고 있는 경우 이 영 중 그에 해당하는 규정이 있으면 종전의 규정을 갈음하여 이 영 또는 이 영의 해당 조항을 인용한 것으로 본다.

[별 표]

특수교육대상자 선정 기준(제10조 관련)

1. 시각장애를 지닌 특수교육대상자

시각계의 손상이 심하여 시각기능을 전혀 이용하지 못하거나 보조공학기기의 지원을 받아야 시각적 과제를 수행할 수 있는 사람으로서 시각에 의한 학습이 곤란하여 특정의 광학기구·학습매체 등을 통하여 학습하거나 촉각 또는 청각을 학습의 주요 수단으로 사용하는 사람

2. 청각장애를 지닌 특수교육대상자

청력 손실이 심하여 보청기를 착용해도 청각을 통한 의사소통이 불가능 또는 곤란한 상태이거나, 청력이 남아 있어도 보청기를 착용해야 청각을 통한 의사소통이 가능하여 청각에 의한 교육적 성취가 어려운 사람

3. 정신지체를 지닌 특수교육대상자

지적 기능과 적응행동상의 어려움이 함께 존재하여 교육적 성취에 어려움이 있는 사람

4. 지체장애를 지닌 특수교육대상자

기능·형태상 장애를 가지고 있거나 몸통을 지탱하거나 팔다리의 움직임 등에 어려움을 겪는 신체적 조건이나 상태로 인해 교육적 성취에 어려움이 있는 사람

5. 정서·행동장애를 지닌 특수교육대상자

장기간에 걸쳐 다음 각 목의 어느 하나에 해당하여, 특별한 교육적 조치가 필요한 사람

가. 지적·감각적·건강상의 이유로 설명할 수 없는 학습상의 어려움을 지닌 사람

나. 또래나 교사와의 대인관계에 어려움이 있어 학습에 어려움을 겪는 사람

다. 일반적인 상황에서 부적절한 행동이나 감정을 나타내어 학습에 어려움이 있는 사람

라. 전반적인 불행감이나 우울증을 나타내어 학습에 어려움이 있는 사람

마. 학교나 개인 문제에 관련된 신체적인 통증이나 공포를 나타내어 학습에 어려움이 있는 사람

6. 자폐성장애를 지닌 특수교육대상자

사회적 상호작용과 의사소통에 결함이 있고, 제한적이고 반복적인 관심과 활동을 보임으로써 교육적 성취 및 일상생활 적응에 도움이 필요한 사람

7. 의사소통장애를 지닌 특수교육대상자

다음 각 목의 어느 하나에 해당하여 특별한 교육적 조치가 필요한 사람

가. 언어의 수용 및 표현 능력이 인지능력에 비하여 현저하게 부족한 사람

나. 조음능력이 현저히 부족하여 의사소통이 어려운 사람

다. 말 유창성이 현저히 부족하여 의사소통이 어려운 사람

라. 기능적 음성장애가 있어 의사소통이 어려운 사람

8. 학습장애를 지닌 특수교육대상자

개인의 내적 요인으로 인하여 듣기, 말하기, 주의집중, 지각(知覺), 기억, 문제 해결 등의 학습기능이나 읽기, 쓰기, 수학 등 학업 성취 영역에서 현저하게 어려움이 있는 사람

9. 건강장애를 지닌 특수교육대상자

만성질환으로 인하여 3개월 이상의 장기입원 또는 통원치료 등 계속적인 의료적 지원이 필요하여 학교생활 및 학업 수행에 어려움이 있는 사람

10. 발달지체를 보이는 특수교육대상자

신체, 인지, 의사소통, 사회·정서, 적응행동 중 하나 이상의 발달이 또래에 비하여 현저하게 지체되어 특별한 교육적 조치가 필요한 영아 및 9세 미만의 아동

◇ 장애인 등에 대한 특수교육법 시행령 제정 이유

국가 및 지방자치단체가 장애인 등 특수교육대상자에게 고등학교까지 의무교육을 실시하고, 영유아때부터 장애의 유형과 정도를 고려한 특수교육 및 특수교육 관련서비스를 제공하는 등의 내용으로 「장애인 등에 대한 특수교육법」이 제정(법률 제8483호, 2007. 5. 25. 공포, 2008. 5. 26. 시행)됨에 따라 법률에서 위임한 사항과 그 시행에 필요한 사항을 규정하려는 것임.

◇ 주요내용

가. 특수교육대상자에 대한 의무교육의 실시시기(안 제2조)

특수교육대상자에 대한 의무교육의 실시시기는 국가 및 지방자치단체의 재정여건을 고려하여 2010학년도부터는 만 5세 이상 유치원 과정과 고등학교 과정, 2011학년도부터는 만 4세 이상 유치원 과정, 2012학년도부터는 만 3세 이상 유치원 과정에 까지 차례로 확대실시 하도록 함.

나. 의무교육의 비용(안 제3조)

국가 또는 지방자치단체가 의무교육을 위해 부담하여야 하는 비용은 입학금, 수업료, 교과용 도서대금 및 학교급식비로 하고, 그 외에 학교운영 지원비, 통학비, 현장 · 체험학습비 등을 예산의 범위에서 부담하거나 보조 할 수 있게 함.

다. 특수교육대상자의 선정을 위한 진단 · 평가(안 제9조)

교육장 또는 교육감은 장애를 조기에 발견하기 위하여 관할구역안의 보육시설 · 유치원 및 학교의 영유아 또는 학생을 대상으로 선별검사를 수시로 실시하고, 선별검사를 한 결과 장애가 의심되는 영유아 등이 있는 경우 그 보호자의 동의를 받아 특수교육대상자인지를 판단하기 위한 진단 · 평가를 할 수 있도록 함.

라. 특수교육대상자의 취학의무 유예 등(안 제14조)

(1) 특수교육대상자의 취학의무를 유예받거나 면제받으려는 보호자는 관할 교육감 또는 교육장에게 신청하여야 하고, 교육감 또는 교육장은 관할 시 · 도 특수교육운영위원회의 심의를 거쳐 면제 또는 유예를 결정하되, 유예기간은 1년 이내로 함.

(2) 특수교육대상자에 대한 의무교육의 면제 및 유예의 결정을 특수교육운영위원회의 심의를 거쳐 신중하게 결정하도록 하여 특수교육대상자의 교육받을 권리가 최대한 보장될 것으로 기대됨.

마. 순회교육의 운영(안 제20조)

순회교육의 수업일수는 매 학년도 150일을 기준으로 하되, 순회교육대상자의 상태 및 교육과정의 운영상 필요한 경우에는 지도 · 감독기관의 승인을 받아 30일의 범위에서 줄일 수 있도록 하여 학교에 출석할 수 없는 특수교육대상자에게 지속적으로 교육을 제공하도록 함.

바. 특수학교와 특수학급의 특수교육교원 배치 기준(안 제22조)

(1) 특수교육 담당 교사는 학생 4명당 1명을 배치하는 것을 기준으로 하되, 도시와 농 · 산 · 어촌 교육의 균형발전, 특수교육지원센터의 운영 현황 및 특수교육대상자의 지역별 분포 등을 고려하여 특별시 · 광역시 · 도 · 특별자치도별 교사는 교육과학기술부장관이, 단위 학교 · 학급별 교사는 해당 교육감이 배치 기준의 40퍼센트의 범위에서 가감하여 배치할 수 있도록 함.

(2) 특수교육대상자와 교육환경에 적합하게 특수교육담당교사의 배치가 이루어질 것으로 기대됨.

참 고 문 헌

강민채, 곽승철(2007). 자폐아의 사회성 기술 관련 실험 사례연구 분석. **특수교육저널 : 이론과 실천,** 8(4), 409-425.

강수균, 박미혜, 박재국, 안성우, 강창욱, 김수진, 박선희, 황보명, 강은희, 박은실, 손은남(2005). **아동언어장애이해**. 대구 : 한국언어치료학회.

강위영, 윤점룡 공역(1996). **정서장애아 교육**. 대구 : 대구대학교 출판부.

강창욱(1996). 언어치료교육 교육과정 구성을 위한 언어체계적 대안. **난청과 언어장애연구,** 19(2), 35-51.

곽승철, 김하경, 노선옥, 박석돈, 박재국, 박화문, 안병즙, 오세철, 전헌선, 정재권, 정진자, 조홍중, 한경임 (2003). **중복 · 지체부자유아교육**. 경산 : 대구대학교출판부.

곽승철, 전선옥, 강민채, 박명숙, 이옥인, 임인진, 정은영, 홍재영 공역(2008). **자폐 스펙트럼 장애 교육**. 서울 : 학지사.

교육과학기술부(2008). **2008 개정 장애인 등에 대한 특수교육법**. 서울: 교육과학기술부.

교육과학기술부(2008). **2008 특수교육통계.** 서울: 교육과학기술부.

교육과학기술부(2008). **2008년 개정 특수학교 교육과정**. 서울: 교육과학기술부.

교육과학기술부(2008). **2008년 장애인 등에 대한 특수교육법 시행령**. 서울: 교육과학기술부.

국립특수교육원(1995). **지체부자유 교수-학습모델**. 안산 : 국립특수교육원

국립특수교육원(1998). **시각장애학생 체육과 지도자료**. 안산 : 국립특수교육원.

국립특수교육원(1999). **장애학생을 위한 보완 · 대체의사소통지도**. 안산 : 국립특수교육원

국립특수교육원(1999). **특수교육 요구 아동 출현율 조사**. 안산 : 국립특수교육원.

권도하(2001). **언어치료학사전**. 대구 : 한국언어치료학회.

권도하(1994). **말더듬 정도 측정 검사**. 대구 : 한국언어치료학회.

권순황(2002). **농문화 접근 태도에 따른 청각장애 학생의 언어성호도 연구**. 박사학위논문, 대구대학교 대학원.

김미경, 문장원, 서은정, 윤점룡, 윤치연, 이상훈(2007). **정서 및 행동장애아 교육**. 서울 : 학지사.

김미선(2008). 문제행동에 대한 긍정적 행동 지원. **제15회 국내 세미나**, 33-60. 안산 : 국립특수교육원.

김병하(2006). **특수교육교사론(2판)**. 경산 : 대구대학교출판부.

김삼섭(2005). **특수교육의 심리학적 기초**. 서울 : 시그마프레스.

김승국(1996). **특수교육학**. 서울 : 양서원.

김승국(1992). **특수교육론**, 서울 : 양서원.

김영욱(2007). **청각장애아동 교육의 이해**. 서울 : 학지사.

김영욱, 김원경, 박화문, 석동일, 윤점룡, 정재권, 정정진, 조인수(2005). **특수교육학**. 서울 : 교육과학사.

김영태(1995). 조음장애아와 정상아의 음운변동에 관한 비교 연구. **특수교육논총, 12**, 211-235.
김영태(1998). 언어중재 프로그램을 위한 기초. **언어장애치료**. 대구 : 한국언어치료학회.
김영태(2008). **아동언어장애의 진단 및 치료**. 서울 : 학지사.
김영태 · 성태제 · 이윤경(2005). **취학전 아동의 수용언어 및 표현언어 발달척도**. 서울 : 서울장애인종합복지관.
김원경, 조홍중, 허승준, 추연구, 윤치연, 박중휘, 이필상, 김일명, 문장원, 서은정, 유은정, 김자경, 이근민, 김미숙, 김종인(2008). **최신특수교육학**. 서울 : 학지사.
김윤옥(2006). **학습장애 학생을 위한 교수-학습전략**. 서울 : 교육과학사.
김윤옥, 김진희, 박희찬, 정대영, 김숙경, 안성우, 오세철, 이해균, 최성규, 최중옥(2005). **특수아동교육의 실제**. 서울 : 교육과학사.
김은주(2008). **건강장애학생을 위한 병원학교 운영 지원체계의 타당화 연구**. 박사학위논문. 이화여자대학교 대학원.
김재은(1993). **창의적인 인물들 : 성격, 심리, 발달**. 서울 : 창지사.
김정권, 한현민 공역 (1997). **특수아동의 이해와 교육**. 서울 : 도서출판 특수교육.
김정선(2004). **학교에서의 긍정적 행동지원이 정신지체학생의 문제행동, 대안기술 및 생활방식에 미치는 영향**. 박사학위 논문, 대구대학교 대학원.
김정일(2006). 자폐성 아동을 위한 기타 중재법 및 보완대체요법들. **제31회 행동치료사 자격연수 자료집**. 한국정서 · 행동장애아교육학회.
김종현, 윤치연, 이성현, 이은림(2007). **특수아동의 이해와 지도**. 서울 : 공동체.
김진호, 박재국, 방명애, 안성우, 유은정, 윤치연, 이효신 공역(2002). **특수교육학 개론**. 서울 : 시그마프레스.
김진호, 박재국, 방명애, 안성우, 유은정, 윤치연, 이효신 공역(2008). **최신 특수교육(8판)**. 서울 : 시그마프레스.
김진호, 한태륜(1997). **재활의학**. 서울 : 군자출판사.
김하경(2000). **동료수용 · 조망훈련이 뇌성마비아의 적응행동 및 생활습관에 미치는 효과**. 박사학위 청구논문, 대구대학교 대학원.
김하경(2002). 지체부자유인의 장애 수용도의 비교 및 분석. **중복 · 지체부자유아교육**. 36. 283~304.
김혜리, 정명숙, 박선미, 박영신, 이현진 공역(2002). **자폐증과 아스퍼거증후군 아동**. 서울 : 시그마프레스.
김황용(2007). 대인관계/사회성 증진 훈련 및 실제. **제32회 행동치료사 자격연수 자료집**. 한국정서 · 행동장애아교육학회.
남민(2001). **장애아동 통합교육을 위한 일반교사 교육**. 서울: 한국어린이육영회 부설 치료교육연구소.
문혜숙, 이상복(2007). 자폐성아동을 위한 보완대체의사소통체계 적용 가능성 탐색. **특수교육재활과학연구, 47**(2), 119-142.
박랑규, 이은주 편역(2004). **성장기의 아동발달과 장애**. 서울 : 도서출판 특수교육.
박성익, 조석희, 김홍원, 이지현, 윤여홍, 진석언, 한기순 (2003). **영재교육학원론**. 서울 : 교육과학사.
박승희(2003). **한국 장애학생 통합교육 : 특수교육과 일반교육의 관계 재정립**. 서울 : 교육과학사.

박승희, 신현기 공역(2003). **정신지체 개념화 : AAMR 2002년 정신지체 정의, 분류, 지원체계**. 서울 : 교육과학사.

박은혜, 박지연, 노충래(2005). **교육 취약계층 학습권 보장을 위한 건강장애학생 교육지원 모형 개발**. 서울 : 교육인적자원부 · 학술진흥재단.

박중휘(2006). 시각장애아동의 이해와 교육. **2006 사이버직무연수 제1-2기 자료집**, 96-115.

박화문, 박재국, 김윤혜, 김영한, 김영경, 박미화, 이경순인(1999). **장애 유아의 교육과 지도**. 서울 : 창지사.

박화문(2001). **지체부자유아 심리**. 경산 : 대구대학교출판부.

방명애, 이효신 공역(2004). **정서 및 행동장애 : 이론과 실제**. 서울 : 시그마프레스

백은희(2005). **정신지체 : 이해와 교육**. 서울 : 교육과학사.

백은희, 김삼섭, 구본권 공편(1994). **중복장애아동교육**. 서울 : 양서원.

서경희(2006). 고기능 자폐 및 아스퍼거 장애의 이해 및 중재. **제31회 행동치료사 자격연수 자료집**. 한국정서 · 행동장애아교육학회.

서울 경인 특수학급 교사연구회 편(2006). **일반교사를 위한 통합교육 지원 프로그램**. 서울 : 학지사.

석동일, 이규식, 박상희, 신혜정, 박희정(2002). **청각재활**. 경산 : 대구대학교출판부.

손영숙(2001). **발달장애 아동 관련 전문가 교육**. 서울: 한국어린이육영회 부설 치료교육연구소.

송길연 (2002). **발달심리전문가 자격증 취득을 위한 제7차 워크숍 자료**. 서울: 한국심리학회 산하 한국발달심리학회..

송길연, 김수정, 이지연, 양돈규 공역(2000). **발달심리학**. 서울 : 시그마프레스

송준만, 유효순(2004). **특수아교육**. 서울 : 한국방송대학교출판부.

신종호, 김동일, 신현기, 이대식 공역(2008). **정신지체(7판)**, 서울 : 시그마프레스.

신종호, 김동일, 신현기, 이대식 공역(2002). **정신지체(6판)**, 서울 : 시그마프레스.

신현기 역(2007). **정신지체 : 역사적 관점, 현재의 동향, 그리고 미래의 방향**. 서울 : 시그마프레스.

신현기(2004). **정신지체아 교수방법론**. 서울 : 교육과학사.

신현기, 이성봉, 이병혁, 이경면, 김은경 공역(2008). **자폐 범주성 장애 아동 교육의 실제**. 서울 : 시그마프레스.

심현섭, 신문자, 이은주(2004). **파라다이스-유창성검사**. 서울 : 파라다이스복지재단.

여광응(1992). **정신지체아의 심리학적 이해**. 서울 : 도서출판 특수교육.

여광응, 박대용, 이점조, 추연구(2003). **특수아동 부모교육의 이론과 실제**. 서울 : 양서원.

오영희, 박창옥(2006). **정서 및 행동장애아 교육의 이해**. 서울 : 동문사.

오진아(2004). 학령기 아동의 입원생활 적응증진 프로그램 개발 및 효과. **대한간호학회지, 34**(3), 525-533.

이규식, 국미경, 김종현, 김수진, 유은정, 권요한, 강수균, 석동일, 박미혜, 김시영, 권순황, 정은희, 이필상(2004). **청각장애아 교육**. 서울 : 학지사.

이규식, 석동일(1998). **청각학**. 경산 : 대구대학교출판부.

이대식, 김수연, 이은주, 허승준(2006). **통합교육의 이해와 실제 : 통합학급에서의 효과적인 교육방법**. 서울 : 학지사.

이상복, 김진희, 김정일 공역(2001). **자폐 및 정서행동장애 아동의 약물치료에 대한 이해**. 서울 : 시그마프레스.

이상복, 이효신, 김정일(2000). **유·아동기 행동관리**. 대구 : 대구대학교 출판부.

이상복, 정영숙(2007). **특수아동지도**. 서울 : 공동체.

이소연(2008). **유아특수교육**. 서울 : 학지사.

이소현 역(2007). **자폐 범주성 장애 : 중재와 치료**. 서울 : 시그마프레스.

이소현, 박은혜(2006). **특수아동교육**. 서울 : 학지사.

이소현, 박은혜(2007). **특수아동교육(2판)**. 학지사.

이승희(2008). 정서·행동장애를 지닌 아동의 평가를 위한 과제와 대안모색. **제16회 년차학술대회 자료집**. 한국정서·행동장애아교육학회.

이영철, 박정식, 이응훈 공역(2007). **긍정적 행동지원**. 서울 : 박학사.

이유훈(1996). 효율적인 개별화 교육계획의 수립과 적용방안. **제3회 국내세미나**. 안산 : 국립특수교육원

이진학, 이하범, 허원, 홍영재(2008). **안과학**. 서울 : 일조각.

이해균(2006). 시각장애아교육. 김윤옥 등, **특수아동 교육의 실제**. 서울 : 교육과학사.

이효자, 안영진, 장병연, 주은희, 박숙자(2001). **특수아동교육**, 서울 : 정일.

임안수(2008). **시각장애아 교육**. 서울 : 학지사.

임채식, 노승윤, 임창제, 한상규(2007). **실기교육방법론**. 서울 : 양서원.

장선철(2002). **특수유아의 이해와 교육**. 서울 : 동문사.

장혜성, 임선숙, 백현정(1992). **언어이해인지력검사**. 서울 : 서울장애인종합복지관.

장혜성, 임선숙, 백현정(1994). **문장이해력검사**. 서울 : 서울장애인종합복지관.

전경원(2004). **특수아교육**. 서울 : 창지사.

정계숙, 김명애, 김혜금, 문혁준, 심희옥, 안효진, 양성은, 이정희, 이희선, 정태희, 제경숙, 한세영(2007). **부모교육**. 서울 : 창지사.

정동영, 김주영, 김형일, 김희규, 유장순, 정동일, 최혜승 공역(2008). **정신지체 : 지역사회 통합을 위한 접근**. 서울 : 박학사.

정동영, 김형일, 정동일(2001). **특수교육 요구아동 출현률 조사연구**. 안산 : 국립특수교육원.

정명숙(2001). **아동기 행동장애**. 서울 : 시그마프레스.

정명숙, 손명숙, 양혜영, 정현희 공역(2003). **아동기 행동장애**. 서울 : 시그마프레스.

정미라, 이희선, 배소연, 최미경, 조윤정(2006). **자녀양육과 부모역할**. 서울 : 양서원.

정옥란(1996). **음성과 음성치료**. 서울 : 원미사.

정해동(2008). **장애학생의 이해와 교육. 원격특수교육 장학과정 연수자료**. 안산 : 국립특수교육원.

조석희 (1996). 과학고등학교 입학생 선발 방법의 개선 방안. **과학 영재교육의 발전적 지향에 관한 세미나**. 한성과학고등학교.

조안나(1999). 정신지체아의 통합교육을 위한 협동학습 전략. **특수교육학연구, 33**(2), 221-237.

조인수(2005). **정신지체아교육**. 경산 : 대구대학교출판부.

조인수, 이응훈(2006). **특별한 교육적 지원 요구학생을 위한 자기결정기술**. 경산 : 대구대학교출판부.

조현춘, 송영혜, 조현재 공역(2004). **아동이상심리학**. 서울 : 시그마프레스.

최민숙(2007). **장애아동 교육을 위한 가족 참여와 지원**. 서울 : 학지사.

최성규(2002). 명사의 의미망 분석을 통한 정신지체아동과 일반아동의 개념 및 의미발달 비교. **특수교육저널 : 이론과 실천, 3**(2), 97-116.

최승숙(2004). 통합교육을 실시하고 있는 초등학교 교실에서의 협력교수의 실제. **특수교육학연구, 39**(3), 269-292.

한국통합교육학회 편(2005). **교사를 위한 특수교육입문 : 통합교육**. 서울 : 학지사.

한국특수교육학회(2008). **특수교육대상자 개념 및 선별 기준**. 한국특수교육학회.

한현민(2003). **특수아동과 특수교육**. 서울 : 도서출판 특수교육.

현정환(2005). **아동발달의 이해**. 서울 : 창지사.

佐藤泰正(1974). **視覺障碍者の 心理學**. 東京 : 學藝圖書株式會社.

中村滿紀男(2003). **障害兒教育の意義・本質と目標. 理解と支援の障害兒教育**. 東京 : 明石書店.

昇地三郎(1974). 腦性まひ兒の 視運動機能に關する硏究 - 腦性マヒのタイプと認知・構成. **日本 特殊教育學會 第12回大會 發表論文集**.

Adams, C., Lioyd, J., Aldred, C., & Baxendale, J.(2006). Exploring the effects of communication intervention for developmental pragmatic language impairments: a signal-generation study. *International Journal of Language Communication Disorders, 41*(1), 41-65.

Allen, T. E.(1994). Who are the deaf and hard-of-hearing students leaving high school and entering postsecondary education? Unpublished manuscript, Gallaudet University. Washington, DC.

American Psychiatric Association(1994). Diagnostic and Statistical Manual of Mental Disorders,(4th ed.). Washington, DC : Author.

American Psychiatric Association(2000). Diagnostic and statistical manual of mental disorders,(4th ed.),(Text Revision). Washington, DC : Author.

American Speech-Language-Hearing Association(ASHA).(1993). Definitions of communication disorders and variations. *Asha, 35*, 40-21.

American Speech-Language-Hearing Association.(2001). Effects of hearing loss.

Ayres, J.(1973). Sensory Integration and the Child. Western Psychological Services.

Baker, J. E.(2003). Social skills training for children and adolescents with asperger syndrome and social-communication problems. Shawnee Mission, Kansas : Autism Asperger Publishing.

Bambara, L. M., & Kern, L.(2005). Individualized supports for students with problem behaviors : Designing positive behavior plans. New York : Guilford Press.

Bankson, N. W., & Bernthal, J. E.(1998). Phonological assessment procedures. In J. E. Bernthal & N. W. Bankson(Eds.), *Articulation and phological disorders*(4th ed.). Boston : Allyn & Bacon.

Bareket, R.(2006). Play it right! : Social skills activities for parents and teachers young children with autism spectrum disorders, including asperger syndrome and autism. Shawnee Mission, Kansas : Autism Asperger Publishing.

Barkley, R. A.(2006). Attention Deficit-Hyperactivity Disorder : A handbook for diagnosis and treatment. New York : Guilford Press.

Baron-Cohen, S.(2000). Theory of mind and Autism : A fifteen year review. In Baron-Cohen, H. Tager-Flusberg, & D. Cohen(Eds.), *Understanding other minds : Perspectives from developmental cognitive neuroscience(2nd ed.).* Oxford : Oxford University Press.

Batshaw, M. & Perret, Y.(1986). Children with handicaps : A medical primer(2nd ed). Baltimore : Paul H. Brookes.

Bess, F. H., Doss-Murphy, J., & Parker, R.(1998). Children with minimal sensorineural hearing loss : Prevalence, educational performance and functional status. *Ear and Hearing, 19*(5), 339-355.

Bigge, J. L.(1991). Teaching individuals with physical and multiple disabilities. New York : Macmillan Publishing Co.

Blood G. W., Blood, I. M.(2004). Bullying in adolescents who stutter : Communicative competence and self-esteem. *Contemporary Issues in Communication Science and Disorders, 31*, 69-79.

Bloodstein, O.(1995). A handbook in stuttering. San Diego : Singular Publishing Group.

Boone, D. R., McFarlane, S. C.(2000). *The voice and voice therapy(4th ed.).* Boston : Allyn & Bacon.

Bower, T. G. R.(1977). A primer of infant development. W. H. Freeman and Company.(http://www.jvinstitute.net/)

Brown, R. T. & Madan-Swain, A.(1993). Cognitive, neuropsychological, and academic sequela in children with leukemia. *Journal of Learning Disabilities, 26*(2), 74-90.

Cappelli, M., Daniels, T., Durleux-Smith, A., McGrath, P. J., & Neuss, D.(1995). Social development of children with hearing impairments who are integrated into general education classroom. *Volta Review, 97*, 197-208.

Carr, E. G., Dunlap, G., Horner, H. R., Koegel, R. L., Turnbull, A. P., Sailor, W., Anderson, J., Albin, R. W., Koegel, L. K., & Fox, L.(2002). Positive behavior support : Evolution of an applied science. *Journal of Positive Behavioral Interventions, 20*(4), 4-16.

Coleman, M., & Vaughn, S.(2000). Reading interventions for students with emotional/behavioral disorders. *Behavioral Disorders, 25*, 93-104.

Colton, R. H., & Casper, J. K.(1990). Understanding voice problems : A Physiological perspective for diagnosis and treatment. Baltimore, MD : Williams & Wilkins.

Colton, R. H., & Casper, J. K.(1996). Understanding voice problems : A Physiological perspective for diagnosis and treatment(2nd ed.). Baltimore, MD : Williams & Wilkins.

Cook, L., Friend, M.(1995). Co-teaching : Guidelines for creation effectivepractices. *Focus on Exceptional Children, 28*(3), 1-16.

Cruickshank, W. M.(1976). Cerebral Palsy : A Developmental Disability. NY : Syracuse University Press.

Dante C., Donald, J. C.(1995). Perspectives on Developmental Psychopathology. In Dante Cicchetti & Donald, J. Cohen(Eds.), *Developmental Psychopathology, 1,* 3-20.

Davis, G. A., Rimm, S. B.(1994). Education of the gifted and talented(2nd ed.). Englewood

Cliff. NY : Prentice-Hall.

Dawson G., Toth, K., Abbott, R., Osterling, J., Munson, J., Estes, A.(2004). Social attention impairments in young children with Autism : Social orienting, joint attention, and attention to distress. *Developmental Psychology, 40*, 271-283.

Dawson, G., Watling, R.(2000). Interventions to facilitate auditory, visual, and motor integration in autism : a review of the evidence. *Journal of Autism and Developmental Disorder, 30*(5), 415-421.

Dorothy, J. O. et al.(2007). **장애인 가족지원**. 박지연 외(역). 서울 : 학지사.

DuPaul, G. J., Stoner, G.(2003). ADHD in the schools : Assessment and intervention strategies(2nd ed.). New York : Guilford Press.

Emde, R. N., &Robinson, J.(2000). Guiding principles for a theory if early intervention. In J. P. Shonkoff & S. J. Meisels(Eds.), Handbook of early childhook intervention(2nd ed.). New York : Cambridge University Press.

Feldhusen, J. F., Hoover, S. M., & Sayler, M. F.(1990). Identifying and educating gifted students at the secondary level. Unionville, N. Y. : Royal Fireworks.

Flexer, R. W., Baer, R. M., Luft, P., SimmonsT. J.(2008). Transition Planning for Secondary Students with Disabilities. Pearson Education.

Fombonne, E.(1999).The epidemiology of Autism : A review. *Psychological Medicine, 29(4),* 769-786.

Forness, S. R.(2004). Introduction. In R. B. Rutherford Jr., M. Magee Quinn, & S. R. Mathur(Eds.), Handbook of research in emotional and behavioral disorders(pp. 235-241). New York : Guilford.

Forness, S. R.(2005). The pursuit of evidence-based practice in special education for children with emotional and behavioral disorders. *Behavioral Disorders, 30*, 311-330.

Fox, L. H.(1976). Identification and assessment of the gifted. In J. F. Feldhusen, J. VanTassel-Baska, & K. Seely (Eds.), Excellence in educating the gifted, 85-101. Denver, CO : Love Publishing Co..

Friend, M., & Bursuck, W.(2002). Including students with special needs : A practical guide for classroom teacher. Boston : Allyn and Bacon.

Frith, U., & Hill, E. L.(2003). Autism : Mind and Brain. Oxford, New York : The Royal Society.

Frosting M. and Horne, D.(1964). The Frosting Program for the Development of Visual Perception Chicago : Follett Educationul Co.

Gadow, K. D., DeVincent, C. J., & Pomeroy, J.(2006). ADHD symptom subtypes in children with pervasive developmental disorder. *Journal of Autism and Developmental Disorders,* 36, 271-283.

Gagné, F.(1993). Constructs and models pertaining to exceptional human abilities. In K. A. Heller, F. J. Monks, & A. H. Passow (Eds.), International handbook of research and development of giftedness and talent (69-87). Oxford : Pergamong Press.

Goldfarb, F., & Devine, G.(2001). How to speak Asperger's. In L. Andron(Ed.), Our journey through high functioning autism and Asperger syndrome(pp. 103-116). London : Jessica Kingsley Publishers.

Goldstein, H., Kaczmarker, L., & Hepting, N.(1994). Communication interventions : The challenges of across-the-day implementation. In R. Gardner, Ⅲ, D. M. Sainato, J. O. Cooper, T. E. Heron, W. L. Hewark, J. Eshleman, & T. A. Grossi(Eds.), Behavior analysis in education : Focus on measurably superior instruction. Pacific Grove, CA : Brooks/Cole.

Goldstein, S., & Schwebach, A.(2004). The comorbidity of pervasive developmental disorder and attention deficit hyperactivity disorder : Results of a retrospective chart review. *Journal of Autism and Developmental Disorders, 34*, 329-339.

Gray, C. A.(1994). Comic strip conversations. Arlington, Texas : Future Horizons.

Gray, C. A.(1995). Social stories unlimited : Social stories and comic strip conversations. Jenison, MI : Jenison Public Schools.

Gray, C. A.(1998). Social stories and comic strip conversations with students with asperger syndrome and high- functioning autism. In E. Schopler, G. B. Mesibov, & L. J. Kunce(Eds.), Asperger syndrome or high-functioning autism?(pp. 167-198). New York : Plenum.

Gresham, F. M., Cook, C. R., Crews, S. D., & Kern, L.(2004). Social skills training for children and youth with emotional and behavioral disorders : Validity considerations and future directions. *Behavioral Disorders, 30*, 32-46.

Gross, M. U. M.(1993). Exceptionally gifted children. London : Routledge.

Grunwell, P.(1985). PACS : Phonological assessment of child speech. San Diego, CA : College-Hill.

Gustein, S. E.(2000). Solving the relationship puzzle. Arlington, TX : Future horizons.

Hallahan, D. P. & Kauffman, J. M.(1982). Exceptional Children 2nd. ed. N.J. : Englewood Cliffs Prentice Hall Inc.

Hallahan, D., & Kauffman, J.(2006). Exceptional learners : Introduction to special education. Boston : Allyn & Bacon.

Hallahan, D. P., & Kauffman, J. M.(1997). Exceptional Learners : Introduction to special education.(7th ed.). Boston et al. : Allyn and Bacon.

Haller, A. K., & Mintgomery, J. K.(2004). Noise-induced hearing loss in children : what educators need to know. *Teaching Exceptional Children, 36*(4), 22-27.

Heflin, L. J., & Alaimo, D. F.(2007). Student with autism spectrum disorders : effective instructional practices. Upper Saddle River, NJ : Pearson Education.

Heward, W.(1996). Exceptional children: An introduction to special education. Englewood Cliffs, New Jersey: Prentice-Hall Inc.

Hunt, N. & Marshall, K.(1994). Exceptional Children and Youth : An introduction to special education. Boston, MA : Houghton Mifflin.

Hyman, S., Rodier, M. R. & Davidson, P.(2001). Pervasive developmental disorders in young children. *Journal of the American Medical Association, 285*(24), 3141-3142.

Ita, C. M, & Friedman, H. A.(1999). The psychological development of children who are deaf or hard of hearing; A critical review. *Volta Review, 101*, 165-181.

Jackson, N. E., & Klein, E. J.(1997). Gifted performance in young children. In N. Colnglo & G. A. Davis(Eds.), Handbook of gifted education (2nd ed.). Needham Heights. MA : Allyn and Bacon.

Janney, R., & Snell, M. E.(2000). Behavioral support. Baltimore : Brookes.

Johnson-Martin, N. M.(1990). Early intervention as a preventive strategy. In S. M. Pueschel & J. A. Mulick(Eds.), Prevention of developmental disabilities. Baltimore : Paul H. Brookes Publishing Co.

Jose, R. T.(1983). Understanding low vision. New York, NY : AFB.

Kaiser, A. D., & Grim, J. C.(2006). Teaching functional communication skills. In M. E. Snell & F. Brown(Eds.), Instruction of students with severe disabilities(6th ed.). Upper Saddle River, NJ : Merill/Prentice Hall.

Kanner, L.(1943). Autistic disturbances of affective contact. Nervous Child, 2, 217-250.

Kauffman, J. M.(2001). Characteristics of emotional and behavioral disorders in children and youth(7th ed.). Upper Saddle River, NJ : Merrill/Prentice Hall.

Kaufman, A. S., & Harrison, P. L.(1986). Intelligence tests and gifted assessment : what are the positives ?. *Roeper review, 8*(3), 154-159.

Kuntze, M.(1998). Literacy and deaf children : The language question. *Topics in Language Disorders, 18*(4), 1-15.

Lewis, T. J., Hudson, S., Richter, M., & Johnson, N.(2004). Scientifically supported practices in emotional and behavioral disorders : A proposed approach and brief review of current practices. *Behavioral Disorders, 29*, 247-259.

Lichtenstein, E. H.(1998). The relationships between reading processes and English skills of deaf college students. *Journal of Deaf Studies and Deaf Education, 3*, 80-134.

Ling, D.(1986). Devies and procedures for auditory learning. Volta Review, 88(5), 19-28.

Lipsky, D. K., & Gartner, A.(1994). Inclusion : What it is, what it's not and why it matters. *Exceptional Parent, September*, 36-39.

Lipsky, D. K., & Gartner, A.(1997). Inclusion and school reform : Transforming America's classrooms. Baltimore et al. : Paul H. Brookes Publishing Co.

Lord, C., & McGee, J. P.(2001). Educating children with autism. Washington, DC : National Academy Press.

Lowenfeld, B.(1950). Psychological foundation of special method in teaching blind children. In P. A. Zahl(Ed.), Blindness. Princeton : University Press.

McDonald, E. T.(1987). Treating Cerebral Palsy. Austin, Texas : Pro-Ed INC.

McKinley, A. M., & Warren, S. F.(2000). The effectiveness of cochlear implants for children with prelingual deafness. *Journal of Early Intervention, 23*, 252-263.

McMillian, D. L.(1982). Mental retardation in schools & society. Boston: Little, Brown.

Merritt, D. D., & Culatta, B.(1998). Language intervention in the classroom. San Diego : Singular.

Michel, C.(1990). Information-processing theory. In R. M. Thomas(Ed.), The Encyclopedia of human development and education : Theory, research, studies(pp. 78-82). Oxford :

Pergamon Press.

Mirenda, P. & Mathy-Laikko, P.(1989). Augmentative and alternative communication applications for persons with severe congenital communication disorders : An introduction. *Augmentative and Alternative Communication, 5*, 3-13.

Mittler, P.(2000). Working towards inclusive education : Social contexts. David Fulton Publishers.

Mooney, P., Ryan, J. B., Uhing, B. M., Reid, R., & Epstein, M. H.(2005). A review of self-management interventions targeting academic outcomes for students with emotional and behavioral disorders. *Journal of Behavioral Education, 14*, 203-221.

Moores, D. F.(1996). Educating the deaf : psychology, principles and practices. Boston, MA : Houghton Mifflin.

Moores, D. F.(2001). Educating the deaf : psychology, principles and practices(5th ed.),. Boston, MA : Houghton Mifflin.

Mundy, P., & Stella, J.(2001). Joint attention, orienting, and nonverbal communication in autism. In A. M. Wetherby & B. M. Prizant(Eds.), Autism Spectrum Disorders : A transactional developmental perspective(pp. 55-77). Baltimore : Brookes.

Nagel, D., Schumaker, J. B., & Deshler, D. D.(1986). The learning strategies curriculum : The FIRST-letter mnemonic strategy. Lawrence, KS : Excel Enterprises.

Nelson, K. B. & Ellenberg, J. H.(1986). Antecedents of cerebral palsy : Multivariate analysis of risk. New England *Journal of Madicine, 315*, 81-86.

Owens, R. E.(2001). Language development : An introduction. Boston : Allyn & Bacon.

Owens, R. E.(2002). Mental Retardation : Difference and dalay. In D. K. Bernstein & E. Tagerman-Farber(Eds.), Language and communication disorders in children. Boston : Allyn & Bacon.

Owens, R. E., Metz, D. E., & Haas. A.(2007). Introduction to Communication Disorders : A Lifespan Perspective. Pearson Education, Inc. : Allyn & Bacon.

Ozonoff, S., & Strayer, D. L.(2001). Further evidence of intact working memory in autism. *Journal of Autism and Developmental Disorders, 31*, 257-263.

Paul, R., Augustyn, A., Klin, A., & Volkmar, F. R.(2005). Perception and production of prosody by speakers with autism spectrum disorders. *Journal of Autism and Developmental Disorders, 35*(2), 205-220.

Pegnato, C. M., & Bitch, J. W.(1975). Locating gifted children in junior high school : A comparison of method. In W. B. Barbe and J. S. Renzulli (Eds.), Psychology and education of the gifted. N.Y. : Irvington Publishers, Inc..

Pianta, R. C.(1990). Widening the debate on educational reform : Prevention as available alternative. Exceptional Children, p. 56.

Piji, S., Meijer, C.J.W., & Hegarty, S.(Eds.)(1997). Inclusive education : A global agenda. London : Routledge.

Prins, D., Hubbard., C. P., & Krause, M.(1991). Syllabic stress and the occurrence of stuttering. *Journal of Speech and Hearing Research, 34*, 1011-1016.

Rensulli, J. S.(1978). What makes giftedness? Reexamining a definition. *Phi Delta Kappan*, 60, 180-184.

Renzulli, J.(1996). **영재교육 조기 진급 및 조기 졸업제 운영 워크숍 자료**. 서울특별시 교육청.

Research Connections in Special Education(1999). Universal design : Ensuring access to the general education curriculum. U.S. Office of Special Education Programs. Washington, DC : Author.

Robinson, N. M., & Robinson, H.(1992). The use of standardized tests with young gifted children. In P. N. Klein and A. J. Tannenbaum(eds.), To be young and giftd(141-170). New Jersey : Ablex.

Salend, S. J.(1994). Effective mainstreaming : Creating inclusive classrooms(2nd ed.). New York : MacMillan.

Schessel, D. A.(1999). Ménière disease. *Volta Review, 99*(5), 177-183.

Scott, B.J., Vitale, M.R., & Masten, W.G.(1998). Implementing instructionaladaptations for students with disabilities in classroom. *Remedial and Special Education, 19*(2), 106-119.

Scott, F. J., Baron-Cohen, S., Bolton, P. B., & Brayne, C.(2002) Brief Report : Prevalence of Autism Spectrum Conditions in Children aged 5-11 Years in Cambridgeshire, UK. *Autism : International Journal of Research and Practice, 6*, 231-237.

Seltzer, M. M., Krauss, M. W., Shattuck, P. T., Orsmond, G., Swe, A., & Lord, C.(2003). The symptoms of autism spectrum disorders in adolescence and adulthood. *Journal of Autism and Developmental Disorders, 33*, 565-581.

Shriberg, L., & Widder, C.(1990). Speech and prosody characteristics of adults with mental retardation. *Journal of Speech and Hearing Research, 33*, 627-753.

Simeonsson, R. J.(1991). Primary, secondary and tertiary prevention in early intervention, *Journal of Early Intervention, 15*(2). 128.

Simon, J. H.(1994). An ethnographic study of sign language interpreter education(American sign language, deaf culture). Unpublished doctoral dissertation. The University of Arizona.

Simpson, R. L.(1999). Children and youth with emotional and behavior disorders : A concerned look at the present and a hopeful eye for the future. *Behavioral Disorders, 24*, 284-292.

Smith, L., Greenberg, J. S., Seltzer, M. M., Hong, J.(2008). Symptoms and behavior problems of adolescents and adults with autism : Effects of mother-child relationship quality, warmth, and praise. *American Journal on Mental Retardation. 113*, 378-393.

Smith, M. B., Ittenbach, R. F., Patton, J. R.(1998). Mental Retardation(6rd). Pearson Education.

Smith, M. B., Ittenbach, R. F., Patton, J. R., Kim, S. H.(2006). Mental Retardation : An Introduction to Intellectual Disabilities(7rd), Pearson Education.

Snell, M., Janney, R.(2005). Collaborative teaming : Teacher's guides to inclusive practices(2nd ed.). Baltimore : Paul H. Brookes.

Spencer, P. E.(2001). Cochlear implants for children : Language, culture, and education. Paper presented at office of Special Education Program Project Director's Conference. Washington, DC.

Strong, M.(1995). A review of bilingual/bicultural programs for Deaf children in North America.

American Annuals of the Deaf, 140(2), 84-94.

Sweeney, D. P., Forness, S. R., Kavale, K. A., & Levitt, J. G.(1997). An update of psychophurmacologrc medicution : What teachers, clinicians, and parents need to know. *Intervention in School and Clinic, 33*(1), 4-21.

Tager-Flusberg, H., & Thurber, C.(1993). Pauses in the narratives produced by autistic, mentally retarded, and normal children as an index of cognitive demand. *Journal of Autism and Developmental Disorders, 23*, 209-322.

Tannenbaum, A.(1983). Gifted children : Psychological and educational perspectives. NY : Macmillan Pub. Co..

Tannenbaum, A.(1992). Early signs of giftedness : research and commentary. *Journal for the Education of the Gifted, 15*, 104-133.

Terman, L. M.(1926). Genetic studies of genius(Vol. 1) : Mental and physical traits of a thousand gifted children. Stanford, CA : Stanford University Press.

Terpstra, J. E., Higgins, K., & Pietce, T.(2002). Can I play? classroom-based interventions for teaching play skills to children with autism. *Focus on Autism and Other Developmental Disabilities, 17*, 119-126.

Torrance, E. P.(1966). The Torrance tests of creative thinking : Technical-norms manual(research ed.). Princeton, NJ : Personnel Press.

Tran, L. P., Grunfast, K. M.(1999). Hereditary hearing loss. Volta Review, 99(5), 63-69.

Treffinger, D. J.(1975). Teaching for self-directed learning : A priority for the gifted and talented. *Gifted Children Quarterly, 19*, 46-59.

U.S. Department of Education(2005). 25th annual report to congress on the implementation of the Individuals with Disabilities Education Act. Washington, DC : Author. Available from http://www.ed.gov.

UNESCO(1994). The Salamanca statement and framework for action on special needs education. World Conference on Special Needs Education : Access and Equality. New York : UNESCO.

United Cerebral Palsy Association(1992). UCPA policy : Supports right of individual with disabilities to free speech and communications accessibility. Washington, DC : Author.

VanTassel-Baska, J.(1997). What matters in curriculum for gifted learners : Reflections on theory, research and practice. In N. Colangelo & G. Davis(Eds.), Handbook of gifted education(2nd ed., pp. 126-135). Boston, MA : Allyn & Bacon.

Vaughn, S., Bos, C.S., & Schumm, J. S.(2000). Teaching exceptional diverse, and at-risk students in the general education classroom.(2nd ed.), Longwood : Allyn & Bacon.

Volkmar, F. & Klin, A.(2000). Asperger's disorder and higher functioning Autism : Same or different? In L. M. Glidden(Ed.), International review of research in mental retardation : Autism (Vol.23, pp. 83-110). San Diego, CA : Academic Press.

W. E. MacLean(1996). Ellis' Handbook of Mental Deficiency, Psychological Theory and Research(3rd), p. 278, Lawrence Erlbaum Associates.

Walters, J. & Gadner, H.(1986). The crystallizing experience : Discovering an intellectual gift.

In R. J. Sternberg & J. E. Davidson(Eds.), Conceptions of giftedness. New York : Cambridge University Press.

Wehby, J. H., Lane, K. L., & Falk, K. B.(2003). Academic instruction for students with emotional and behavioral disorders. *Journal of Emotional and Behavioral Disorders, 11*, 194-197.

Wicks-Nelson, R., & Israel, A. C.(2003). Behavior Disorders of Children(5th ed.). Upper Saddle River, New Jersey : Pearson Education.

Williams, C. B., Finnegan, M.(2003). From myth to reality : Sound information for teachers about students who are deaf. *Teaching Exceptional Children, 35*(3), 40-45.

Wing, L.(1981). Asperger's Syndrome : a clinical account. *Psychological Medicine, 11*, 115-129.

Winner, E.(1996). Gifted children : Myths and realities. New York : Basic Books.

World Health Organization(1992). The ICD-10 classification of mental and behavioral disorders-clinical descriptions and diagnostic guidelines. Geneva : Author.

Yairi, E.(2004). The formative years of stuttering in preschool children : A changing portrait. *Contemporary Issues in Communication Science and Disorders, 31*, 92-104.

Yairi, E., & Ambrose, N.(2004). Stuttering : Recent developments and futures directions. *The ASHA Leader, 18*, 14-15.

Ziegler, A. & Heller, K.(2000). Conceptions of giftedness from a meta-theoretical perspective. In K. Heller, F. Monks, R. Sternberg, & R. Subotnik (Eds.), International Handbook of giftedness and Talent. New York : Pergamon.

http : //web.kyunghee.ac.kr/~health/health

http : //100.naver.com/100.nhn ? docid=771011.

http : //cafe.daum.net/clubbrain/1Nfh/7. 2005. 9. 13.

http : //cafe.daum.net/snufssodcial/kdp/166. 2008. 12. 6.

http : //cafe.daum.net/speeduc. 앞의 site 재인용.

http : //cafe.daum.net/speeduc/QRAa. 2008. 11. 1.

http : //www.entsmc.com/clinic

http : //www.hear114.com/kind

http : //www.icanhear.net

저자 소개

김영한
문학박사
대구대학교 초등특수교육과 교수

김정연
문학박사
백석대학교 특수교육과 교수

김하경
문학박사
경주 계림중학교 교사

박선희
문학박사
대구한의대학교 중등특수교육과 교수

박정식
문학박사
우석대학교 유아특수교육과 교수

엄태식
철학박사
수원여자대학 유아교육과 교수

연미희
가정학박사
명지전문대학 유아교육과 교수

임채식
교육학박사
재능대학 유아교육과 교수

조재규
문학박사
경동대학교 중등특수교육과 교수

한석실
교육학박사
영동대학교 유아교육과 교수

홍정숙
교육학박사
대구대학교 특수교육과 교수

특수아동의 이해

초판발행 2009년 3월 10일
5판발행 2014년 8월 30일

저 자 김영한 · 김정현 · 김하경 · 박선희 · 박정식 · 엄태식
연미희 · 임채식 · 조재규 · 한석실 · 홍정숙

2014. 8.

발행인 김현태
발행처 태영출판사

주 소 (152-705) 서울 구로구 구로동 104-10 동남오피스텔 201호
전 화 02 · 839-3757, 839-3752
팩 스 02 · 837-3754
등 록 2005년 5월 30일 제12-421호
http://www.taeyeongbook.co.kr
E-mail tys2005@hanmail.net
ISBN 978-89-6302-008-2 93370
정 가 16,000원

* 잘못 만들어진 책은 교환해 드립니다.